东南大学法学学术文库

实质刑法
基本立场与方法

欧阳本祺　等著

法律出版社 LAW PRESS·CHINA
北京

图书在版编目（CIP）数据

实质刑法基本立场与方法 / 欧阳本祺等著. -- 北京 ：
法律出版社，2021
（东南大学法学学术文库）
ISBN 978 - 7 - 5197 - 5682 - 6

Ⅰ. ①实… Ⅱ. ①欧… Ⅲ. ①刑法－研究－中国
Ⅳ. ①D924.04

中国版本图书馆 CIP 数据核字(2021)第 108816 号

东南大学法学学术文库	实质刑法基本立场与方法 SHIZHI XINGFA JIBEN LICHANG YU FANGFA	欧阳本祺 等著	责任编辑 孙东育 王 珊 装帧设计 马 帅

出版发行 法律出版社
编辑统筹 学术·对外出版分社
责任校对 杨锦华 王沁陶
责任印制 陶 松
经 销 新华书店

开本 710 毫米×1000 毫米 1/16
印张 25 **字数** 381 千
版本 2021 年 11 月第 1 版
印次 2021 年 11 月第 1 次印刷
印刷 北京建宏印刷有限公司

地址：北京市丰台区莲花池西里 7 号（100073）
网址：www.lawpress.com.cn
投稿邮箱：info@lawpress.com.cn
举报盗版邮箱：jbwq@lawpress.com.cn
销售电话：010 - 83938349
客服电话：010 - 83938350
咨询电话：010 - 63939796

书号：ISBN 978 - 7 - 5197 - 5682 - 6　　**定价**：108.00 元
凡购买本社图书，如有印装错误，我社负责退换。电话：010 - 83938349

作者简介

欧阳本祺

东南大学法学院教授、博士生导师、学术委员会主任。教育部新世纪优秀人才、中国刑法学研究会常务理事、中国法学会法学教育研究会常务理事。在《法学研究》《中国法学》等刊物发表论文80余篇，出版学术专著3部。先后主持国家社科基金项目、最高人民法院重大项目、教育部项目、司法部项目、江苏省社科基金重点项目等省部级项目10余项。科研成果多次获教育部高校人文社科优秀成果奖、江苏省哲学社会科学优秀成果奖、江苏省法学优秀成果奖。

总　　序

"大学之道，在明德，在亲民，在止于至善。""止于至善"四字，正是百年名校东南大学的校训。在历史上，东南大学曾经赢得"北大以文史哲著称，东大以科学名世"之美誉。而今，她正秉承校训精神，不断追求，锐意进取，力图突破以往在理工科方面所取得的卓越形象，而朝着以工科为特色、多学科协调发展的综合性大学方向奋力前行。1995年，东南大学恢复法学专业，成立法律系；2006年9月，东南大学在原法律系的基础上重建法学院。通过创办法学院并大力发展其他人文学科，东南大学正不断体现集中华人文精神与古希腊科学精神为一体的"止于至善"的校训之理念，不达"至善"境界，永不止步。

东南大学法学院虽然恢复重建时日尚短，然而，东大法学却已历经百年淳厚学术传统之浸润。东大法学肇始于民国时期1928年7月成立的中央大学法学院，首任院长为民国时期著名法学家谢冠生教授。中大法学院人文荟萃，名流云集，为东南法学一时之冠。学界、政界著名人物韩忠谟、钱端升、杨兆龙、梅仲协、史尚宽、刘克镌、曾劭勋、黄正铭、金国鼎、范馨香、韩德培等，或曾任职于中央大学法学院，或曾就学于中央大学法学院，缔造了东南大学法学曾经的辉煌。

感念先贤中大法学精神，激励当下东大法学学人。当今中国，政治昌明，民生安定；经济腾飞，法治发达。东大法学如何在此盛世之下为中国的法治建设添薪加火，对当下中国法治与经济建设中的重大法律课题作出创造性回应，是今日东大法学学人所面临的历史使命。“东南大学法学学术文库”作为肩负这一历史使命而推出的一套法律丛书，以为社会贡献一批有分量的法学作品为己任，以促进法学的繁荣发展为目的，勉力为我国法制现代化建设尽绵薄之力。

通过出版“东南大学法学学术文库”，亦使社会各界加深对东大法学的了解。当今中国法学出版物急剧增多，各法学院或专业院校纷纷推出了体现自身学术风格的法学丛书。然而，这只表明今日社会文明之昌明和法律文化发展之鼎盛，而不代表法学理论著作的社会需求已经饱和。事实上，与飞速发展的我国政治经济生活相比，我国法学理论研究成果的质量与数量都有待提升。金陵古城作为位于当今中国经济最为发达、市场最为广阔、活力最为强盛的长江三角洲中心之腹地，也要求生于斯长于斯的东大法学在法治经济强劲发展的当下时代发出自己的声音。“东南大学法学学术文库”可谓应时而生！众多法学著述的存在不但使“东南大学法学学术文库”的出版平添了百舸争流的竞争意味，也象征着中国法学事业的锦绣篇章又添繁花。通过出版法学文库，使东大法学的学术风貌能够以一种整体的、持续的方式呈现给大家，使社会各界加深对东大法学的了解，使以科学名世的东南大学在法科领域再现奇葩！通过出版文库的方式，也答谢所有曾经关心和支持过东大法学发展的前辈和朋友！毕竟，无论是东大法学学人还是东大法学院本身，都需要社会和学界各方面的关爱和帮助！

本套丛书的选题涉及法哲学与法理学、宪法与行政法、民法与商法、经济法、刑法、诉讼法、国际法等法学各个领域。选题范围面向东南大学法学院全体教师征集稿源，重点出版优秀的法学博士学位论文、省部级以上的课题结项成果以及具有创见性的专题论著。本文库坚持以质取文，拒绝平庸之作，确保文库的高品位、高质量。凡纳入文库出版的著作必须由作者本人提出书面申请，经由编委会就专著内容、学术规范等各方面意见综合确定。我们希望，本套丛书能够成为东大法学高层次理论成果得以稳定持续成长的一方园地，成为集中展现东大法学学术传统与今日法学原创力学术作品的窗口!

“百年难得百家评,郁郁文哉动石城。虎踞龙蟠今胜昔,千秋学术在金陵。”期望“东南大学法学学术文库”的出版能够成为东大法学事业恢复重建的标志,并能延续东大法学的人文传统,超越过往,引领新时代的法治精神!

“东南大学法学学术文库”编委会

2007年6月26日

目　录

下 篇 实质的刑法方法论

绪论　作为价值论的实质刑法观

目　次

近年来,实质刑法观与形式刑法观的论战形成了蔚为壮观的中国刑法学学派之争,从顶级刑法学教授到刚入法门的学生都身不由己地卷入了该学派之争中,这一论战对于推动中国刑法学的深入发展和提升刑法学人才培养的质量都具有重要意义。在这种学派论战中,刘艳红教授的《实质刑法观》第一版和第二版、邓子滨教授的《中国实质刑法观批判》第一版和第二版无疑分属两派的大纛,起着招展和招兵买马的作用。因此,我国的刑法学者大抵要么归属于实质刑法观学派,要么归属于形式刑法观学派,而且两派之间的论战旷日持久,雪球越滚越大。但是,两派之争究竟所为何事?这是一个令很多人困惑的问题。四川大学的魏东教授认为,实质刑法观的内部存在不同的分野,张明楷教授坚持的是激进的实质刑法观,刘艳红教授提倡的是保守的实质刑法观,魏东教授认为自己的立场也属于保守的实质刑法观。而陈兴良教授则认为,魏东式的保守的实质刑法观与自己的形式刑法观"立场是完全一致的"。那问题来了,既然魏东教授认为自己和刘艳红教授的立场是一致的,而陈兴良教授又认为自己和魏东教授的立场是一致的,那么是否可以推导出陈兴良教授和刘艳红教授的立场也是一致的呢?尤其是在入罪和出罪的关系上,刘艳红教授主张“形式入罪,实质出罪”,陈兴良教授主张“依法入罪,以理出罪”,似乎两者的立场也无二致。但是,如果就此得出结论:刘艳红教授和陈兴良教授属于同一学派,那不仅刘艳红和陈兴良两位教授不会答应,整个刑法学界也不会接受。因此,有必要探索实质刑法观与形式刑法观所争究竟何事,从而走出学派争论的迷思。

一、实质刑法观兴起的根据

我国实质刑法观不是凭空产生的,而是深受国内立法变化和日本刑法学派论战的影响。也就是说,我国实质刑法观的兴起存在内外两条根据。

我国实质刑法观兴起的内在根据是罪刑法定原则的法典化。由于我国 1979 年《刑法》允许类推,遗留着封建刑法的尾巴,所以这种落后的刑事立法不可能产生实质刑法观或者形式刑法观这种先进的刑法思想。1979 年《刑法》废除类推制度,明文规定了罪刑法定原则,从而开启了我国刑法学研究的春天,实质刑法观就是刑法学百花园中耀眼的一朵。众所周知,罪刑法定原则包括形式和实质两个不同的侧面,形式的罪刑法定原则重视实证法规范,主张定罪量刑应立足于现有的刑法条文本身;实质的罪刑法定原则重视刑罚处罚的必要性和合理性,主张刑法条文规定的应该是值得刑罚处罚的行为。我国实质刑法观与形式刑法观分野的源头,就在于对罪刑法定原则实质面与形式面的不同侧重。实质刑法观重视罪刑法定原则的实质面,认为构成要件符合性的判断,是从实质上判断是否存在达到值得科处刑罚程度的法益侵害,并由此主张实质的犯罪论与实质的刑法解释。形式刑法观重视罪刑法定原则的形式侧面,认为构成要件符合性的判断应该受制于条文用语的字面意义,不能以处罚必要性突破条文用语的字面意义,因此主张形式的犯罪论与形式的刑法解释。

我国实质刑法观兴起的外在根据是日本实质犯罪论的直接影响。日本刑法学界存在形式犯罪论与实质犯罪论的分歧,形式的犯罪论承认构成要件的独立机能,以社会的一般观念为基础,对构成要件进行类型化解释;实质的犯罪论对形式的犯罪论进行批判,认为形式犯罪论所说的构成要件类型内容不明,故需要以当罚性来解释构成要件,明确构成要件的类型。我国形式刑法观深受日本形式犯罪论代表人物大谷实教授的影响,而我国实质刑法观则直接受日本实质犯罪论者前田雅英教授的影响。当然,我国实质刑法观与形式刑法观之间论战的广度和深度尚不及日本刑法学。在日本刑法学中,先后存在两种不同意义上的形式刑法观和实质刑法观之争。日本早期形式刑法观与实质刑法观之争聚焦于如何理解和把握犯罪论体系,即构成要件是否包含主观要素和规范要素,以及构成要件符合性与违法性、有责性的关系如何。概括地说,从行为构成要件说到违法类型说再到违法有责类型说,本来作为价值无涉概念来把握的构成要件,包含着越来越多的价值,更多地包含着主观性和规范性要素。换言之,本来被认为具有独立于违法性之机能的构成要件,与违法性的关系也越来越紧密,最终埋没在违法性之中。因此,西原春夫先生认为,日本刑法学构成要件论的发展史,就是构成要件论崩溃的历史。可见,西原春夫先生所说的"构成要件论崩溃的历史",实际上也是形式刑法观向实质刑法观转化的历史。日本近期形式刑法观与实质刑法观争论的焦点在于如何理解和把握构成要件符合性判断的标准。形式刑法观认为刑法规范首先是国民的行为规范,因此主张对构成要件符合性以"一般人是否能够得出该种结论"为标准进行形式解释;实质刑法观认为刑法规范主要是法官的裁判规范,因此主张对构成要件符合性以"处罚的必要性和合理性"为标准进行实质解释。

而我国实质刑法观与形式刑法观的争论主要是关于构成要件符合性判断标准的争论,而不涉及犯罪论体系的争论。从犯罪论体系来看,我国刑法学争论的主要问题在于,是继续坚持传统的源于苏俄的四要件体系,还是引进德日的三阶层体系。但是,四要件体系与三阶层体系的争论不涉及形式刑法观与实质刑法观的争论。可以说,在四要件体系内部产生不了形式刑法观和实质刑法观的分野。传统四要件体系中每一个要件的判断都是事实判断与价值判断的统一,也是形式判断与实质判断的统一,而且每一个要件的判断都依赖于其他要件的判断,一有俱有，一无俱无。在这种体系中，侧重于形式判断的形式刑法观和侧重于实质判断的实质刑法观都没有独立存在的土壤。所以，我国实质刑法观与形式刑法观的争论属于三阶层体系内部的争论。在三阶层体系内部，除了持极端实质刑法观的张明楷教授采用不法—责任二阶层论外，其他无论是实质刑法观的学者还是形式刑法观的学者都采用的是主流的三阶层体系。

最后需要注意的是，德国刑法学中并不存在形式与实质的明显对立。德国刑法学历史上除了贝林格—李斯特(Bellinger-Liszt)的古典犯罪论体系因受实证主义的深刻影响而具有浓厚的形式主义色彩外，后世的主流刑法学者都采用各种各样的实质犯罪论体系。因此，在德国实际上也不存在实质刑法观与形式刑法观的学派纷争。

二、实质刑法观并非方法论

我国实质刑法观与形式刑法观的分歧主要在于如何理解和把握构成要件符合性判断的标准，其中的核心问题在于如何解释构成要件要素。但是需要注意的是，实质刑法观与形式刑法观的对立，并不是刑法解释方法的对立，亦即两者的对立不是方法论的对立。理由如下：

首先，我国实质刑法观与形式刑法观关于刑法解释的限度并没有原则分歧。德日刑法学的通说认为解释的限度止于可能的文义，但是除了可能文义说之外，还存在其他一些不同的观点。其中有些观点的影响还很大。例如，德国学者萨克斯(Sax)与海勒(Heller)等认为，解释可以超越文字字义的界限，只要符合“规范目的”；奥地利学者比德林斯基(Bydlinski)主张以事物本质取代字义界限；考夫曼(Kaufman)不接受可能文义界限，认为“不法类型”才是解释的界限；雅格布斯(Jacobs)认为，在一定的条件下，超越原文文字界限的解释是被允许的。而我国的实质刑法观与形式刑法观都明确主张以“可能文义”作为刑法解释的限度，在这一点上并没有表现出如德日刑法学那样的分歧。例如，陈兴良教授认为，“在罪刑法定原则下，包含在可能文义范围之内的类比推理是允许的，超出可能文义范围的类推推理则是被禁止的，这是一条不可逾越的原则界限”。同样地，张明楷教授也认为，“刑法解释的对象是刑法规定，刑法又是以文字作出规定的，故刑法解释不能超出刑法用语可能具有的含义,否则便有违反罪刑法定原则之嫌"。

其次,我国实质刑法观与形式刑法观关于刑法解释目标的分歧也可以调和。关于刑法解释目标,形式刑法观往往采取主观说,尊重立法者的意图;实质刑法观则坚持客观说,认为概念就像挂衣钩,不同时代可以挂上不同的时装。但是,单纯的主观说和客观说都难以得出合理的解释结论。正如德国学者魏德士(Weideshi)所言,"主观"和"客观"解释论研究的是相互关联的部分,它们中没有一个是完全正确的或者错误的,两者都是研究法律解释和法律适用时的必要步骤。而且,主观解释试图探究的规范原意正是一种客观事实;相反,所谓的客观解释却也是主观的法官造法。因此,主观解释是客观的;客观解释也是主观的。

最后,我国实质刑法观与形式刑法观关于解释方法的顺序没有任何区别。两者都认为解释刑法应遵循文义解释—体系解释—历史解释—目的解释—合宪性解释的先后顺序。其中文义解释又称文理解释,体系解释、历史解释、目的解释、合宪解释则属于论理解释。从刑法价值来看,文理解释优先于论理解释是罪刑法定原则的内在要求,是刑法的稳定性优于正当性的要求。因此,形式解释与实质解释都承认刑法的稳定性优于正当性。从经济学来看,文义解释相对简单,只需要考虑较少的解释因素,耗费的成本也较低,解释透明度较大,解释结果也较容易预测;论理解释中的各种方法越是靠后方法越复杂,需要考虑的因素越多,耗费的信息成本越大,解释的透明度越低,解释结果也越难预测。因此,实质刑法观和形式刑法观都采用同样的逻辑,即尽量使用简单的解释方法,除非简单的解释方法不能够获得令人满意的解释结果。

三、实质刑法观本质上属于一种价值论

既然实质刑法观与形式刑法观并非两种不同的方法论,两者所使用的解释方法并无原则区别,那么这两种不同刑法观的区别主要在哪里呢?苏力教授曾经说过,所谓的"解释",就其根本来看不是一个解释的问题,而是一个判断的问题。司法的根本目的并不是要搞清楚文字的含义是什么,而在于判定什么样的决定是比较好的,是社会可以接受

的。德国学者魏德士也认为,解释只是一种假象,“解释结论”在“解释”之前就已经大致确定下来了;“结论”不是“解释”出来的,是“结论”决定了如何“解释”。我国实质刑法观与形式刑法观在很多场合之所以会得出不同的结论,这本质上也不是因为两者采用了不同的方法论,而是因为两者秉持了不同的价值论。这种价值观的不同集中体现为法治观的不同。

实质刑法观和形式刑法观都立足于法治国而排斥警察国与文化国,但是两者对于如何理解我国的法治国状况存在分歧,并由不同的法治观引申出不同的刑法观。根据我国学者郑永流教授的研究,“法治国”一词就是由德国人所创造,而且近代以来德国先后经历了不同的法治国模式:自由法治国(18 世纪末至 19 世纪 30 年代)—形式法治国(19 世纪 30 年代至 20 世纪初)—混合法治国(1919 年至 1933 年的魏玛时期)—实质法治国(1933 年至 1945 年的第三帝国时期)—公正法治国(1949 年至 1990 年的波恩时代)—德国统一以后的法治国(1990 年至今)。那么,如何理解我国的法治国状况呢?

坚持形式刑法观的学者往往倾向于赞同形式法治国,其法治观主要体现在以下几个方面:第一,提倡形式的罪刑法定原则,警惕实质的罪刑法定原则。例如,陈兴良教授认为,“在我国当前的情况下,处于向法治国迈进的过程中,需要的是法治的启蒙精神,需要的是法治国的刑法文化,因而应当实行严格的罪刑法定”;“我国目前正处于从以往不受规范限制的恣意司法到罪刑法定原则转变的过程之中,形式理性的司法理念在我国还没有建立起来。在这种情况下,过于强调实质主义的罪刑法定原则,不能不令人担忧”。第二,司法过程应以形式理性排斥实质理性。例如,陈兴良教授认为“实质理性一旦转化为形式理性,就应当坚守这种形式理性,这是一个司法的问题。实质理性在立法中加以确认,这仅仅是法律规范的形成……在司法活动中,当实质合理性与形式合理性发生冲突的时候,我认为应当选择形式合理性而放弃实质合理性”。第三,强调自由保障优于社会保护。自由保障与社会保护之间内在地具有对立性,刑法的适用与自由保障成反比,与社会保护成正比。形式刑法观认为,“在市场经济体制下,个人的权利日益受到重视与保护,因此刑法机能应当从社会保护机能向人权保障机能倾斜,加重刑法的人权蕴涵”。

相应地,提倡实质刑法观的学者则明确主张包容性刑事法治观的概念,其内容主要包括以下几点。第一,在坚持形式理性的同时,更多地重视实质理性,即“在坚持形式的法治国的前提下,将实质的法治国概念纳入其中,用后者解释前者,根据后者进一步发展、适用前者”。第二,赋予社会危害性概念以新的含义。形式刑法观猛烈批判社会危害性概念,而实质刑法观并不反对社会危害性概念本身,而是探索如何赋予其以新的内涵。第三,在刑法的机能上,重视法益保护。实质刑法观认为犯罪是对法益的侵害,刑法是对法益的保护,解释是甄别值得处罚的法益侵害行为。因此,实质刑法观实际上是以法益来划定犯罪圈的大小,将圈子内的行为解释为符合犯罪构成,将圈子外的行为解释为不符合犯罪构成。

正因为实质刑法观与形式刑法观采取了不同的法治观,因此两者对具体刑法条文的解释就会得出不同的结论。例如,对于《刑法》第261条遗弃罪中的“扶养义务”,形式刑法观采取主观解释方法,认为其仅限于婚姻家庭引起的义务;实质刑法观采取客观解释方法,认为遗弃罪在刑法分则体系中地位的变化,导致其“扶养义务”的范围也相应地扩大了。又如,对于我国《刑法》第275条故意毁坏公私财物中的“毁坏”,形式刑法观采取文义解释方法,将其理解为物理性毁坏;实质刑法观采取论理解释,将其理解为效用毁损。但是,需要注意的是,不能说文义解释和主观解释就是形式解释,论理解释和客观解释就是实质解释。文义解释或者论理解释、主观解释或者客观解释都只是具体的解释方法,而实质解释或者形式解释却是解释的立场。解释立场与解释方法是不同层面的范畴,对于同一构成要件要素,不同的解释立场基于不同的法治观可能会选择不同的解释方法,从而得出不同的解释结论。

上　篇

实质的刑法立场论

第一章　实质刑法观的生成逻辑

目　　次

在如今的刑法学之争中,有一对范畴初具“学派之争”的气象,那就是“形式刑法观与实质刑法观之争”,这是陈兴良教授在11年前的结论,因为形式刑法观与实质刑法观“涉及对罪刑法定原则的界定、对刑法机能的定位、对构成要件的理解,因而可以全方面地展开讨论……一改过去折中说充斥的风气,使不同学派的学术锋芒毕露”。[①] 从以上论断向前追溯,直接推进或者掀起这种学派之争的力量之一是2009年出版的《实质刑法观》;自此向后观察,围绕“形式”与“实质”的讨论或者由二者引发的立场之争方兴未艾,并且刑法学在最近十多年的“学术性”“学派性”不断增强,年轻学人都是学术之争的受益者。实质刑法观来源于何种研究语境

① 陈兴良:《走向学派之争的刑法学》,载《法学研究》2010年第1期。

或问题意识？在我国刑法学舶来理论、学术创新不断的情况下，“实质刑法观如何生成”必须得到回答。对此，《实质刑法观》已经作出了充分论证，本章或许只能予以重述，但从读者、学者的角度，这也可说是一个独立性的探究过程。

一、罪刑法定确立之前的法制与法学

中国法制的历史基本是中国刑法的历史，对某个学说形成的背景进行探究当然不必追溯到如此长远，一是因为历史中积淀的观念或具有稳定的传承性，以史学上的共识性论断为依据即可观全局，二是因为现今值得称道的理论多以解决本土现实问题为导向，现状之考察则更为关键。所以，本章首先以新中国罪刑法定原则的确立为节点（转型时期）讨论实质刑法观的生成背景，这一话题显然也不是描述性或中立性的，而是结合罪刑法定原则所确定的价值观予以系统化思考。而在社会科学中提及某一系统化的学问，则必首推“哲学”之名，而哲学并非让人望而却步的空洞玄幻之学，它的形而上学、价值观和方法论对于人们认识世界（宇宙观）、洞悉人生（人生观）、掌握知识（认识论）具有基底性和应用性的指导意义，之于法学的创立、法律的修习、法案的判解更是如此。在中国漫长的历史进程中，国家（统治者）的哲学观是决定法制和法学走向的基础。

对中国社会影响最大的本土哲学当属儒家之学，后代至今之所以冠之于“家”也正是因为儒家学说最早便在哲学派别的“百家争鸣”中为自己赢得了一席之地。孔子对周礼充满敬爱，[①]面对礼崩乐坏的现实，他不禁感叹：“天下有道，则礼乐征伐自天子出；天下无道，则礼乐征伐自诸侯出”（《论语·季氏篇》）；在答齐景公问政时不禁直抒：“君君，臣臣，父父，子子”（《论语·颜渊》）；在谈及“其父攘羊，其子证之”的案例时不禁论断：“吾党之直者异于是，父为子隐，子为父隐，直在其中矣”（《论语·子路》）。儒家哲学对中国法制传统的塑造可谓根深蒂固，虽

---

① “礼”从豊从示，是由“祭祀仪式”而来，因而“礼”并不必然具有文明的意思，它是或者曾经是社会公认的某种行为规范，从鲁迅笔下早就知道，礼教也可能是野蛮的，也是可以“吃人”的。儒家所倡导的礼治秩序是中国社会、乡土社会的特色，参见费孝通：《乡土社会》，人民出版社2015年版，第58～65页。

然孔圣人常常“述而不作”，但他的上述观点却并非孤立之言。自汉武帝罢黜百家之后，封建统治者不论“明儒实法”还是“儒法合流”，①渗透了儒学精义的中国法制始终具有“以礼入刑”“礼法不分”“礼之所去、刑之所取”的中华法系特色，②“春秋决狱”“一准乎礼”等法制立场或方法俨然就是儒家化的法哲学，它既具有形而上学、价值观，也在具体案例裁判中传达着方法论。儒家哲学立世两千年后，中国传统封建哲学被迫与虚君、立宪、共和等西方国家权力哲学会晤，统治者也被迫开始了所谓的“变法”“改制”，从此后的民国创立到新文化运动、五四运动的冲击，儒学渐渐失去独尊地位，西方启蒙主义哲学开始快速走进中国近代思想史，社会精英的世界观慢慢改变，人们对统治者的国家观、法制观有了不一样的期许。

新中国成立后，“以苏俄为师”全面替换了中华民国旧法统，更替代了贴有“封建”标签的儒家化法传统。1954 年新中国第一部《宪法》以根本大法的形式巩固了“反对帝国主义、封建主义和官僚资本主义的人民革命的伟大胜利”的成果，但由于历史的原因，法制现代化的进程缓慢。改革开放以后，我国颁布了新中国第一部刑法和刑事诉讼法，这无疑是新中国法制的巨大进步，但两部核心刑事法仍然带有“重打击、轻保护”的浓重倾向。例如，在 1979 年颁布的《刑法》中，除了第 1、2 条标明了法的阶级性质、反对反革命之外，③第 79 条规定了众所周知的类推

---

① 儒家主张“名位不同，礼亦异数”，法家主张“不殊贵贱，一断于法”，因而法家的主张与儒家的亲亲尊贤之道截然相反。儒法之争的核心是采用礼抑或法作为行为规范的问题，至于用德化或刑罚来推进这一规范，则是次要问题，因而儒家并不天然排斥用德治、人治或法治的方式推动“礼”。在先秦时代，儒法的学派之争呈现白热化，后来法家得势而促成国君制定法律，儒家的目标便是将法律儒家化，儒家以“明刑弼教”为策略、以“以礼入法”为根本。“法律（刑法）的儒家化”至隋唐以后便成为中国古代法律的正统，参见瞿同祖：《中国法律与中国社会》，商务印书馆 2019 年版，第 377～378 页。

② 这种“法律东方主义”也被较早研究中国法律传统的外国学者所首先关注，参见［美］络德睦：《法律东方主义：中国、美国与现代法》，魏磊杰译，中国政法大学出版社 2016 年版，第 17 页。

③ 1979 年 7 月 1 日通过的两部法典在第 1 条“指导思想”中均规定了“……以马克思列宁主义毛泽东思想为指针，以宪法为根据，结合我国各族人民实行无产阶级领导的、工农联盟为基础的人民民主专政即无产阶级专政的具体经验和打击敌人、保护人民的实际需要制定”或相近表述。1979 年《刑法》第 2 条在规定刑法的任务时，更是直接载明“用刑罚同一切反革命和其他刑事犯罪行为作斗争，以保卫无产阶级专政制度……”。

适用条款——“本法分则没有明文规定的犯罪,可以比照本法分则最相类似的条文定罪判刑,但是应当报请最高人民法院核准”。首部刑法不提倡“法无明文规定,不为罪,不处罚”,盖因法制粗疏而担心犯罪遗漏,但受益于思想解放浪潮,从 1980 年开始文献上还是出现了关于“罪刑法定主义”的讨论,争论集中于“形势需要”与“定罪量刑”之间的关系问题。有观点指出,“在没有按照立法程序作出变动之前,借口‘形势需要’离开现行法律的规定,随心所欲地去划分罪与非罪的界限,这实质上是法律虚无主义和法律擅断主义在刑事审判工作上的反映”,[①]“罪刑法定就是要求定罪判刑必须严格按法律规定办事,不允许任何人有超法律的特权。这是符合马列主义法学理论的。不要罪刑法定,实质上就是否定法律,依人不依法,依言不依法,依权不依法等错误思想的表现”。[②] 此言一出,立即遭到了质疑,当时有观点仍坚持新中国成立 30 余年来的传统认识:犯罪的认定与具体的量刑要受到形势的影响,“定罪量刑只能死扣硬套法律条文的观点和作法是不对的,应当摈弃”,[③]罪刑法定“既不是我国法律规定的原则,也不符合马列主义的法学理论,而是一条资产阶级的法律原则。我们社会主义的法律,怎么能去符合资产阶级的法律原则呢”?[④] 可见,在 1979 年《刑法》制定以后,以《现代法学》(时名《西南政法学院学报》)为讨论平台,刑法学出现了显著的争鸣,且从内容上看既有“学术对学术”,也有“政治对政治”。

随着刑法学研究持续未断,立法论的研究逐步增多,完善刑法典、改革刑法典的声音无疑是重要的。例如,陈兴良教授曾在 1989 年对利用类推适用补充刑法漏洞的前述观点进行了反思:“统治阶级只有在不得已的情况下才动用刑罚。在这个意义上说,采刑罚谦抑主义是必要的。但由于我国长期的封建社会的法律传统,习惯于将刑罚作为调整一切社会关系的法律手段,从而以类推弥补法律规定之不足。这样一

---

① 刘家琛、凌楚瑞、李黎:《形势需要与定罪量刑》,载《现代法学》1980 年第 2 期。

② 李道重:《罪刑法定原则不容否定》,载《现代法学》1980 年第 4 期。

③ 余国栋:《定罪量刑要服从形势需要》,载《现代法学》1980 年第 4 期。如下所述,这种观点被社科法学派抨击为机械、死板的“法条主义”,因而教义法学的对手即所谓“社科法学”早就存在了。

④ 宋占生、张竞:《也谈形势与量刑》,载《现代法学》1980 年第 3 期。

种刑法万能观念……应在破除之列。……刑法落后于社会生活应该通过修改刑法或颁单行刑事法规来解决法律与社会生活之间的矛盾，而不能用类推来维护法律的稳定性。……类推立法应当废止。它与罪刑法定原则是背道而驰的”。[①] 可以说 1979 年《刑法》之前，刑法学“由生而死”开始慢慢转向“起死回生”，[②]陈兴良教授的上述呼吁毫无疑问属于刑法学在罪刑法定原则“非法典化”时代“起死回生”的一剂解药。在 1989 年前后至 1997 年《刑法》修订之前，“是否应当废除类推”这一问题的讨论已显得热门化，学界的论争已经呈现出点名式的批评与反批评。一如既往，保留论主要是基于周延犯罪圈、适应中国幅员辽阔及形势多变背景下的打击犯罪之需要；[③]废除论则是以罪刑法定的意义为论证核心。[④] 从结局上看，废除论成为多数派，废除论也在立法上变为现实。

总之，截至 1997 年《刑法》修订，从该时期公开文献的讨论来看，“拥有刑法典（无罪刑法定）的刑法学”尚未步入学术的正轨。从 1949 年新中国成立到改革开放以后，国家路线层面的反封建主义、反资本主义任务最强烈反映到了刑法这样一个革命与反革命斗争性突出、国家处罚措施严厉的部门法及其研究领域。

二、罪刑法定“法典化”的中国特色：《刑法》第 3 条注解

1997 年 3 月 14 日，第八届全国人民代表大会第五次会议审议通过了刑法的全面修订议案，虽然修订后的文本与 1979 年《刑法》属于同一部法典，但人们还是习惯于将之称为“1997 年《刑法》”。这似乎让人产生了重立第二部刑法典的错觉，主要有三个原因：一是该次修订在刑法

① 陈兴良：《论我国刑法的发展完善》，载《中国法学》1989 年第 3 期。

② 参见陈兴良：《刑法的知识转型（学术史）》，中国人民大学出版社 2012 年版，第 8 ~ 16 页。

③ 参见王勇：《类推定罪的必要性》，载《法学》1989 年第 10 期；侯国云：《废除类推制度质疑》，载《法学评论》1990 年第 4 期；周道鸾：《关于法律类推的几个问题》，载《人民司法》1992 年第 8 期。

④ 参见鲍遂献：《类推制度应当废止》，载《法学评论》1990 年第 4 期；黄太云：《类推应当取消，刑法必须完善》，载《法学》1990 年第 11 期；田文昌、陈平：《罪刑法定原则在我国的现状与展望》，载《中国法学》1994 年第 3 期；赵秉志：《略论罪刑法定原则立法化的价值》，载《法学》1995 年第 3 期；胡云腾：《废除类推及刑法科学化》，载《法学研究》1995 年第 5 期。

的指导思想和基本任务中剔除了关于革命与反革命的阶级话语；二是彻底调整了1979年《刑法》的体系，使得总论和分论的罪刑规范更加合理化；三是废止了类推适用，确立了罪刑法定原则，这也是最根本的原因。1997年《刑法》第3条规定，“法律明文规定为犯罪行为的，依照法律定罪处刑；法律没有明文规定为犯罪行为的，不得定罪处刑”。显然，上述规定罪刑法定原则的条文里夹杂着非罪刑法定主义的其他因素，如何理解《刑法》第3条规定，旋即成为我国罪刑法定原则法典化之后的最根本问题之一。

毫无疑问，罪刑法定原则不应有歧义，它的含义就是“法无明文规定不为罪，法无明文规定不处罚”。这也是贝卡里亚(Beccaria)在《论犯罪与刑罚》中的第一个结论：“只有法律才能为犯罪规定刑罚。只有代表根据社会契约而联合起来的整个社会的立法者才拥有这一权威。任何司法官员都不能自命公正地对该社会的另一成员科处刑罚”。[①] 不同国家的刑法或宪法对罪刑法定原则的文字表述可能不同，但基本意思是完全一致的，如《德国刑法典》第1条规定“对行为的处罚，以行为之前法律有明文规定者为限”，因其关键词是形容词gesetzlich，因而罪刑法定原则又叫Gesetzlichkeitsprinzip，[②]即合法性原则或者法治原则。[③]《日本刑法典》没有规定罪刑法定原则，但该原则被载入《日本国宪法》而成为效力更高的宪法原则，其第39条的基本内容为：任何人在其实行时属于合法的行为或已经被判无罪的行为，均不得再追究刑事上的责任。[④] 概言之，罪刑法定原则的基本方向是限权，

---

① ［意］切萨雷·贝卡里亚：《论犯罪与刑罚》，黄风译，北京大学出版社2008年版，第10页。

② Vlg. Rufolf Rengier, Strafrecht AT, 2018, S. 13f.

③ 2020年6月30日，全国人大常委会通过的《中华人民共和国香港特别行政区维护国家安全法》第5条旗帜鲜明地规定了法治原则：“防范、制止和惩治危害国家安全犯罪，应当坚持法治原则。法律规定为犯罪行为的，依照法律定罪处刑；法律没有规定为犯罪行为的，不得定罪处刑”。该条还明文规定了无罪推定原则：“任何人未经司法机关判罪之前均假定无罪。保障犯罪嫌疑人、被告人和其他诉讼参与人依法享有的辩护权和其他诉讼权利。任何人已经司法程序被最终确定有罪或者宣告无罪的，不得就同一行为再予审判或者惩罚”。这与新中国成立后两个原则及其支持者遭遇的危机相比，显然体现出了我国法治的巨大进步。

④ 《日本国宪法》第31条规定的正当程序原则等也体现了罪刑法定主义。参见［日］山口厚：《刑法总论》，付立庆译，中国人民大学出版社2018年版，第9～10页。

即行为之前没有法律规定（行为合法）则不能启动定罪程序，是告诉司法者“不能做什么”“禁止做什么”。从司法权的能动性上看，罪刑法定显然是消极的、负面的、否定的。但是，我国《刑法》第3条用“分号”这一标点将整个内容一分为二，该条后半段是上述熟悉的罪刑法定原则的基本内容“法律没有明文规定为犯罪行为的，不得定罪处刑”，如果没有前半段，《刑法》第3条的规定与《德国刑法典》第1条规定完全一致。问题的关键就在于，我国的刑法典先添加了前半段“法律明文规定为犯罪行为的，依照法律定罪处刑”，然后才接续了传统罪刑法定主义的内容，这是否意味着，我国1997年《刑法》对罪刑法定原则进行了中国化的新规定？

有学者对此表示肯定，认为我国《刑法》第3条规定了两个方面的罪刑法定原则——前半段属于积极的罪刑法定、后半段属于消极的罪刑法定，①消极的罪刑法定与西方大陆法系的规定大体相同，而积极的罪刑法定则是中国刑法的创新，二者的统一才是罪刑法定原则的“全面的正确内涵”，“两种不同的表述方式，深刻反映着其价值追求与精神实质的相异”。② 详言之，“法律明文规定为犯罪行为的，依照法律定罪处刑”意味着“对于一切犯罪行为，都要严格地运用刑法加以惩罚，做到有法必依、执法必严、违法必究。其基本精神是严肃执法，惩罚犯罪，保护人民”；之所以将这句话放在第3条的前半段，是因为“惩罚犯罪，保护人民，这是第一位的；而防止刑罚权的滥用，以保障人权，这是第二位的”。③ 从这个基本观点出发，积极的罪刑法定原则的第一

---

① 通常而言，能够对罪刑法定原则一分为二的情况有两个：其一，罪刑法定原则分为绝对罪刑法定和相对罪刑法定；其二，如后所述，罪刑法定原则分为形式侧面和实质侧面。其中，绝对罪刑法定原则是指，犯罪与刑罚只能由法律规定且法官没有解释法律的权力，禁止法官解释刑法、所有罪刑规范都应当由立法者予以明细化，这是贝卡里亚式的罪刑法定主义，他认为，解释法律这种行为是罪刑擅断和徇私枉法的源泉，“法律的精神需要探寻，再也没有比这更危险的公理了。采纳了这一公理就等于放弃了堤坝，让位给汹涌的歧见。……当一部法典业已厘定，就应逐字遵守，法官唯一的使命就是判定公民的行为是否符合成文法律”。[意]切萨雷·贝卡里亚：《论犯罪与刑罚》，黄风译，北京大学出版社2008年版，第12~13页。

② 薛瑞麟、杨书文：《论新刑法的基本原则》，载《政法论坛》1997年第5期。

③ 何秉松主编：《刑法教科书》，中国法制出版社1997年版，第66~68页。其实，何秉松教授的这种划分更加直接地揭示了《刑法》第3条背后的真实含义，也是我们认清该条立法原意的最主要借鉴之一。我们确实不可以对《刑法》第3条的前半段假装失明，如果将所谓的“积极的罪刑法定”“消极的罪刑法定”替换为“《刑法》第3条的惩罚积极性”“《刑法》第3条的惩罚消极性”就没有多少争议了。

要义就是惩罚的积极性:法律明文规定为犯罪的,“任何机关或个人,不得违反刑法的规定,任意出人于无罪,宽纵罪犯”。[①] 可见,我国1997年《刑法》在确立了传统意义或经典意义的罪刑法定原则的同时,也在第3条前半段确立了一条与惩罚克制主义相对的原则:惩罚积极主义。我国《刑法》第3条前半段所蕴含的刑罚思想或者刑事政策取向,并不能因后半段确立了罪刑法定原则而被忽视,前半段这句带有刑罚积极主义的表达则是判断我国刑法典立法的整体价值转向是否成功的首要参照系。其实,上述对第3条前半段的理解(积极的罪刑法定)绝非学者的一人之见解,而是表征着当时立法者和部分学者所执着的“用刑罚严厉打击犯罪”的旧观念。例如,刑法修订草案的变化体现了罪刑法定原则确立的妥协性。1995年8月8日全国人大常委会法工委刑法修改小组起草的刑法“总则修改稿”将第3条被拟定为“对于行为时法律没有明文规定为犯罪的,不得定罪处罚”,罪刑法定原则被独立规定为一条,这是罪刑法定主义的表达,而1996年10月10日的修订草案则开始在上述表述前添加了前半段——“法律明文规定为犯罪行为的,依照法律定罪处刑;法律没有明文规定为犯罪行为的,不得定罪处刑”,这一表述被最终保留下来。立法者之所以在传统罪刑法定主义独立成条后又在前面附加了一条并不和谐甚至有些空泛的并列规定,就是因为将罪刑法定主义独立为一条引起了很大争议。不仅具有重型主义倾向的实务部门必然存有疑问,因为罪刑法定主义就是针对司法者、束缚办案手脚,它没有类推适用那样便利;理论学者也对此产生质疑,如中国政法大学教授侯国云始终执着地认定废止类推解释是一种立法的“重大失误”,“类推制度在我国已经实行了数千年,完全可以说它是我国传统法律文化中的一颗璀璨的明珠。然而,今天这颗明珠却失去了光彩,这不能不说是中国法律文化上的一大憾事。为什么类推制度会这么早地被废除掉呢?其主要原因是因为有人认为类推制度与罪刑法定原则相矛盾……其实,这种见解只是注意到了问题的表面,并未深入地、全面地

① 何秉松主编:《刑法教科书》,中国法制出版社1997年版,第68页。时至今日,曲新久教授仍然坚持这一划分,但他已经充分注意到《刑法》第3条所包含的二元价值冲突问题,参见曲新久:《刑法学》,中国政法大学出版社2017年版,第32页。

看问题。……由于废除类推制度之后，对个别严重危害社会的法无明文规定的犯罪行为无法追究刑事责任”。[①] 可见，《刑法》第 3 条的后半段即经典意义的罪刑法定原则的限权功能确实能够在很大程度上限制“打击犯罪”的强度、速度和广度。若单纯基于打击犯罪这一标准或者立场，“法律没有明文规定为犯罪行为的，不得定罪处刑”确实是令人失望的，因而确实需要在“限权”的后半句上添加一个让他人心安的惩罚积极主义表达以重新体现“惩罚犯罪，保护人民”的第一政治站位。1996 年 10 月 10 日刑法修订草案对《刑法》第 3 条前半段的确立，也是因为当时全国严重暴力犯罪大案要案较为凸显，社会治安状况较为复杂，如果一味强调“法律没有明文规定为犯罪行为的，不得定罪处刑”对于解决这一矛盾是无益的，只有贯彻“有法必依、执法必严、违法必究”才符合“严厉打击刑事犯罪”的政策。将“有罪必究”的精神融入罪刑法定原则是最佳的位置选择，在 1997 年《刑法》修订之前，就有学者主张，要使刑法最充分有效地发挥抑制犯罪的作用，就应坚持有罪必究原则，“有罪必究是预防犯罪的重要途径”，[②]“十一届三中全会提出了‘有法可依、有法必依、执法必严、违法必究’的健全社会主义法制的指导方针。要做到‘有法必依’，就必须采用罪刑法定的原则”。[③] 可以说，1997 年《刑法》及其第 3 条其思想进步之处值得肯定！但或许也是罪刑法定法典化的光环太过耀眼，很多人至今仍然轻视了第 3 条前半段多透露的出罪禁止性，“法律明文规定为犯罪行为的，依照法律定罪处刑”的初衷不是提醒司法者要“依照法律定罪”“没有法律就不定罪”，而纯粹是出于“有罪必究”的刑罚积极性，对此不必遮掩，《刑法》第 3 条的前后两段话体现的是两种相反的价值取向，将第 3 条前后不一的两种规定作为罪刑法定原则的两个侧面，是对罪刑法定原则的曲解。

从中外刑法史的角度看，罪刑法定原则的确立是刑法现代化的普遍标志，罪刑法定原则昭示刑法第一价值是个人自由之保障而非社会秩序之维护，积极罪刑法定与消极罪刑法定的两个方面之并立实不存

① 侯国云、梁志敏、张起淮：《论新刑法的进步与失误》，载《政法论坛》1999 年第 1 期。
② 张明楷：《对运用刑法抑止犯罪的几点看法》，载《山东法学》1995 年第 3 期。
③ 周道鸾：《刑法完善刍议》（上），载《法学杂志》1996 年第 3 期。

在。“法制现代化的核心问题是法律精神现代化的问题……法制的现代化进程与进步过程,实质上就是人们对自由、人权、正义不断省思、辩诘、守护的过程”。[①] 与一切法律现代化一样,刑法的“现代化”也从不是时间名词而是刑法作为惩罚法在理念、内容上的实质“转型”,“现代刑法”有着明确的诉求。学界在探究罪刑法定原则的源头时,普遍将之追溯到英国1215年《自由大宪章》,这是因为它初步开始用法律限定王权,“第39条特别禁止约翰王关押、流放‘自由人’(freeman)或者剥夺他的财产,除非经过贵族(peers)的合法裁决(lawful judgment)或者按照国家法律(the law of the land)”。[②] 英国法学家戴雪(Dicey)对法治的第一层解读就是罪刑法定,强调“武断权力的不存在”:“除非英国的普通法院曾依照通常的法律方法业已证明某人确实违反了法律,否则此人不能无故受罚,或被法律处分,以致身体或财物受损。用在如此旨意时,法治与如下每一种政制相反。这个相反的政制是:政府中有一人或数人能够运用宽泛而独断的强制性权力”。[③] 正如宾夕法尼亚大学维拉维尔德(Villaveld)教授所言,“对于戴雪来说,法治中的法(the law)是普通法,是对个人自由(individual freedom)的保护……他的理解继承了作为丰碑的《大宪章》(*Magna Carta*)的传统”。[④] 所以,罪刑法定原则在英语法学界自始是以法律的形式限制刑法专断,它要求“法律主治”(rule of law)——“除法律之外,再无别物可将人入罪”。[⑤] 此时,罪刑法定之首要乃个人自由。英国的法治传统源远流长,在其影响所及的欧洲大陆,罪刑法定原则成为启蒙思想家们用以与封建专制刑法作斗争的武器,这也是古典学派思想的第一瑰宝。例如,持续到18世纪末19世纪初的“警察国”造成了权力干预任意性和不确定性之弊端,如前所述,主张罪刑法定的刑法启蒙者贝卡里亚主张,“超越法律限度的

---

① 齐延平:《法制现代化:一个西方的“幽灵”?》,载《政法论坛》2007年第2期。

② Karl Shoemaker, *The Great Charter Turned* 800: *Remembering Its* 700*th Birthday*, William & Mary Bill of Rights Journal, Vol. 25, p. 503(2016).

③ [英]戴雪:《英宪精义》,雷宾南译,中国法制出版社2017年版,第254页。

④ Jesus Fernandez-Villaverde, *Magna Carta*, *the Rule of Law and the Limits on Government*, International Review of Law & Economics, Vol. 47, p. 22–28(2016).

⑤ [英]戴雪:《英宪精义》,雷宾南译,中国法制出版社2017年版,第267页。

刑罚就不再是一种正义的刑罚”。[①] 在法国,1789 年《人权宣言》第 7 条规定,“除非在法律所规定的情况下并按照法律所指示的程序,不得控告、逮捕或监禁任何人”。[②] 随着制定法观念深入人心,法典化运动此起彼伏,1810 年法国完成近代第一部刑法典,其第 4 条明确规定:没有在犯罪行为时以明文规定刑罚的法律,对任何人不得处以违警罪、轻罪和重罪。在德国,面对恶劣的刑法审判实践,费尔巴哈(Feuerbach)推动制定了 1813 年《巴伐利亚刑法典》,将“无法无刑,无法无罪”的罪刑法定主义也宣示天下,并称之为“刑法的最高原则”。[③] 所以,确定了罪刑法定原则之后的刑法典,应当是对旧刑法罪刑擅断的否认,首先充满了对犯罪嫌疑人、被告人自由的保障,这是形式法治国的核心价值表现。也正是在这个价值层面,我国刑法现代化开启的标志被认为是《大清新刑律》,它开始引入罪刑法定原则。[④] 陈兴良教授曾指出,“刑法是否把人权保障放在首要位置,是法治社会与专制社会的刑罚的根本区别之所在。因此,罪刑法定主义也是上述两种刑法的根本分野”。[⑤] 因而可以肯定地说,“人权的保障与刑罚权的限制是罪刑法定的精髓与本质所在”,[⑥]确立了罪刑法定原则的刑法典是刑法“现代化”的第一表现,它征表着刑法在秩序与自由这对法律价值范畴中首先确定的是个人自由优先。因此,将渗透着“有罪必究”思想的《刑法》第 3 条前半段与罪刑法定原则并入一条,不是对罪刑法定原则的创新而是立法者用“秩序保护思想”“有罪必究观念”对罪刑法定原则之人权保障机能的“斧正”或“平衡”,“法律明文规定为犯罪行为的,依照法律定罪处刑”所体现的中国特色罪刑法定条款实在可以提醒司法者“法律明文规定为犯罪行

---

① [意]切萨雷·贝卡里亚:《论犯罪与刑罚》,黄风译,北京大学出版社 2008 年版,第 10 页。

② Tom Bingham, *The Rule of Law*, Penguin Books Ltd. ,2011, p. 27.

③ 参见[德]费尔巴哈:《德国刑法教科书》,徐久生译,中国方正出版社 2010 年版,第 31 页。

④ 《大清新刑律》第 10 条规定:“凡法律无正条者,不论何种行为,不为罪。”由于当时清王朝并无真心变法,新刑律也无条件实施,因而该法没有成为保障犯罪嫌疑人、被告人自由的法,但难以否认“罪刑法定原则的引入,反映了刑法的价值变向,即由皇权无限向有限转变,从否认民权向承认有限民权转变”。参见孟红:《罪刑法定原则在近代中国》,法律出版社 2011 年版,第 54 页。

⑤ 陈兴良:《罪刑法定主义》,中国法制出版社 2010 年版,第 41 页。

⑥ 梁根林:《罪刑法定的立法解读》,载梁根林、[德]希尔根多夫主编:《中德刑法学者的对话:罪刑法定与刑法解释》,北京大学出版社 2013 年版,第 60 页。

为的,要积极出击,有罪必究,不可宽纵(出罪)”。

三、法条主义与实质刑法观的出发点:避免“教条主义”

行文至此,中国刑事法制与法学中带有天然的意识形态性和政治性有目共睹,除了“政法合一”这种明显的特质外,笔者还未对任何思想或流派进行命名。其实,为某一套范式或者思维加上一个公认的名号,并不是件容易的事,令人轻松的是,影响力很大的理论法学家已经完成了这一任务。例如,苏力教授在2001年曾将改革开放以后的中国法学现实格局分为三个流派:一是1978年至整个20世纪80年代的“政法法学”;二是从20世纪80年代中期贯穿整个20世纪90年代的“法条主义”、“概念法学”或“诠释法学”;三是从20世纪90年代中期开始兴起的“社科学派”。[①] 其后,提出“中国法学向何处去”这一世纪之问的邓正来教授则将法学研究格局划分为“权利本位论”“法条主义”“本土资源论”“法律文化论”。[②] 汤唯教授等认为中国法学尚未建立起所谓的法学流派,取而代之的是不同视野下的法学思潮,如“政治视野”“社会视野”“诠释主义”“批判主义”“综合主义”五种,这是中国法学流派分野的基本端倪。[③] 如果以苏力的划分为模型,邓正来分类中的“本土资源论”“法律文化论”指的是以苏力、梁治平为代表的“社科法学”,而“权利本位论”指的是以张文显教授为代表的“去义务本位论”“去政治化论”,那么与其说邓正来缺少了“政法法学”,不如说他是在“政法法学”的大背景下进行的分类;而汤唯的分类则基本与苏力重合(政治视野=政法法学、社会视野=社科法学、诠释主义=诠释法学/法条主义),只是附加了并不具有多少“派别”区分意义的“批判主义”“综合主义”(其认定的代表人物为沈宗灵、梁慧星、陈兴良等)。对于没有交叉关系的分类,本章不加评判,三位学者共同锁定的仍然是苏力教授的三分法,笔者也以此共同旨趣为背景和标准分析界定中国刑法学的流派

---

① 参见苏力:《也许正在发生——中国当代法学发展的一个概览》,载《比较法研究》2001年第3期。

② 参见邓正来:《中国法学向何处去(上)——建构“中国法律理想图景”时代的论纲》,载《政法论坛》2005年第1期。

③ 参见汤唯、王加卫:《论中国法学流派分野的基本端倪》,载《法律科学》2006年第6期。

纷争。

如前所述，中国刑法学从“无刑法典的时代”到“有刑法典而无罪刑法定的时代”再到“有刑法典有罪刑法定的时代”，其政治化色彩始终存在，改革不彻底的《刑法》第 3 条背后的“重刑主义”“保护社会优位”等思想观念完全阐释着“何为政法法学”。[①] 于是，中国刑法学转型的基本任务就是“去苏俄化”，其核心是“去政治化”，这一尝试基本是先拿我国传统四要件犯罪构成理论“开刀”的。[②] 在这一求索过程中，学术“带头人”陈兴良教授从刑法哲学转向（也言“回归”）了规范刑法学或后来的刑法教义学。[③] 因此，在“去政治化”的过程中，中国刑法学转型的试验场是在刑法解释学、刑法教义学、刑法诠释学领域，[④]那么苏力、

---

① 即便在刑法废止类推解释之后，也有复兴类推解释的声音，如前所述，其主要理由便是：若无类推适用，法无明文规定的严重犯罪如何被定罪呢？例如，论者提出“冒名顶替上大学”“克扣雇工劳动报酬”“制作和贩卖考试作弊工具”“侮辱破坏烈士墓”等行为需要按照类推适用的原则进行处罚，否则难以保护社会秩序和人民权利。参见侯国云、梁志敏、张起淮：《论新刑法的进步与失误》，载《政法论坛》1999 年第 1 期。实际上，恶意欠薪行为直到《刑法修正案八》才纳入犯罪圈，考试作弊类犯罪直到《刑法修正案九》才开始入刑，侮辱烈士行为直到 2021 年 3 月 18 日实施的《刑法修正案十一（草案）》才开始考虑犯罪化，而今日仍然比较突出的“冒名顶替上大学”行为尚处于犯罪圈之外。

② 参见陈兴良：《刑法知识的去苏俄化》，载《政法论坛》2005 年第 5 期。相反的观点，参见薛瑞麟：《对话〈刑法知识的去苏俄化〉的作者》，载《政法论坛》2008 年第 6 期。

③ 关于相关心路历程，可参见陈兴良：《走向规范的刑法学》，北京大学出版社 2018 年版，“前言”。

④ “刑法教义学”、“规范刑法学”与“刑法解释学”完全是一回事，它们采用的都是解释学或“诠释学”的方法论，除写法、语感不同之外，没有必要进行区分。“法教义学”是个外来词，其德语原文是 Rechtsdogmatik，同样采用汉字书写的我国台湾地区则直接称之为“法释义学”，日本学者则翻译为“法解释学”，我国大陆不少刑法学家及年轻学者更愿意称之为“法教义学”也并无特异的内涵，本章并不区分之，本章在同一意义上同时使用“法教义学”“教义法学”“法解释学”“法释义学”“法诠释学”“诠释法学”等。不过，这里需要强调两点：（1）“姓名之争”或“译法之争”是次要的，如张明楷教授所言：“刑法教义学就是刑法解释学，不要试图在刑法解释学之外再建立一门刑法教义学。不管是使用刑法教义学的概念还是使用刑法解释学的概念，解释学永远是刑法学的本体。”参见张明楷：《也论刑法教义学的立场》，载《中外法学》2014 年第 2 期。（2）有一个经历也必须提及，笔者曾经在南京某高校法学院聆听我国台湾地区刑法学者陈子平教授的讲座，当年轻学子用“刑法教义学”作为关键词向陈子平教授发问时，他迷惑地不知学生在提问什么。众所周知，陈子平教授为陈兴良教授的好友，二人联合打造的“海峡两岸中青年刑法学者高级论坛”成为学界一块招牌，而陈子平教授并不知陈兴良教授提倡的“刑法教义学”，这多少让人意外，或许对于他来说，“刑法教义学”这样的称谓在当时太过生僻了些。

邓正来等理论法学家为何指斥其为呆板机械的"法条主义"呢？这正是因为我国《刑法》第3条前半段规定的"有罪必究"使然，《刑法》第3条前半段告诉司法者，对于落入刑法明文规定的行为应当一律入罪、有法必依、违法必究。这种出罪封闭性的思维所作出的个案裁判，就给社科法学落以口实。

刑法解释学在处理一些疑难案件时，其裁断结论有时确实不尽如人意，因而在政法法学遭遇"现代化"转型危机之后，[①]稍显学术化、正常化的刑法解释学、刑法教义学在结论接受度上面临着不少责难。例如，"许霆案"不仅引起了刑法学内部的争论，不少理论法学家也对刑法解释学的方案进行了批判与反思。众所周知，"许霆案"的一审判决结论在社会上引起了极大的争议，二审法院对盗窃罪的性质进行了确认，最终量刑从无期徒刑改为根据《刑法》第63条在法定刑以下判处5年有期徒刑，二审判决的接受度更高，这似乎是刑法解释学的胜利，如二审采用的就是张明楷教授的方案。[②] 但苏力教授则提出，"精细却局限于教义的分析本身无法解救教义分析（或法条主义分析）给许霆案留下的那个重大难题：为什么当教义分析得出的判决与直觉冲突时，必须或应当换另一个教义分析"？苏力认为，刑法解释学之所以要从一审的无期徒刑转到二审的5年有期徒刑或者从盗窃罪转为侵占罪、无罪等，并不是教义学式的学术分析的结果而是加入伦理直觉、利弊分析、政策性（政治性）判断等非教义学分析的结果。苏力甚至直接批评道："没有一个或一些非教义分析的判断作指导，再精美的教义分析也一定会沦为司法实践中的花拳绣腿。有关许霆无罪的教义分析就是这样的花拳绣腿。"无论哪一种教义学方案，"他们的最后结论都是务实（实用主义的）的判断"，尤其刑法学者的"量刑反制定罪论"把某些"可做不可说"或先前不自觉的非教义学思考模式摆在了法学人面前。[③] 苏力教授对

---

① 如前所述，"现代化"从不是时间名词而是法理理念、内容上的实质"转型"，是告别义务本位、倡导权利本位。

② 参见张明楷：《许霆案的刑法学分析》，载《中外法学》2009年第1期。也有学者采用了定罪量刑更轻的侵占罪方案，参见高艳东：《从盗窃到侵占：许霆案的法理与规范分析》，载《中外法学》2008年第3期。

③ 参见苏力：《法条主义、民意与难办案件》，载《中外法学》2009年第1期。

刑法教义学的批判显然带有强烈的社科法学色彩,对许霆案的梳理也体现了本土资源论的苏氏风格:“在当代中国主要属于大陆法系的司法体制中,法律人应以一种追求系统性好结果的实用主义态度,充分利用各种相关信息,基于社会科学的缜密思维,尽可能借助作为整体的司法制度来有效处理难办案件。”①苏力教授的上述批判是有道理的,因为许霆最终被按照《刑法》第63条的例外规定判处5年有期徒刑,这一结果并不是第264条、第63条的单纯教义学分析得出的结果,恰恰相反,正是人们普遍接受这样的轻刑结论才接受了援用第63条法定刑以下判刑的法条分析,如果不借助于利益衡量或者正义直觉、天理人情,本应被判处无期徒刑的许霆何以能够例外减轻处罚是难以探究清楚的。又如,2015年发生在南京的李某某“虐童案”,一审、二审法院均认定李某某对养子构成故意伤害罪并判处其6个月有期徒刑。从刑法解释学的角度,被告人将养子打成轻伤,这已经符合了我国《刑法》第234条故意伤害罪的犯罪构成要件,定罪似乎并不是问题。但苏力教授认为“我们的法官太教条了”,他毫不留情地指出了司法判决是“法治意识形态的裸奔”。何解?在苏力教授看来,当前特别注重依法加强未成年人权益保护,这成为流行的“法治口号”,司法判决“只是在唱高调,一片政治正确的法治和权利话语的泥淖”,即便司法官追求符合未成年人利益最大化原则,也未必真能够符合未成年人利益最大化,因为“他们几乎只是重复大词,坚持政治正确的法治意识形态话语,不会从生活、从此案的细节、从那一丝一缕的事实中,发现并概括相关要素,并用老百姓的话来分析表达,他们也不懂得如何说理,不知是说给谁或该说给谁听,如何让人能听懂”,司法人员在崇拜法条、法律的同时却遗忘了中国家事环境中的另外一些社会规则或纠纷解决机制。② 由于被告人表面上确实符合了故意伤害罪的犯罪构成要件,加之受制于流行口号,司法人员不敢对李某某出罪,这就是我国《刑法》第3条前半段规定的“法律明文规定为犯罪行为的,依照法律定罪处刑”的有罪必究、违法必究的真实

---

① 苏力:《法条主义、民意与难办案件》,载《中外法学》2009年第1期。

② 参见苏力:《当眼里掉进了睫毛——从“南京虐童案”看法律干预家事纠纷》,载《现代法治研究》2016年第1期。

样本。可见,偏重于社科综合性观察方法的社科法学为刑法解释学提供了极好的检视工具,以法条为大前提的解释学在从“政法法学”的告别中暴露出了其他问题,这些问题也许是政法法学思维的残留,也许是知识转型的失败。

由此,以苏力为代表的理论法学家将法教义学、解释学、释义学、诠释学概括为法条主义也就不奇怪了。因为以法条为研究对象的学术活动很容易被认定为机械的注释法学,“以法条为大前提、以案件事实为小前提”的三段式推理中似乎看不到“法条的前提”,那么静态法条遇到动态案件的时候,解释学总会出现捉襟见肘的困境,司法实践也时常印证着批评者的怀疑,要么结论难以被人接受,要么难以从更深层说明裁判理由。因此,尽管论者认为他们用“法条主义”这一词汇是不带感情的中性描述,但“法条主义”这里多少带有一些贬义色彩——教条主义。① 例如,有学者曾指出,法条主义总是自信武断的,在它的图景中“唯有法律而别无其他”,它总是根据业已确立的传统概念而推导出新案件的结论,“这会使法律的发展在适应新的且不断变化的社会与经济环境时蒙遭不适的限制,因为他们完全忽视了法律与社会、经济、政治乃至人之想象之间的关系”,那么法条主义就解释不了自己在适用过程中的功效低下的问题,法条主义“所研究的只是次级事实,亦即存在于法条、判例以及与现行法律系统相关法典中的一些规则而已,然而他们却忽略了这些次级事实背后的许多初级事实或首要事实”。② 桑本谦教授则将这里的“初级事实或首要事实”称为“底层逻辑”,他们对法教义学的一个共同批评是,法教义学的基础至多来自法条或法条衍生的教义学原理,法教义学对于为何会如此立法、为何形成这样的教义学原理认知不足,因而对于新出现的疑难案件就总会顾此失彼,缺乏说服力。众所周知,桑本谦教授钟情于经济学的分析方法,面对许霆案一审判决冲击着人们对“无期徒刑犯罪人应罪大恶极”的直觉,他认为刑法解释学为减轻处罚所提供的“受害人过错”“引诱犯罪”“期待可能性”等并

---

① 为防止褒贬色彩的称谓,有学者主张使用“多元法条主义”以宣示法条主义的内涵与张力,参见刘星:《多元法条主义》,载《法制与社会发展》2015 年第 1 期。

② 邓正来:《中国法学向何处去》,商务印书馆 2014 年版,第 77~78 页。

未提供实质的论证,在不清楚犯罪与刑罚的经济学逻辑的条件下,"引诱犯罪""期待可能性"等概念就成为学者的直觉性表述,应当以许霆案法经济学上的特殊性来构建减轻处罚的唯一理由:其他人利用 ATM 故障的作案成功率接近于零,因而犯罪造成的预期损失以及预防犯罪的社会成本都不大;使用自己的储蓄卡作案,意味着类似案件的破案率趋近于百分之百,因而侦察成本以及其他犯罪控制成本很低,较轻的惩罚也能够产生很强的威慑效果。[①] 这种手法是桑本谦所擅长的变量函数分析法,这种思维方式确实能够更加全面地为解释学方案提供论证理由。

当然,社科法学对刑法解释学的质疑也并非全然不可辩驳,因为在这种初步兴起的整体法学意义上的学派之争,相互之间总还有不少的误解或盲目存在。例如,苏力教授在 2003 年曾经以最高人民法院《关于行为人不明知是不满十四周岁的幼女,双方自愿发生性关系是否构成强奸罪问题的批复》为靶子,运用熟练的社会科学的研究方法(主要是后果考察与经济分析)进行了批判性反思。按照上述批复,行为人确实不知对方是不满 14 周岁的幼女,双方自愿发生性关系,未造成严重后果,情节显著轻微的,不认为是犯罪。苏力教授的批评主要基于以下理由:批复有可能带来不可预料的社会后果如让有权有势群体逃避刑罚制裁;将《刑法》第 236 条隐含规定的严格责任降格为过错责任。因此,苏力教授认为"司法批复对部门法的知识的运用也是非常偏颇的,是'一根筋'的。例如,它只考虑了刑罚的犯罪构成理论,而连由此可能带来的宪法的机构权力配置问题以及刑事诉讼中的证据问题都未予考虑"。[②] 其实,对《刑法》某一条文的解释(注释)恰恰是刑法教义学的专长,苏力教授也该承认这一点,那么第 236 条第 2 款究竟是否属于严格责任,教义学者比社科法学者更有发言权。《刑法》第 14、15 条分别规定了故意犯罪、过失犯罪的罪责,第 15 条第 2 款还特别规定"过失犯罪,法律有规定的才负刑事责任"。上述批复的规定体现的正是刑法学

① 参见桑本谦:《理论法学的迷雾》,法律出版社 2015 年版,第 170 页。

② 苏力:《司法解释、公共政策和最高法院》,载《法学》2003 年第 8 期。关于刑法学者的驳斥,参见刘仁文:《奸淫幼女与严格责任》,载《法学》2003 年第 10 期。

中的责任主义，符合《刑法》总则第14～16条犯罪主观方面要件，《刑法》分则第236条第2款规定的“奸淫不满十四周岁的幼女的，以强奸论”也是要受上述规定约束的，我国《刑法》分则没有规定过失强奸罪，更不承认严格责任或无过错责任，上述批复针对的就是行为人客观上侵害少女性自主决定权（幼女的承诺是无效的）、主观上无强奸故意的情形，而非承认了幼女性自主决定权即自愿的有效性，苏力教授的批判显然没有区分清楚刑法教义学上的主观与客观的关系，刑法解释学完全有能力按照刑法原理对《刑法》第236条第2款作出有说服力的解释，社科法学对构成要件的忽视反而推导出了严格责任这一违背责任主义的归责原则，是不可思议的。社科法学的不满主要源于教义学、法条主义的教条逻辑和封闭演绎，解释学贡献的裁判方案缺乏对社会现实、本土司法环境的观照，社科法学确实能够提出“致命一击”，而在刑法领域能否抛开“法条主义”看重的构成要件而直接将所谓的“底层逻辑”“首要事实”作为大前提，更是留有疑问的。如何看待社科法学提出的法条主义机械性、教条性等弊端，如何实现刑法解释适用的灵活性、开放性、适应性等社科法学看中的优点，实现学派分化中的合作，是学派对立中需要回答的突出问题。

如前所述，1997年《刑法》修订之后，我国第一次迎来了“既有刑法典又有罪刑法定”的黄金时代，且刑法典相较于以往更加系统化，具有全国性影响力的刑法学者迫切地希望与“政法刑法学”切割，希望将罪刑规范的“法定主义”的价值深入到理论与实务的各个方面。但是，《刑法》第3条前半段在传统罪刑法定主义中强注了“违法必究”的血液，在“无法无罪”的法定主义之前附加了“有法即有罪”的法定主义，打击犯罪、保护社会的观念被法定化并仍稳居刑法首要价值之位。于是，那些表面上符合法律明文规定的某个犯罪构成要件的行为，难以被积极出罪化或者难以在类型犯罪之间被轻判，从而引起了社科法学所指摘的“一根筋”，传统罪刑法定原则所体现的保障人权性的“法条主义”被《刑法》第3条前半段改造成了“有罪必究”的教条主义，“依法”定罪往往也就演变为苏力教授所批判的“法治意识形态的裸奔”。因此，面对中国特色的《刑法》第3条，刑事司法者及理论工作者如果仍然意欲实现罪刑法定原则人权保障机能，就不能遵循形式化的犯罪论和解释论，不能单纯坚持“司法克制主义”(既然行为似乎已经进入了刑法明文规定的犯罪圈,那还是不要轻易定无罪,要依照法律定罪处罚),必须允许法官针对个案进行价值判断,在构成要件的初步判断、临时判断之后采取实质的犯罪论,以实现罪刑法定原则的出罪正当化机能。[①] 依法治国、依法定罪、罪刑法定并不是机械地法条至上,罪刑法定原则的最大价值是保障人权而不是保护社会,是限制刑罚权的发动而不是限制司法层面的出罪,也即,它并不限制法官的“不定罪权”,也并不必然要求在表面上有法律明文规定时必须入罪,法官应该在此时享有一定的自由裁量空间。[②] “如果罪刑法定过分苛刻,检察官以及法官缺乏适度的裁量权,如尼采所言,只是历史的奴隶,他们就不可能有效履行‘依法治国’的政治职能。适度的裁量权与法治,因此与罪刑法定原则并不必然相悖。”[③]就此而言,刑法教义学在认定犯罪时就应当体现“入罪合法、出罪合理”的取向,尤其“有罪必究”的刑法工具主义、重刑主义从中国古代刑法残留至今,发掘出罪功能显得尤为重要。因此,在中国《刑法》第 3 条所体现的“有法有罪 + 无法无罪”这种“一条双责”的特殊规定及其惩罚哲学面前,如何在维持刑法安定性的同时实现罪刑法定原则同样要求的“刑罚规范的妥当性”这种司法个案中的实质合理性,不仅是社科法学为教义法学提出的考题,也是刑法教义学、刑法解释学自身在远离“政法法学”的知识转型过程中必须主动回应的学术和实践的核心问题。笔者以为,这正是实质刑法观之所以生成以及有必要存在的基本背景和中心语境。

四、结语

无论我们将罪刑法定原则理解为《刑法》第 3 条整个条文还是仅指后半段,一个不可否认的现实是:大量表面上符合“法律明文规定为犯罪”而实际上不具有实质处罚合理性的行为,都被暂时(从立案到一审)

---

① 参见刘艳红:《刑法的目的与犯罪论的实质化——“中国特色”罪刑法定原则的出罪机制》,载《环球法律评论》2008 年第 1 期。

② 参见付立庆:《善待罪刑法定》,载《法学评论》2005 年第 3 期。

③ 苏力:《当眼里掉进了睫毛——从“南京虐童案”看法律干预家事纠纷》,载《现代法治研究》2016 年第 1 期。

或者终局性(终审)地严格"依照法律"定罪判刑,行为人被卷入刑事追诉程序的各个阶段。《刑法》第3条在承担罪刑法定功能的同时,也肩负着打击犯罪、保护社会的功能,且秩序居于自由之前,罪刑法定的出罪功能暗弱,此种价值取向下的有法必依、违法必究、有"罪"必罚等思想屡屡导致刑法解释学的教条主义。正是在这种背景下,实质刑法观与当时的中国罪刑法定主义条款、法律形式主义逻辑偏执、司法出罪解释勇气不佳等司法现实问题紧密相连,强调入罪合法性的同时,注重出罪合理性,通过追求实质罪刑法定原则即从法教义学和个罪构成要件解释的角度避免司法对现实的僵化反射,促成刑罚规范的实质妥当性。

第二章　实质刑法观的学派志趣

目　次

毋庸讳言，我国刑法理论界和实务界长久以来比较善于实质性思考、专于形式外的政策性思考，这种“引政入法”带来了较多的司法优势和便利。至今，以“社会危害性”为中心的犯罪构成理论仍然发挥着重要影响。新中国成立以后的传统犯罪构成理论本身就是绝对实质的，以至于被批判为“没有构成要件的犯罪构成”。[①] 实质刑法观是建立在我国《刑法》第3条规定了双向罪刑法定原则这一特定语境中的刑法教义学理论，实质刑法观所言的“实质”也是罪刑法定原则之下的实质，这与政法法学的实质思维在起点、终点均不相同。同时，社科法学也强调“实质”：“法社会学倾向于以社

---

① 参见陈兴良：《四要件：没有构成要件的犯罪构成》，载《法学》2010年第1期。

会效果、法律与社会的适配程度等作为评判标准，法人类学倾向于以受众的法律意识、法律世界观、地方性正义等作为评判标准，法经济学则倾向于以效率、成本—效益等作为评判标准……社科法学显然不会醉心于逻辑建构的规范世界，不会以某一标准居高临下地对法律实践进行形式主义批判。”①社科法学注重“从后果出发而不是从法条出发”，②甚至在疑难案件难以决断时直接舍弃了“构成要件”而“回到原始的实质性思路，需要分析作案方式并预测犯罪后果，而评估破案率和作案成功率”。③ 所以，实质刑法观若要成功树立自己的“实质”标签，就需要进一步回答“什么是实质刑法观的学派贡献”问题，这具体涉及：实质刑法观“实质化”与构成要件论存在何种关系？为何在“驱逐”政法法学之后也不可选择实质化的社科法学？在教义法学与社科法学的流派志趣中，实质刑法观是否可以尽最大努力消弭无谓的学派竞争，争取有益的学派同盟？

一、实质刑法观的实质思维：定罪“要件论”抑或其他？

《实质刑法观》在后记中言道：“为什么会写《实质刑法观》一书？现在回想起来，对法律理性主义的兴趣和思考是最主要的原因。不知为何……我始终喜欢古典自由主义哲学家们的思想、理论和观点，这样的兴趣无形中引导着我始终去思考什么是刑法、为什么需要刑法、刑法的核心问题是什么等根源性问题”。④ 这是深入理解实质刑法观法理价值与目标的又一线索，实质刑法观的法哲学基底是理性主义、自然法学。在自然法学中，“理性”始终居于中心位置，因而也可笼统称为“理性主义自然法”，只是“理性”“自然”在不同时期的理解有别。在西方哲学史学中，自然法理论源于古希腊，人们最熟悉的便是斯葛多学派，他们的理性主义表现为：“理性作为一种遍及宇宙的普世力量，乃是法律和正义的基础。……神圣的理性寓于所有人的身心之中，不分国别

---

① 陈柏峰：《社科法学及其功用》，载《法商研究》2014 年第 5 期。

② 侯猛：《社科法学的传统与挑战》，载《法商研究》2014 年第 5 期。

③ 桑本谦：《从要件识别到变量评估：刑事司法如何破解“定性难题”》，载《交大法学》2020 年第 1 期。

④ 刘艳红：《实质刑法观》，中国人民大学出版社 2019 年版，第 332 页。

或种族。因此,存在一种基于理性的普遍的自然法(common law of nature),它在整个宇宙中都是普遍有效的。它的要求对世界各地的任何人都有约束力。"[①]若以著名哲学家为例,从古希腊的芝诺到古罗马的西塞罗,再到中世纪的奥古斯丁、阿奎那,自然法的神学主义或神学色彩更为浓厚,它与神、上帝、宇宙秩序等联系在一起,毫无疑问,神学主义是自然法思想的重要渊源,但自然法思想能够继续流传,显然并不是由于人们都皈依了宗教而信奉它,而是因为"自然法"为"人法""理性""意志"提供了一个高级别的准则,这个准则有助于维系、改善人与人之间的存立关系,这也就为人们摆脱专制框架束缚、追求更高层次的自由或解放提供了支撑。随着自然科学家对"自然"及其神秘力量的进一步认识,尤其天文物理学、数学的发展,自然法理论开始"去神化",开始形成人本主义或人文主义自然法思想。例如,霍布斯在伽利略、笛卡尔的影响之下,按照自然科学的思考方式研究人类社会,认为人类社会如同其他物体一样以"运动"的方式存在,"运动"即会遵循着大自然的物理法则,其自然权利理论呼之欲出:"一般称之为自然权利的,就是每一个人按照自己所愿意的方式运用自己的力量保全自己的天性——也就是保全自己生命——的自由。因此,这种自由就是用他自己的判断和理性认为最适合的手段去做任何事情的自由。"[②]为了避免人们因自卫而产生的"一切人对一切人的战争",人们的理性表现即为"自然法",人们用理性约束自己而寻求和平安定,这也是霍布斯社会契约论的由来,它为个人与国家的关系生成提供了理论解说,也成为启蒙思想的主要组成部分。虽然启蒙思想家对于"该选择何种政体"这一问题各抒己见,但对于自由、平等、人权等理性自然法思想中的价值元素并无异议。尽管不同社会制度架构中的"人定法"可能完全是统治者的"意志",在民主机制尚不完整的情况下,甚至完全成为某个人的"意志","意志"可能是理性的,也可能是任性的,它随着个人的智识而变动不居,唯有理性主义自然法呈现规律性、恒常性,是"人定法"可供借鉴和反省的基

① [美]E. 博登海默:《法理学:法律哲学与法律方法》,邓正来译,中国政法大学出版社2017年版,第19页。

② [英]霍布斯:《利维坦》,黎思复、黎廷弼译,商务印书馆1985年版,第97页。

础，也就是所谓的"正义之源"。自然法思想为何值得肯定和推崇，其根本原因也在于此。

"人定法"是否合乎理性主义即"法律合理性"问题，如上所述，从理性主义这里可以得出的一个法律合理性标准是自然法准则，这显然是一种偏向法律内容合理性的标准。虽然不同社会体制对自然法准则的理解不同，但总有一些是共同的。① 例如，我们对自由、平等、公正、法治等核心价值的崇尚，就是一种理性主义，它们应当被注入任何人定法的宗旨与规则当中，这对法律而言，就是一种内容理性：合乎核心价值的"良法"。至少自韦伯之后，法律的合理性被分为形式合理性与实质合理性，前者是工具理性，后者是价值理性。② 借用这一对范畴，理性主义自然法学派的"理性"天然地属于实质理性，实证法学派则更注重形式理性，因为在前者视野中最重要的是实定法之外的价值规范，后者的视野则基本局限于现存的人定法自身。对此，需要指出两点。

第一，形式理性与实质理性并没有高下之分，实质理性尊崇的自由、平等、人权等值得孜孜以求，形式理性也是来之不易。形式理性通常需要具备三个严苛的条件：有一整套的法律范畴、概念，有合理化运算推理规则，具有可重复性。③ 根据韦伯的理解，法律形式理性的主要特点就是：法律由一套形式化的、意义明确的法律条文组成而不是由宗教命令、伦理规范、风俗习惯构成，这些条文应已体系化，并经得起逻辑分析（如对公民具有行为预测可能性，对法官具有类案指导性）。④ 从韦伯的法律形式理性可以看出，刑法典、刑法学中形式理性的第一位表

---

① 马克思主义法学视野中"法律"与"法"向来属于两个不同的术语：前者是"人定法"即"意志的表现形式"，它与社会经济条件的联系取决于统治成员的认识，把社会经济条件表现得好的法律促进社会经济发展，反之则阻碍社会经济发展；后者是"非人定法"即"一定社会经济条件的法权要求"，它与社会经济条件的联系具有必然性。参见公丕祥主编：《法理学》，复旦大学出版社 2016 年版，第 44～45 页。正是由于"法"的前实证性，有德国学者认为"马克思主义法理学原则上属于'自然法的'思想"。参见［德］伯恩·魏德士：《法理学》，丁晓春、吴越译，法律出版社 2013 年版，第 224 页。

② 参见［德］马克斯·韦伯：《经济与社会》（第 2 卷·上册），阎克文译，上海人民出版社 2020 年版，第 1142 页以下。

③ 参见江必新：《论形式合理性与实质合理性的关系》，载《法治研究》2013 年第 4 期。

④ 参见［德］马克斯·韦伯：《经济与社会》（第 2 卷·上册），阎克文译，上海人民出版社 2020 年版，第 658 页。

达对应的应是罪刑法定,如罪刑法定的第一原则就是成文法主义,它排斥道德、习惯法,居于后位的禁止溯及既往、禁止类推、禁止不定期刑也被称为罪刑法定原则的形式侧面。

第二,钟情形式理性的实证法学派与偏重实质理性的自然法思想也并非凡事均决然切割,形式理性与实质理性具有统一的必要性与可能性。不可否认,法教义学、解释学首先运用的一定是实证法学派的分析框架,但法哲学发展至今,实证主义法学已不等于"油盐不进"的"纯粹法学"。尤其在第二次世界大战以后,自然法学的复兴并不是要掀翻实证主义法学及其形式理性,而是为法律提供(或者强化)更高级别的价值准则。例如,德国学者拉德布鲁赫(Radbruch)撰写了题为《法律的不法与超法律的法》(Gesetzliches Unrecht und übergesetzliches Recht)的论文,这里出现了三个"法":法律(制定法)之"法"Gesetz、不法之"法"Recht、"超法律(超制定法)之法"Recht。从题目上看,之所以能够说某一"人定法"是"不法",正因为评价该法律的标准不在实证法律之内而在实证法律之外,意味着"人定法"(Gesetz)违背了或否定了另一种价值规范(Recht),从而在更高级别的"法"(自然法)上成立"不法"即不正当(Unrecht)。[①] 于是,拉德布鲁赫放弃了"制定法优先"的立场而是有限度地容忍制定法,在"正义与制定法"的冲突上采用了新的模式:实在的、受到立法与权力保障的法获有优先地位,即使其在内容上是不正义和不合目的的,除非制定法与正义间的矛盾达到如此不能容忍的地步,以至于作为"不正当"的制定法必须向正义屈服("不能容忍"公式);在"制定法的不法"与"虽然内容不正确但仍属有效的制定法"这两种情形之间画出一条截然分明的界线是不可能的,但最大限度明确地作出另一种划界还是可能的,即"凡是正义根本不被追求的地方,凡是构成正义之核心的平等在制定实在法时有意被否认的地方,制定法就不再仅仅是'非正确法',毋宁说它压根就缺乏法的性质"("否认"公式)。[②] 拉德布鲁赫的温和主义既最大限度地保留了实证主义法学的尊

① 参见[德]拉德布鲁赫:《法律的不法与超法律的法》,舒国滢译,载雷磊主编:《拉德布鲁赫公式》,中国政法大学出版社 2015 年版,第 10 页。

② 参见[德]拉德布鲁赫:《法律的不法与超法律的法》,舒国滢译,载雷磊主编:《拉德布鲁赫公式》,中国政法大学出版社 2015 年版,第 10 页。

严(如法效力),也为自然法学派的浸入撕开了一个缺口。拉德布鲁赫公式总体仍以形式理性优先为原则,以实质理性突破形式理性的前提是制定法的正义性(实质理性)被破坏到、困乏到不可容忍的程度。如上所述,罪刑法定原则法典化的时代,刑法解释学应优先致力于维持刑法的形式理性即形式理性优先,不能抛弃形式理性所要求的形式化、明确化、逻辑化的条文而采用实质理性优先,但这并不意味着实质理性无立足之地。法解释学(司法)追求形式理性优先必须同时具备两个融合性的前提:第一个前提是法律制度已经实现了实质合理化,否则法律本身的正当性、正义性问题悬而未决,盲目的形式理性优先就会陷入所谓的概念法学、教条主义的泥淖;第二个前提是法律制度已经实现了形式合理化,也即,一个被认为符合正义的法律制度,同时也拥有一套形式化的合理而完备的范畴体系,拥有一套逻辑严谨的形式合理化的运算规则,“只要遵循这些运算规则把相关的法律概念和范畴恰当地适用于待决争议,就可以基本上保证在大多数案件中普遍正义和个案正义、形式合理性和实质合理性均得到较好的实现”。[①] 在法制不健全、法学不发达的社会环境中,刑法典的形式理性在立法过程中必然具有不完整性、刑法典在人权保障方面也必然呈现不彻底性,因而上述两个前提可能不会同时具备。因此,在应当维持“无法无罪”这种基本形式理性优先原则的同时,刑法内容的明确性、适正性(禁止处罚不当罚行为、禁止残虐的刑罚)等实质理性就不可偏废,上述实质理性构成了罪刑法定原则的实质侧面。[②]

刑法教义学内形式理性与实质理性的冲突表现为,行为实质上具有处罚必要性而形式上无明文之规定(合法不合理),或者形式上有明文规定而行为实质上无处罚必要性(合理不合法)。对于前者,应尽可能地通过而不是绕开形式合理性去实现实质合理性,实质正义只能通过形式合理性表现出来,不能离开合法性这个前提去追求个案结果的实质合理性;对于后者,应按照法律的目的和原则对法律文义进行限缩

① 郑成良:《论法律形式合理性的十个问题》,载《法制与社会发展》2005年第6期。

② 罪刑法定本来禁止类推解释、禁止溯及既往,但现在发展出了公认的修正原则——准许有利于被告人的类推解释、主张从旧兼从轻的有利溯及既往,均是从实质理性出发对形式主义罪刑法定的纠偏。

或者扩张，使法律规范贴近实质合理性。[①] 上述两种情形对应的处理方式均是罪刑法定原则的基本要求，罪刑法定原则既体现为形式理性也体现为实质理性，二者的“理性”根源就在于个人自由之保障。因此，对罪刑法定原则的理解既不是绝对主义的罪刑法定，也不是法律实证主义的罪刑法定，而是融合了理性主义法律观的罪刑法定，它既反对法律虚无主义，又反对价值虚无主义。在反对法律虚无主义、维持形式理性优先的过程中，法教义学也需要实质化的思维，主要指开放的构成要件、空白刑法规范、规范的构成要件要素、因果关系归属的实质解释等，以明晰构成要件的范围、最终确证待决行为的“犯罪构成要件的不符合性”（确认行为虽不合理却合法），在此方面不存在不顾实质的所谓“形式刑法观”；在反对价值虚无主义、最大限度保持“形式理性贴合实质理性”的过程中，实质化的逻辑不是针对入罪而是针对出罪，将表面上符合犯罪构成要件、实质上不具有处罚合理性的行为通过实质犯罪论最终排除构成要件符合性，以实现刑罚法规适用的妥当性（确认行为合理亦合法）。因此，实质刑法观是坚定的“要件论”。

二、社科法学“规则隐退”趋向的辨析

实质刑法观“实质化”的基本逻辑是，“崇尚理性的方法，即以形式理性为前提，以实质理性为基点，提倡实质主义的思考模式”，通过对构成要件（形式理性、形式的罪刑法定）的解释从实质可罚性角度甄别值得处罚的不法与罪责，以使之合乎刑罚法规妥当性（实质理性、实质的罪刑法定），限定刑法的处罚范围。[②] 由此观之，作为刑法教义学理论的实质刑法观以划定明确妥当的“构成要件”为己任，犯罪构成要件的传统机能——自由权保障——同样是实质刑法观的维护对象。然而，由于对要件的重视，社科法学者将这一特点视为法教义学的最大弊病：教义法学陷入了法条主义、“隐含了对语词和概念的迷恋，一种柏拉图主义倾向”，而社科法学则“偏好实用主义，注重经世致用，相信知识源自

① 参见江必新：《论形式合理性与实质合理性的关系》，载《法治研究》2013 年第 4 期。

② 参见刘艳红：《实质刑法观》，中国人民大学出版社 2019 年版，第 288 页。

生活,反感本本主义”。① 法教义学尤其刑法教义学为何重视本本、为何追求法条主义、为何视“要件”为生命?从社科法学的上述措辞中明显可以感受到他们对“死抠法条”的不满和“挣脱法条”束缚的欲望,前文已经初次领略了社科法学的风骚,那只是为了呈现转型中国学派格局雏形,本部分将围绕社科法学超越“要件”的“实质思维”“底层逻辑”分析其全貌,论证目标只有一个:实质刑法观追求的“实质”不同于社科法学的“实质”,实质刑法观的方向仍然是坚定的“走向教义的刑法学”而不是走向社科法学。②

(一)社科法学的司法路线:结果式与规则式辨析

“社科法学”从何而来?从概念上看,“社科法学”是一个奇奇怪怪的称谓,它并不是舶来的概念而是中国学者自创的一个流派。法学本就属于社会科学即“社科”的分支,“社科法学”的命名就像“植物香樟树”“动物金丝猴”一样饶舌,不过考虑到中国法学界的奇妙概念实在太多,任何说法我们似乎都能接受。比如刑法学中的“短缩的二行为犯”,纵然初习者每一个汉字都认识,但还是不知其所云,只有读完它的定义之后他才恍然大悟:“虚假的复合行为犯”(verkümmert zweiaktige Delikt)即“间接目的犯”。又如,什么是“一身处罚阻却事由”?初习者可能也不知道,当看完德语概念之后,他才能明白:“专属于个人身份的刑罚阻却事由”或“人身性的刑罚阻却事由”(persönlich Strafausscschließunsgründ),③那么,完全由中国学者自己制造的“社科法学”又在讲些什么?社科法学的肇始者指出,“大约从 90 年代中期开始,中国法学界又出现了一点新的气象。出于种种原因,不满足于对法条、概念的解释,试图探讨支撑法条背后的社会历史根据,探讨制定法在中国社会中实际运作的状况以及其构成这些状况的诸多社会条件。这一派可以暂且称之为社科学派。……这些学者更注重当代社会科学

---

① 苏力:《中国法学研究格局的流变》,载《法商研究》2014 年第 5 期。

② 为何把“社科法学”作为研究对象?除了前文论及的学派雏形的因素之外,更重要的原因在于,“社科法学”的目的就是与“法教义学”(教义法学)对垒,且已经在批判部门法教义学的过程中为部门法贡献了不少智慧,那么为何仍然不能转向社科法学?社科法学对于法教义学究竟有何用?法教义学应如何接招?这些就成为一个不得不回答的问题。

③ Vlg. Claus Roxin, Strafrecht AT, Band I, 2003, S. 1037f.

的实证研究传统。因此,尽管这一学派内部也是纷繁复杂,但其最大的共同特点就是——自觉地或迫不得已地——不把法律话语作为一个自给自足的体系,而是试图从法律话语与社会实践联系起来予以考察,考察其实践效果"。① 可见,"社科法学"与"法社会学"是同义的,对应的英文是"Social Sciences of Law",核心词是"Social Sciences","Law"是定语,因而它实际上仍然是"法律的社会科学""法社会学"而不是"社会科学法学""社会法学""社科法学",从"社科法学"的期刊阵地《法律和社会科学》也可以看出这一点。以 2013 年"社科法学连线"这一学术共同体的提出为标志,"社科法学"进入了"集体凹造型"的阶段,相关学者以理论法学研究者为主,如苏力、陈瑞华、桑本谦、戴昕、侯猛、陈柏峰、尤陈俊等,②他们多以部门法教义学的方法或个案分析为批评对象。在以"某某法学"为名位划分的"法学格局"中,"社科法学的称谓虽未必严谨,但方便交流",③这或许才是该新词汇的最大意义。随着苏力本人学术兴趣的转移和社科法学研究队伍的不断壮大,法律经济分析、法律心理学、法律与文学等交叉学科视角都进入了社科法学的领地。④ 基于社科法学内部的方法多样性,本章仅围绕它们与"构成要件论"的关系问题进行反思。

社科法学指斥教义法学为本本主义,但正是本本主义才最大限度地在刑事司法中确定了法条主义、规则主义、罪刑法定主义,社科法学对规则、要件的弱化甚至舍弃也许显现了法律的灵活性、开放性,但却不利于发挥法定构成要件的限权机能,"规则隐退"的结果与政法法学的实质化思维无异。社科法学认为,"法学和法律的发展必须不断从各

---

① 苏力:《也许正在发生——中国当代法学发展的一个概览》,载《比较法研究》2001 年第 3 期。

② 法学家苏力的学术影响至少涉及两代法学家、三代学人,"社科法学连线"也以苏力教授为"盟主",原因可能在于他就是那个"给人自信的人":"我们每个人都有不自信的时候,重要的是找到一个对你影响深刻的学者,就是那个在你关键时候、你不自信的时候他让你自信了,让你发现原来你之前独自走的那条你以为是错误的路,其实是正确的。"参见陈柏峰、侯猛、苏力、桑本谦、成凡:《对话苏力:什么是你的贡献》,载《法律与社会科学》2014 年第 1 期。

③ 侯猛:《社科法学的传统与挑战》,载《法商研究》2014 年第 5 期。

④ 参见刘思达:《美国"法律与社会运动"的兴起与批判》,载《交大法学》2016 年第 1 期。

个学科汲取新的知识。同样发现现实与规则的冲突,诠释法学派可能优先假定规则的优越,因此更多强调现实对于规则的服从;而社科法学派则力求不假定现实或规则任何之一具有天然的优先性,更多强调首先要理解现实与规则之间冲突的机理,在研究和发现现实的基础上作出调整规则或改变现实的判断”。[①] 不可否认,社科法学对于立法论上规则调整即立法修订意义重大,因为立法活动就是要综合各种利弊得失,包括对相关主体各方的影响、未来司法成本的考虑甚至历史价值的传承等,立法者应当将法律与其他领域结合起来作通盘考究,如此才能彰显立法的本土性、科学性和适应性。但是,社科法学与教义法学、诠释法学的讨论语境在于司法而非其他,解释学的对象本就是现有法条文本,司法的适用依据首先在于规则,如果社科法学在社会科学分析方法的运用中不假定规则的优先而是最终作出“调整规则”的建言,那么他要么是在谈论立法,要么是在类推解释。在这种意义上把握社会科学,与政法法学的思路大同小异。如前所述,改革开放前后的政法法学在刑事司法上也特别喜爱规则之外的“社会因素”,其“形势需要论”也是以“反本本主义”“释放法律发展性”为出发点:“一切法律、法令,也包括刑法在内,无论规定得如何具体、如何详尽,也总是一般的行为规范,而现实中的具体情况,总是千差万别的,总是在不断发展变化的。犯罪本身就是一个复杂的社会现象”。[②]

社科法学的支持者主要是理论法学家,他们热爱法学之外的社会科学知识的辅助分析,正所谓“旁观者清”,他们在疑难案件讨论中确实为司法贡献了很多的贴合实际、开阔视野的有益方案,如许霆案、李昌魁案、梁丽案、快播案等,但社科法学只能作为判决的一个附属论证理由,刑法学的本体、刑事司法的本体仍然是且必须是教义学、解释学。因为教义学的“本本主义”正是为了确立刑法司法的安定性,从入罪的角度,这种本本主义是罪刑法定、形式理性的表现。社科法学从案件发生的本土背景、社会制度、大众民意、司法成本等眼光分析定罪量刑,纵

---

① 苏力:《也许正在发生——中国当代法学发展的一个概览》,载《比较法研究》2001年第3期。

② 余国栋:《定罪量刑要服从形势需要》,载《现代法学》1980年第4期。

然说服力再强，但若不能将经济分析、后果考量纳入构成要件的分析之中，不将司法民主与民意放进刑罚理论之中，"即或分析再细致入微，恐怕也难以作为刑事法官定罪量刑的根据。否则，法学人深邃的制度考察眼光无法为民众得出具有合法性的结论"。[①] 桑本谦认为，"罪责评价的绝对尺度是犯罪的预期损失，因此定罪量刑需要考虑破案率、作案成功率等决定刑罚威慑水平和犯罪预期损失的各种变量。以变量评估取代要件识别，可以有效应对刑事司法实践中的定性难题"。[②] 例如，甲谎称其受某市烟草局委托管理一片海水养殖区域，受害人信以为真，遂同意与甲签订租赁合同，甲因此非法获利 3 万元，检方拟以诈骗罪起诉，但有异议认为甲只构成民法上的无权处分。刑法解释学的分析路线一般是以诈骗罪的构成要件为大前提即"虚构事实隐瞒真相—对方陷入认识错误—基于认识错误处分财产—行为人取得财产—被害人具有损失"，甲行为诈骗类犯罪的构成要件符合性没有疑问，且法益侵害性也颇为明显。桑本谦跳过构成要件而直接进入所谓诈骗罪的"底层逻辑"中，"如果破案率接近百分之百，受害人可以自破案件，就通常可以定性为民事欺诈；而如果破案率很低，非警方介入不可，就只能定性为诈骗罪。……只要烟草局发现其海滩用地被他人处分，就可以自破案件而无须警方介入，破案率逼近百分之百，且在正常情况下，两个受害人(承租人未必是)都可以通过民事诉讼追回全部损失。因而无论在哪种意义上，该案都无须以诈骗罪论处"。[③] 可见，社科法学在案件分析中根本不涉及犯罪构成要件的分析，上述案件在教义学看来，根本不是一个疑难案件，也不属于"表面符合构成要件而不具有处罚必要性"的情形，控辩双方的疑问总是有的，而构成要件的分析是必要的。如果按照经济分析模式中的破案率、作案成功率、损失弥补率等成本效益情况，恐怕所有财产性犯罪都没有必要存在了，毕竟财产损失的可恢复性

---

① 刘艳红:《中国法学流派志趣下刑法学的发展方向:教义学化》,载《政治与法律》2018 年第 7 期。

② 桑本谦:《从要件识别到变量评估:刑事司法如何破解"定性难题"》,载《交大法学》2020 年第 1 期。

③ 桑本谦:《从要件识别到变量评估:刑事司法如何破解"定性难题"》,载《交大法学》2020 年第 1 期。

是最简单的，恐怕也只有一心想蹲监狱的人才会拒绝这种优待，以所谓的"底层逻辑"对构成要件进行解构，最终解构的恐怕就是刑法本身。况且，变量函数的分析方法直接绕过诈骗罪构成要件（此外，还绕过了侵占罪与盗窃罪、寻衅滋事罪与事后抢劫的构成要件区分），那么任何犯罪在面对认定疑难时，采用"作案成功率""破案率"这样更加模糊的变量标准来确定，刑法分则的犯罪及其类型也毫无意义。如果"要件识别"在某些情况下是不重要的，那么我们同样采用后果主义的观察方法会得出什么呢？抛开构成要件而引入构成要件之外的其他"成本—效益"的分析方法，岂不是为别有用心者大开方便之门？毕竟上述法经济学的计算方法也不是所谓的真正"函数"，而是一个只有一个等式的二元一次方程，这是无解的。

（二）社科法学的宗旨："为了社会而学术"辨析

社科法学以所谓的法律之外的社会学知识活跃法学实践性研究，即号召"为了社会而学术"，[①]但教义法学也不是从概念到概念地"为了学术而学术"，即便三段论也是考虑小前提即案件事实本身，教义学的封闭性根本不是在"教条"里自我陶醉而是面向实践的学问。"运用社会科学的方法分析法律问题"确实是社科法学的看家本领，但却不是社科法学的独门秘笈。教义法学发展至今，早已跳脱了当初概念法学的窠臼，教义法学的各种法律方法不是呆板概念的堆砌，不是不思进取的教条主义，即便刑法教义学者特别看重"法条"，那也是由于罪刑法定这一"铁则"要求定罪量刑"以法条有明文规定为前提"所致。社科法学看重法学的实践性，刑法教义学也致力于发扬法学的经世致用，实质刑法观眼中的教义法学方法从来都不是仅依据规则就得出结论，而始终承认"刑法产生并存活于民众信念和社会总体现实"、始终"立足于规则之上，同时求助于实质正义、社会经验和当下的情境来形成判断"。[②] 质言之，刑法教义学不是执念于条文而不关心社会后果，而是特别讲究通过何种法律规则、法律程序、法律方法引入社会后果，特别注重将规范

---

① 苏力：《也许正在发生——中国当代法学发展的一个概览》，载《比较法研究》2001年第3期。

② 刘艳红：《实质刑法观》，中国人民大学出版社2019年版，第253页。

外的政治判断、政策考量、经济算法等纳入犯罪构成要件分析之中，这是社科法学（政法法学亦如是）的实质化逻辑与实质刑法观实质化逻辑的最大不同。毕竟，刑法的司法哲学既不是“超越现实主义”，更不是“超越法律主义”。

对于教义法学面向实践的结果式考察，社科法学的指责是“教义学法学边界模糊”，可“边界模糊”更像是社科法学的缺点，有些研究方法本就是中性的，不能因为社科法学将其归入囊中就批评其他派别是在“偷师”。苏力指出，“今天的法教义学也已经升级了，已不仅仅以教义、信条或概念为中心展开研究。有些学者将法教义学完全等同于法释义学或法解释学，并且宽泛到几乎不予限定的目的性解释。例如，在刑法中甚至包括极为宽泛的刑事公共政策。如此法教义学的边界就变得很模糊”。[①] 对此，笔者认为苏力的上述说辞一半是对的，一半是错的，这倒不是笔者在辩证看待苏力，而是基于以下认知。

其一，“目的解释”不是今日法教义学的升级，它早在“社科法学”之前就已经存在于法学方法论中，这也证明了法教义学根本不是与“社会科学隔离”的本本主义。社科法学习惯于认为，教义法学关心社会“更像是由社科法学主导，尽管这些研究者根本不在乎或并没在乎‘社科法学’这个标签”。[②] 但是，教义法学、法解释学也从来没有否认自己是社会科学的一部分，法学的教义、本本都是来定分止争的，如果社科法学认为目的解释属于社科法学的范畴，是社科法学的专属，那么社科法学是否也对目的解释带来的灾难负责？毫无疑问，相对于本本而言，目的解释讲求的是实质主义的解释路线。在德国法学史上，我们耳熟能详的很多大师都是希特勒的献媚者，目的性地、功能性地解释法律概念是纳粹学者的惯用伎俩，最具代表性的就是被我们奉为法学方法论大师的拉伦茨（Lanenz）。作为“民族社会主义德意志讲师联盟”成员，他拒绝法律概念的形式化定义，努力将社会上最强势的大众观念即民族共同体秩序、德意志民族精神等纳入法律教义学，在1935年发表的《权利人与主观权利》（Rechtsperson und subjectives Recht）中对《德国民法典》第1条“人的权

---

① 苏力：《中国法学研究格局的流变》，载《法商研究》2014年第5期。

② 苏力：《中国法学研究格局的流变》，载《法商研究》2014年第5期。

利能力始于出生的完成”中的“人”(Menschen)进行了目的性解释:只有民族成员才具有权利能力,只有德意志血统的人才是民族成员,[①]犹太人、吉普赛人等则“作为客人只享有派生的和限制的权利能力”。[②] 可见,与其他所有时代一样,拉伦茨的目的解释是根据国家社会主义的社会需求,法学家居然可以别有用心地、实质地、政策性地定义“什么是人”“什么不是人”。如此,种族分子可以打着“目的解释”的旗号,大义凛然地将其他民族当作牲口一样加以驱逐并剥夺他们本该同其他人种相等的人身、财产甚至生命权利。那么,社科法学是否也该来为这个恐怖的种族主义法学的“买单”? 社科法学应该明白,当他们把某个中性的方法据为己有时,也必须要接受它的所有缺点和耻辱。因此,苏力教授的错误之处在于,事先划定了法教义学本本主义、教条主义的狭义边界(或偏见),一旦法教义学突破本本主义,便认定其侵入了社科法学等其他派别的领地。

其二,苏力教授的正确之处在于,如今的法教义学确实有边界模糊的趋势。这种模糊性是政法法学的残余思想所导致,即刑事政策对刑法教义学的过度介入。大约从2011年德国学者罗克辛(Roxin)的演讲被翻译成中文之后,刑事政策与刑法的关系研究再次热烈起来,[③]不少学者主张“刑事政策与刑法体系”的融合即“跨越‘李斯特鸿沟’而进入

---

① 参见黄明瑞:《纳粹时期的拉伦茨——德国法学界的一页黑暗史》,载《台大法律论丛》2003年第5期。

② [德]马丁内克:《卡尔·拉伦茨(1903—1993年)》,田士永译,载郑永流主编:《法哲学与法社会学论丛》第19卷,法律出版社2015年版,第283页。

③ 需要指出的是,罗克辛的“刑法体系”(Strafrechtssystem)专指“犯罪论体系”。本来“刑法体系”(刑法教义学)当然包括了犯罪论与刑罚论,如对我国《刑法》第49条“审判的时候怀孕的妇女”、第50条“限制减刑”、第64条没收“供犯罪所用的本人财物”、第67条“如实供述自己的罪行”等规定的解释与适用分析当然属于刑法体系和刑法教义学的范畴。那么,李斯特根本没有造成整个刑法体系与刑事政策的分离,他著名的“马堡计划”(包括量刑上的行为人主义、教育刑、不定期刑)贯彻的就是刑事政策或预防目的(参见徐久生:《德语国家的犯罪学研究》,中国法制出版社1999年版,第44~47页。)我国刑法以及刑法司法解释规定的死刑适用政策、累犯适用政策、法定刑以下减轻处罚、量刑规范化细则等皆为刑罚中刑事政策的体现,甚至可以说这就是刑事政策本身(刑事政策刑法化),二者之间任何时候不可能存在“鸿沟”。于是,所谓的刑事政策与“刑法体系”的鸿沟就只可能存在于前者与“犯罪论体系”之中,其实不能将罗克辛的讨论推广到整个刑法与刑事政策的关系问题上,但学界都受到了这一翻译的误导,而重拾了多年前的讨论。

‘罗克辛贯通’”。[①] 刑法教义学之所以会重新朝向刑事政策，主要是鉴于两点：一是鉴于法教义学体系性思考对社会问题性思考的不适应性，如罗克辛所言，“若刑事政策的课题不能够或不允许进入教义学（定罪论——笔者注）的方法中，那么从体系中得出的正确结论虽然是明确和稳定的，但是却无法保证合乎事实的结果”，[②]这与社科法学持相同论调；二是我国政法法学传统短期内很难被彻底断裂，入罪时的预防政策先导属于官方最拿手的技能，这一理论主张迎合了司法上的能动主义。陈兴良教授作为“形式解释论”的代表，其主张“罗克辛贯通”，这一点让人略感意外，因为“刑事政策的课题”就是纳入一种目的性、实用性、实质性的思考，这与他“回到贝林”的命题似有龃龉，既然必须要融入实质化思考，也就印证实质构成要件论、实质犯罪论、实质刑法观的不可回避性。其实，问题的关键仍旧在于这种刑事政策的方向在哪里，“极为宽泛的刑事公共政策”进入刑法教义学之后，如果忘记了形式理性，刑法教义学边界确实变得模糊，很可能就与前述社科法学、政法法学的论调重叠在一起。在实现所谓的“罗克辛贯通”之前，我们必须要认清楚“李斯特鸿沟”，这也是实质刑法观在犯罪论体系上的前提。作为一个名垂史册的刑事政策学家、整体刑法学的提出者，李斯特没有在犯罪论体系上以实现（特殊）预防为先导即没有以刑罚目的（目的刑）改造犯罪论，而是成为一个犯罪论的古典学派论者，那么他为何不在犯罪论体系中发挥自己的刑事政策专长，反而硬生生地制造了被罗克辛所指摘的“李斯特鸿沟”？这是因为李斯特特别看重构成要件的罪刑法定意义：“刑法典是犯罪人的大宪章，这听起来似乎有点荒诞。但刑法保护的不是法律秩序，不是社会全体（Gesamtheit），而是对抗它们的个人。刑法典通过书面的形式确认了如下规则：惩罚只有在法定条件和法定界限内才能被容许。‘无法无罪，无法无刑’这一双重原则是公民抵御国家无上权力、抗衡多数人暴政以及与‘利维坦’进行抗争的堡垒。多年以前我就已经把刑法典作为‘国家合法有限刑罚权’的标志，现在我也仍然宣示：

① 陈兴良：《刑法教义学与刑事政策的关系：从李斯特鸿沟到罗克辛贯通》，载《中外法学》2013 年第 5 期。

② ［德］克劳斯·罗克辛：《刑事政策与刑法体系》，蔡桂生译，中国人民大学出版社 2011 年版，第 7 页。

刑法典是刑事政策不可逾越的藩篱。"[①]这就是李斯特在罪刑法定之下为实现刑事政策的设置的限制，[②]"李斯特鸿沟"并不是李斯特的理论缺陷，恰恰是有意为之。

至于刑事政策、实质化思维，李斯特在犯罪论体系并没有拒斥。例如，实质违法性理论毫无矛盾地存在于身处形式法治国时代的李斯特犯罪论体系当中，并且李斯特也承认利益衡量，他指出"对行为的法律评价，可能有两个考察方法：(1)形式违法是指违反国家法规、违反法制的要求或禁止规定的行为。(2)实质违法是指危害社会的(反社会的)行为。违法行为是对受法律保护的个人或集体的重要利益的侵害。……构成法制最后和最高任务的人类共同生活目标的要求，在此等矛盾、冲突中牺牲价值低的利益，如果只有以此为代价才能维护价值高的利益的话"。[③] 可见，李斯特在不法论中的实质化思考与罗克辛的"架桥构想"并不构成根本区别。正如有学者所言，"罗克辛所谓跨越李斯特鸿沟中被跨越的对象与原本意义上的李斯特鸿沟可能不是一回事"。[④] 所以，徐久生教授的诘问不得不引起重视："我们对李斯特以及罗克辛提出该话题的本来意义是什么真的了解清楚了吗？从学界现有的争论看，回答似乎应该是否定的。罗克辛的目的理性犯罪论体系真的能够跨越所谓的李斯特鸿沟吗？从实然和应然两个层面看，回答依然是否定的。"[⑤]因此，罗克辛所说的"李斯特鸿沟"其实并不存在，如果说李斯特的犯罪论体系与刑事政策之间存在一定疏离并可以被称为"鸿沟"的

---

① Vgl. Suanne Ehret, Franz von Liszt und das Gestzlichkeitsprinzip, 1996, S. 19.

② 李斯特提供了一个定罪量刑的二元结构：犯罪论解决的是处罚的先决条件(报应主义)，只有条件具备即犯罪成立之后才会考虑预防目的(预防主义)，预防论是一种量刑理论而非定罪理论。我们长久以来将李斯特划归到新派并将新派模式化为刑法主观主义阵营，是以刑罚目的推导犯罪论即以最大限度地预防犯罪的目的为指导构建犯罪论立场，毕竟刑法主观主义更有利于做到对行为的统制，继而预防犯罪。这恰恰忽视了"李斯特鸿沟"对刑法目的理性从刑罚论穿越到犯罪论的拦截、阻隔意义，殊不知由于"李斯特鸿沟"的存在，"新派——刑法主观主义"的对应图式在李斯特这里是失灵的。如此看来，新派旧派的区分来源是刑罚论(量刑论)与非犯罪论，李斯特就自称为新派，参见[德]冯·李斯特：《论犯罪、刑罚与刑事政策》，徐久生译，北京大学出版社2016年版，第171页。

③ [德]李斯特：《德国刑法教科书》，徐久生译，法律出版社2006年版，第200~201页。

④ 邹兵建：《跨越李斯特鸿沟：一场误会》，载《环球法律评论》2014年第2期。

⑤ 徐久生：《冯·李斯特生平及刑法思想》，载[德]冯·李斯特：《论犯罪、刑罚与刑事政策》，徐久生译，北京大学出版社2016年版，第14页。

话,那么这个真正意义上的“李斯特鸿沟”恰恰是李斯特限制刑事政策即实质化判断侵入定罪论、防备“规则隐退”、保持刑法教义学边界的合理设置,这一点也被实质刑法观的实质不法论、实质犯罪论所坚持。

总之,实质刑法观的实质化异于政法法学的实质化,也区别于社科法学的实质化。前者基本体现为形势需要的入罪实质化,后者体现为法外情理资源的出入罪实质化。二者的不同点在于前者在我国往往表现为意识形态异化的实质非理性,后者则凭借深厚的理论法学基础与视野而追求实质理性,但二者的相同点在于均有矮化、摒弃“要件论”之倾向。面对派别之争,熊秉元教授曾指出,“朱苏力可以说只踏出了第一步,指出了传统教义法学的缺失;第二步,是要找到替代方案,而不是满足于一个笼统的‘社科法学’而已！找到更好、更有说服力的方法论之后,才能为法学界的工具箱更新武器配备”。[①] 就“规则隐退”这一根本缺陷而言,意图告别政法法学的中国刑法学的应然转向应是“教义学化”而绝非“社科法学化”,在此基础上,法教义学也必须谦逊地吸收社科法学家的聪明才智,实质刑法观正是为这些努力提供的方案。

三、实质刑法观的构成要件出罪化方案:近十年研究述评

实质刑法观追求实质罪刑法定原则,在强调入罪合法性的同时,更注重出罪合理性,“实质出罪论”是实质刑法观的根本目标之一,如前所述,它与中国特色罪刑法定主义条款、违法必究逻辑偏执、司法出罪解释勇气不佳等现实问题紧密相连。“实质出罪论”也成为实质刑法观与其他实质入罪刑法观念的分水岭,是实质刑法观的立场与方法之所以具有本土意义的关键。在《实质刑法观》之后,刘艳红教授继续深入《实质犯罪论》以及实质解释论《实质出罪论》,此研究三部曲贯彻的核心追求之一就是实质刑法观一以贯之的“注重甄别值得处罚的法益侵害行为”“注重甄别值得处罚的有责行为”,排除实质上不应当处罚的行为,补正我国罪刑法定原则的错位、补足人权保障机能的缺位。作为一种方法论的“实质解释论”的出罪逻辑和意义已经在热点案件讨论中得到了较为完整的展示,这是其致力于解决实践问题、提供行动方案的直接证明。

---

① 熊秉元:《论社科法学与教义法学之争》,载《华东政法大学学报》2014 年第 6 期。

（一）实质解释论的证立研究

在我国，受罪刑法定原则司法化的学术影响，刑法方法论研究在2005年前后到达第一波高潮，学者的个体研究以刑法解释学领航者张明楷教授的《刑法分则的解释原理》（中国人民大学出版社2004年版）为代表，学界集体研究以全国中青年刑法学者专题研讨会论文集即梁根林教授主编的《刑法方法论》（北京大学出版社2006年版）为代表。也正是在此时，刘艳红教授提出并论证了“走向实质解释的刑法学”之命题：“犯罪论体系不单是纯粹形式的行为框架，而应该从实质上判断行为是否值得科处刑罚；对犯罪构成要件的解释不能仅从形式上进行，而要从刑罚法规的妥当性的实质层面进行。简言之，应该建立以形式的、定型的犯罪论体系为前提，以实质的可罚性为内容的实质的犯罪论体系。相应地，对刑法规范应该从是否达到了值得处罚的程度进行实质的解释。”①2009年《走向实质的刑法解释》与《实质刑法观》同时出版，二者作为实质刑法观的原理与方法受到学界的极大关注，成为2010年张明楷实质解释论与陈兴良形式解释论之争的前奏。

在形式解释论与实质解释论之争中，实质刑法观主张实质解释论作为其前提的第一个结论是构成要件的实质化。如上所述，刑法解释的对象是法条，就刑法分则的解释而言，则基本是具体犯罪构成要件，无论坚持构成要件的“违法类型说”还是“违法有责类型说”，形式化、中性化的构成要件论有过于理想化之嫌，实质犯罪论及其对构成要件的实质解释是不可回避的逻辑。“构成要件”作为一个德国刑法学术语Tatbestand的汉译表达（借道日译），它有多种含义：在表达上，不同学者根据翻译习惯，将之转换成为“犯罪构成”“行为构成”或“罪状”等；在使用范围上，学者有时指代为犯罪成立的所有要件（包括组成违法性的要件、组成罪责的要件），有时仅指三阶层犯罪论体系（构成要件符合性、违法性、有责性）第一个阶层中的“构成要件”。② 其实，不论将“构

---

① 刘艳红：《走向实质解释的刑法学——刑法方法论的发端、发展与发达》，载《中国法学》2006年第5期。

② 不少学者并未意识到这一问题，国内对此术语的系统研究，可参见蔡桂生：《构成要件论》，中国人民大学出版社2015年版，第20页以下。

成要件”界定在哪个范围,对构成要件及其符合性都要进行实质化理解与判断,“构成要件符合性”本身不是一个数理性“一五得五、二五一十”的客观连线对应过程。① 无论是张明楷教授的实质解释论还是刘艳红教授的实质解释论,都建立在一个前提之上:“犯罪的实体是违法与责任。所以,对违法构成要件的解释,必须使行为的违法性达到值得科处刑罚的程度;对责任构成要件的解释,必须使行为的有责性达到值得科处刑罚的程度。易言之,必须将字面上符合构成要件、实质上不具有可罚性的行为排除于构成要件之外。”②基于实质化的思维,张明楷教授和刘艳红教授均提倡二阶层犯罪论体系:对构成要件进行实质化理解之后形成的实质不法构成要件阶层、实质有责性构成要件阶层。③ 在构成要件论上倡导“回到贝林”已经是不可能的了,这一点已经不需赘言,因为诸如开放的犯罪构成要件要素、因果关系的判断(如客观归责)、不真正不作为犯的义务来源、过失犯的注意义务等都需要借助于价值判断,追求立法者事无巨细的完满性、拒绝刑法(实质)解释越发显示为“乌托邦幻想”,对于构成要件的理解不可能再借用古典贝林式的客观中性判断。形

① “构成要件”是刑法语境中的省略性称谓,“构成要件”是“构成什么的要件”,犯罪论中所谓的“构成”一定是相对于犯罪而言,也即“犯罪”的构成,Tatbestand 中的 Tat 是“犯罪行为”而非任何行为,那么“构成要件”就是“构成犯罪的要件”,这才是更符合汉语表达习惯的完整理解。比如《刑法》第 232 条规定“故意杀人的,处死刑、无期徒刑或者十年以上有期徒刑”,故意杀人罪的构成要件一定在该条之中,也就是“法律后果”之前的“行为模式”中,本条表达的是刑法典中最简明的一个行为模式,因而也被称为“简明罪状”,本条的“构成要件”有两个,即“故意”“杀人”,一个主观方面、一个客观方面。因此,本章主张“构成要件”的理解应当界定在犯罪成立要件层面,它既可以包括法益侵害即违法性的要件(杀人),也可以包括可谴责性即有责性要件、责任要件、罪责要件,否则会引发概念混乱或文字游戏。

② 张明楷:《实质解释论的再提倡》,载《中国法学》2010 年第 3 期。

③ 值得指出的是,张明楷教授与刘艳红教授的不同之处在于“构成要件”的范围不同。张明楷教授采用二阶层犯罪论体系,主张构成要件是违法类型即不包括有责任的内容,由此他不得不在新版教科书中强调:(1)把犯罪成立条件称为“犯罪构成”,“犯罪构成”与“构成要件”不是等同概念;(2)“构成要件”只是刨去有责性内容的“不法要件”“违法构成要件”;(3)有责性的内容不再称“责任要件”“责任构成要件”而只称为“责任要素”。(参见张明楷:《刑法学》(上),法律出版社 2016 年版,第 106 页。)换言之,犯罪的成立条件包括“不法构成要件”和“责任要素”,故意杀人罪的成立条件包括“故意”“杀人”,但故意杀人罪的“构成要件”仅指“杀人”而不包括“故意”。可是,“要件”本就是重要、必要的条件,“犯罪成立条件”就是成立犯罪的要件,“犯罪成立要件”“犯罪构成要件”“犯罪构成”之间在汉语上难言有所区别,因而将“构成要件”局限于不法要件,在语义上存在商榷之处。

式解释论的方案往往是在构成要件符合性阶层中主张形式判断而只在违法性阶层中进行实质判断，但问题的关键在于，三阶层中的“违法性阶层”只是在讨论违法阻却事由，对于不法的积极认定仍然要借助于“构成要件符合性”。换言之，为何完成第一阶层“构成要件符合性”可以推定行为具备违法性？那些表面上符合构成要件，通过第一阶层的检验，如果只依据违法阻却事由，那么在没有正当防卫等事由时，如何区分普通行政违法与刑事违法？这些都是难以回答的。三阶层犯罪论体系中的构成要件符合性与违法性、有责性之间的在二阶层犯罪论体系中，独立的“构成要件符合性”似乎消失了，三阶层中的第一个阶层似乎被违法性与有责性阶层分而食之，这是否会违背构成要件的罪刑法定机能呢？答案是否定的，因为二阶层犯罪论体系只是宣讲了一个判断过程的真相，即便强行维持独立的“构成要件符合性”阶层，“构成要件符合性”的判断也是实质的违法性判断（违法类型说）或加上实质的有责性判断（违法有责类型说）。三阶层表现出的“层次美”只是“对古典犯罪论体系的美好回忆”，违法与罪责是需要区分阶层的，而构成要件与违法性、构成要件与有责性的“分离命题”已经无法维系，①三阶层有名不副实之嫌。

在二阶层犯罪论体系中，作为独立阶层的“构成要件符合性”似乎消失了，三阶层中的第一个阶层似乎被违法性与有责性阶层分而食之，这是否会违背构成要件的罪刑法定机能呢？答案是否定的，因为二阶层犯罪论体系只是宣讲了一个判断过程的真相，即便强行维持独立的“构成要件符合性”阶层，“构成要件符合性”的判断也是实质的违法性判断（违法类型说）或加上实质的有责性判断（违法有责类型说），实质解释论主张对构成要件进行实质解释，但却并不是回到“没有构成要件的时代”。张明楷教授与刘艳红教授在罪刑法定原则的理解上有一个分歧，张明楷教授主张罪刑法定原则的实质层面旨在限制立法权，而刘艳红教授则认为实质层面既限制立法权也限制司法权，因为实质层面所要求的刑罚法规的实质妥当性也是司法者解释刑法的要求，在最大解释空间内能够实现实质正义（主要基于《刑法》第 3 条前半段而排除表面上符合构成要件、实质上不具有可罚性的行为）。“擅入人罪”是实

① 参见刘艳红：《实质的犯罪论》，中国人民大学出版社 2014 年版，第 78 页。

质解释论怀疑者最大的担忧，因为一旦不顾及形式上的条文，实质解释论就直接等于宣告“法外入罪”，这又回到了政法法学“引政入法”、社科法学“规则隐退”的路数，或者一旦通过实质的理由而实行入罪扩大解释，就难免为犯罪圈的不正当扩展广开绿灯。[①] 上述担忧不无道理，如张明楷教授对“逃逸”（逃逸的实质是不救助，留在原地也可能是逃逸）“冒充军警人员抢劫”（冒充 = 以假冒真 + 真充当真）的实质解释具有突破罪刑法定原则的嫌疑，但这并不是反对实质解释思维的理由，而只是实质解释论者之间的个别化结论分歧，刘艳红教授便在反对张明楷教授的上述解释结论。[②] 又如，对于兜底条款的解释，“其他”这种用语已经宣告了文义解释的失败，形式解释根本得不出任何结论而只能借助于实质解释，正是实质解释论才能为兜底条款划定边界，如张明楷教授、刘艳红教授一致认同同类解释规则，反对将破坏生产经营罪的构成要件解读为“妨害业务”，反对将诸如“恶意反向刷单”[③]等行为认定为该罪。[④] 换言之，破坏生产经营罪的构成要件“毁坏机器设备、残害耕畜或者

---

① 参见邓子滨：《中国实质刑法观批判》，法律出版社 2017 年版，第 12 页以下。

② 参见刘艳红：《走向实质的刑法解释》，北京大学出版社 2009 年版，第 222 页。

③ 参见江苏省南京市中级人民法院刑事判决书，(2016)苏 01 刑终 33 号。

④ 有学者针对“恶意反向刷单案”提出了新实质解释论：“实质解释为了将行为入罪将‘其他方法’作类推解释超出了用语的通常含义，而形式解释固守立法时规定的破坏工农业生产资料的方法，没有考虑到保护法益这一刑法目的……新实质解释从保护法益出发，认为只要是侵犯生产经营者法益的行为，都可入罪，不限于破坏工农业生产资料的‘其他方法’，也就不需要把‘降低淘宝搜索排名’类推解释为类似于破坏生产资料的‘其他方法’，因此，新实质解释优于时常侵犯国民自由的实质解释和不考虑行为可罚性的形式解释。”（李凌旭、阎二鹏：《新实质解释视域下的破坏生产经营罪之构成要件》，载《湖南师范大学社会科学学报》2016 年第 2 期。）论者自认为解决了如何说明上述行为符合破坏生产经营罪之文义的难题，其实从以上述论证中可以发现“新实质解释论”确实够新，因为它的逻辑十分奇妙：一方面认为适用“其他方法”是超出文义的类推解释，对实质解释进行了反驳；另一方面，又主张“只要是侵犯生产经营者法益的行为，都可入罪”，也就是说认定破坏生产经营罪只要具备侵害生产经营这一实质侵害性，就可以不管《刑法》第 276 条中的“毁坏机器设备”“残害耕畜”“其他方法”这些明文规定的文字，难道这不是比实质解释走得更远？实质解释论尚且在法条明文规定的“其他方法”上苦思冥想，而新实质解释论者却直接抛开所有文字，不要形式而只要实质法益侵害性。至此，上述学者自己全程只考虑法益侵害等价性、行为可罚性，导致犯罪构成要件失去定型性，《刑法》第 276 条中的“毁坏机器设备、残害耕畜或者以其他方法”终究沦为可有可无的赘言，按照论者的意见，法条莫不如直接规定“妨害生产经营的，处……”如此构成要件包罗万象、入罪门槛几近于无，这种“超实质解释论”是实质解释论者张明楷、刘艳红教授所反对的，这才是邓子滨研究员直接批判的解释逻辑。

以其他方法破坏生产经营”包含了行为方式本身(强度与模式)以及行为对象,“同类规则”同时包含了这两个要素的同类,“其他方法”应当理解为与毁坏机器设备、残害耕畜相当的方法,这种“相当”既是一种强度的同类,也是行为类型的同类:一方面“其他方法”必须是毁坏、残害等物理毁损行为,这是“破坏”行为强度的具体表现;另一方面,破坏的对象是机器设备、耕畜等现实存在的生产经营工具。所以,“其他方法”应是“与毁坏机器设备、残害耕畜相类似的毁坏财物的方法,而不是泛指任何方法。本罪实际上是以毁坏财物的方法破坏他人的生产经营”。① 因此,实质二阶层犯罪论体系下的实质解释论者仍然是对刑法典中犯罪构成要件的解释,只不过构成要件被融合为不法构成要件与责任构成要件,构成要件所具有的罪刑法定机能仍然不受影响,因为作为独立阶层的、客观中性、形式主义的“构成要件”并不存在。而且,刘艳红教授的实质解释论还更能缓解《刑法》第3条的出罪禁止、社会防卫优先的特殊规定,这是中国刑法学中实质解释论与形式解释论之争的来源和语境,在她的实质解释论逻辑中,“实质出罪”而非“实质入罪”是首要方向,就此而言,实质解释论对罪刑法定原则的情怀与努力丝毫不亚于它的批判者。

(二)实质出罪的教义学机制研究

实质出罪解释论从哪里来,到哪里去?实质解释论不能只在解释方法上一味空喊“我要出罪”,其原理性需要深刻揭示出来。从前文来看,实质出罪解释论首先来源于我国《刑法》第3条前半段经典罪刑法定原则之前的消极出罪条款及其背后的社会保护思想,其次来源于实质犯罪论中构成要件的实质化,除此之外,刘艳红教授的实质解释研究还体现在如下重要方面。

第一,犯罪概念的实质出罪功能。什么是犯罪?我国《刑法》第13条进行了明文的规定,即“一切危害……以及其他危害社会的行为,依照法律应当受刑罚处罚的,都是犯罪,但是情节显著轻微危害不大的,不认为是犯罪”。所以,犯罪概念在我国是一个刑法典的实证性概念而

---

① 张明楷:《刑法学》(下),法律出版社2016年版,第1027页;刘艳红:《网络时代刑法客观解释新塑造:“主观的客观解释论”》,载《法律科学》2017年第3期。

非从学术研究而来的概念:犯罪就是危害社会、依照法律应当受刑罚处罚,且情节不是显著轻微的行为。根据这样的定义组合,犯罪就成为具有严重社会危害性(情节不显著轻微的危害社会)、刑事违法性、应当受刑罚处罚的行为,这被称为形式与实质混合犯罪概念。这个混合概念在1979年《刑法》第10条就被确认,即"一切危害……以及其他危害社会的行为,依照法律应当受刑罚处罚的,都是犯罪;但是情节显著轻微危害不大的,不认为是犯罪",上述第10条与第13条的不同只在于省略号内容的政治色彩不同而已,"严重社会危害性""刑事违法性""应当受刑罚处罚"这三个定义犯罪行为的指标或特征并没有任何变化。通常而言,对"什么是犯罪"的定义本身也是对"什么不是犯罪"的界定,犯罪概念是罪与非罪的基础框架,它兼具入罪与出罪双重功能。但问题的关键在于,我国《刑法》中的所谓混合的犯罪概念并不是形式与实质的混合而完全是实质的:首先,以"严重的社会危害性"为核心内容的社会危害性理论在实质入罪上的表现与弊害已经深入其骨髓,这也是陈兴良教授等启蒙学者为何驱逐社会危害性理论的重要原因。其次,犯罪概念中的"刑事违法性"并不是罪刑法定原则的产物。这里的"违法性"只是传统汉语意义上的"违法"即"违反刑法",并不是"构成要件该当性—违法性—有责性"中的违法性,或许可以称之为"形式违法性"而与罪刑法定原则的"形式法"发生关系,但需要指出的是,"刑事违法性"(《刑法》中的"依照法律")并不是"无法无罪,无法无刑"这一思想支配下的犯罪行为特征,因为1979年《刑法》第10条也规定了"依照法律应当受刑罚处罚",同时第79条规定了类推适用,那么类推适用仍然是"依照法律"即依照《刑法》总则规定对分则条文进行的类推适用,这并不违背犯罪概念,但违背罪刑法定原则。所以,1979年《刑法》第10条规定"依照法律应当受刑罚处罚"便难以成为实质入罪的阻隔因素,它毋宁是社会危害性的附庸或者至少是重叠的一部分。在1997年《刑法》第3条确立罪刑法定原则之后,第3条前半段也出现了"依照法律",但如前文反复提及的,"法律明文规定为犯罪行为的,依照法律定罪处刑"恰恰承担消极出罪、附属于秩序维护思维的积极入罪功能。因此,我国混合的犯罪概念中的社会危害性、刑事违法性与罪刑法定原则之间的矛盾是客观存在的,"且犯罪概念之社会危害性标准所具有的入罪与出罪功能在‘秩序下的人权’价值取向下(尤其在为维系社会治安稳定的政策性导向下)会使入罪功能取得对出罪功能的优势性抑或压倒性地位”,这在中国特色的罪刑法定条款的助推下,入罪功能的扩张风险倍增,而《刑法》第3条前半段的社会保护机能将愈加压缩后半段的人权保障机能,罪刑法定有陷入异化之虞。① 因此,刘艳红教授主张实质出罪解释的一个前提或较为稳妥的推进路径是实现犯罪概念从出入罪二元功能论转向出罪一元功能论。根据笔者的理解,以往的混合犯罪概念是将第13条“但书”进行了溶解,“严重的社会危害性”是“一切危害社会的行为+情节不显著轻微”的合并,此时“但书”的意义似乎已经被吸纳到犯罪概念中,但正因如此,“但书”的独立性也便消失,犯罪概念的出罪功能也就被入罪功能所覆盖。在这种情况下,应该更加强调《刑法》第13条“但书”这种犯罪认定的“转折条款”内容的中心地位,也即第13条中的“一切危害……以及其他危害社会的行为,依照法律应当受刑罚处罚的,都是犯罪”并不具有任何犯罪概念的意义,只有把“但是情节显著轻微危害不大的,不认为是犯罪”标示出来之后才能显示出完整的犯罪概念,那么“但书”的“什么不是犯罪”就成为犯罪概念的最重要方面。当然,这更多的还是一个实质出罪解释方法背后的理念问题,以此为指导,出罪功能的发挥需要借助于对不法构成要件、责任构成要件本身的实质解释,毕竟犯罪概念本身并不是一个具体的犯罪认定标准。

第二,因果关系的实质出罪判断。“构成要件符合性”的判断不是一个形式化的过程,一个较为明显的证据便是因果关系判断的实质化问题,也即刑法中的因果关系判断不是自然主义的条件说,尤其在德国客观归责在我国被宣扬以来,构成要件符合性判断中的实质性、规范性因果关系理论受到很大的重视。早在2010年,刘艳红教授发表了《注意规范保护目的与交通过失犯的成立》一文,成为国内最先研究“规范保护目的”的文献,主要结论是通过注意规范保护目的理论合理限定交通过失犯的成立范围:交通过失犯的本质应是结

---

① 参见刘艳红:《入出罪走向出罪:刑法犯罪概念的功能转换》,载《政法论坛》2017年第5期。

果回避义务，判断该义务之有无应以预见因果关系为内容的结果预见可能性为前提，注意规范保护目的是判断此种因果关系成立与否的理论，只有当行为人违反了注意规范保护目的而致损害法益结果发生时才能成立交通过失犯。① 规范保护目的理论的核心是，借用“规范保护目的”对结果的因果归属进行限缩，换言之，通过规范保护目的的考察，否定先前行为与损害结果之间的因果联系，学界谈及的案例都属于这样的情形：行为人违反了某一个规范（如骑车不开灯），最终也产生了一个危害后果，且这个违反规范的行为在纯客观上、物理上、事实上是造成该后果的一个原因、条件，如果就此就直接将结果归属于先前的规范违反行为，显然让人难以接受，此时考察规范保护目的，在事实因果关系之后附加一个额外的判断，就可以否认对行为人的归责。

笔者认为，这一步骤是非常重要的。尤其在过失犯中，由于刑法中的过失行为尤其是普通过失犯罪在构成要件上没有任何定型性，如《刑法》第 233 条的罪名叫“过失致人死亡罪”，规定的构成要件只是“过失致人死亡的”，法条中没有任何可供解读的空间。那么，从先前的行为到最终结果、从事后的结果倒推先前的行为，如果一律肯定因果关系，难免会陷入“结果责任”或“无过错责任”。例如“单车骑士案”中，骑自行车的甲乙两人在夜间前后同向骑行，二者均未按要求开启自行车灯，前面的甲因欠缺照明而迎面撞死了丙，事后鉴定，如果后面的乙按照规定开灯，则此次意外事故可以避免。② 乙骑车不开灯确实是事故的条件，但德国交通法上骑自行车开灯的行政命令的保护目的仅在于避免自己和别人相撞而不在于为他人照明、避免他人和他人相撞，因此可以通过“规范保护目的”将因果关系排除。在刘艳红教授之后，学者对“规范保护目的理论”的认识与重视，③主要在德国学者罗克辛客观归责理论中展开，罗克辛把规范保护目的放在了客观归责理论的第二个环节——“风险的实现”，将之作为判断风险实现的一个子规则，前述“单车骑士案”中的乙虽然制造了法不容许的风险，但丙没有实现立法者通

① 参见刘艳红：《注意规范保护目的与交通过失犯的成立》，载《法学研究》2010 年第 4 期。
② 参见林钰雄：《新刑法总则》，台北，元照出版有限公司 2014 年版，第 170 页。
③ 参见李波：《过失犯中的规范保护目的理论研究》，法律出版社 2018 年版，第 20 页以下。

过相关规范所要预防的危险。[①] 规范保护目的在事实判断之后，附加了一个过滤检验机制，在事实认定之后又作出了价值性、实质性、规范性的取舍，在结果的归属上考虑到了结果与规范违反的关联性，条件因果关系被这种实质评价所阻断，避免了因果流程追溯的盲目性和扩大化。其实，这种思考过程并非必须借助于客观归责理论，客观归责理论只是构成要件实质化或犯罪论体系刑事政策化的极致理论，不少客观归责理论的反对者都在自己的实质犯罪论中加入了这种实质性的判断，[②]"规范保护目的"其实是在构成要件符合性判断中的一个目的主义方法论，[③]是通过"构成要件解释（Tatbestandsauslegung）的方式将处于规范保护目的之外的行为认定为不具有法益侵害的适格性"，[④]它的实质出罪功能、限缩功能特别值得肯定。

---

① 客观归责理论把一切违反规范的行为都纳入讨论，无论违反的是什么规范。比如，甲将自己的斧头借给手脚笨拙的邻居乙，乙在使用该斧头劈柴时，不小心将自己劈成重伤，需要借助客观归责去排除甲的责任吗？甲把斧子借给笨拙的乙，确实存在乙使用不当自伤的可能性，但其行为是伤害罪的构成要件行为吗？又如，乙准备去德国，甲劝乙去坐俄航的飞机，这个劝告行为也不是杀人行为。在交通领域，甲不佩戴头盔骑摩托车，按照实行行为的本质，这些不会引起"他人死伤"的危险，直接用实行行为理论就可以排除，不需要进入因果关系之后再去用客观归责、规范保护目的去排除。客观归责确实是一个混合的"超级概念"，这是它受到批评的主要原因（参见刘艳红：《客观归责理论：质疑与反思》，载《中外法学》2011 年第 6 期）。当客观归责理论遭受质疑，他自己又回答不上来的时候，就把其他领域的理论统统拿为己用，由此形成了很多子规则。好用的理论都被客观归责理论征用了，谁还能说它不好呢？不可否认，规范保护目的十分重要，但具体案件中涉及的因果归属问题究竟是没有实行行为的问题还是风险没有实现的问题，需要甄别。

② 张明楷教授在第五版教材中的重大变化之一就是，在"结果归属的判断"中主张"结果归属"是"事实因果关系"基础之上的"规范评价"，不在"规范保护目的"范围内的结果，不能归属于行为。参见张明楷：《刑法学》（下），法律出版社 2016 年版，第 1817 页以下。

③ 需要注意，犯罪论中的"规范保护目的"分为两种情形：（1）第一部分是"刑法之外的注意规范"的保护目的（如《道路交通安全法》对超速、酒驾、车道划分等交通规定），因果关系中的"规范保护目的"指的就是这种"超刑法法规的目的""前置法的目的"；（2）第二部分是刑法典自身规定的犯罪构成要件本身的目的——"构成要件目的"，犯罪构成要件本身传达的规范是较为确定、具体的。比如，《刑法》第 238 条规定的"为索取债务非法扣押、拘禁他人的，依照前两款的规定处罚"，这里的"债务"究竟是应限于合法债务还是包括非法债务？是否排除了绑架罪的适用？又如，合同诈骗罪中的"合同"是否应当限制于经济合同？第 286 条第 1 款破坏计算机信息系统罪中的"干扰"是否需要有所限制？伪证罪、妨害作证罪中的"证人"是否应包括被害人？这都涉及构成要件目的问题。我们在刑法教义学中谈规范保护目的的时候，需要区分这两个语境，因为它们所说的"规范"不是同一类规范，也不是同一个部门法中的"规范"：前一个是刑法之前的成文的注意规范的保护目的，后一个是犯罪的构成要件保护目的即目的解释之目的。

④ Vgl. Urs Kindhäuser, Strafrecht AT, Aufl. 8, 2017, S. 96f.

第三,法定犯的实质出罪机制。自从储槐植老先生在 2007 年提出"要正视法定犯时代的到来",法定犯或行政犯在立法论和解释论的研究逐渐增多,尤其随着社会行政管理能力的羸弱、滞后、无效等问题的暴露,以风险社会为名的各种刑罚管理措施成为官方最偏爱的手段,法定犯的认定越发显现了一种形式化,即只要违反前置法的规定就倾向于认定为刑事不法,法定犯的法益原理、整体法秩序内的实质违法性判断近乎空置。2008 年刘艳红和周佑勇教授联袂出版了《行政刑法的一般理论》一书,系刑法与行政法交叉研究的经典著作之一,本书在 2020 年迎来了第二版,新版著作的一条"红线"便是罪刑法定机能:在坚持法秩序统一性原理以及明确法定犯双重违法性的基础上,将违反前置行政法规范作为法定犯第一重违法性判断的依据,并通过对行政要素的双重限缩解释来达到限制行政犯不当扩张的目的。首先,根据法秩序统一原理,确定刑事违法性的前提是行为违反行政法规范,这是罪刑法定原则的首要标准。为何要坚持这种法秩序的统一?刘艳红教授认为,"坚守法秩序统一原理,根据行政管理法规范确定行政违法性并进而作为刑事违法判断的依据,有利于合理出罪,实现罪刑法定的人权保障机制。罪刑法定原则的形式侧面如明确性原则等要求入罪合法,其实质层面如处罚的妥当性等要求入罪合理"。[①] 比如,《刑法》第 223 条串通投标罪,构成要件规定的是"投标人相互串通投标报价,损害招标人或者其他投标人利益,情节严重",没有给出明文的行政法违反要素,但基于法秩序统一原理,串通投标罪并不是指任何串通投标的行为,而应当限于"违反招投标法"的串通投标行为,"违反招投标法"成为构成要件中不成文的行政要素。[②] 不注重法定犯认定的法秩序统一性似乎已经是司法实践的通病,如"违反……法"这样明文规定的要素也被虚化。笔者曾经对第 253 条之一侵犯公民个人信息罪的有罪判决进行分析,发现存在四大问题:一是几乎所有判决书从不指明被告人究竟违反哪一条"国家有关规定",除刑法及相关司法解释之外从不提及其他规定;二是有的司法人员在同一案件中交叉混用"违反国家有关规定"和

① 刘艳红、周佑勇:《行政刑法的一般理论》,北京大学出版社 2020 年版,第 34 页。

② 参见刘艳红、周佑勇:《行政刑法的一般理论》,北京大学出版社 2020 年版,第 193 页。

“违反国家规定”，根本不顾本罪的行政违法要素；三是有判决书将第253条之一明文规定中“违反国家有关规定”改为“违反国家规定”，从而根本不出现“违反国家有关规定”；四是有的判决书既不提“违反国家有关规定”，也不提“违反国家规定”。[①] 显然，司法人员忽视了“违反国家有关规定”的内容、性质及其司法功能，仅仅依靠“违反国家有关规定”之外的构成要件要素来论证犯罪之成立，并没有完成违法性判断的任务。刘艳红教授的实质解释论在法定犯的认定上对泄露国家秘密罪、非法经营罪等犯罪的类似判例进行了出罪分析，消除了实质解释论只入罪、不出罪的惯性疑虑。其次，根据法秩序统一原理，根据行政管理法规范认定行政违法之后，并不意味着行为一定具备刑事违法性，两个“违法性”的内涵并不相同，前者是行政管理上的单纯不服从，后者则是具有法益侵害导向性的实质不法（不正当），符合前者不一定符合后者，符合前者不一定构成犯罪。这就是《行政刑法的一般理论》中所强调的双重违法性判断，这种双重违法性判断是贯彻行为实质可罚性进而实现出罪的重要逻辑，在法定犯的认定上相当重要。

我国学界支持这种法定犯实质出罪机制的学者越来越多，如《刑法》第128条规定“违反枪支管理规定，非法持有、私藏枪支、弹药的，处三年以下有期徒刑、拘役或者管制”，本罪是危害公共安全的抽象危险犯，这并不意味着本罪是《枪支管理法》的附庸，在违反《枪支管理法》之后，持有枪支的行为是否具有刑法上的实质违法性，还需要进一步判断。详言之，第128条中的“违反枪支管理规定”与“非法持有”并不是重复关系，“非法”作为构成要件中的成文要素，并不是对“违反枪支管理规定”的再次强调，这里的“非法”之“法”不是行政法规范而是整体性的法秩序，即“非法”不是指与某一具体法条规定相抵触而是指与包括成文要素和不成文要素的整个法秩序不相容：“由于街头摊位上的射击游戏，已经成为国民文化生活传统和健康积极的娱乐体育运动的一部分，进入了普通人的日娱生活，逐渐内化为形成法秩序的土壤基础，因此，为了摆设游戏摊而必要的枪支持有，也被法秩序所接纳。这种持

---

① 参见冀洋：《法益自决权与侵犯公民个人信息罪的司法边界》，载《中国法学》2019年第4期。

枪形式，即使违反了实定法意义上的枪支管理规定，但是在一个以维护和增进全体国民福祉为导向的整体性的法秩序评价中，仍然可以得到正当化”（实质出罪解释）。[①] 最后，法定犯的双重出罪机制还表现在对实质性行政要素的限缩解释，[②]也即对构成要件行为、行为对象等根据法益保护目的作出与之相对应和匹配的解释结论，弱化法定犯“法益欠缺性”的弊病，实现法定犯的“去口袋化”，实现处罚的实质合理性。法定犯的认定之所以需要更加注重实质出罪，原因正在于此：它是对违反国家行政法规行为的兜底性处置，其行政规范违反性有余、法益侵害性不足，如果仅以形式化的行政违法认定刑事犯罪，不仅导致刑罚滥用，更会消散行政管理自主升级的积极性，最终造成行政管理与刑法治理的双输局面。

（三）实质出罪论的个案研究

近年来，刑事司法中涌现了大量热点案件，除去涉及程序法、证据法的错案如“张某环案”“聂某斌案”等不谈，涉及犯罪认定的轰动案件有2019年“张某扣案”“上海首例高空抛物危害公共安全案”“全国首例爬虫技术侵入计算机系统案”、2018年“深圳鹦鹉案”“张某中案”、2017年“内蒙古农民收购玉米案”“赵某华涉枪案”“于某故意伤害案”“全国首例组织刷单非法经营案”、2016年“快播公司传播淫秽物品牟利案”“南京恶意反向刷单案”、2015年“陆某销售假药案”“全国首例流量劫持案”“南京虐童案”，等等。借用前文苏力的语言，案件之所以轰动是因为“事实清楚却没有明确的法律可以适用或适用的结果不合情理甚或有悖‘天理’（所谓自然法）”，因而也就引发了“法条主义、民意与难办案件”这种常见常新、直击解释学根基的论题。刑法教义学是不是只关心法条而不关注情理的教条主义？实质出罪解释论给出了更为具体的答案，限于篇幅，本部分只选择三个热门案例或罪名。

其一，非法持有枪支罪的实质出罪解释（赵某华案）。天津51岁妇女赵某华摆射击气球的地摊被一审法院以非法持有枪支罪判处有期徒

---

① 参见车浩：《非法持有枪支罪的构成要件》，载《华东政法大学学报》2017年第6期。

② 参见刘艳红：《“法益性的欠缺”与法定犯的出罪——以行政要素的双重限缩解释为路径》，载《比较法研究》2019年第1期。

刑3年6个月,引发公众广泛批评,二审改判3年有期徒刑、缓刑3年。本案成为该年度最受刑法教义学关注的轰动案件,多数学者本能地认为赵某华无罪,但面对《刑法》第128条"违反枪支管理规定,非法持有枪支"这一构成要件以及相关司法解释确定的入罪标准、《枪支管理法》授权公安部认定枪支的标准,为赵某华的行为出罪,似乎理由又不充备,二审法院也只能在量刑上从轻论处:犯罪行为的社会危害相对较小,其非法持有枪支的目的是从事经营,主观恶性、人身危害性相对较低,二审期间能如实供述犯罪事实,认罪态度较好,有悔罪表现等情节,可酌情予以从宽处罚并适用缓刑。① "赵某华案"成为名副其实的"难办案件",面对有罪论,刘艳红教授十分及时且严肃地提出了《"司法无良知"抑或"刑法无底线"?》这一问题(论文),该文的写作既是有感而发,也是实质出罪解释论的必然。该文的起点是"司法良知",并且文中借用了一个著名的命题"法律的生命不是逻辑而是经验",从这一点看,该文的风格或措辞像极了苏力、桑本谦的社科法学。然而,作者毕竟是精致的刑法教义学者,社科法学的资源为法教义学的分析提供了大量常识化、经验性与人情味的判断模式,文章最终的落脚点仍然要回归到非法持有枪支罪的构成要件分析,因而该文属于法教义学有效吸纳社科法学进而实现实质出罪解释的经典样本。

刘艳红教授的主要观点是:在客观违法与主观有责层面分析,"摆摊打气球案"入刑意味着对客观行为对象的机械理解,放弃了在违法性与有责性层面"对各种犯罪值得施以刑罚"的实质考量,亦即放弃了在法律中寻找有关何为枪支以及是否具有归责可能性等概念的明确理解及其限制,从而逾越了罪刑法定原则刑罚法规的妥当性之要求,处罚了不该处罚的行为,突破了刑法的底线。② 由此,作者从三个方面予以出罪:一是提倡枪支认定标准的实质化,即刑法上的枪支认定标准要严格根据法律法规的形式与实质条件,既要比动能达到1.8焦耳/平方厘米的技术要求,又要达到"足以致人伤亡或者丧失知觉的"的性能要求;二

① 参见天津市第一中级人民法院刑事判决书,(2017)津01刑终41号。

② 参见刘艳红:《"司法无良知"抑或"刑法无底线"?——以"摆摊打气球案"入刑为视角的分析》,载《东南大学学报(社会科学版)》2017年第1期。

是在客观违法层面否定实质不法构成要件符合性，即被告人的行为系城市最底层群体的最卑微生计行为，没有违反刑法的应当性秩序、不具有实质违法性；三是在主观罪责层面被告人无法认识到文体娱乐的“玩具枪”是法律禁止私人持有的枪支，欠缺违法性认识。[①] 从司法良知到构成要件入罪解释的底线，作者通过本案完整地展示了实质刑法观、实质犯罪论、实质出罪解释论的一个司法价值追求：“有良知的法官会尊重民众内心的感受，尊重常识常情与常理，尊重社会风俗与中国社会道德习惯，并在良知看似模糊实则清晰的准则中找出自己行为的理由，找出判案的真正法律依据，准确适用法律。”[②]当社科法学者看到这些文字，该备感欣慰，不会再担忧“法律人和法律职业离公平正义善良德行等法天然所具有的价值观愈来愈远”；当教学法学者看到这些文字，该感受到社会生活经验常识的司法意义。在刘艳红教授之后，不少学者也不约而同地看到了实质出罪解释的价值，如陈兴良教授也从枪支认定标准的实质化、非法持有枪支罪构成要件的目的性限缩解释、主观违法性认识和期待可能性等层面对本案作出实质出罪的认定，他还特别强调“依法入罪、以理出罪”：赵某华案被判有罪，明显违背常识，不为社会公众所接受，“出罪需要法律根据，没有法律根据不能出罪，就是司法理念上的重大障碍之一……只要有法律规定就一定要入罪吗？笔者的回答是否定的。因为罪刑法定原则只限制对法无明文规定的行为入罪，但从来不限制对法有明文规定的行为出罪”。[③] 从陈兴良教授的上述看法得知肯定，这种认识也是对实质出罪解释论的最大认可，一定程度上回应了我国《刑法》第 3 条前半段“违法必究”式的消极出罪思维，“本土资源论”并不是社科法学所独享。车浩教授基于“通过解释与适用法律的技艺，回应和实现公众的正义感”同样认为，“公众对赵春华案的关注，反映出一种朴素而伟大的正义感。如何回应这种正义感的诉求，是法

---

① 参见刘艳红：《“司法无良知”抑或“刑法无底线”？——以“摆摊打气球案”入刑为视角的分析》，载《东南大学学报（社会科学版）》2017 年第 1 期。

② 刘艳红：《“司法无良知”抑或“刑法无底线”？——以“摆摊打气球案”入刑为视角的分析》，载《东南大学学报（社会科学版）》2017 年第 1 期。

③ 陈兴良：《赵春华非法持有枪支案的教义学分析》，载《华东政法大学学报》2017 年第 6 期。

学理论界与实务界的共同任务。法谚有云,‘法律是关于公正与善良的艺术’。对公正与善良的追求,是法律人与普通人共享的东西”,如前所述,他从整体法秩序的角度否认了被害人持有枪支的“非法”,实现了非法持有枪支罪的实质出罪。① 劳东燕教授更是通过本案提出了“法条主义与刑法解释中的实质判断”问题,她充分意识到实质出罪解释的重要性,认为本案的有罪判决“恰恰是未能合理展开实质性考量的产物”,她的出罪方案提倡:一方面,司法者应对实质的价值判断保持必要敏感,确保解释结论的实质合理性;另一方面,司法者要掌握并学会灵活运用各种解释技术,通过解释技术在合理的价值判断与立法文本之间建立起内在的勾联。② 上述观点均基于司法良善,在犯罪构成要件分析层面引入实质出罪解释方法实现刑罚法规的实质理性,具有远见卓识的法学家总会站立在中国自己独有的刑法语境中谈论问题。

其二,传播淫秽物品牟利罪的实质出罪解释(快播案)。“快播案”的审判曾经引起了社会上的广泛讨论,2016 年 9 月 13 日快播公司王某因传播淫秽物品牟利罪被判有期徒刑 3 年 6 个月,2016 年 12 月 15 日北京市第一中级人民法院二审维持原判,2018 年 2 月 7 日王某刑满出狱。“快播案”似乎已经尘埃落定,王某也翻案无望,但该案留给理论界和实务界的刑法问题还未得到完全解决。“快播案”有罪论的核心观点大致处于两位法学家论证范围之内,但无论是不作为犯还是作为犯,都可能存在一些疑问。《刑法》第 363 条规定的传播淫秽物品罪构成要件为“以牟利为目的,传播淫秽物品”,本案的焦点在于快播公司的行为是否属于“传播”。“快播案”一审宣判后,刑法学者纷纷发出声音,陈兴良教授、张明楷教授在一审判决的次日便同时在最高司法机关的官方报纸《人民法院报》上力陈一审法院判决的正当合理性,在一审判断新鲜出炉尚未生效的当口,两位顶级刑法学家在司法机关官办媒体上为有罪判决的声援夺人眼球。从此早就可以推断,“快播案”被告人的上诉之路注定是白忙一场,因为有罪论“及时”地获得了刑法学权威专家

---

①　参见车浩:《非法持有枪支罪的构成要件》,载《华东政法大学学报》2017 年第 6 期。

②　参见劳东燕:《法条主义与刑法解释中的实质判断——以赵春华持枪案为例的分析》,载《华东政法大学学报》2017 年第 6 期。

的背书，得到了最高司法机关相对柔性的力挺，翻案的可能性几近于无。两位法学家在有罪论上的不同之处在于：陈兴良教授认为快播公司的行为属于传播淫秽物品牟利罪的不作为犯，即明知存在他人上传的淫秽信息，应当履行安全管理义务并且能够履行而拒不履行；[①]张明楷教授则认为快播公司的行为直接属于作为犯，因为快播调试服务器不仅拉拽淫秽视频文件存储在缓存服务器里，而且也向用户提供缓存服务器里的淫秽视频文件，这属于以陈列方式传播淫秽物品的行为，不是中立帮助行为而是传播淫秽物品牟利罪的直接正犯。[②] 刘艳红教授直接以一则尖锐的标题表达了自己的基本主张——《无罪的快播与有罪的思维》，文章对“中立帮助行为的出罪禁止思维”进行了批判，主要观点是从实质上否定快播公司行为构成“传播”行为，如果不对技术行为进行实质的考量，将导致大范围的日常行为会被认定为犯罪，快播案折射出我国互联网管控重心由网络用户向网络服务提供者转移的动向，这就课予了网络服务提供者一定范围内的信息网络安全管理义务，并使对网络服务提供行为的定性带上了浓厚的先入罪后确定罪名的色彩：就前者而言，网络服务提供者不应具有预先审查义务和实时监控义务，但具有违法信息出现后的删除、报告等义务，未来同类信息等的审查义务仅有极少数国家进行了规定；就后者而言，扩张了传播淫秽物品牟利罪范围的快播案，在定性上所体现出来的出罪禁止思维和类推入罪思维需要认真对待。[③] 其实，国家对网络信息的刑法治理思维是非常明显的，即网络 P2P 传播很难给予庞大体量的参与个体刑罚处置，从而将矛头指向网络服务平台方，进而出现了“疏于管理 = 传播”，从判决书所确定的义务来源看，快播公司的不作为更符合后来增设的拒不履行信息网络安全管理义务罪，大有溯及既往之嫌。面对解释学的偏差，社科法学的经济学分析或许更深刻一些：倘若法律决策者把技术保护置于相对优先的地位，那么增设“拒不履行信息网络安全管理义务罪”等

---

① 参见陈兴良：《在技术与法律之间：评快播案一审判决》，载《人民法院报》2016 年 9 月 14 日，第 3 版。

② 参见张明楷：《快播案定罪量刑的简要分析》，载《人民法院报》2016 年 9 月 14 日，第 3 版。

③ 参见刘艳红：《无罪的快播与有罪的思维》，载《政治与法律》2016 年第 12 期。

新罪名就多少显得有些草率和粗疏,而快播案的宣判也“放弃了借助技术中立规则的司法适用来重塑制度的一次重要机会”。[①] 因此,“谁应为互联网时代的技术行为买单”这一问题始终是横亘在科技与法律之间的最大难题,面对网络时代社会治理的二元结构或曰双层空间,实质刑法解释论的出罪向度值得肯定。

其三,销售假药罪的实质出罪解释(代购假药案)。生活中的食品、化妆品、奢侈品“代购”实在常见,“代购”之所以有市场,正是因为地域性供需矛盾的存在,“药品”也面临这种境地。在知名的“陆某案”中,陆某使用的抗癌药品在国内的单价为 2.3 万余元,而在印度的单价仅为 200 余元,对于具有终生用药需求的患者来说,每次相差百余倍的支出实在让人唏嘘。陆某先后为 20 余名白血病等癌症患者向印度某公司购买了价值约 12 万元的 10 余种抗癌药品,“代购”流程:印度公司与陆某约定,陆某在中国国内设立银行账户,接收患者的购药款,并定期将购药款转账到印度赛诺公司指定的某中国国内银行账户,在陆某统计好各病友具体购药数量,告知印度赛诺公司后,再由印度赛诺公司直接将药品邮寄给患者。2014 年 4 月 15 日沅江市公安局以陆某涉嫌妨害信用卡管理罪、销售假药罪移送审查起诉,沅江市人民检察院本于 7 月 22 日以妨害信用卡管理罪、销售假药罪向沅江市人民法院提起公诉,2015 年 1 月 27 日检察院向法院撤回起诉,最终作出无罪不起诉决定。根据不起诉决定书,检察院认定陆某不构成销售假药罪的理由是:陆某的购买和帮助他人购买未经批准进口的抗癌药品的行为,违反了《药品管理法》的相关规定,但陆某的行为不是销售行为。在不起诉决定书中,检察院还承认陆某的行为“免除了购药的病友换汇、翻译等以往的一些繁琐劳动”“陆某为病友们提供的帮助全是无偿的”,这是检察院认定不属于“销售”的直接原因。[②] 检察院的上述结论值得肯定,但出罪路径仍值得讨论。根据《刑法》第 141 条,生产、销售假药罪的构成要件十分简单,即“生产、销售假药的,处……”。而该罪中的“假药”,

---

① 桑本谦:《网络色情、技术中立与国家竞争力——快播案背后的政治经济学》,载《法学》2017 年第 1 期。

② 参见湖南省沅江市人民检察院沅检公刑不诉(2015)1 号不起诉决定书。

“是指依照《药品管理法》的规定属于假药和按假药处理的药品、非药品”。那么,对于销售假药行为的出罪就不能如前述非法持有枪支罪那样,通过实质解释的方式否定“假药”的要素符合性。因为非法持有枪支罪没有在刑法条文中限定“枪支”的定义,如果“枪支”尚可以根据刑法上的法益侵害性予以确定的话,第141条中的“假药”则只能按照《药品管理法》的规定执行,《刑法》上的“假药”与《药品管理法》上的“假药”内涵完全一致,第141条明确否认了脱离《药品管理法》自主界定“假药”。根据当时的《药品管理法》,没有经过进口批准的药品一律视为“假药”,即便其与真药具有同等疗效。因此,销售假药罪的出罪只有在“销售”这一构成要件要素。从“销售”的含义上看,“是否有偿”不是区分销售行为的标准,“平价销售”“降价销售”都属于销售行为,“赔本赚吆喝”本身就表明了行为人是在“卖东西”,中间人“代购”“帮助购买”“代售”“帮助销售”本就是一个行为两个角度:行为人出面与医药公司事先谈好交易价格、交易条件,然后为买者提供便利买药,本身也是直接帮医药公司卖药,行为人的作用是双向的,符合通常意义上的“销售”。

如果以“是否有偿”来界定“销售”,那么在其他“代购假药案”中,代购人收取了少量费用进行有偿代购同类有效廉价“假药”是否就一定构成“销售假药罪”?答案是:有偿代购“假药”,属于销售“假药”,但也可能不构成销售假药罪。司法实践中,更多司法机关肯定了“代购假药”属于“销售假药”,最终也以销售假药罪定罪,因此,“陆某案”的出罪路径,从出罪结论上看似无可非议,但不够理想,也有违背客观事实之嫌。刘艳红教授提出的更为可行的出罪路径是,通过否认实质的违法性(可罚的违法性)实现形式上符合构成要件而实质上没有达到值得处罚的违法性之认定,这与我国《刑法》第13条“但书”条款规定的“情节显著轻微危害不大的,不认为是犯罪”是完全一致的。如前所述,“但书”构成了犯罪概念的出罪侧面,形式上符合销售假药罪的构成要件,并不一定构成本罪,如果销售假药的情节显著轻微危害不大,则仍然不构成销售假药罪,作出这样的出罪判断,并不等于承认“在构成要件之外架构一套罪与非罪的标准”,不是否认罪刑法定原则,这里涉及一个至关重要而过去没有引起我国刑法学界充分关注的问题:入罪必须要有法律根据(入罪合法),出罪非必须有法律根据(出罪合理,如超法规的违法或责任阻却事由)。[①] 通过“但书”出罪也并没有损害犯罪论体系,相反,根据实质二阶层犯罪论体系,“但书”是发挥实质出罪判断的重要法律依据,“构成要件符合性”与“违法性”融合为不法要件,在构成要件行为及其情节显著轻微而法益危害不大时(包括法益阙如、法益衡量),完全可以在不法阶层予以出罪,“但书”不仅与实质二阶层犯罪论体系完全契合,而且为超法规违法/责任阻却事由提供了依据与空间。换言之,“对构成要件符合性的判断即便都得出肯定结论,也不意味着犯罪一定成立,借助违法性与有责性两个阶层的进一步综合判断,才能最后得出结论。此时所得出的出罪结论,恰恰是对罪刑法定原则实质侧面即处罚的妥当性的理解和运用,也因此是完全符合罪刑法定原则的”。[②] 正如“陆某案”中,陆某的行为属于“销售”“假药”,但“销售”行为对购买者的身体健康完全没有任何损害或损害的抽象、具体危险,反而从健康、财富的角度看对购买者完全有利,不用担心购买不到廉价匹配的进口药,陆某为他们提供了用药的便利,他们(包括贫者和富者)不用担心支付不起高额的医疗费用而放弃宝贵生命,陆某成为癌症患者的“救命稻草”。从国家公共卫生角度,“救死扶伤”“提供可负担得的医疗服务”本是政府管理责任,而如今的现状是,国家只合法提供了2.3万元一盒的“真药”,更廉价的200元进口药被排除在“真药”范围之外,陆某分担着本不该由公民个人承担的公共责任。在我国现有的医药制度环境下,如果无视民间癌症病患者对低价但又具有疗效的抗癌药的急迫现实之需求,并将顺应了此种需求的陆勇等人以犯罪处罚,一味动用刑法手段予以打压,这等于放弃了国家公共服务的同时也排除了个人对这一服务的有限填补,最终受损的反而是公民的生命健康,这样的入罪化除了维护行政色彩浓厚的药品管理制度,还有何意义可言呢?“刑法究竟在保护什么”成为大众的疑问,人们对诸如卖“假药”的陆某、买玉米的王某军等被列为犯罪嫌疑人、被告人、犯罪人而受到拘留、逮捕、追诉、判刑者的同情,增加的是他们对刑法的不认同感。所以,类似“陆某案”的“代购假药案”是实质出罪解释论的经典分析样

① 参见陈兴良:《但书规定的法理考察》,载《法学家》2014年第4期。
② 刘艳红:《法定犯与罪刑法定原则的坚守》,载《中国刑事法杂志》2018年第6期。

本之一，它一方面维护了罪刑法定的形式侧面和法秩序统一（如《刑法》第141条第2款不允许对“假药”进行实质独立判断），另一方面则保证了罪刑法定的实质侧面，实现法定犯处罚的实质妥当性。

考察实质解释论近十年的研究，刘艳红教授实质刑法研究第三部曲《实质出罪论》的入罪限制与出罪强化逻辑得以明晰。此外，随着民法典时代的到来，民法典为所有部门法研究再次吹响了“重视私权”的号角，从“重刑轻民”到“刑法要谦抑、民法要扩张”，民法典为实质出罪解释论提供了更多新思维、新出口，如刘艳红教授提出了“人性民法与物性刑法的融合发展”等命题、民法“公序良俗”原则的出罪功能等，[①] 这极大地丰富了实质解释论的时代逻辑，其持续性的追求即颠覆“重刑轻民”，这也是实质出罪解释论必然会发挥更大作用的原因。尤其可以肯定的是，实质出罪方案将随着学派之争中法教义学知识的转型以及中国本土司法形态流变而变得更加坚实、更受欢迎。

四、实质出罪的反面：实质入罪及规制

如果提倡在构成要件解释中进行实质化，那么就不能说“实质解释只能用于出罪，入罪时不得使用实质解释而只能进行形式解释”，因为构成要件本身是“犯罪”的要件，构成要件实质解释当然包括入罪，它是个普遍性要求，否则实质解释论的意义也将消散一半。问题的关键在于，如何保证实质入罪解释不会突破罪刑法定所要求的法条文义。实质解释论遭遇的最大批判正在于此：实质解释论往往在入罪时采用实质的理由突破法条文义，“实质解释”就成为现入罪扩张的最得力工具。[②] 上述批评有一定道理，实质解释论可能难以保证实质解释只用于出罪限缩、不会被用于入罪扩张，或者即便技艺娴熟的法学家能够保证这一点，也难免其他使用者不会滥用实质解释方法。

就入罪扩张而言，实质解释论所承认的扩大解释与否认的类推解释在入罪逻辑具有极大的相同之处：扩大解释＝目的解释＋文义扩张；

---

① 参见刘艳红：《人性民法与物性刑法的融合发展》，载《中国社会科学》2020年第4期；刘艳红：《公私法一体化视野下公序良俗原则的刑法适用》，载《现代法学》2020年第4期。

② 参见邓子滨：《中国实质刑法观批判》，法律出版社2017年版，第12页以下。

类推解释 = 目的解释 + 文义扩张。刘艳红教授曾指出，“如果因为扩大解释与实质的犯罪论难以截然分清并致后者遭受指责，那么今后需要进一步讨论的问题恐怕是：以何种方式保证扩大解释进而也等于保证实质的犯罪论及实质的刑法解释不会破坏罪刑法定原则的人权保障机能”。① 因此，如何区分扩大解释与类推解释就是实质解释论必须回答的最重要问题，刑法解释必然要坚持实质解释论，实质出罪与实质入罪均是实质解释论的逻辑，“实质入罪解释”是不可避免的，不能直接否定实质入罪解释，那么要想保证实质入罪扩大解释不会破坏罪刑法定原则，就必须要做到根据实质解释论作出的实质入罪解释不是“不利于被告人”的类推解释。这里的一个回避机制就是“若怀疑，勿行动”，②也即在解释存疑时采用“有利于被告人”的解释原则，③避免解释存疑时对被告人作出不利的入罪解释结论，“疑点利益归于被告”是刑法解释学既承认实质出入罪又要避免实质入罪违背罪刑法定的最优方案。④

---

① 刘艳红：《刑法目的与犯罪论的实质化》，载《环球法律评论》2008 年第 1 期。

② Tom Bingham, *The Rule of Law*, Penguin Books Ltd. , 2011, p. 27.

③ 笔者从来不承认作为解释目标的“一切有利于被告人”，而只在存疑时即不是凡事均追求有利于被告人。

④ “存疑有利于被告人”并不只是程序法上事实存疑的处理原则，在刑事法的解释上也被很多国家或国际文件所承认。例如，(1)在大陆法系的法国，现行刑法典第 111 - 4 条明文规定“刑法应严格解释之”，“法国最高法院的判例对此多次申明，刑法规定只能进行严格解释，法官不能通过扩张与类推的方式进行解释……但是这一原则并不禁止对法律文本作有利于被告的扩张解释”(卢建平：《法国刑法中的严格解释及其价值取向》，载赵秉志、张军主编：《中国刑法学年会文集》第 1 卷，中国人民公安大学出版社 2003 年版，第 364 页)。(2)《国际刑事法院罗马规约》也在第 22 条“法无明文不为罪”中规定：犯罪定义应予以严格解释，不得类推延伸。含义不明时，对定义作出的解释应有利于被调查、被起诉或被定罪的人。欧洲人权法院甚至表示，“对于任何一个对犯罪人不利的刑事扩大解释会被视为无效”(参见[德]阿尔宾·埃泽尔：《解释与类推的区分》，载梁根林、[德]埃里克·希尔根多夫主编：《中德刑法学者的对话：罪刑法定与刑法解释》，北京大学出版社 2013 年版，第 211 页)。(3)在日本，有观点主张：“禁止类推解释仍旧是罪刑法定主义的支柱。通过运用‘存疑时有利于被告’的原则，以‘存疑时即属类推解释’这样的严格解释的精神来面对，在实务上恐怕也是非常重要的”[山中敬一『刑法総論』(成文堂，2008 年)91 頁参照]。(4)在英美法国家，宽大处理规则(the rule of lenity)也在为“存疑有利于被告人”辩护：“宽大处理规则是一个普通法的信条，也被熟知为严格解释(strict construction)，这一规则引导法院在解释法律中的含混之处时遵循有利于刑事被告人”[Zachary Price, *The Rule of Lenity as a Rule of Structure*, Fordham Law Review, Vol. 76, p. 885(2004)]。所以，“存疑有利于被告人”的解释规则绝非异想天开，它在外国解释学的命运也没有被终结。

刘艳红教授在最近的论文中也表达了“坚守存疑有利于行为人的法治底线”的观点，[①]以实质出罪为导向的实质解释论必然要警惕自己的另一半灵魂——实质入罪。因此，“存疑有利于被告人”原则将为实质解释论扫除入罪扩张（类推）的疑问、开拓出罪机制的发挥空间。

张明楷教授主张，“解释的实质的容许范围，与实质的正当性（处罚的必要性）成正比，与条文通常语义的距离成反比。所以……处罚的必要性越高，对与刑法用语核心距离的要求就越缓和，作出扩大解释的可能性就越大”。[②] 质言之，行为的法益侵害性越严重，处罚必要性就越高，法益保护目的也就越强烈，因而对刑法用语含义的要求便越低，这确实存在突破罪刑法定原则的冲动。从“冒充军警人员抢劫”的解释路径可以看出，类推解释与扩大解释的界限何其难以把握，二者都源于“目的性扩张”，“没有目的的支点所提供的支持，超越概念语义的类推解释根本就不可能展开其正当性的论证”，[③]类推解释与扩张解释的逻辑基础和执行方式没有丝毫区别，二者所不同的只是对文义扩张的程度而已，这种量上的把握只能依靠是否没有超出“可能具有的含义”。但“可能具有的含义”同时也意味着“可能不具有的含义”，“可能具有的含义”的判断也是模糊不清的，否则目的解释论者就不会无奈地指出“类推解释与扩大解释并没有绝对的界限，也可能类推解释多了就说这是扩大解释”。[④] 张明楷教授在如何区分类推解释与扩大解释时指出，“当解释结论被一般人接受时，就说明没有超出一般人预测可能性的范围；当一般人对某种解释结论大吃一惊时，常常表明该解释结论超出了一般人预测可能性的范围”，后者就是类推解释。[⑤] 试看一生活场景，王甲的父亲王老甲有一份快递被送到“菜鸟驿站”，当王甲去替父亲取快递时，工作人员 A 告知他“王老甲冒充你父亲取走了快递”，B 附和说

① 参见刘艳红：《形式入罪实质出罪：无罪判决样本的刑事出罪机制研究》，载《政治与法律》2020 年第 8 期。张明楷教授反对解释论上的“疑点利益归于被告”。由此，在实质解释论上是否坚持“存疑有利于被告人”可以说是刘艳红教授的实质解释论与张明楷教授的实质解释论的重要区分标准。

② 张明楷：《实质解释的再提倡》，载《中国法学》2010 年第 4 期。

③ 劳东燕：《刑法目的解释的方法论反思》，载《政法论坛》2014 年第 3 期。

④ 张明楷：《刑法解释理念》，载《国家检察官学院学报》2008 年第 6 期。

⑤ 参见张明楷：《罪刑法定与刑法解释》，北京大学出版社 2009 年版，第 128 页。

“嗯,是你父亲冒充你父亲取走了快递”,C言道“对,就是你父亲取走了快递”。若“冒充”包括“充当”,那么无论语言习惯如何,父亲=父亲充当父亲=父亲冒充父亲,这至少是没有错误的,A、B的这两句让人摸不着头脑的回答,该会让王甲“大吃一惊”吧。所以,“冒充”的本质是欺骗性,将真军警人员抢劫认定为“冒充军警人员抢劫”是以实质可罚性导向为由而进行的类推解释,违背罪刑法定原则。

例如,我国《刑法》第245条规定“非法侵入他人住宅的,处……”学界已经对此形成“通说”:侵入住宅包括积极的侵入和消极的不退出。[①]但所谓“入”的含义仅仅是指由外到内的进入,由内到外的动作叫作“出”或者“去”,“消极的不退出”根本难以被“侵入”所包含。这也正是《日本刑法典》第130条、我国台湾地区“刑法”第306条在条文内同时规定“无故侵入”与“受退去之要求而不退去(或仍留滞)”这两种不同行为构成的原因。[②] 学者们在教科书中也是分别讨论“住居侵入罪”与“不退出罪”,[③]或者“违法侵入罪”与“违法滞留罪”,[④]二者的上位概念是“侵犯居住罪”或“妨害居住自由罪”。[⑤] 无论是日本还是我国台湾地区,其规定的都是“侵入”“不退去”这两个汉字词,其语义与汉语简体字无异。所以,以侵害住宅安宁这种目的解释的理由,将第245条中的“侵入”之文义扩张为“侵入+不退出”,明显是罪刑法定所不容许的类推解释,而非罪刑法定所容许的扩大解释。就此而言,将非法吸收公众存款罪中的“吸收”分为“吸收存款”(入)和“合法存款后经要求取款而银行拒绝”(不出),[⑥]也不妥当。否则,把财物“盗窃进来”(入)是盗窃罪,“合法保管他人财物后经要求退还而拒不退还”(不出)难道也是不作为的盗窃罪?显然,后一行为是以性质迥异的侵占罪来定性的。

---

① 参见王作富主编:《刑法学》,中国人民大学出版社2010年版,第79页。

② 《日本刑法典》第130条规定:“无正当理由侵入……或者经要求退出但仍不从上述场所退出的,处三年以下惩役或者十万元以下罚金”。我国台湾地区“刑法”第306条规定:“无故侵入……者,处一年以下有期徒刑、拘役或三百元以下罚金。无故隐匿其内,或受退去之要求而仍留滞者,亦同。”

③ 曾根威彦『刑法各論』(弘文堂,2012年),79-83頁参照。

④ 参见甘添贵:《刑法各论》(上),台北,三民书局2010年版,第151页。

⑤ 参见林山田:《刑法各罪论》(上),北京大学出版社2011年版,第139页以下。

⑥ 参见张明楷:《罪刑法定与刑法解释》,北京大学出版社2009年版,第128页。

为杜绝实质入罪扩张解释,存疑有利于被告人是较为稳妥的选择,这符合罪刑法定原则的要求。如前所述,罪刑法定原则的确立本身就说明刑法在人权保障与社会保护之间偏向了前者,“依罪刑法定之原则,刑法之解释应……罪疑惟轻,以顾全被告之利益”,[①]罪刑法定完成了二元价值之间的冲突裁决,是“存疑有利于被告人”能够作为一项解释规则的价值根源。根据罪刑法定原则,刑法规范对司法“供给不足”之时应当是解释终止之时,此时乃是“司法倒逼立法”的最佳时机,不能以“最相类似”为由进行司法独断。有学者主张:“对于某种‘解释’结论存在疑问时不能简单适用‘有利于被告’的原则,而应该正视刑法规范供给不足的现实,在不侵犯公民的基本权利的前提下,将刑法作为社会控制、社会保护的手段积极地加以适用。”[②]可是,既然认为存在“刑法规范供给不足的现实”,那么难道这种刑法规范“供不应求”不正是法律含混、立法滞后所产生的法律漏洞?为什么在刑法规范本身已经“供给不足”的情形下,不是通过立法机关继续“生产”刑法规范而是通过“解释”来“续造”刑法规范?法官不拒绝解释而进行“能动司法”,将有罪判决后果归属给被告人,这是“宁愿错判也不放纵”的司法专断思想作祟,这也是我国1979年《刑法》第79条之所以规定“本法分则没有明文规定的犯罪,可以比照本法分则最相类似的条文定罪判刑”的主要原因,有区别的只是现在要炮制出一个所谓的“可能的文义”。可既然是“可能的文义”,其本身就意味着该解释结论是“可能的甲文义”,也可是“可能的乙文义”。简言之,是“莫须有”(可能有)。正如考夫曼坦率指出的,“当我们说,解释可能及于‘可能的文义’时,其实我们已经在类推之中的了,因为这种‘可能的文义’既非本义亦非相当,而是一种类似”。[③] 因此,“存疑有利于被告人”是罪刑法定下位原则的明确性原则与禁止类推原则的具体贯彻,“存疑有利于被告人”的刑法解释规则能够维护刑法的安定性,是实质解释论避免沦为入罪类推解释的可行路径。

“存疑有利于被告人”原则面对的最大疑问是,“任何法律条文都可

---

① 韩忠谟:《刑法原理》,北京大学出版社2009年版,第61页。

② 付立庆:《刑罚积极主义立场下的刑法适用解释》,载《中国法学》2013年第4期。

③ [德]亚图·考夫曼:《类推与“事物本质”——兼论类型理论》,吴从周译,学林文化事业有限公司1999年版,第11页。

能有疑问,即便原本没有疑问,在遇到具体案件时,也会有人为了某一方的利益而制造疑问;如果一有疑问就做出有利于被告人的解释,刑法就会变成一纸废文……刑法理论就不需要展开争论,只要善于提出疑问并知道何种解释有利于被告即可";①"奉行有利被告的解释原则,则只要辩方提出不同于控方的法律解释方案,法院就必须遵从,否则就有悖有利被告的刑法解释原理,但这显然是不可能的"。② 可以说,上述观点存在对"存疑有利于被告人"及其运用的极度误会。"存疑有利于被告人"不是任何场合下均提倡有利于被告人的结论,而是要求刑法解释要先"释疑",若仍存在不能排除的"合理怀疑"则应作"有利于被告人"之解释结论,这与证据法上的运用遵循同样的流程。换言之,"法官应当首先借助于一般的解释方法,从中找到法律的真正意义……如果疑问依然存在,法官则应当作有利被告的解释",③"排除合理怀疑"是存疑有利于被告人规则运用的前提工作。"'什么是合理怀疑'并非一个不可回答之题",④它是一种建立在有理由根据和一般常识基础上的怀疑,即一种使理性之人产生犹豫的怀疑,因而排除合理怀疑的证明必须达到这样一种令人确信的程度:"一个理性之人在日常生活中面临最重要的事项时不会犹豫并进而据此采取行动。"⑤所以,"排除合理怀疑"离不开社会理性一般人的认知,"因其本质是经验判断,其判断基础是经验法则,因此,在实践中,最便利有效的方法是诉诸经验与常识,即依靠'常识、常理、常情'。因此,即使是一个普通人,但只要具备正常的思维能力,具有必要的生活经验,依其'三常'而产生的判断,就可能是合理的判断"。⑥ 就此而言,"证据存疑"与"解释存疑"的断定遵循一致的方法。我国台湾地区"最高法院"也在判例中指出,"诉讼之证明,须于通常一般之人均不致有所怀疑,而得确信其为真实之程度者,始得据为

---

① 张明楷:《刑法格言的展开》,北京大学出版社 2013 年版,第 546 页。

② 袁国何:《刑法解释中有利于被告人原则之证否》,载《政治与法律》2017 年第 6 期。

③ [法]卡斯东·斯特法尼等:《法国刑法总论精义》,罗结珍译,中国政法大学出版社 1998 年版,第 140 页。

④ James Q. Whitman, *The Origins of Reasonable Doubt*, Yale University Press, 2008, p. 206.

⑤ 肖沛权:《排除合理怀疑及其中国适用》,载《政法论坛》2015 年第 6 期。

⑥ 龙宗智:《中国法语境中的"排除合理怀疑"》,载《中外法学》2012 年第 6 期。

有罪之认定”。[①] 经验法则的作用不仅限于事实认定，对于法律文本概念的确定和具体化也具有重要意义，正如张卫平教授所言，“要使解释符合正当性，就只有通过经验法则，将经验法则作为解释的基础。经验法则的运用是抽象概念与具体情形对应的桥梁”，[②]因而排除解释合理怀疑的基本工具便是一般人的经验法则。

例如，《刑法》第 253 条之一侵犯公民个人信息罪中使用了“违反国家有关规定”，司法解释对该要素的理解就存在值得怀疑之处。《刑法》总则第 96 条对“违反国家规定”进行了明确，即“违反全国人民代表大会及其常务委员会制定的法律和决定，国务院制定的行政法规、规定的行政措施、发布的决定和命令”；而 2017 年 6 月 1 日施行的最高人民法院、最高人民检察院《关于办理侵犯公民个人信息刑事案件适用法律若干问题的解释》第 2 条规定“违法国家有关规定”包括“违反法律、行政法规、部门规章有关公民个人信息保护的规定”。换言之，司法解释将“国家有关规定”作了与“国家规定”完全不同的解释，前者还包含了法律和国务院行政法规之外的“部门规章”，但这种司法上的扩张性理解已经超出了法条中“国家有关规定”的范围，违背了语言和经验的常识，是一种为了加大处罚范围而作出的“硬解释”。其实，“有关”是一个没有实意的虚词，若刑法没有对“国家规定”进行明确，那么究竟哪些规定属于“国家有关规定”则需要进行明确，但其本质也只是对“国家规定”本身的解答，而不会超越“国家规定”的范围。“（国家）规定”与“（国家）有关规定”是同义反复而已，其规定之主体仍然是“国家”即《刑法》第 96 条载明的“全国人民代表大会及其常务委员会、国务院”。上述用语是可以通过一般人的常识进行验证的，如“学校有关部门”不会超出“学校部门”，“刑法有关规定”不会超出“刑法规定”，“中央有关领导”不会超出“中央领导”之范围，“有关”只是相对于特定事项而言的“相关”而已，《刑法》第 253 条之一中的“国家有关规定”就是与公民个人信息保护“有相关性”的“国家规定”而不包括“部门规章”或其他第 96 条之外的内容。上述司法解释将一个刑法总则已经作出规定的“旧概

---

① 林钰雄：《严格证明与刑事证据》，法律出版社 2008 年版，第 162 页。

② 张卫平：《认知经验法则》，载《清华法学》2008 年第 6 期。

念"当作一个"新概念"予以重新解释违背汉语语法习惯、违背生活经验、违背第96条之要求,存在违背常识的"合理怀疑"。试图绕过总则文本的约束而对分则文本添加无实意的"虚词"来扩张入罪范围,违背罪刑法定原则,在合理怀疑之下应当根据"存疑有利于被告人",按照第96条严格解释"国家有关规定"。

又如,《刑法》第293条规定"在公共场所起哄闹事,造成公共场所秩序严重混乱的"构成寻衅滋事罪,对"公共场所"的解释也可以做到"释疑→存疑→有利于被告人"。2013年9月5日最高人民法院、最高人民检察院《关于办理利用信息网络实施诽谤等刑事案件适用法律若干问题的解释》第5条规定,"编造虚假信息,或者明知是编造的虚假信息,在信息网络上散布,或者组织、指使人员在信息网络上散布,起哄闹事,造成公共秩序严重混乱的,依照刑法第二百九十三条第一款第(四)项的规定,以寻衅滋事罪定罪处罚"。法条中的"公共场所"就不能被理解为包含网络空间之"场所",因为按照一般人的日常经验,所谓公共场所就是现实中的场所如车站、码头、民用航空站、商场、公园、影剧院、展览会、运动场等,这与第291条聚众扰乱公共场所秩序罪之"公共场所"具有相同含义。人们通常所谓的"禁止在公共场所吸烟、吐痰"也只是禁止在这些物理性的公共场所吸烟、吐痰,没有人会理解为包含在网络论坛、主页、留言板上吸"虚拟烟"、吐"电子痰","网络虚拟场所"根本就不是公共"场所",正如"虚拟的人"根本就不是人或者只能是"加引号"的"人"即"拟人","新东方网络课堂""沪江网校"等也仅仅是虚拟空间中的教室、学校而不是公共场所,所以它们也只能被冠之以"网络"二字。现实中的一切几乎都可以呈现到网络空间,将现实公共场所与网络虚拟场所进行对比进而决定可罚性,这显然就是类推。因此,对该司法解释的质疑就是合理的,寻衅滋事罪中编造或传播虚假信息以及聚众起哄闹事的行为必须是发生在现实空间的行为并引起物理性秩序严重混乱,[①]"定义犯罪的主体是立法机构而非法院",[②]对虚拟网络空

① 刘艳红教授对网络言论自由犯罪的"网络虚拟化"提出了此种客观限定,参见刘艳红:《网络时代言论自由的刑法边界》,载《中国社会科学》2016年第10期。

② Zachary Price, *The Rule of Lenity as a Rule of Structure*, Fordham Law Review, Vol. 76, p. 909(2004).

间行为的扩张性处罚不应凭借此解释，实质解释论在此就须止步。

总之，实质解释论是实质刑法观、实质犯罪论在刑法方法论上的必然选择，犯罪构成要件是立法者预设的实质上值得处罚的不法且有责的行为，实质二阶层犯罪论体系对不法构成要件、罪责构成要件进行实质判断，不是要否认“构成要件符合性”，不法构成要件、罪责构成要件仍然是对犯罪构成要件及其罪刑法定机能的维持。既然实质解释论是对犯罪构成要件的解释，那么实质入罪解释就不可避免，如果入罪不需要借助实质解释，那么实质解释的正当性也会削弱，比如在文义多重解读下实质目的解释具有确定文义妥当的裁决性意义。因此，实质解释论的关键不在于“要不要实质入罪解释”，而在于如何确保实质入罪解释结论不会逸出刑法用语的范围，或者说如何确保实质入罪解释不会超越构成要件的外在用语。换言之，提倡实质解释思维，就难以排除实质入罪论，在更加强调和重视实质出罪解释化解《刑法》第 3 条所体现的消极出罪思维时，避免实质解释在入罪上违背罪刑法定原则的稳妥路径便是“存疑有利于被告人”，即在实质入罪解释在扩张刑法用语射程遇到难以排除的合理怀疑时，应将经验法则作为解释的基础，遵从一般人对汉语词汇的理解，避免出现“硬解释”“乱解释”。“疑点利益归于被告”不仅是程序法上证据规则，也是刑法适用上的一项解释规则，是以尊重和保证人权为指向的通行于刑事法内的一体化规则，它为实质入罪提供了保持克制的底线方案，也为实质出罪的“异化”消除了疑虑。

五、结语

实质刑法观是我国刑法教义学知识转型过程中最具有标识意义的刑法派别，自 2009 年被首次提出以来，它与其他刑法观（主要是所谓的形式刑法观）的争论始终在不同的范围内展开。实质刑法观的起点是针对我国《刑法》第 3 条的中国特色罪刑法定条款。因为该条在经典罪刑法定原则“无法则无罪”之前率先植入了“有法则有罪”“违法必究”“有罪必罚”的出罪限制条款，它反映的是我国长期以来重视社会保护的刑法取向。罪刑法定原则的精神确实只应体现在《刑法》第 3 条后半段，前半段不是（积极的）罪刑法定原则，但也不能据此忽视前半段，前半段所言的“刑法明文规定为犯罪,依照法律定罪处刑”当然也可以解读为立法者在提示司法者不能徇私枉法、要依法办案,但1997年《刑法》修订时,第3条前半段所体现的立法意图并没有如此美好。只有在第3条后半段经典罪刑法定原则基础上充分纳入实质理性,对“表面上符合刑法规定”的行为进行实质解读,才能实现“不一定有罪”的出罪判断,将不具有实质处罚正当性的行为排除出犯罪圈。因此,实质刑法观的起源以及后续接连建构的实质犯罪论、实质解释论均是基于出罪视角,强调“入罪合法,出罪合理”。在丰富出罪逻辑的层面,社科法学重视的“底层逻辑”“实质方法”对于实质刑法观具有重要的借鉴意义。就此而言,刘艳红教授的实质刑法观与邓子滨研究员《中国实质刑法观批判》的批判对象不同,后者针对的是脱离罪刑法定原则的实质入罪思维、政法法学思维,系“极端实质主义”。或许有观点会直接提出,实质刑法观当然也可以用于实质入罪,最终与上述思维无异。但是,以实质出罪为目标的实质刑法观完全可以回避“极端实质主义”的风险,那就是在实质解释论中提倡“存疑有利于被告人”的严格解释规则,为实质入罪解释划定一个“底线”。

诚然,实质刑法观与形式刑法观在争论中还有不少误解存在,以至于造成了争论偏差,这是不能回避的学术现实。在理解实质刑法观的学派逻辑时,还应当注意:在刑法价值的理解上,它与形式刑法观的分歧不能被夸大,“放大共识”十分必要。“实质刑法观”的对立面“形式刑法观”支持者虽然甚众,但直接自我标榜为“形式刑法观”的学者却不多见,常见的则是“形式解释论者”,陈兴良教授将二者的对立概括为“实质刑法观与形式刑法观”的对立更多地是对学术讨论的一种概括而非名分上的划分。其实,在刑法价值的理解或追求上,以陈兴良教授为首的所谓“形式派”与刘艳红教授并不存在终极性的分歧,他们基本是刑法价值论上的“同盟者”。众所周知,陈兴良教授对于我国刑法学知识的启蒙与转型作出了巨大贡献,系最早力挺罪刑法定主义、提倡刑法谦抑主义、主张市民刑法观的学者,他推动的几乎所有的刑法知识变革都是基于人权保障的价值推动力,比如下述命题几乎成为公认的定理:“刑法是否把人权保障放在首要位置上,是法治社会的刑法与专制社会的刑法的根本区别。”[①]实质刑法观也同样信奉这样的教义：“在法律体系中，刑法是人权和自由保障的最后防线。如果在追求实质正义的幌子下擅入人罪，则这样的国家也不再是任何意义上的法治国。”[②]实质刑法观主张，从入罪的角度(犯罪嫌疑人站在犯罪圈之外)，形式合理性是实质合理性的保障，这是形式罪刑法定原则的“藩篱功能”；在这种追求基础上，实质刑法观还更看重出罪：从出罪的角度(犯罪嫌疑人已进入犯罪圈之内)，实质合理性是形式合理性的内容保障，这是实质罪刑法定的“甄别功能”。所以，实质刑法观要对实质入罪附加“(刑法解释)存疑时有利于被告人”的限制，同时着力于避免“出罪禁止”。所以，“实质刑法观”能够最大限度地放大刑法价值共识、诠释犯罪论体系建构的实质化以及发掘重刑主义传统中的出罪方法，既不会走向极端的实质主义，也不会走向社科法学所批判的“本本主义”(贬义的法条主义)，为消极克制、谦抑主义的刑法走向规划了稳妥可行的教义学方案。笔者认为，这是实质刑法观的学派志趣和重要贡献。

① 陈兴良：《刑法的格致》，法律出版社2008年版，第4页。
② 刘艳红：《实质刑法观》，中国人民大学出版社2019年版，第121页。

第三章　刑法教义学转型的本土化：理解形式与实质

目　次

晚近以来，围绕着“刑法教义学”这一语词，时常存在不同层面的争论，例如，什么是刑法教义学？刑法教义学具有哪些特征？什么是刑法解释学？刑法教义学与刑法解释学的区别是什么？刑法教义学是否可以批判立法以及刑法教义学的体系化应当如何？事实上，刑法教义学这个概念本身可能只是一种理论宣示，而围绕这个概念所进行的刑法知识的体系化才是其本质属性。刑法教义学具有独立的意义，其并不是刑法解释学的另一称谓，其对刑法学的研究方法、研究立场以及刑法知识的体系化更新具有现实意义，对于刑事法治的逻辑构建以及刑法学理论的自身变革也具有重要影响。刑法教义学不应当只是一种含混不清的语词存在，也不应当只是一种提升理论存在感的工具。刑法教义学这一语词本身属于一种刑法知识转型所需的“元概念”。刑法教义学有利于在刑事领域贯彻形式法治的基本原则，“刑法教义学派的形式法治特点有利于实现刑事法治的安定性"。[1] 在罪刑法定的框架下，则需要立足本土实践的规范化解释与教义学知识的体系化，而这个过程则属于刑法体系范畴中的实质化构建。对此，应当明确刑法教义学体系化构建的目标，在形式化的基础上，积极予以价值判断的指引，实现刑法教义学的理论与实践沟通。

一、从法教义学到刑法教义学的理论兴起

"法教义学"作为一个外来语词，其具有不同的理念与方法。法教义学除了在一般法理论层面受到相应的关注外，具体到一些部门法时，其也存在相应不同的体现，例如，民法教义学、宪法教义学等。而在部门法的教义学研究中，刑法教义学的发展最为迅速，也最为引人注目。当然，这也是出于刑法中的罪刑法定原则以及刑法体系自身较强的逻辑性所使然，因为罪刑法定所首先要求的形式特征以及刑法自身的体系性使得刑法学界对教义学观念的接受以及教义学理论的展开相对较为容易。

（一）"法教义学"在我国法学界的兴起缘由

近年来，"法教义学"这个语词似乎时常代表着一种主流的法学研究方向，甚至有种谈法学而不谈法教义学就仿佛显得有些落伍之感。关于法教义学这一概念的兴起原因主要存在如下几种观点：一是受德国法律体系的影响。由于在历史上，我国一直具有大陆法系的传统，成文法一直是主要的法律形式，法律形式受到德国和日本的影响相对较大。晚近以来，法学界的中青年一代大多也具有留学德日的知识背景，很多学者受德国法律理论的影响很大，这在理论研究主体的意义上有利于法教义学的本土化发展。二是出于学界理论研究的一股新潮，其在一定意义上属于学界寻找新兴研究点的结果。传统意义上的法解释学有利于法学理论的创新，因为法解释学主要是面向司法实践中的法律适用，由于案件事实具有多样性，进而也就导致法解释学中的问题经常会层出不穷，而法解释学也就可以在不同层面上展开相应的理论研究，例如，具体的个案评析、解释的方法论以及犯罪论体系要素的具体

① 刘艳红：《刑法学变革的逻辑：教义法学与政法法学的较量》，载《法商研究》2017 年第 6 期。

分析等。然而,围绕传统的法解释学所展开的刑法学研究也会产生一定的审美疲劳,并且其会受制于个案的司法实践,难以在整个刑法学知识体系层面予以进一步的创新型研究,于是,法教义学的理论话语体系也会得以应运而生。三是法教义学的语境构建是法律体系完备的必然结果,法律体系的完善就会进而导致法律评注活动的兴起,例如,有的观点认为,"与法律评注着眼于解释现行法相一致,比较法、法律史和立法论在法律评注中普遍遭受冷遇"。① 诚然,法教义学的研究离不开成文化的法典以及相关成文法典的体系化。法律体系的完备必然有利于法教义学的展开,法教义学的体系化在某种意义上就包括法律规范的体系化。而且,法教义学的规范体系在制定法层面也具有相对广阔的体系存在,法秩序的统一性以及法体系的融贯性也是法教义学发展的基础和归宿。四是法教义学通常被认为具有实用性与科学性,而这恰恰也是法教义学的特征宣示。法教义学的实用性源于其以现实的司法活动为实践导向,即法教义学需要为司法实践提供一套解决实际问题的具体方案。法教义学的科学性主要是源于其合乎逻辑性,因为逻辑通常被认为是西方科学的主要思维方式。"法教义学可以使偶然定在,即以实在法为研究对象的没有科学气质的法学,转换为必然存在,即受永恒规律支配而具有科学气质的法学。可见,为了使法学更加接近科学,唯一的途径就是实现教义学化"。② 五是法教义学的展开有利于实现我国法律文化的统一,加强法与文化的关系。法教义学作为一种法学研究与司法实践的方法,其既需要考虑现实的法律文化背景,也需要主动调适与法律文化之间的关系。事实上,法教义学的本土化发展在我国就面临文化的外来性与自主性之间的整合问题,例如,实质的思维与形式优先的思维之间所存在的冲突以及法治与传统人治之间的习惯冲突等。法律文化会影响法教义学,而法教义学也会对法律文化产生相应的反作用,例如,逐渐树立国民对形式法治权威的遵循。六是法教义学有利于实现法学教育的发展。法教义学本身有

---

① 贺剑:《法教义学的巅峰:德国法律评注文化及其中国前景考察》,载《中外法学》2017 年第 2 期。

② 刘艳红:《中国刑法教义学化过程中的五大误区》,载《环球法律评论》2018 年第 3 期。

利于法学教学的进行,方便法学教学的统一化,而具体到刑法中的阶层犯罪论,其同样就具有教学层面的显著优势,因为它非常地呈体系性与合乎逻辑性,这对于刑法学的教学而言,无疑是十分便利的。

当然,关于法教义学理论得以兴起的原因还有很多,在此不详细予以列举。但法教义学的兴起也并不能完全说明法教义学的研究就是整个法学研究的主流,因为我国的法教义学研究仍处于一个较为初级的发展阶段,其属于法教义学本土化的开始阶段,各个概念体系仍处于一个调适的阶段。"当下中国,自觉的法教义学反思只是正在发生。距离概念清晰、逻辑严谨、体系完整的目标还甚为遥远,其与法律实践的良好互动也未形成。"①但我国法教义学的发展在客观上是较为迅速的,其对于法教义学的研究也具有现实意义,其必然有利于法律体系的进一步发展,也有利于增强司法者对法律规范的解释适用能力,并促进法律教学的发展,繁荣法学研究的阵地。此外,法教义学既是一种法学方法,同时也是一种法治理念的载体,法教义学的发展是必然需要被置于法治构建的现实语境下的。法教义学与法治,刑法教义学与刑事法治之间具有某种意义上的天然联系。例如,以刑法教义学为例,如果没有1997年《刑法》将罪刑法定规定为刑法的基本原则之一,就不可能有真正的刑法教义学在我国的本土化发展。罪刑法定原则就是宪法中的法治要求在刑法中的具体体现,于是,刑法教义学通过罪刑法定原则而与刑事法治取得规范联系,刑法教义学的发展也自然被置于法治构建的现实语境中,其在某种意义上也符合主要的政策方向。

(二)刑法教义学在我国现实的法学语境展开

刑法教义学的展开首先需要明确什么是刑法教义学的问题,这是刑法教义学研究的首要认识对象。针对法教义学与刑法教义学的一般认识论问题,通常是从存在论、价值论和方法论等视角予以展开的。例如,针对法教义学的概念,有观点认为,"法教义学是一套话语体系,这套话语体系以法律为对象,以阐述现行法以及现行法背后的道理为己任。现代的法教义学理论应重视的是规范和规范背后的道理、价值、原

---

① 刘艳红:《刑法学变革的逻辑:教义法学与政法法学的较量》,载《法商研究》2017年第6期。

则，而非概念和概念的体系化”。[①] 这主要强调了现行法的规定是法教义学的基本前提，并将关注的焦点由规范、概念以及规范的体系化转移到了法理、价值以及原则等更为抽象的部分，其属于对法教义学在中观层面的一般理解。还有观点认为，“法教义学是一门探究法的客观意义的科学，而非探究法的主观意义的科学。它确定法应当如何被理解，而未必是确定法被期望如何”。[②] 法教义学离不开现实的制定法体系，“法教义学从现行体制下的制定法出发，以维护、辩护甚至信仰制定法逻辑的立场和方法论，试图塑造法律在社会中的规范权威”。[③] 鉴于此，法教义学的基本特征是将现行的实在法秩序作为坚定信奉的前提，并以此为出发点来开展体系化与解释论的工作。针对刑法教义学的概念，也有观点认为，“刑法教义学的特点主要具有解释、体系化、现行法、制定法、权威性等特点。刑法教义学主要是在现行刑法规定的框架内，用以合理解决实际案件的科学”。[④] 这里强调刑法教义学的框架性与科学性。此外，就刑法教义学的具体意义而言，有观点认为，“刑法教义学影响着绝大多数学者的思维方式，即以体系性为导向、对于法律规范进行概念分析，并且对其进行解释”。[⑤] 刑法教义学具有相对程式化的思维逻辑，其对于认识主体具有积极的思维塑造作用，并且在一定程度上与法治的基础思维相契合。“从法教义学的立场出发，现实中的法律实践应当严格依照形式理性化法益的要求展开，而不应与其他治理权力交织在一起”。[⑥] 刑法教义学主要倡导一种规则治理的方式，即使涉及权力问题，其也是一种以民为本的理性司法权，鉴于此，司法中的刑法教义学必然是将权利保障的价值置于秩序维护的任务之前，权利与法治始终是刑法教义学的主要法理依据。

---

① 纪海龙：《法教义学：力量与弱点》，载《交大法学》2015 年第 2 期。

② ［德］古斯塔夫·拉德布鲁赫：《法教义学的逻辑》，白斌译，载《清华法学》2016 年第 4 期。

③ 周尚君：《法教义学的话语反思与批判》，载《国家检察官学院学报》2015 年第 5 期。

④ 陈璇：《结果无价值论与二元论之争的共识、误区与发展方向》，载《中外法学》2016 年第 3 期。

⑤ ［德］埃里克·希尔根多夫：《德国刑法学：从传统到现代》，江溯、黄笑岩等译，北京大学出版社 2015 年版，第 171 页。

⑥ 李晟：《实践视角下的社科法学：以法教义学为对照》，载《法商研究》2014 年第 5 期。

此外，对刑法教义学的概念定义也应当彰显刑法教义学的独立价值，如果必须对刑法教义学作一个具体认识论层面的定义，那么刑法教义学就是刑法学知识的体系化构建与理性反思，其先对一些基础问题予以类型化，以减少不必要的体系争论，节约理论与实践资源，并在此基础上，逐渐形成共同的法治人文关怀，其包括一切刑法学的规范理论及其相关知识以及不断形成的自身逻辑规则与思维品质，其以司法实践为导向。刑法教义学的一般任务主要包括其对形式法治的坚守以及对自身教义体系的构建与完善。由于现代刑法受到罪刑法定原则的影响，而刑法教义学的说法通常容易给人一种形式法治优先的直观印象。刑法教义学的发展与这样一种形式法治的特征也是密切相关的，即法教义学与制定法语境下的形式法治是存在必然联系的。然而，这样一种形式法治的意义在我国以往的刑法解释学中却并未得到如此认识，罪刑法定原则所承载的具体法治价值缺少这样一个方面的具体化。

尽管刑法教义学的发展与本土化更多地是与阶层犯罪论体系的展开有关，但即使自从阶层犯罪论体系引入我国以来，学者们在很长一段时期内也都是在从事“大解释学”的研究，刑法解释学也存在一定跨越式的发展，教义学的本土化与自主性也是直到近年来才逐渐被予以强调的。单是刑法中的犯罪论体系，就在我国刑法教义学的本土化过程中存在不同层面的争议，例如，有的观点认为，“阶层犯罪论体系的本土化，首先不能不考虑引进的域外犯罪论体系与中国当下语境的适应性”。[①] 随着社会治理的体系化与现代化，以刑法应当适应社会发展为由，进而予以解释上的扩张适用也必然时常遭受抵制，因为刑法的扩张适用是有损教义学的形式基础构建的。诚然，在教义学兴起的前期阶段，即在我国传统刑法解释学的发展过程中，一方面存在法解释学层面的跨越式发展，其跨越了教义学的理念化明晰与精细化发展的阶段，也跨越了形式逻辑的塑造阶段，而直接奔赴形式与实质并存，而且存在相互争论的阶段，并逐渐关注到以前不怎么关注的一些理论与实践问题。在刑法教义学的发展过程中，曾经或许存在很多

---

① 梁根林、[德]埃里克希尔根多夫主编：《刑法体系与客观归责：中德刑法学者的对话（二）》，北京大学出版社2015年版，第28页。

不必要的争论领域与理论问题，进而也浪费过大量的学术资源，而且刑事法治的权威也并未更好地树立。但另一方面，前期的“大解释学”阶段的刑法研究也为当前以及未来一段时间内的刑法教义学发展奠定了重要的理论基础，从长远来看，其也有利于刑法学基础理论的不断发展与体系完善。在刑法教义学的本土化过程中，我国的刑法教义学在学习国外相关理论的同时，应当树立自身的理论自信与实践关照，鉴于此，我国刑法教义学的展开就面临着不同任务，例如，对基础刑法学理论知识的体系化；贯彻形式法治优先的一般原则；促进刑法适用方法的不断发展；增强刑法体系的现实回应性；增强法律共同体的专业认同等。而在这个过程中，需要避免一种非此即彼的思维认知，应当坚持形式逻辑优先的思维导向，在形式合法性的基础上追求实质的合理性。

（三）明确刑法教义学不同于传统刑法解释学

立足于我国传统刑法解释学的发展以及近年来刑法教义学的理论倡导与具体展开，必然会存在的一个疑问是，刑法教义学与刑法解释学的区别究竟是什么？如果刑法教义学等同于刑法解释学或者说规范刑法学，或是刑法教义学的所指与刑法解释学的区别并不大，那么强调刑法教义学的研究或者彰显刑法教义学的价值，就难免存在理论渲染之疑。对于刑法教义学与刑法解释学的关系问题，理论界也存在一些不同的认识，例如，有的观点认为，刑法教义学不同于刑法解释学，但这种差别也并不大。“与刑法解释学略有区别的是，刑法教义学基于体系内的逻辑一致性对刑法规范进行解释，形成的共识性理论通常就成为刑法上的所谓教义。”①这其实主要说明了教义与解释的一个区别，但是存在将教义局限于刑法规范的不足，因为刑法教义并不仅仅包括基于刑法规范所形成的共识理论，还包括规范外的一些教义规则。此外，有的观点认为，刑法教义学与刑法解释学在性质上是相同的，“只是有教义的刑法学与无教义的刑法学之间的区分，恰如有宗教信仰的人与无宗教信仰的人之间的区分”。② 诚然，这间接地说明了刑法教义学自身在

---

① 孙国祥：《刑法教义学与刑事一体化关系论要》，载《法治现代化研究》2017年第4期。

② 陈兴良：《刑法教义学彰显对法条的尊崇》，载《检察日报》2014年7月31日，第3版。

理念层面的一些特征,并且指出了形成教义学价值共识的重要性。针对刑法教义学与刑法解释学的区别问题,刘艳红教授曾经从不同的方面进行过细致的分析,她认为,刑法教义学与刑法解释学是不同的,具体而言,"法律解释学是一门独立的学科,而法教义学不是;法律解释学无论在成文法国家还是判例法国家,都一样存在,而法教义学则主要存在于法典化国家;法律解释学是一个跨越时空地域与文化的概念,而法教义学则更多地是一个地域文化的概念;法律解释学内涵丰富、外延宽广,而法教义学内容稳定、任务明确"。[①] 鉴于此,刑法教义学至少在学科属性、法系环境、地域文化、内涵范围等方面就是不同于刑法解释学的。

事实上,无论是在世界法律文化传统的发展脉络中,还是具体到我国法治的现实语境中,刑法教义学不仅不同于刑法解释学,而且其也应当不同于刑法解释学。刑法教义学不同于刑法解释学是客观存在的,而刑法教义学应当不同于刑法解释学则是出于实现理论建构的目的所使然。首先,正如刘艳红教授所说,法律解释学并不仅仅是存在于成文法国家,其在判例法国家也同样存在,但法教义学则存在于成文法国家,因为法教义学所谓的体系化是以法典化为前提的,其规范解释的对象首先是成文化的法典及其相关的规范条文。无论成文法还是判例法,均存在具体的法律适用问题,而存在法律适用问题就会存在相应的法律解释以及对法律解释学的研究。具体到我国的现实法治语境下,由于我国是一个处于法治初创阶段的国家,并没有德国那样的法治文化底蕴与历史发展包袱,对于形式与实质的把握也并没有那么明显的阶段性。然而,在法治初创阶段,应当选择更能贯彻法治原则的理论路径,而法教义学具有维护与塑造形式法治的理论意义,故应当对刑法教义学的概念进行基本的理论明晰,进而积极发挥刑法教义学的法治塑造与保障作用,并以此对刑法学的理论体系予以发展,努力实现刑法教义学本土化的实际意义。刑法教义学首先强调形式逻辑的要求,实质化构建并不是刑法教义学在法治层面的首要意义,而应当体现为在形式基础之上的体系化需要。于是,以往在刑法解释中,单纯的解释基本

---

① 刘艳红:《中国刑法教义学化过程中的五大误区》,载《环球法律评论》2018 年第 3 期。

立场之争在刑法教义学的体系中就缺乏足够的理论意义，因为刑法教义学必然是在形式逻辑基础之上的实质化构建，形式与实质之间并没有一种明确的界分样态。

二、法教义学在形式与实质层面的主要历程

尽管刑法教义学并不存在绝对的形式与实质界限，但总体看来，法教义学的确经历了一个从形式到实质的大致发展历程。实证法体系是法教义学进行解释作业的规范前提，对规范的解释通常被认为是存在形式与实质方法的。对此，法教义学也就存在形式与实质之争，但在当今社会背景下，这种形式与实质的绝对二元对立已然变得不再可能。法教义学一方面对形式法治权威具有塑造作用，另一方面无论是对规范的解释还是对非规范存在形式的教义化发展，均离不开价值判断的有效指引，教义学的体系化发展需要发挥主体的价值判断作用与形式基础意义上的实质体系化构建。

（一）以实证法体系为前提的法教义学发展

对于法教义学的认识来说，不能只是罗列其具有的特征或只是对法教义学的概念进行一个笼统的抽象定义。教义学必然关乎规范理性与价值判断的问题，拉德布鲁赫认为，“法教义学具有三项特征：它是一种理解性的、个别化的和关涉价值的科学”。[①] 法教义学的价值关涉与主张价值中立的观点当然是存在矛盾的，事实上，教义学无法做到绝对的价值中立。个体的理解性也因主观差异性而存在阻碍某些基本教义达成一致的可能性。以德国法为例，德国的刑法教义学早先是以形式逻辑为基础建立起来的，其法理基础主要是概念法学。从与概念法学相同的思想中，也就是从精确的自然科学哲学中产生了实证主义。随着自然科学技术的发展，思想史也在不断发展。哲学首先被自然科学的光辉所掩盖。“尽可能地用精确的数学语言、纯粹的实验方法成功地确定行为的合法性，这被视为新认识论的理想。”[②]由形式逻辑主导而极

---

① ［德］古斯塔夫·拉德布鲁赫：《法教义学的逻辑》，白斌译，载《清华法学》2016年第4期。

② ［德］伯恩·魏德士：《法理学》，丁晓春、吴越译，法律出版社2013年版，第207页。

力排斥价值判断也就成为法教义学的一种常态。“历史法学派与概念法学很早就认为,法应该首先科学地由法学家确定,它要么是历史的产物,要么应当从概念金字塔中得出。”①实证主义法学的研究对象是实在法,以逻辑方法来解释实在法,而不去分析法律的价值成分,也不去理会法律在社会生活中所发生的因果关系。现行法律是否有效主要在于规范内容的法逻辑结构。这种早期的实证主义法学确实存在一定的形式意义,其也是教义学体系建构的最初阶段。

随着社会的日益发展,法教义学的形式框架被不断予以发展完善,但法教义学无论如何发展,将以制定法为核心的实证法视为规范前提的观点从未因此而动摇。法教义学的基本前提是法律的权威性制定,而权威是一个关涉制度生命的概念,也是一个在学术史上具有极其重要性的工具概念。权威的行为特性主要是立法存在,而立法权威性背后的正当性则主要来自民主。“为了摆脱政治话语的纠缠,法教义学不惜牺牲对自身教义学来源及其政治后果的深度检讨,将法治简化为一种法的逻辑与解释的艺术。”②法治对于法教义学而言,是其存在的外部保障之一。“法教义学可以起到控制恣意、降低法律判断偶然性的作用。如果有人基于政治的、伦理的或者社会效果的因素试图背离既有的教义学规则,则必须承担相应的论证负担”。③ 在法教义学的语境下,实证法主要是以制定法的形式而存在,其是形式法治的规范性体现,而法教义学则是制定法的规范与形式法治之间的桥梁之一,其具有限制公权力,保护私权利的具体价值。

(二)教义学在形式与实质层面的认识分歧

法教义学在形式与实质层面的认识分歧也同样体现于之前的刑法解释基本立场之争,但法教义学语境下的形式与实质问题更多地是涉及形式与实质的关系问题以及价值判断的方法论问题。历史上曾的确存在由概念法学向目的法学和利益法学的发展历程。尽管概念法学并不是唯概念论,但其将概念体系以及形式逻辑和中立的价值判断置于

① [德]伯恩·魏德士:《法理学》,丁晓春、吴越译,法律出版社2013年版,第211页。
② 周尚君:《法教义学的话语反思与批判》,载《国家检察官学院学报》2015年第5期。
③ 张翔:《形式法治与法教义学》,载《法学研究》2012年第6期。

法律适用中的一个重要位置。之后,耶林开创了目的法学,并将之前普赫塔(Pachta)的主张称为概念法学。耶林将目的划分为个人目的、社会目的和国家目的。“目的是整个法的创造者。”[①]耶林对德国的历史法学、概念法学和英国的功利主义法学均采取学习与批判的态度。对于概念法学,耶林认为其观点远离了社会实际生活。“法律的目的就是社会利益,社会利益是法律的创造者,是法律的唯一根源,所有法律都是为了社会利益的目的而产生。”[②]而赫克(Huck)则系统地研究了利益理论,并对利益法学作出过详细的论述。“利益法学强调法律适用的政治功能,也就是法学、法院实践和政治之间的关系。”[③]正是受耶林思想的启发,赫克的利益法学一方面延续了耶林对“概念法学”的批判,另一方面则深化和拓展了耶林的目的思想。对此,由概念法学到利益法学的转变,其实质不仅是一场法学方法论的更新问题,也是法范式之历史变迁的问题。萨维尼通过法学的“历史性”与“哲学性”,将法律素材纳入法教义学的体系中,使之成为一个前后融贯的法秩序。“战后德国虽然出现了利益法学之方法的短暂复兴,但是,随着新自然法复兴时代的到来,法学问题的焦点从方法论转向对法律的价值探求,而一贯拒绝价值问题探讨的利益法学,最终被评价法学所取代。”[④]总之,从法教义学的理论发展可以看出,法的目的导向与价值判断色彩不断增强,而具体到法教义学上,其主要体现为法教义学由形式到实质的变化过程。从概念法学到评价法学的过程对于法教义学产生了深刻影响,此外,现实主义法学对法教义学的影响也很大,“但现实主义法学也只是反对形式主义法学的封闭与僵化,并不主张否定形式逻辑存在的合理性”。[⑤] 法教义学并不排斥也无法脱离价值判断,其只是强调形式逻辑的基础和前提而已。

事实上,形式与实质本来就不是绝对的二元对立,其体现于法律的

① [德]伯恩·魏德士:《法理学》,丁晓春、吴越译,法律出版社2013年版,第233页。

② 徐爱国、李桂林:《西方法律思想史》(第2版),北京大学出版社2009年版,第218页。

③ [德]伯恩·魏德士:《法理学》,丁晓春、吴越译,法律出版社2013年版,第235页。

④ 高鸿钧、赵晓力主编:《新编法律思想史》,清华大学出版社2015年版,第24页。

⑤ 赵运锋:《以刑制罪基本问题研究》,法律出版社2017年版,第100页。

形式合理性与实质合理性之间的关系。“法律的规则性、客观性、体系性、统一性、普遍性等基本而重要的形式特征,保证了法律的正义、公平等抽象的、主观的实质理性的透明性;法律的正义、公平等价值理性内涵,则保证在法律规则不够明确时,可以依据这些人类理性在不超越形式理性的范围内对法律进行目的解释,以保证法律的形式合理性能得到最大限度的维护和遵守,使法律的形式合理性具有长久的价值。”①诚然,形式逻辑在我国目前仍然应当是一种值得倡导的思维方法,应在形式的基础上处理好形式与实质之间的关系。形式逻辑并不是空玩概念的游戏,其旨在塑造一个必要的规范权威和理性的思维方式,而以形式逻辑为导向并不是法教义学过于僵化的体现。“法教义学必须与时代同步,并且发展出符合社会现实的解决方案,必须理解价值及正义观的流变、人们的行为方式与社会伦理的变迁以及新的经济化形式。”②鉴于此,法教义学既需要关注社会的变迁,但也不能脱离形式逻辑这一思维基础,其关键是理清形式与实质的关系以及体现各自不同的价值意义。另外,历史与现实的时空下,我国一直都是实质思维占据主导地位的文化传统与思维习惯,并不利于法治体系的构建与国民规范意识的形成。法学如果是一门科学,那么形式逻辑则是科学的一种基本思维。因此,除非认为法学不是一门科学,而只是一门技艺或者是一门伪科学,否则法教义学这一时常以科学性自居的理论存在是难以成立的。形式逻辑并不是法教义学分析的始终思维,但其至少应当是法教义学的开端与检验。

我国传统的刑法解释学是从形式到实质,还是从实质到实质,抑或从实质到形式,然后再到新的实质,或者是一个建立在形式基础之上的实质呢?对于这方面问题的界定或许也是难以断言的。无论历史上的法理流派如何发展,以形式逻辑为基础的法教义学的体系化构建在我国仍有很长的路。其实,并不是形式逻辑反对实质化,而是现有的法教义学体系还没有能力完全抛却形式,进而将实质运用得足够好。对此,

---

① 刘艳红等:《中西刑法文化与定罪制度之比较》,东南大学出版社2017年版,第17页。

② [德]托马斯·维滕贝格尔:《德国视角下的基础研究与教义学》,查云飞、张小丹译,载《北航法律评论》2015年第1辑,第8页。

应当以法教义学的规范化塑造为先，并处理好所谓形式与实质之间的关系。“既要维系科学面向的法教义学带来的法的安定性、确定性或者说规范正义的优点，同时发挥目的、利益和价值考量因素的作用，进而避免概念与生活的割裂。”①法教义学不是封闭的，并且其与法的适用相联系，而法的适用就会涉及解释问题，解释的主体是人，而人不可能是绝对价值中立的，法教义学的对象如果主要是制定法的话，那么其也就不能是封闭的，如果法教义学像是一面窗户，那么窗户上所装的并不是玻璃，而是纱窗。法教义学的任务就是发现法律规范的具体内容，确立法律规范的适用边界，证明法律规范适用的合法性与合理性，甚至在某些情形下证明法律本身的合理性，并为立法活动提供理论指引。“法教义学必须受法律的约束，其不能失去与法律的联系，更不能违背法律。一种没有法律根据的意见，不是法教义学上的结论。”②诚然，法教义学的分析与构建不能完全脱离以制定法为核心的实证法，而制定法不是价值无涉的，解释主体也不会是完全的价值中立。具体到刑法教义学来说，其同样应当处理好形式与实质的关系，明确刑法教义学在形式法治层面的意义以及在实质层面的体系化构建，进而在理论与实践层面不断发展与完善刑法教义学的体系。

三、刑法教义学的形式价值与实质体系构建

形式与实质的单纯划分问题对刑法教义学的体系化影响不大。形式还是实质，更多地是对法治相关问题的理解与判断不同。法治在其形式层面被概括为一系列的基本准则。“形式法治观要求公正无偏倚和前后一致地执行法律，而不管法律的实质内容如何。在这一点上，形式法治比实质法治更容易达成共识”。③ 就刑法教义学的形式与实质问题而言，其更多的是由不同的法治观所决定的，先形式后实质的教义学立场并不违背形式法治优先的一般原则。从“什么是刑法教义学”到刑法教义学的形式与实质之间的关系，实现刑法教义学的本土化塑造应

---

① 车浩：《理解当代中国刑法教义学》，载《中外法学》2017 年第 6 期。

② 冯军：《刑法教义学的先行思考》，载《法学研究》2013 年第 6 期。

③ 张翔：《形式法治与法教义学》，载《法学研究》2012 年第 6 期。

当明确其在形式意义上的价值以及在体系化构建中的实质化内涵,即刑法教义学的分析与教义体系构建离不开价值判断的有效指引,唯此,也才能实现刑法教义学的理论与实践沟通。

(一)刑法教义学对形式法治原则予以坚守

由于刑法教义学不同于刑法解释学,其主要以制定法为规范前提,在具有大陆法系传统的国家或地区,法治构建的基础是相关法律体系的完善,其中,特别强调法律规范的权威性。刑法教义学对刑法规范的态度是遵循规范的权威性制定,但不批判甚至对规范作出合乎目的意义的修正,这既是对刑法规范权威的基本尊重,也是罪刑法定原则的基本要求。"罪刑法定原则的存在使刑法能够具有法的安定性,使公民能够预测何种不法行为是犯罪,使国家刑罚权得到限制,人民权益得到保障,使刑法产生保障机能。因此,罪刑法定自其产生之后便成为各民主法治国家中的一个极为重要的宪法与刑法原则"。① 对罪刑法定原则的贯彻是刑事法治构建的基础,故刑事法治中的形式化具有格外重要的意义,其是实现刑事法治的根本前提。"刑事法治是法治的底线,刑法规范的安定性、教义学解释结论的稳定性和刑法知识体系性的整体性构造,可以确保刑事法治的实现"。② 对于犯罪的认定以及刑罚的科处应当以法律的明文规定为前提,并以法益的类型化保护为指导,进而对构成要件作出合理解释。"法益是进行法律解释的普遍标准,对此我们通常不怀疑其合理性"。③ 法益保护原则也会间接对形式法治与规范权威的维护起到积极作用,因为没有侵害法益的行为不会被犯罪化,"刑法的任务是保护法益。刑法条文建立在对生活利益有价值的判断之上,这些生活利益在社会生活中不可或缺,所以应被作为国家强制力的刑罚所保护"。④ 法益的保护以及规范权威的塑造均是刑法教义学的目的与原则,加之制定法所承载的法治构建任务与刑法教义学所体现与

---

① 刘艳红主编:《刑法学》(上),北京大学出版社2016年版,第38页。

② 刘艳红:《中国法学流派化志趣下刑法学的发展方向:教义学化》,载《政治与法律》2018年第7期。

③ Vgl. Hans Kudlich, Relevanz der Rechtsgutstheorie im modernen Verfassungsstaat, ZStW 127 (2015), 637ff.

④ Jescheck/Weigend, Lehrbuch des Strafrechts Allgemeiner Teil, 5. Aufl., 1996, S. 7.

倡导的形式逻辑优先性,使得刑法教义学对形式法治的贯彻与保障具有明显的理论与实践意义。

(二)刑法教义学在实质意义上的体系构建

形式逻辑优先的刑法教义学是维护形式法治基础的需要,而刑法教义学本身具有体系性的特征,刑法教义学的完善主要是进一步实现体系化,但为了避免体系走向僵化而脱离实践,需要充分发挥价值判断的作用,由于刑法教义学除了来源于司法实践外,其在理论层面也具有一定的学术造法特征,刑法教义学本身的体系化倾向是其在实质意义上进一步予以体系化构建的基础,也是沟通理论与实践的一个优势。

1. 刑法教义学的体系化倾向

刑法教义学无论在理论研究上,还是在具体的规范实践过程中,都是呈体系化特征的,具体说来,刑法教义学的规范体系部分是建立在以刑法典为基础的,由各种刑法规范、刑法理论以及典型案例和法理等所组成的一个有机联系的统一体系,它是以承认现行法的有效性为前提的,除了这一套理论规范体系外,其也有自身的一套价值理念与教义体系。就规范体系而言,比如说,《刑法》第 13 条、第 14 条、第 238 条等具体条文既是刑法典的有机组成部分,其当然也是刑法教义学体系在规范层面的有机组成部分。“教义学要以我国刑法的规定为研究的逻辑起点并受其严格约束。在建构刑法教义学时要特别注重思考哪些问题是我国立法、司法上特有的问题,或者该问题在国外虽然也存在,但在我国表现得更为特殊,以及哪些问题是我国的真问题。”①而犯罪论体系、过失的概念、抽象危险犯、客观归责、期待可能性、法益等也属于刑法教义学体系的有机组成部分。刑法教义学主要是以制定法为规范前提的,其以体系化的方式对实证法的内容进行解读,而实证法本身并非固定不变的,故体系也一直都是在发展变化的。因此,刑法教义学体系自然也不是恒久不变的。“法教义学并非不关注经验知识和价值判断,而是致力于将它们教义化和类型化,以至于当今后的司法裁判再次遇到类似问题时,只需中立地适用教义即可。教义也并非绝对,存在某种

---

① 周光权:《论中国刑法教义学研究自主性的提升》,载《政治与法律》2019 年第 8 期。

情形下的教义变迁”。[①]

刑法教义学体系是在坚持自身独立性的前提下而呈现出的一种相对开放的体系。尽管体系具有开放性与包容性,但体系内部的要素是具有相对独立性的。“法教义学的重要性,不仅在于为法学研究者提供了分析法律现象的概念、程式与框架,而且是一种社会语义的构建”。[②]刑法教义学的发展也需要解释的精细化,而刑法解释论的发展也需要刑法教义学的理论体系予以支撑。刑法教义学有其自身的一套价值理论体系,因为法本身就应当是一种良善的体系,自然法学派所主张的“恶法非法”观念已为现代法治国家所普遍承认。随着我国大规模立法的后现代化,法律体系也逐渐趋于完备,法教义学的体系化发展也是顺其自然的事情,刑法教义学的体系化发展也会产生诸多的积极作用。“刑法教义学在于逻辑上驱除我国刑法学中的一些泛政治化,泛道德化问题,使之走向学术化与规范化。强调对法律规范的服从但不盲从,重视逻辑分析方法,坚持形式理性的基础上,允许作出利益权衡和价值判断”。[③] 对此在科学意义上的理论保障就是实现教义学的体系化构建,遵循形式法治的逻辑,并在实质层面上积极发挥与规制价值判断的作用,即刑法教义学体系的实质化构建不但不能排斥价值判断,还应当积极发挥价值判断的作用,并对价值判断作出合理的体系规制。诚然,刑法教义学具有体系性的特征,这是以规范理性为主,并兼具一定价值理念的开放性与动态性的教义体系。在这样一种体系化的倾向下,作为彰显科学的刑法教义学的逻辑性特征就会处于最为主要的一个理论方面。

2. 刑法教义学在体系化层面的逻辑性

刑法教义学的逻辑性体现在很多方面,但最为主要的体现则是在于刑法的犯罪论部分。应当说,逻辑思维是人的思维中最为普遍的一种思维,也是人获得知识的一种伴随式思维,逻辑思维往往与推理行为相关联。例如,以莱布尼茨和笛卡尔为代表的唯心主义唯理论就认为,

---

① 雷磊:《法教义学的基本立场》,载《中外法学》2015 年第 1 期。

② 刘涛:《法教义学危机?——系统理论的解读》,载《法学家》2016 年第 5 期。

③ 邹兵建:《中国刑法教义学的当代图景》,载《法律科学》2015 年第 6 期。

只有在一个完全清楚明白而无可怀疑的公理的基础上，经过理性认识能力进行清楚明白准确无误的推理后，才能得到真正的知识。逻辑思维推理是获得知识的路径，那么知识的产生与再创造同样需要逻辑思维。诚然，法律的严谨性决定了法律中的逻辑思维特征也是明显的。刑法教义学将逻辑思维以及体系的逻辑性提升到了一个更为重要的位置。总的说来，刑法教义学的逻辑性主要体现在以下几个方面：一是来源于一般认知科学的逻辑性。二是一般体系固有的逻辑性。三是法律规范体系的逻辑性。四是阶层犯罪论体系所格外彰显的逻辑性。五是刑法教义学本身对逻辑性的更高要求。

第一，就一般认知科学的逻辑性而言，科学与逻辑是不可分的。“科学就其本身来说，是一套从现象和测量出发，以定义和推理为主要表现形式，并在逻辑上自洽的知识系统和思维体系，其本质是人类对于自然界的近似求解”。① 回顾西方近百年来所取得的科学成就，无不是通过以逻辑和实验为基础予以推进的，尤其是形式逻辑的严谨推理与运算是极为关键的部分。自然科学需要逻辑，人文社会科学同样需要逻辑，因为它们的共同上位概念是科学，而逻辑，尤其是形式逻辑是科学的必备属性。此外，人的思想表达也需要逻辑，这也是我们常说的，说话要讲道理、讲逻辑的意义之所在。当然，我们也可以按照一个简单的逻辑推理就可以说明刑法教义学必然具有一般认知科学意义上的逻辑性，刑法教义学是刑法学，刑法学是法学，法学是社会科学，社会科学是科学，科学必须讲逻辑，故刑法教义学从科学的意义上获得了最为本源的一般逻辑性。

第二，就体系的逻辑性而言，由于体系一旦可以被称为体系，那么其各要素之间就必然是存在关联性的，而这恰恰可以用矛盾律、排中律等进行一般的逻辑推理与观念认知。刑法学是具有体系性的，比如，一种备受推崇的刑法解释方法就是体系解释，在所有的解释方法中，文义解释与体系解释通常被认为是最符合罪刑法定原则的一种刑法解释方法。而刑法教义学当然更加强调体系性，这样一来，刑法教义学就从一般意义的体系特征上而获得了逻辑性的特征。“一个卓有成效、具有结

---

① 许秀华：《科学精神的“表”与“里”》，载《民主与科学》2012年第4期。

构性的刑法理论排除了任意性,并且使得一个受规则引导的刑法适用成为可能。通过这个方式,刑法适用是可预见的,并且也是可审核的。"[①]当然,这种逻辑性本身只是一般意义上的,其来源于体系这个大前提下的逻辑性,但来自体系的逻辑性只是逻辑性的来源之一,它存在被进一步发展的可能性。于此,刑法体系是客观存在的,这样一种客观存在的体系也属于刑法教义学的逻辑性来源。

第三,就法律规范体系的逻辑性而言,法律规范体系的逻辑性主要体现在两个方面,一是具体规范本身的逻辑性,二是规范之间的某种逻辑性。刑法教义学的展开以本国的立法规范为前提,法律规范的逻辑性也属于刑法教义学的逻辑体现之一。首先,作为某个具体的法律规范,其本身就会体现出一种逻辑性。例如,刑法规范大多是罪刑规范,而罪与刑之间是具有逻辑性的,其在法理上就是所谓的行为模式与法律后果。如果法律规范失去了逻辑性,其就无法被完整地予以理解,法律的有效适用也就是难以想象的。其次,就规范之间的逻辑性而言,存在很多的表现形式,比方说,规范相互之间的补充关系、择一关系、排除关系等。像规范之间的排除关系在解释中仍可以被称为是一种体系解释,排除关系的逻辑理由往往是法的目的性、法治、人权等实质因素,这往往会导致在某个特定的语境中,出现"规范反规范"的情形,"尽管用法律来反对法律的结果是放弃了对合法性之正当性的追究,但通过承认其正当性,就可以用内在的法制原则之名义来抗争某一特定法律规则"。[②] 诚然,体系性在有的情况下会以逻辑性损害目的性,但这种意义上的逻辑性与体系性在总体上又是相辅相成的。

第四,阶层犯罪论体系的逻辑性是与一般法律规范不同的。犯罪论中的体系性本身就包含了逻辑性。刑法中存在一个犯罪构成理论的核心,加之刑法作为保障法的严厉性,使得其具有较之一般部门法更强的逻辑性。刑法教义学必须是以阶层犯罪论体系为前提吗?传统的四要件理论体系下不可以有刑法教义学吗?假若抛开知识论的争论,这

---

① [德]埃里克·希尔根多夫:《德国刑法学:从传统到现代》,江溯、黄笑岩等译,北京大学出版社 2015 年版,第 177 页。

② [法]利奥拉·伊斯雷尔:《法律武器的运用》,钟震宇译,社会科学文献出版社 2015 年版,第 74 页。

是可以商榷的。但从知识论的视角看,刑法教义学来自德国,而德国的犯罪论是阶层犯罪论体系,是在这样的一种知识语境下展开的,于是,阶层犯罪论体系与刑法教义学似乎就是不可分的。当然,我们也可以抛开唯名论,但这样一来,就很难达成一个共同的对话平台,使交流变得更为困难。于是,暂且将阶层犯罪论体系与刑法教义学相联系,阶层犯罪论体系所具有的逻辑性使得刑法教义学在具体的规范实践过程中体现出了更强的逻辑性。就三阶层的犯罪论体系而言,“各个阶层之间以及各个阶层内部之间都体现出了一种极强的逻辑观感。三个阶层之间环环相扣,层层递进,逻辑顺序是一种很清晰且确定的位阶关系”。[①]其实,阶层本身就体现出一种逻辑性,而在思维判断上也体现出从一般到个别、从形式到实质的认识规律,而阶层犯罪论体系也就赋予了刑法教义学更强的逻辑性。

第五,刑法教义学通常对逻辑性的要求更高。德国刑法理论之所以能被广泛地传播也与这种逻辑性有很大的关系,“德国刑法学之所以在世界范围内大获成功并不在于它的研究主题或它对于具体的规制问题提出了独特的解决方案。德国刑法学在法治国罪刑法定原则的基础上以体系化的方式集概念与论证方法之大成,从而使得法律案件通过清晰的方式得到解决”。[②] 刑法教义学体现出了其容易被认同的一种逻辑性。刑法教义学以形式逻辑为基础,但不能以“法条主义”和“概念法学”之类的语词来形容刑法教义学。“从法教义学的立场出发,现实中的法律实践应该严格依照形式理性化法益的要求展开,而不应与其他治理权力交织在一起。法教义学会坚持用更为传统的法治原则来回应社会对秩序的要求”。[③] 那么同理,刑法教义学更是在法治语境的前提下,在体系化的各种框架中,以形式逻辑为基础来彰显其可视性、一致性、公正性与程式性等特征。刑法教义学除却规范自身的这一类规则外,还具有其特有的一套规则体系,而这套规则体系的首要特征是体系

① 车浩:《体系化与功能主义:当代阶层犯罪理论的两个实践优势》,载《清华法学》2017年第5期。

② [德]埃里克·希尔根多夫:《德国刑法学:从传统到现代》,江溯、黄笑岩等译,北京大学出版社2015年版,第179页。

③ 李晟:《实践视角下的社科法学:以法教义学为对照》,载《法商研究》2014年第5期。

性之下的逻辑性,即法教义学的体系性包括逻辑性,这不仅是规范自身的逻辑性,毋宁说是一种思维的合乎逻辑,正是得益于形式概念的逻辑性,刑法教义学的具体优势才会被予以体现。

(三)我国刑法教义学于本土化的实质构建

刑法教义学应当尽可能地完成刑法学知识的整合,实现刑法知识的体系化,而这个意义上的刑法教义学则需要对自身有一个相对确切的定位,倡导形式逻辑的思维方法,但又需要积极发挥价值判断在实质化意义上的体系构建,并以规范的形式逻辑对价值判断作出必要的限制,以防止实质目的对形式价值的损益。

1.刑法教义学构建的体系化目标

围绕刑法教义学的目标定位与体系构建,有的观点认为,“建立在文本基础上的法教义学,为法律的个体性、碎片的事件属性走向同一提供了支撑”。[①] 即刑法教义学具有明显的整合功能。对此,也有的观点认为,“法教义学应该置身不确定性之中,合理安排多种的规范解释可能性,安排规范与事实之间的双重可变性,提高可承受的不确定性”。[②] 就刑法教义学的实质构建而言,其应当体现出一种实践导向与理论划界的意义,并对刑法教义学予以类型化与体系化地构建,而类型化构建本身不同于类型思维,类型化是为了增强刑法教义学的示范性与精确性。“精确的自然科学比规范的科学接近科学的理想。法学最终不仅是科学,也是一种技术。”[③]刑法教义学也具有技术化的形式特征,尽管传统刑法教义学建立在对刑法权威的信仰之上,但刑法教义学也具有一定的批判功能,“而现代刑法教义学的理念则认为,刑法作为一种教义被信仰是建立在不断地发现法律的真实含义与不断质疑的基础之上的”。[④] 刑法教义学实现体系化构建的目标主要包括将刑法学知识体系化,促进犯罪论体系的发展和完善,加强解释者的体系说理能力,限制

---

① 刘涛:《法教义学危机?——系统理论的解读》,载《法学家》2016年第5期。

② 李忠夏:《宪法教义学反思:一个社会系统理论的视角》,载《法学研究》2015年第6期。

③ [德]阿图尔·考夫曼:《法律哲学》(第2版),刘幸义等译,法律出版社2011年版,第73页。

④ 张祥宇:《教义刑法学的价值:一种批判性法律思维》,载《政法学刊》2016年第2期。

刑事政策的作用范围，发挥价值判断的积极指引作用，构建统一的话语平台，减少不必要的理论争论，形成相对一致的价值观念，对一些典型的案例和理论争论实现类型化的构建。刑法教义学应当在促进刑事法治构建的同时，将刑法学塑造为一门更具体系性的学科，并实现教义学的理论与实践沟通。

2. 刑法教义学的理论与实践沟通

若实现刑法教义学体系的实质化构建，那么理论与实践沟通就是必不可少的。一方面，理论绝不是一味地迎合实践，因为理论也有其独立的价值。另一方面，理论需要关注实践，而不能闭门造车，但以往的理论研究在大多情况下却存在对现实关注不够的问题，比如，对于自由、安全与法治的问题，通常是形式的塑造以及实质的应对问题，但一味实质的结果也不必然是好的，我国又是否经历过形式的阶段呢？而自由与安全的角逐在很多情形下也是主观臆测的。并且，自由优先还是安全优先的问题也不是唯一的，这存在没有考虑立法本身具有复杂性的问题。“因此，一般性的规则，作为有别于具体命令的真正的法律，必须意在适用于不能预见其详情的情况，因而它对某一特定目标和某一特定个人的影响，事先是无法知道的。只是在这种意义上，立法者才可能说得上是不偏不倚的”。[①] 一方面是理论对现实的关注不够，但更多地是由于现实对理论存在一定的忽视，尤其是对立法论的关注不够，刑法教义学尊重法条，但并不是不关注立法论的问题。对此，形式逻辑前提与实质价值判断在理论与实践层面应当被予以有效沟通，进而实现刑法教义学的理论与实践循环。

（1）刑法教义学体系在理论层面的具体导向。刑法教义学的概念是一个舶来品，在我国仍未被成体系化地构建，缺乏从理念到规范的体系性认知，即使存在已有的刑法理论积累，也难以说存在成熟的刑法教义学体系，否则只要是规范刑法学的知识就都可以说属于刑法教义学的知识，刑法教义学的概念就永远是一个模糊的概念，当问到什么是刑法教义学的时候就总是会存在不同的说法，但却难以积极发挥刑法教

---

① ［英］弗里德里希·奥古斯特·冯·哈耶克：《通往奴役之路》，王明毅、冯兴元等译，冯兴元、毛寿龙、王明毅统校，中国社会科学出版社 1997 年版，第 98 页。

义学的理论价值。刑法教义学在价值理念层面的构建主要体现为权利和人文的内涵,这既是一个共同的刑法教义学愿景,也是刑法教义学的价值体系。刑法教义学的规范前提主要是实证法体系,但实证法是死的,而人是活的。以制定法为核心的实证法的形式逻辑价值必须得到优先尊重,但人的道德情感则是一种本能,以道德判断的非规范化来反驳形式逻辑思维是站不住脚的,因为即使是形式逻辑思维,但由于主体是人,而人的道德情感也是必然存在的。也就是说,形式逻辑与道德情感是必然共存的,而刑法教义学主体的价值体系构建与践行是决定刑法教义学发展的一个重要因素。

刑法教义学的一个重要使命是去政治化,实现刑法学的进一步规范化。“德国体系的优点在于,对在标准体系中呈现的教义问题存在大量的解决方法。德国体系的另一个优点在于它的远离政治性,也可将其称为政治中立性”。[①] 尽可能地排除政治性的影响也是我国刑法教义学体系构建过程中需要关注的方面。当然,对此也需要区分所谓的刑事政策引导与一般的政治性干扰。而诸如刑法教义学的主要争议将会在体系中的一些精细化的问题上以基本概念的明晰为开端而展开。规范性的价值依然会被放在一个重要的位置,刑法教义学的理论也将会继续地予以精细化。相较于德国而言,我国的刑法教义学的体系完善程度仍然是远远不够的,这就导致体系的作用时常得不到应有的体现,也导致刑法教义学的体系化优势并未得到有效发挥,现实中也时常出现违背基本逻辑和公众常识的案件。“一个卓有成效、具有结构性的刑法理论排除了任意性,并且使得一个受规则引导的刑法适用成为可能”。[②] 故刑法教义学的理论结构需要进一步得到改进,形式逻辑的基本体系建构方法也会继续得到强调。此外,刑法教义学之外的一些理论贯通依然是必不可少的,这也是为了防止体系出现故步自封与不断僵化的弊端,像诸如哲学、社会学、经济学等学科的影响也不会为刑法教义学所当然排斥,但不会对刑法教义学的相关问题研究造成根本性

---

① 梁根林、[德]埃里克·希尔根多夫:《刑法体系与客观归责:中德刑法学者的对话(二)》,北京大学出版社 2015 年版,第 42 页。

② [德]埃里克·希尔根多夫:《德国刑法学:从传统到现代》,江溯、黄笑岩等译,北京大学出版社 2015 年版,第 177 页。

的冲击。

(2)刑法教义学在实践层面的具体导向。针对刑法教义学在理论层面的实践导向而言,主要包括以下几种观点:一是刑法教义学需要以法规范体系中的解释来解决现实问题,例如,有观点认为,“刑法教义学通过解释塑造刑法规范,努力在刑法规范中实现正义。刑法教义学要用实在法的智慧去克服纷乱的日常生活中发生的文明危机,要为法共同体每个成员努力达到的目标寻找到实现它的法律资源”。[①] 二是教义学不能脱离理论而一味地复杂化和精细化。例如,有的观点认为,“德国刑法学的第一个缺点在于,对教义学的细节分析有时进行得过火了,使得这种分析对于实践而言没有任何意义。第二个缺点是,虽然刑法教义学在法学中得到了极高的认同,但公众和政治家经常不能领会它的核心思想”。[②] 诚然,理论与实践的脱节问题时常存在,但理论和实践毕竟属于不同的范畴,其具有独立的意义,强调理论与实践的沟通也是为了致力于理论和实践对于现实问题的共同关怀。理论趋于复杂化和精细化也是出于理论者的工作所使然,且理论也应当具有一定的超前性和专业性。在刑法教义学的基本框架已然成型的基础上,其进一步的体系化完善主要来源于司法实践中产生的具体问题,而教义学理论在回应这些问题的过程中将会得到不同层面的发展,在这个过程中,是对已有刑法教义体系的一种检验,新的教义知识也呼之欲出。尽管刑法教义学来源于域外,但教义学的发展必然需要立足于本土的司法实践,否则,刑法教义学不仅缺乏继续发展的理论与实践根基,而且其最终也是欠缺实际意义的。

(3)形成理论与实践的有效沟通机制。刑法教义学在理论联系实践方面时常会遭到各种批评,当然,这不单纯是理论与实践的关系问题,更多地是理论体系自身的构建问题。就其体系的构建而言,一种能够在体系中正确处理现实问题的刑法教义学,总是在对刑法规定的理解和阐释中包含着历史和现实的沟通。“刑法典中的原则规定以及大

---

① 冯军:《刑法教义学的现行思考》,载《法学研究》2013 年第 6 期。

② [德]埃里克·希尔根多夫:《德国刑法学:从传统到现代》,江溯、黄笑岩译,北京大学出版社 2015 年版,第 181 页。

量刑法条文用语的非定义化所形成的框架空间,保障了刑法教义学的开放性,为实现刑法教义学历史与现实的沟通奠定了基础”。[①] 即体系的构建本身就要求刑法教义学既应当指导刑事司法实践,又应当对刑事司法实践作出必要的规制。刑法教义学一方面为刑事司法实践提供定型化的、可操作性的和有逻辑性的方案,另一方面,其在客观上具有限制刑事司法不当扩张的意义。例如,法的客观意义主要是指解释者的主观性服从刑法文本的客观性,在政治学层面则是立法权对司法权的限制,而刑法教义学的客观性主要通过规范体系来予以保障,此处的教义学体系不仅包括刑法的规范体系,也包括教义学自身的原理和规则体系。刑法教义学的理论与实践沟通主要体现在教义学体系对实践的具体影响,其包括规范体系的依据与教义规则的指引,其次是体系内部的要素整合,包括司法实践对刑法教义学理论体系的影响,进而促使刑法教义学体系的发展与完善。

由于刑法教义学所天然具有的形式逻辑优先以及体系制约的特征与方法论取向,进而决定了刑法教义学的体系意义包括在积极限制刑罚权的同时努力保护公民权利,“立法与司法都天然地具有扩张性,在这种情况下,刑法学者的使命并不在于为刑法的扩张提供理论根据,而恰恰在于发挥刑法教义学对于刑法适用的规范与约束功能,从而达到对公民权利与自由的有效保护”。[②] 刑法教义学在实践中的规范约束功能就是对权利与自由予以保护的体现。在规范实践的经验基础之上,实践对理论的关注同样需要予以加强,因为实践者的总体理论水平将会不断得到提升,此外,典型案例的汇编会得到进一步的重视,而这又会间接地对理论与实践产生积极影响。总之,刑法教义学概念的形式定义在追根溯源的意义上看,无论其是否具有独立性,其在现实语境下的理论变革意义是不容忽视的。出于刑法学知识的变革需要,打出刑法教义学的旗号本身也并非纯属偶然。刑法教义学强调其自身的体系性,并且这一特征通过不同的逻辑来予以保障。刑法教义学在体系化

---

① 冯军:《刑法教义学的先行思考》,载《法学研究》2013 年第 6 期。

② [德]埃里克·希尔根多夫:《德国刑法学:从传统到现代》,江溯、黄笑岩等译,北京大学出版社 2015 年版,第 5 页。

的基础上,需要不断实现理论与实践的有效沟通,进而进一步促进刑法教义学的体系化发展。

四、结语

刑法教义学的形式定义在追根溯源的层面上看,其在我国现实的法治语境下具有理论变革的意义。反观刑法教义学的形式定义,其存在自身的独立意义,因为刑法学知识想要进行变革,需要打出刑法教义学的旗号。"刑法理论不是为了刻板的概念而存在,恰恰相反,理论的教义是为了时代的需求而诞生"。① 刑法教义学不同于刑法解释学,其内涵范围要窄于刑法解释学。刑法教义学的形式与实质存在一个历史上的发展阶段,但具体到我国现实的法治语境下,关键是理解教义学的本土化内涵,处理好形式与实质之间的关系,并明确各自所承载的不同价值。"如果法律的形式合理性与实质合理性发生冲突,则只能在坚持形式合理性的前提之下追求实质的合理性"。② 刑法教义学强调其自身的体系性,并且这种体系性通过不同的逻辑性予以保障。刑法教义学的体系化构建主要包括以下几个方面:一是对刑法学知识予以体系化。二是促进犯罪论体系的发展和完善。三是强化解释者的体系说理能力。四是限制刑事政策的不当扩张。五是构建相对统一的话语平台,减少不必要的理论争议,逐渐形成共同的教义学价值理念。六是对一些典型的案例和理论争议积极实现类型化的建构。七是促进刑事法治的不断完善。总之,围绕我国刑法教义学的本土化塑造所展开的刑法教义学分析需要以法教义学的内涵和意义以及形式与实质之间的关系为逻辑开端,以体系化的目标为主要方向,以刑法学知识的变革为宏观视角,以法教义学的分析方法为理论工具,进而在理论与实践层面,全面发挥法教义学与刑法教义学在法治构建与规范分析方面的现实意义。

---

① 刘艳红:《刑法理论因应时代发展需处理好五种关系》,载《东方法学》2020 年第 2 期。
② 刘艳红:《实质刑法观》(第 2 版),中国人民大学出版社 2019 年版,第 45 页。

第四章　阶层犯罪论体系的实质化：重塑主观与客观

目　次

主客观要素的关系问题，一直是我国刑法学讨论的热点问题，从主客观相统一原则到客观判断优先于主观判断原则的演变，基本上反映出这一学术史的历程，也从一个侧面表现了从四要件的犯罪构成到三阶层的犯罪论体系的变化。而客观判断优先于主观判断规则的确立，较之于强调主客观相统一而言，有其积极意义，这代表着刑法理论关注的焦点从主客观要素需要同时存在这一点，转移到了如何建构二者的具体关系上，从这背后也反映出强调辩证统一的四要件理论与侧重于位阶性判断的三阶层体系的本质区别。但是，在笔者看来，无论是主客观相统一原则，还是客观判断优先于主观判断原则都对于犯罪论的理解过于形式化，只是前者对应着四要件体系的形式化，而后者对应着三阶层体系的形式化，因此如欲真正推进犯罪论的实质化进程，必须对上述原则展开反思。

一、主客观相统一原则的解构

主观与客观的要素问题，在我国一直是在主客观相统一这个原则下进行研究的。[①] 我国学者在论述主客观相统一原则时，都会从介绍主观主义与客观主义开始起步，然后对它们的缺陷进行分析，并把它们与主客观统一原则进行比较，最后得出从客观主义到主观主义再到主客观相统一这是一个否定之否定的过程，以此获得了一种天然的理论上乃至于政治上的正当性。[②]

随着对主观主义与客观主义认识的加深，理论界逐渐意识到之前的理解存在片面性。因为主观主义与客观主义并不是之前所认为的那样忽略了客观或者主观。换言之，主客观相统一原则并不具有超越那场学派之争的优越性。因而学者开始质疑主客观相统一原则的正当性。最早对此展开反思的是李海东博士，李海东博士指出，"辩证统一说"是对规范科学的背离。它与主客观相统一原则一样，是典型的似是而非的诡辩。[③] 随后周光权教授又批评主客观相统一原则思维过于简单，混淆了很多复杂关系，让人误以为主客观要件同等重要，从而为刑法主观主义开道。[④] 最后完成这一批判的集大成者当属陈兴良教授，他在价值论与方法论两个层面对主客观原则进行了双重清理。[⑤] 至此，这一原则至少在改革派看来，已经成为"陈腐"的代名词，被彻底打入"冷宫"，不得翻身。

但是，这一批判真的如此简单吗？主客观相统一原则果真是如此

---

① 我国学者十分迷恋于主客观一致原则，不仅在定罪意义上使用，即便在判断正当防卫时，也言必称主客观相统一。参见王剑波：《正当防卫正当化根据及其展开》，对外经济贸易大学出版社2010年版，第113页。但是与定罪原则相反，在认定犯罪排除时，是否需要主观正当化要素还是一个值得研究的问题，如张明楷教授就予以反对。参见张明楷：《论偶然防卫》，载《清华法学》2012年第1期。因此，盲目地运用这一原则有可能掩盖这些理论上重要问题的讨论，这是需要注意的。

② 参见苗生明：《论主客观相统一的定罪原则》，载《政法论坛》1998年第2期。稍晚的文献可以参见黄京平、李翔：《定罪论的根基：主客观相统一原则的贯彻——兼评最高人民法院的批复》，载赵秉志主编：《主客观相统一：刑法现代化的坐标——以奸淫幼女型强奸为视角》，中国人民公安大学出版社2004年版，第199～200页。

③ 参见李海东：《刑法原理入门》，法律出版社1998年版，"序"第9页。

④ 参见周光权：《刑法学的西方经验与中国现实》，载《政法论坛》2006年第2期。

⑤ 参见陈兴良：《主客观相统一原则：价值论与方法论的双重清理》，载《法学研究》2007年第5期。

不堪吗?其实也未必,这取决于我们从何种角度思考问题。例如,对于前述李海东博士的论述,我国学者作出了如下反驳,“将这些弊端归之为辩证法或主客观相统一原则本身,这是不公正的。真正的辩证法精神反对将各种哲学原理、原则教条式的到处套用并以此代替具体科学的深入研究”。[①] 其实当我们撇开内心深处对类似于“辩证统一”这些庸俗的哲学术语的敌视,冷静地对此作出思考,可以认为,这些学者的论述是有道理的。无论我们怎么批判主客观相统一原则,它强调认定犯罪需要同时具备主观要素和客观要素这一点还是有很大意义的。[②] 虽然它并没有克服主观主义与客观主义的弊病,或者更向前推进一步。

至于周光权教授提出的主客观相统一原则分析问题过于简单的批判是存在的。因为在主客观相统一的字面表述中,无论我们再怎么强调其辩证统一,也无法得出它是如何实现统一的这一关键性问题。但是周光权教授提出主客观相统一原则会导致刑法主观主义的批判是不合适的,对此支持主客观相统一原则的学者指出,“一个人的客观行为是受其主观意志支配的,但要判断某种行为是否构成犯罪时,往往是首先看到了这种客观行为及其后果,其次还必须进而查明行为人的主观方面”。[③] 这是明显的客观主义的立场。

这里便需要考察两者之间的关系。我国有学者认为,主观主义与客观主义是主客观相统一原则的下位概念,[④]按照这种看法,作为上位原则的主客观相统一原则不可能会倒向主观主义或客观主义一端。也有观点企图切断两者的关系,学者指出,“主客观相统一原则”是建构犯罪论体系的原则,属犯罪成立理论的领域,而主观主义与客观主义是对

---

① 齐文远、周详:《对刑法中“主客观相统一”原则的反思——兼评主观主义与客观主义》,载《法学研究》2002 年第 3 期。

② 陈兴良教授也承认,“主客观相统一,在排除单纯的客观归罪与主观归罪方面具有积极意义,对我国刑法理论的发展也曾经起到过积极作用”。参见罗欣:《为什么要取代主客观相统一原则》,载《检察日报》2007 年 11 月 11 日,第 3 版。

③ 单长宗:《我国刑法必须坚持主客观相统一原则——对最高人民法院有关奸淫幼女犯罪批复的探讨说起》,载赵秉志主编:《主客观相统一:刑法现代化的坐标——以奸淫幼女型强奸为视角》,中国人民公安大学出版社 2004 年版,第 78 页。

④ 参见齐文远、周详:《对刑法中“主客观相统一”原则的反思——兼评主观主义与客观主义》,载《法学研究》2002 年第 3 期。

犯罪本质问题的争论。因此，很难说两者存在关系，同样地，该原则也并非对主观主义与客观主义缺陷的升华。①

以上关于两者关系解读都有问题，主观主义与客观主义和主客观相统一原则是分属于不同层面的，前者应是在价值论的意义上而言，涉及刑法的基本立场，而后者首先是一个存在论的问题，认为主观要素与客观要素应同时具备。因此，无论把它们放到存在论层面或者价值论层面进行同一论述都是错误的。另外主观主义与客观主义毕竟涉及对主客观要素的评价，因此两者之间必然存在关联。但是这种关联是中立的，主客观相统一原则究竟会导向客观优先还是主观优先，只是取决于学者的主观主义立场还是客观主义立场，从原则本身无法得出结论，因此周光权教授的结论值得商榷。②

或许后来周光权教授也意识到径直从主客观相统一原则推导出主观主义存在问题，于是周光权教授借助了四要件这一平台作为中介在两者之间打通关系："我国刑法之所以不能深入讨论主客观相统一原则，最主要的是原因是犯罪构成理论平面化……不能确保先判断客观要素并得出肯定结论之后再判断主观要素这一方法论的实现。"③

可是四要件是根据主客观相统一原则为根据展开论述的，四要件里面的要件和主客观相统一说的主客观要素是一致的。如果主客观相统一原则不能得出主观主义的结论，四要件的犯罪构成亦同样如此，借助它作为中介进行说明毫无意义。作为四要件中的具体要件，其本身也是价值评价的对象，和主观主义、客观主义也是位于不同层面的，谁

---

① 参见郑军男：《论定罪中的主客观相统一原则——解读刑法理论中的主观主义与客观主义》，载《法制与社会发展》2005 年第 4 期。但是论者后来又认为要件统一说会导致主观主义，但是既然没有关系，又怎么会导致主观主义，应当说论者的观点存在前后矛盾。问题还是在于论者将犯罪概念和犯罪构成的关系人为割裂了，这种认识与刑法学通说是不相容的。犯罪论体系是犯罪概念的理论展开，犯罪概念上注重行为，在犯罪论体系上必然强调客观要件的重要性，反之亦然，说两者没有关系显然是不科学的。

② 张明楷教授指出，"我国的传统刑法理论明显受到了苏联刑法学说的影响。在犯罪论方面，虽然将'主客观相统一'作为基本原则，但事实上比较注重主观内容，与新派的主观主义观点没有本质差异"。参见张明楷：《刑法学》(第 5 版)，法律出版社 2016 年版，第 9 页。需要注意的是，这里张明楷教授是在事实层面说的，只能说明在张明楷教授看来通说偏向于主观主义立场，因而违背了其一直所坚持的主客观相统一原则，而不是说该原则本身容易走向主观主义。

③ 周光权：《法治视野中的刑法客观主义》(第 2 版)，法律出版社 2013 年版，第 281 页。

也不能推导出谁。对此黎宏教授的看法是正确的,“导致刑法适用上的主观主义倾向的,不是犯罪判断过程没有层次性,关键在于犯罪构成体系当中以何种刑法观为指导思想,或者说以什么作为刑法的目的”。①

正因如此,虽然论者以四要件中存在犯罪主体、犯罪主观方面、犯罪客观方面、犯罪客体这种顺序的观点作为论证,但是刑法学通说都是主张相反的体系。权威刑法教科书甚至肯定客观要件的决定作用,“考察犯罪的客观要件,可以为正确判定犯罪主观要件中的罪过、动机、目的等内容,提供可靠的客观基础”。② 我国学者张明楷教授,甚至将四要件区分为传统四要件与晚近四要件,并将传统四要件与德日体系进行对比认为,两者都是从客观到主观认定犯罪,都是按照司法人员认定犯罪的逻辑顺序认定犯罪。③

由此可见,四要件的走向取决于学者的刑法基本立场,而不是取决于结构本身,我国主观主义浓厚,只能说学者的立场出现偏差。也有较多的传统学者一方面坚持四要件,坚持客观主义立场,因而不能把问题都归结于四要件,不能把与体系无关的问题也都引向体系本身。另一方面,即便在德国、日本,也有学者在坚持主观主义的前提下,维持三阶层体系,这就充分说明体系不等于立场。

最后陈兴良教授认为,苏联及我国刑法学上的主客观相统一原则主要是在存在论的意义上而言的,从存在论上看,它对于定罪的意义极为有限,只是宣示要同时具备主客观要素,却没有对两者关系作出科学定位,因而要从价值论上进行清理,提倡法益原则与责任原则。④

---

① 黎宏:《刑法总论问题思考》(第2版),中国人民大学出版社2016年版,第73页。

② 高铭暄、马克昌主编:《刑法学》(第8版),北京大学出版社、高等教育出版社2017年版,第63页。

③ 参见张明楷:《犯罪构成体系与构成要件要素》,北京大学出版社2010年版,第31~32页。

④ 参见陈兴良:《主客观相统一原则:价值论与方法论的双重清理》,载《法学研究》2007年第5期。这种立场的转变直接反映在陈兴良教授的体系书中,在本体刑法学第一版中,陈兴良教授在定罪原则中讨论主客观相统一原则。参见陈兴良:《本体刑法学》,商务印书馆2001年版,第386~391页。但是在本体刑法学第二版定罪原则中,由法益原则和责任原则替代了之前的主客观相统一原则。至于理由,陈兴良教授指出,“主观与客观相统一虽然较为直观地反映了定罪的内容,但是未能揭示客观要件与主观要件之间的位阶关系。实际上,罪体与罪责的关系,更为确切地体现为不法与有责之间的关系,并且有责是以不法为前提条件的”。参见陈兴良:《本体刑法学》(第2版),中国人民大学出版社2011年版,第352页。

于是问题就是主客观相统一原则究竟是存在论上的概念，还是包含价值论的内容。其实根据我国刑法学通说的观点，主客观统一原则是有价值论内容的。因为通说认为主客观统一原则在犯罪概念上的重要表现形式便是，社会危害性概念必须是主观罪过与客观行为的相互统一。[①] 因此主客观原则必须反映行为的社会危害性，但这仅仅是对于犯罪概念来说的。在四要件犯罪构成之中，学者强调的都是其存在论上的意义，这或许与四要件的结构缺陷有关，社会危害性的评价游离于四要件犯罪构成之外，导致了四要件的形式化。

但是如果认为四要件是事实判断与价值判断的统一体，那么结论就会有所不同。我国学者认为，"主客观相统一原则的发现并不会驱散价值评价的因素，只会使价值评价的因素按照主客观相统一的轨迹分布，从而形成主客观相统一的犯罪论"。[②] 这里言及的主客观相统一的犯罪论就是在实质的意义上而言的。客观要素与主观要素虽然是存在论上的概念，但是犯罪论作为对行为的一种评价，必然根据相关的价值标准对这些要素进行实质判断，在这个意义上的主客观相统一，其实指的是主观判断与客观判断的统一。这种统一当然具有价值论的含义，从而突破了要素本身在存在论上的意义。[③] 当然这里客观判断与主观判断，已经融入了刑法的评价标准本身，也就是在刑法适用论上，评价标准与评价要素的动态统一体。"对于主客观相统一原则而言，问题并不在于应否坚持对危害行为之主客观相统一的评价，而在于其融合客观主义与主观主义评价基点和机制的思路是否具备现实性、从而获得方法论和价值论上的合理性"。[④] 如果立足于三阶层的体系，根据目前通说的观点，构成要件属于违法类型，它是具有价值意义的，因而在三阶层的语境下，同样可以表现主客观相统一原则的价值论特征。

---

① 参见张志愿：《论我国刑法的主客观相统一原则》，载《中国社会科学》1982 年第 6 期。

② 陈山：《刑法学中主客观相统一原则的承继或废弃》，载《中国刑事法杂志》2009 年第 2 期。

③ 因此，笔者认同我国学者提出的主客观原则相统一原则具有层次性的观点。在行为论中，主客观相统一原则是无价值色彩的，也就是仅仅具有存在论的意义，而在社会危害性论、刑事责任论中含义是不同的。参见石聚航：《主客观相统一原则内涵的层次性考察》，载《福建法学》2011 年第 2 期。

④ 黄晓亮：《主客观相统一原则与犯罪构成关系论要》，载《山东科技大学学报（社会科学版）》2010 年第 4 期。

因此陈兴良教授的观点有一定的合理性,但是其却忽视了客观判断与主观判断,也就是陈兴良教授自身体系中的罪体判断与罪责判断,其实就是主客观相统一原则的组成部分。在这个意义上,它当然具有了超越存在论的价值论的色彩。从体系上,无需用法益原则与责任原则替代主客观相统一原则,只需要在主客观原则的动态适用中,阐述客观判断与主观判断的关系,进而说明法益原则与责任原则的位阶关系即可。[①]

因此,虽然学界对于主客观原则有众多的指责,但是,单从存在论上讲,它作为一个评价的客体,在没有进行犯罪的评价之前,不可能会存在客观与主观之间的位阶关系,也不会必然或者倾向于主观主义。我们要区分静态层面上的客观要素与主观要素和动态层面上的客观判断与主观判断:在静态层面上,强调主客观相统一并没有太大的问题,只有在动态层面上才会发生位阶关系的问题,但这已是价值论上的课题了。因此不能将价值论上的批判引向存在论,两者归属领域不同,不存在相互批判的基础。

当然传统理解的主客观相统一原则也并非完全没有问题,[②]其还是在一定程度上混淆了存在论与价值论。例如,主观超过要素与客观超过要素其实在存在论上并没有违反主客观相统一原则。因为主客观的统一性只是强调其不可分性,而不关注对合性,对合性是在价值论层面思考的。我国有学者对此指出,苏联学者在对于主客观相统一原则的理解也有错误。例如,片面强调了主观要件与客观要件的统一性,而忽视了它们的对立性。这也是苏联刑法理论中没有客观的超过要素、主观的超过要素的原因之一。[③]

---

① 当然这里有个问题在于,通说认为构成要件属于违法类型,实行行为、故意等都是属于违法要素类型化于构成要件之中。因此,对客观要素与主观要素的评价基准在于法益原则,除非将构成要件同时作为责任类型,否则责任原则很难具有评价基准的空间,当然这一问题还值得研究。

② 我国有学者认为主观超过要素不符合主客观相统一原则,参见韩光军:《目的犯目的地位之辨证》,载《武汉大学学报(哲学社会科学版)》2010 年第 1 期。

③ 参见薛瑞麟:《对话〈刑法知识去苏俄化〉的作者》,载《政法论坛》2008 年第 2 期。但是论者提出的原因在于没有认识到对立性,这似乎是在价值论的立场上来说的,而主客观统一原则首先是在存在论上进行讨论的。此外,在价值论中讨论的其实也不是对立性的问题,而是对合性问题,参见下述。

其实,从存在论上理解主客观相统一原则,如上所述,就是在考察行为的构成要素,这是一体两面的问题。为何要强调主客观的统一性,原因即在于行为本身就是客观面与主观面的统一。德日刑法理论在行为论上存在因果行为论、目的行为论、社会行为论、人格行为论的争论,但是后两者是在价值论上展开讨论的。① 在存在论上主要是因果行为论与目的行为论之争,因果行为论由于不当区分意识和意识内容,因此被学者所质疑,②而目的行为论则认为人的行为是有目的的行动,因而将意识的内容纳入行为要件之中。无论人们对目的行为论如何评价,但是从目的行为论提出以后,行为即成为一个主客观的统一体,两者不可分割。在这个意义上,如何高度评价目的行为论的意义都不为过,德国学者指出:"这种观点(引者注:目的行为论)正确地指出了,只有人们将一个举止进行意图(意向)上的解释时,才可以将这个举止理解为行为。借助于意向,人们才可以指称特定活动之理由,或者也才可以指称特定的被动性"。③

而作为事实上的行为,主观引导着行为方向,客观行为体现着主观目的,因此两者之间是不可能分离的。构成要件或者犯罪构成所言及的要件或者要素之间不可分割,互为前提,其实在这个意义上讲,就是正确的。至此就能充分理解李洁教授的以下论述,犯罪作为人的行为,其必须是有意识的活动,因此犯罪认识的对象便不能进行分割。如果试图对要素进行切割,必然违背人的思维习惯。④

甚至由于人的事实行为,总是由主观引导着客观,客观行为均受意识的支配和控制,因此在顺序上,是主观先行于客观。当然,这种先行只是事实上的发生顺序,不能称之为位阶性,但无论如何这种存在论上

---

① 行为论的行为作为评价客体,与价值评价本身存在区别,如果使得行为概念价值化,也就逐渐使其走向消亡,因此笔者赞成在存在论意义上论及行为概念。

② 学者指出,"这样就使意识与意识的内容相分离,行为概念中的意识就成为了毫无内容的空洞的、抽象的概念"。参见刘霜:《刑法中的行为概念研究》,西南政法大学 2006 年博士学位论文,第 61 页。

③ [德]乌尔斯·金德霍伊泽尔:《刑法总论教科书》(第 6 版),蔡桂生译,北京大学出版社 2015 年版,第 43 页。

④ 参见李洁:《中国通论犯罪构成理论体系评判》,载《法律科学》2008 年第 2 期。

的构造，对于刑法的价值判断是会发生影响的。[①]

从存在论上看，行为的主观与客观的统一性并不是难题。真正复杂的问题是如何评价这种在事实层面的主客观统一。[②] 因此主客观相统一原则如欲真正从存在论的局限中摆脱出来，实现由辩证统一的哲学口号转变为刑法体系上规范判断规则，必须结合刑法价值判断的标准，对客观判断与主观判断的位阶顺序进行研究。

二、国内阶层论所存在的问题

（一）评价对象与评价标准的混淆

主客观之间的关系问题，与犯罪论体系的改造密切相关。我国学者从反思主客观关系作为起点，不断质疑传统的四要件体系。可是，在实际的批评过程中，或许是这种渴望强烈突破传统刑法体系束缚的冲动，导致了对德日刑法理论进行了片面的解读，从反对主客观相统一原则，逐渐过渡到轻视主客观的思维方法。例如，张明楷教授指出，客观与主观的概念只是停留在描述上，以此为支柱的四要件体系单纯追求客观与主观的统一，却忽视了刑法的价值与目的。而犯罪论体系必须要重视评价。[③]

在认识到主观与客观的概念与四要件体系所存在的密切关系，张明楷教授虽然不反对使用主观、客观的概念，但显然明显降低了它们在刑法学中的地位，进而提出了要以违法与责任为支柱构建犯罪论体系的原则："考虑到客观危害与主观恶性不是递进关系，而是可以综合评价……还是以违法与责任为支柱构建犯罪论体系为妥"。[④]

笔者不否认违法与责任区分的意义，也没有质疑过应以违法与责任为支柱构建犯罪论体系。事实上自从李斯特(Liszt)提出不法与责任的区分以后，[⑤]德国学界对此基本上不存在争议，这成为德国刑法学最重

① 至于在价值论上，主观判断与客观判断的关系，在下文进行讨论。

② 参见黄晓亮：《主客观相统一原则与犯罪构成关系论要》，载《山东科技大学学报(社会科学版)》2010 年第 4 期。

③ 参见张明楷：《犯罪构成体系与构成要件要素》，北京大学出版社 2010 年版，第 49 页。

④ 张明楷：《犯罪构成体系与构成要件要素》，北京大学出版社 2010 年版，第 79 页。

⑤ [德]李斯特：《德国刑法教科书》(修订译本)，施密特修订，徐久生译，法律出版社 2006 年版，第 167 页。

要的学术贡献，对此许迺曼（Schünemann）教授进行了如下描述："因为这个发明，或者我们应该这样说：发现不法与责任是作为构筑刑法体系与众不同的材料，依照 Hans Welzel 的看法，这是最近这二到三代学者在释义学上最为重要的进展；Wilfried Küper 认为这个发现是刑法释义学的重大成就而无法再走回头路"。①

但是，张明楷教授的论证却值得商榷，肯定违法与责任的地位，不是通过贬低主观与客观的地位而得出来的，而是以违法与责任本身在刑法教义学和刑事政策上的合理性为依据的。主观与客观、违法与责任不是谁取代谁的问题，因为两者是在不同层面上的理论范畴。在笔者看来，主观与客观是存在论上的概念，强调的是评价的对象，而违法与责任是价值论上的概念，强调的是评价基准，两者的定位不同。难以想象脱离了主观与客观这一评价对象，违法与责任该如何加以适用？既然如此，就没有必要纠结客观危害与违法、主观恶性与责任是否相同，认为客观危害与主观恶性没有递进关系也不符合通说的理解，也与论者之前提出的要以客观判断优先于主观判断的原则相矛盾。② 规范与事实虽然分属两个不同的领域，只有当两者存在相互契合的联系时，事实才能进入规范，规范也才能调整事实。③ 因此，作为认定事实基础的主观与客观关系的认定也同样重要，如果不对主观与客观关系作出合理的界定，不仅是逃避问题，而且最终也使得刑法体系区分违法与责任成为徒劳，因为没有要素的违法与责任是一个没有实体内容的虚幻的概念。对此，周光权教授有清楚地认识，事实判断是价值判断的基础，刑法知识构造必须有助于确定判断对象（主客观要素），必须要区分两者。从方法论上看，如果没有正确界定事实判断的基础，价值判断便会出现问题，从而也会影响客观主义的实现。④

因此，如果我们认可事实判断与价值判断区分的必要性的话，那么

---

①　［德］许迺曼：《区分不法与罪责的功能》，陈志辉译，载许玉秀、陈志辉合编：《不移不惑献身法与正义——许迺曼教授刑事法论文选辑》，台北，新学林出版股份有限公司 2006 年版，第 416 页。

②　参见张明楷：《刑法的基本立场》，中国法制出版社 2002 年版，第 82 页。

③　参见陈璇：《论客观归责中危险的判断方法——"以行为时全体客观事实为基础的一般人预测"之提倡》，载《中国法学》2011 年第 3 期。

④　参见周光权：《刑法客观主义与方法论》，法律出版社 2013 年版，第 109 页。

就必须重视主客观关系的建构,唯有如此才能上升到违法与责任的角度进行价值评价,这种位阶顺序是不能颠倒的,企图以违法与责任替代主观与客观的方法,在实践中都是无法操作的,最终也必会落入论者所反对的价值判断优先的犯罪认定逻辑。

(二)主、客观主义与主、客观不法论的混淆

我国学者往往立足于19世纪的那场客观主义与主观主义的争论,认为应当坚持刑法客观主义。在犯罪论体系中,则应高度肯定客观要件的重要性,认为客观要件优先于主观要件这样一条判断规则不能动摇。"刑法客观主义的要求至少有三点:(1)强调客观构成要件绝对重要的观念;(2)必须先客观后主观;(3)尽可能将传统上对主观要素的判断还原为对客观要素的判断"。[①]

但是当今的刑法客观主义与主观主义含义并非在初始的意义上加以理解,而是随着时代的发展被赋予了新的含义。许玉秀教授便认为传统主观主义与客观主义的对立其实就是形式与实质的区别,两者是相互补充的关系。真正形成对立的是关于不法的判断,究竟是以客观不法为主,还是以主观不法为基准。[②] 我国学者劳东燕教授则将客观主义与主观主义区分为两个意义维度:前一个主客观之争涉及刑罚评价的对象,即传统意义上的主客观主义。对此客观主义认为,刑事责任的基础在于表现在外部的犯罪人的行为,又被称为行为主义,而主观主义则相反认为,刑事责任的基础在于犯罪人的危险性格,其与行为人主义同义。[③] 从结局上而言,虽然客观主义在刑罚论领域借鉴了主观主义一些观点,但是在犯罪论领域,客观主义的立场得到了绝大多数学者的认

---

① 周光权:《刑法客观主义与方法论》,法律出版社2013年版,第8页。

② 参见许玉秀:《主观与客观之间——主观理论与客观归责》,法律出版社2008年版,第5页。

③ 关于两者的具体差异,相关文献较为丰富,在此便不再赘述。有兴趣可以参见张明楷:《外国刑法纲要》(第2版),清华大学出版社2007年版,第9~18页;王钧:《论刑法中的客观主义与主观主义》,载《南京大学法律评论》2000年秋季号,法律出版社2000年版,第123页以下。我国有很多学者认为中间还有所谓的折中主义,参见宋建军:《英美刑法中的主观主义与客观主义之争——以未遂罪为视角》,载《内蒙古大学学报(哲学社会科学版)》2013年第3期。但是行为主义和行为人主义很难进行调和,所谓的折中主义,要么以客观主义为基础,要么以主观主义为基础,实质上都应该归为主观主义或客观主义。

可;后一个主客观之争则是刑事不法的基准,即主观不法论与客观不法论的问题。并且认为两个意义维度的主客观主义之间并不存在对应关系。①

如果在初始意义上理解这对概念的话,笔者也赞成刑法客观主义。② 但是,关于客观要件优先还是主观要件优先的问题,其实主要还是涉及对于第二类主客观主义争议的理解。③ 理由在于,如果认为不法判断是客观的话,那么主观要素就是责任要素,根据不法先于责任的判断顺序,很容易得出客观判断优先于主观判断的结论(结果无价值论)。但是,如果持主观不法理论的话,由于主观要素与客观要素同属于违法要素(行为无价值论),哪个要件在前恐怕就没有这么容易得出了。

应当承认的是,强调客观判断优先的学说,对传统的主客观相统一原则进行了方法论清理,主张将政治意识形态的内容逐出刑法学,这是具有重要意义的。学者们基于对客观主义法治国的渴望,想用客观要件去限制主观要件的努力,也让人"起敬"。但是即便立足于三阶层的犯罪论体系,这个似乎无可置疑的结论仍然值得推敲。第一,它有可能混淆了主观与客观、违法与责任的关系。在违法客观、责任主观的口号下,将违法与责任的位阶关系,照搬到前者中去,存在方法论缺陷。第

---

① 参见劳东燕:《刑法中的客观不法与主观不法——由故意的体系地位说起》,载《比较法研究》2014 年第 4 期。

② 当然在学界也有学者为主观主义辩护,相关文献可以参见郭泽强:《主观主义与中国刑法关系论纲——认真对待刑法主观主义》,载《环球法律评论》2005 年第 4 期;郭泽强:《主观主义与我国刑法具体问题初探》,载《政治与法律》2005 年第 6 期。但是作者还是混淆了两类主观主义与客观主义之争,作者的有些辩护是立足于不法判断而言的。由此可见,初始意义上两者的对立或许应该告一段落了,主观主义要想在犯罪论领域动摇客观主义恐怕是不可能的。

③ 值得注意的是,必须区分客观不法、主观不法与客观违法论、主观违法论。后者属于违法性的对象之争,也可以理解为是违法与责任的位阶之争。对此可以参见肖吕宝:《主、客观违法论在刑法解释上的展开》,黑龙江人民出版社 2008 年版,第 19 页以下;刘瑞瑞、郑军男:《德日刑法主观违法论探究》,载《当代法学》2011 年第 3 期。而前者是在违法要素内部主观与客观的争论,不涉及违法与责任的关系。另外主观不法与客观不法,也不等于行为无价值与结果无价值之争,结果无价值当然属于客观不法。但是既然这场争论在德国兴起,因而背景是在行为无价值论内部,即在承认主观违法要素的情况下,对客观不法与主观不法地位的思考。这显然较目前日本刑法学的"学派之争"向前推进了一大步。这样的概念区分恳请读者注意。

二，对四要件体系的评判有欠公允。将四要件与主观主义等同、三阶层与客观主义等同更是走向极端。第三，混淆存在论与价值论。要素集合是一个存在论问题，要素间的顺序才是价值论问题，因此作为要素集合的四要件或者主客观相统一原则，不能得出要素间的排列顺序，问题的关键毋宁在于社会危害性这一评价标准。第四，缺乏对主观主义与客观主义的深入考察，未能对如今两者之间的争议作出分析。在主观不法取得优势的情况下，仍然假定客观不法的天然正确性，并以此作为重视客观判断的根据。第五，作出的客观优先于主观的结论，忽视了存在论上行为主观面与客观面相统一的现实，分离式的考察违背认识逻辑，结论也值得推敲。第六，缺乏对主观不法以及主观优先径路的探索与论证，简单地将这种模式等于初始意义的主观主义乃至于思想归罪，有欠科学。第七，停留于浅层次的理论对立，未能把握争论的主轴与核心。相关学理一直没有将对行为无价值与结果无价值的讨论提升到主观不法论与客观不法论进行研究。仅满足于要素的属性，而缺乏对要素关系的深入探究，导致体系冲突。

因此，笔者认为，许玉秀教授关于两者之间研究方向的建议，对于我国刑法学界而言，是特别值得重视的。“虽然根据犯罪阶层理论发展史上的启示，主观归责要素和客观归责要素，不能像平面图一样予以截然划分，它们彼此之间的互动关系要复杂得多，但努力的方向，恐怕应该是厘清它们的关系，超越二度空间来理解它们的互动关系，而不是不加区分地简化它们的关系。”①在本章看来，强调客观判断优先于主观判断的观点便是形式化地截然切分了主客观的要素，这背后的原因在于我国学界对于主客观不法的理解产生了偏差。如欲合理的建构二者之间的关系，推动对这一问题的实质化考察，则必须对主观不法与客观不法的争论进行评析。

三、主观不法与客观不法的角力

（一）主客观不法对立的引出

之所以有众多学者提倡客观判断优先于主观判断的顺序，笔者认

---

① 许玉秀：《主观与客观之间——主观理论与客观归责》，法律出版社2008年版，第112页。

为，恐怕是过于眷恋古典体系所致。[①] 在“违法是客观的，责任是主观的”的传统口号影响下，既然违法先于责任，那么自然客观判断应优先于主观判断，而并未过多关注于这一口号随后发生的变化。在新古典体系以后，这里主观与客观的含义已经从评价对象变为了评价标准。而哪个要件优先，其实是在评价对象的意义上来说的。在这种背景下，客观判断与主观判断概念其实已经被“违法”与“责任”概念所偷换。对此从付立庆教授的如下表述中可以较为清晰地看到这种混淆：“之所以说德日的三阶层的犯罪论体系或者是客观违法—主观有责的二阶层体系是‘阶层式’的。主要就在于这种体系背后的理论与政策支撑。这主要是指违法与有责的二元区分。”[②]

因此，正如我国学者指出的那样，“在我国刑法中对客观要件与主观要件的位阶性的理解，大体上还停留在目的行为论以前的理解，或者说就是以古典或者新古典的犯罪论体系为模板推导出来的结论”。[③] 无疑违法与责任是有位阶性的，但是除非采用古典或者新古典体系，不然无法由此推导得出客观与主观之间存在位阶性。因为客观与主观背后的根据不是不法与责任，而是都属于不法，其实质是违法要件内部如何区分的问题，而这并非不言自明的。

应当说，与第一个阶段的主客观之争相反，在第二个阶段的主客观之争中，处于理论上风的反而是主观主义，即认为不法判断的重心是主观构成要件。我国学者劳东燕对此作出了如下的描述：“在当代刑法体系中，主观主义的痕迹几乎无所不在，它以一种极为隐秘的方式确保自己的在场……在不法论上，即决定行为不法是否存在是根据行为客观

---

① 在强调客观判断优先于主观判断的有影响力的学者中，以结果无价值论占据多数，例如陈兴良教授、张明楷教授、黎宏教授等。因而，车浩教授认为客观先于主观的含义在德国和我国并不完全相同的看法是正确的。德国强调的是在客观归责背景下用客观不法限制主观不法；在我国，目前更多的是在强调，一个中立、客观的构成要件阶层应该先于主观化的责任阶层。参见车浩：《假定因果关系、结果避免可能性与客观归责》，载《法学研究》2009 年第 5 期。但论者强调客观归责理论中客观优先的思路对于四要件缺乏逻辑顺序是一场“及时雨”观点笔者并不赞成。一方面，如下所述，客观归责理论也无法保证客观优先；另一方面，四要件本身也得不出主观优先的结论。

② 付立庆：《犯罪构成理论：比较研究与路径选择》，法律出版社 2010 年版，第 94 页。

③ 张志钢：《我国刑法语境中主客观要件的审查顺位研究——基于方法论角度的考察》，载陈兴良主编：《刑事法评论》第 40 卷，北京大学出版社 2017 年版，第 468 ~ 469 页。

上所显现的事实状态还是行为人的主观意思,主观主义并没有落败。”①

不法的主观化意味着对古典贝林体系的颠覆,这个过程首先是从梅兹格(Mezger)开始的。梅兹格区分了外部行为的单纯的意欲和外部行为的有意义的意欲,认为前者属于责任要素,后者才应视为类型性的不法要素。其中区别标准在于是否为主观超过要素。因而在麦茨格的体系中,目的犯、倾向犯、表现犯乃至于未遂犯中有主观违法要素的存在空间,而既遂犯的故意仍然停留于责任要素。②

真正确定主观构成要件要素地位的学者是韦尔策尔教授,③他批评在梅兹格的体系中,指出未遂故意与既遂故意具有相同的性质。主张不仅仅是未遂犯,在既遂犯中故意也属于违法要素。④ 这种体系变动与他提出的目的行为论也是相符合的。“韦尔策尔认为主观的构成要件要素就是行为人意志的类型化,能和行为的因果关系和谐地附和在一起。”⑤其实韦尔策尔教授的努力不仅仅在于确立主观构成要件要素,更为重要的是,他试图以主观违法要素取代客观不法要素作为刑法不法判断的核心,从而真正开启了主观不法与客观不法相抗衡的历史,揭开了第二类主客观之争的序幕。

此后,虽然德国学界关于故意是主观违法要素这点不存在疑问,但是关于客观不法与主观不法的关系却引起了激烈的争论。其中较为典型的是罗克辛教授提出的客观归责理论,这一理论的提出固然

---

① 劳东燕:《刑法中客观主义与主观主义之争的初步考察》,载《南京师范大学学报(社会科学版)》2013 年第 1 期。值得一提的是,即便是倾向于古典体系的陈兴良教授,也不得不承认这种现实,“在犯罪论体系上,也存在古典派、新古典派、目的行为论等学术谱系,它们之间存在学说之争,从演进过程来看,也有一个从注重客观到注重主观的发展趋势”,参见陈兴良:《刑法的知识转型(方法论)》,中国人民大学出版社 2012 年版,第 267 页。

② 详细内容可以参见付立庆:《主观违法要素理论——以目的犯为中心的展开》,中国人民大学出版社 2008 年版,第 30 页以下。

③ 关于韦尔策尔教授犯罪论体系的介绍,可以参见蔡桂生:《韦尔策尔犯罪阶层体系研究》,载《环球法律评论》2010 年第 1 期。

④ 韦尔策尔教授指出,“如果说故意在未遂犯中属于构成要件,而非责任,那么当未遂犯转入既遂阶段之中时,故意也必定依旧保有这项功能。我们怎么能根据子弹是偏离还是击中了目标,来决定故意究竟是不法要素还是只是责任要素呢”? 参见[德]韦尔策尔:《目的行为论导论——刑法理论的新图景》(增补第 4 版),陈璇译,中国人民大学出版社 2015 年版,第 37 页。

⑤ 许玉秀:《当代刑法思潮》,中国民主法制出版社 2005 年版,第 138 页。

是有克服条件说弊端的考虑，也顺应了从刑法保护目的出发解决问题的刑事政策的思路。但是，罗克辛教授还有一层目标，那就是要扭转此前学界重视主观不法的倾向，试图用客观要件去限缩故意的适用范围，重新恢复客观构成要件的地位。对此，我国学者车浩教授指出，“在主观不法与客观不法的角力中，借助客观归责理论，客观构成要件的判断被推到了前台，占据了上风”。[①]

客观归责理论所代表的客观不法论与目的行为论为代表的主观不法论的区别就是认为，归责是属于客观可归责性的问题还是故意的问题。因此，“客观归责论者和目的行为论者的争执，根本上就是客观不法与主观不法的争执”。[②] 而在目的行为论“衰退”以后，在当代德国，客观不法论与主观不法论的对立主要表现为客观归责理论与主观归责理论的争论。其中属于主观不法阵营的学者大体包括韦尔策尔、Kindhäuser、考夫曼、赫什等，客观不法阵营的学者有罗克辛、许迺曼、雅各布、Frisch 等。以甲希望乙死亡，因而劝说乙乘坐飞机旅行，最终飞机失事为例。客观归责理论认为，甲的行为没有创设法所不允许的风险，因而缺乏客观可归责性；而目的行为论则认为，故意必须对行为具有操控作用，才能成为故意，而此时行为人认识到的只是习惯上的风险，是一种希望，并不是一个具有支配作用的，可以由行为操纵实现的意志，因而缺乏故意。[③] 或许在此还不能充分表明两者的优劣，但是在加入行为人特殊认知的情况下，问题就相对明朗了。主观不法论有其理论上的一致性，而客观归责理论则不得不走向相反的立场。例如当甲认识到飞机有故障，在飞行中有较大可能性会发生意外的情况下，客观归责论认为，虽然是由于甲的认识使得其行为创设了风险，但其依然强调不法取决于创设风险的行为，这显然难以自圆其说，而相反观点则以此为据反对客观归责理论。例如德国学者赫什（Hirsh）认为，交通工具是否有瑕疵因而依事前判断具有法所不允许的风险，显然取决于行为人对

---

① 车浩：《假定因果关系、结果避免可能性与客观归责》，载《法学研究》2009 年第 5 期。

② 王扬、丁芝华：《客观归责理论研究》，中国人民公安大学出版社 2006 年版，第 112 页。

③ 因此可以认为，客观归责理论认为只有当行为人认识到行为的风险，才能存在故意，因此多强调故意的认识因素，即主张客观故意理论（故意的成立取决于客观上创设的风险），而主观不法论则侧重于故意的意志因素。

资讯的掌握情况。行为人如果知道飞机有故障,他的行为就创设了风险,这就表明法的不容许决定取决于行为人的主观面,而不是客观面。[①]

(二)客观不法论的困境——对客观归责理论的批判

虽然此后,目的行为论少有学者赞成,但是客观归责理论却也很难再扭转由目的行为论所引发的不法主观化的思潮。原因在于,在罗克辛教授的客观归责体系中,并没有排斥主观要素的作用,这突出反映在"行为人的特别认知"这一要件中。按理如果坚持客观要件的优先地位,那么行为人的主观认知显然不会影响行为的危险创设,但是在一些情况下,这一处理显然不合适。因此罗克辛教授也只能无奈认为,行为人的特别认识可以成为行为是否制造风险的依据,而且主观要件对于构成要件效力范围的判断也会有重要影响。因此主观要素对客观归责理论具有重要意义,构成要件行为始终是由客观要素与主观要素混合而成的。[②]

对于这里的特别认知,理论上首先需要明确的是其和故意之间的关系。对此,有学者指出,特别认知不等同于故意。第一,特别认知并非涉及行为时点的故意。[③] 第二,特别认识的认识对象是行为事实,而故意的认识对象则是行为的危险性,因而特别认识是一种心理认知,故意则是对这一认知的评价。[④] 笔者的观点是,特别认知与故意并不等同,但是对上述的论证却存在不同看法。首先,特别认知不可能指熟悉先前的事物即可,如果在行为当时不具有这种认识,而仅仅是认识可能性的话,是无法认定其创设故意危险的,而只能认定为过失。此时特别提出"特别认识"的问题便没有任何意义。换言之,当我们讨论"特别认

---

① 参见许玉秀:《当代刑法思潮》,中国民主法制出版社 2005 年版,第 366 页。

② [德]克劳斯·罗克辛:《客观归责理论》,许玉秀译,载《政大法学评论》1994 年第 5 期。许玉秀教授因此将特别认知比喻为客观归责的一个"在背的芒刺",于是客观归责论强调的不法重心在客观要件的观点就无法完全成立。此外,我国台湾地区学者林钰雄教授也指出,"人之行为始终是由主观与客观交织而成,而客观归责亦具主观要素",参见林钰雄:《新刑法总则》,中国人民大学出版社 2009 年版,第 136 页。

③ 张明楷教授也认为,"特别认识必须存在于事前,而对故意的审查是在客观归责之后。即使在进行客观归责时考虑主观故意,也不意味着在进行主观归责",参见张明楷:《也谈客观归责理论——兼与周光权、刘艳红教授商榷》,载《中外法学》2013 年第 2 期。

④ 参见欧阳本祺:《论特别认识的刑法意义》,载《法律科学》2016 年第 6 期。

知"的问题时,前提已将其限定于行为当时。其次,需要认真辨析事实与行为危险性的概念,因为行为危险性也是以事实的形式表现出来的。当我们讨论"特别认识"的认识对象时,这里的认识对象指的当然是行为危险性的事实。正如学者指出的那样,"特别认知指的是行为人认识到一般人没有认识的与构成要件有关的、实现或提升相应结果风险的事实情况"。[①] 如果不采取这样的理解,这一概念在刑法教义学上便没有意义,可见两者的认识的对象在行为危险性的限度内其实是一致的。况且故意其实并不是只涉及规范评价,它当然首先包括心理事实的认知。再次,特别认知与故意在认识因素上的真正不同之处,其实是在于对结果危险性的认知。换言之,对结果发生可能性认识的程度划分了两者的界限。在行为人具有特别认知的基础上,若再进一步认识到结果实现的风险,其便具有故意。"主观风险事实认知的对象是支撑不容许风险评价的各种相关事实。故意的认知内容以此为基础,但同时还应包括对结果实现可能性的认识。"[②]最后,特别认知与故意最为关键的区分还是在于,特别认知归根结底只是一种"认识",而故意还包括对结果的意志。虽然有观点对意志因素必要说展开批评,在采取认识说的基础上,认为特别认知等同于故意。[③] 但是,我国《刑法》明文规定故意的成立需要对结果具有希望或者放任的心态,因而认识说并不符合我国《刑法》的规定。故特别认知只是故意与过失的共同前提,当行为人在认识到结果风险的基础上,并对此结果具有希望或放任的心态,才能最终成立故意。

就概念关系而言,故意包含了特别认知,故意的认知因素要求行为人必须对客观构成要件有所认知,这必然包括了行为人的特别认知。[④] 因而特别认知无疑也是主观要素,只要肯定特别认知对不法归责的影响,便无法否认主观要素决定客观不法的现实。

---

① 陈尔彦:《故意犯中客观归责理论的主观性批判》,载《河南警察学院学报》2020 年第 1 期。

② 陈尔彦:《论故意犯的主观归责》,北京大学 2020 年刑法学博士学位论文,第 128 页。

③ 参见蔡桂生:《非典型的因果流程和客观归责的质疑》,载《法学家》2018 年第 4 期。

④ 参见陈璇:《论客观归责中危险的判断方法——"以行为时全体客观事实为基础的一般人预测"之提倡》,载《中国法学》2011 年第 3 期。

在学理上，有许多学者为特别认知进行辩护，认为其存在并不会影响客观归责理论的地位。例如，周光权教授提出了三点理由：第一，目的理性体系强调价值判断，因此客观事物主观化无足为奇；第二，行为人拥有特殊认知，导致客观上对法益更危险，应该归责；第三，二元论本来就认为行为在一定情况下和主观要素有关系。[①] 但是对于其第一点理由，学者指出，“目的理性体系之‘目的’并非行为人的目的，而是刑罚的目的；所谓目的理性，是指在设计犯罪构成体系时，应以刑罚之理性为导向，这和行为人的主观认知是没有关系的。”[②]质言之，目的理性体系并不能直接推导出客观归责的主观化。而至于周光权教授的第二及第三点理由，反而是已经承认客观归责“不客观”这个结论。换言之，周光权教授说明的只是为什么要归责，而没有说明为什么要承认主观要件，他的辩护反而证明了他所谓的客观判断优先于主观判断在客观归责体系下是行不通的。

何庆仁教授一方面坚持雅各布教授的基本立场，认为单纯的特别认知并不会影响刑法的不法归责，而只有当特别认知与角色相关时，对行为人才会产生保证人的地位；另一方面，其又提出了角色相对化的观点，认为如果角色行为将造成紧迫而且重要的利益损失时，这时的角色应当退让，其应当承担责任。[③] 理论上雅各布教授的观点有较多批判，例如有观点指出，社会角色的义务与刑法法益保护的原则并不相容、[④]“雅各布忽略了全体公民都无法摆脱的最基本的社会角色——社会共同体成员，作为一名成员任何公民都有‘不得随意侵害他人’这一义务”。[⑤] 笔者认为，雅各布教授的观点虽然有脱离法益保护原则的缺陷，但是无疑这与其自身彻底规范化的立场有其一致性。但是何庆仁教授为了缓和这种批判而提出的角色相对化理论，无疑使原本高度规范化的刑法体系被法益原则“撕开了一个口子”，从而导致法益保护与规范

---

① 参见周光权：《刑法客观主义与方法论》，法律出版社2013年版，第75页。

② 庄劲：《从客观到主观：刑法结果归责的路径研究》，中山大学出版社2019年版，第49页。

③ 参见何庆仁：《特别认知者的刑法归责》，载《中外法学》2015年第4期。

④ 参见喻浩东：《反思不法归责中的“特别认知”——以德国相关学理为参照》，载《苏州大学学报（法学版）》2018年第3期。

⑤ 何庆仁：《特别认知者的刑法归责》，载《中外法学》2015年第4期。

稳定之间形成了对立与紧张的关系，难言妥当。我国学者对此尖锐地指出，“这（指角色相对化理论引者注）等于承认规范期待对结果归责没有决定性，从根本上违背了雅科布斯的规范期待理论”。①

欧阳本祺教授认为，特别认知可以在实行行为的“有意性”中找到其归属，因此特别认知是实行行为的组成部分，影响实行行为的判断。②其实实行行为只是客观归责论中创设风险的另一种表述，两者的实际内容一致。欧阳教授观点的新意是以“有意性”作为平台，纳入特别认知。但问题是，通说在危害行为当中讨论的“有意性”，指的仅仅是意志的形式，而不包括意志的内容。因此，只要受人的意识所支配的行为，便符合这里“有意性”的要求。由此通说仅将人在睡梦中或精神错乱状态下、在不可抗力下的举动以及身体受强制情况下的行为排除在外。③可见，故意的认知显然不是“有意性”的内容，因此难以将超过“有意性”内容的特别认知纳入其中。而一旦认为“有意性”可以包含特别认知时，其实也就等于承认了主观要素对客观行为的决定性作用，同样无法化解针对客观归责理论的责难。

正是因为客观归责理论体系存在这一问题，因而传统的目的行为论者对此予以了反击。例如，考夫曼教授便提出，在没有确定行为人的主观认知之前，根本无法回答行为是否在客观上创设了不被允许的风险。④ 可见要想维持行为人特别认知这一要件，就势必成为主观不法论的攻击理由。因为如此便将主观要件的检验内容提前到客观要件中检验，⑤其结局与主观归责论是相同的。之所以如此，其根本原因在于，“在故意犯中，构成要件故意决定行为的方向和目标。作为人格上的行为不法的核心，它构成主观方面不法构成要件的一般特征和对构

---

① 庄劲：《从客观到主观：刑法结果归责的路径研究》，中山大学出版社 2019 年版，第 46 页。

② 参见欧阳本祺：《论特别认识的刑法意义》，载《法律科学》2016 年第 6 期。

③ 参见高铭暄、马克昌主编：《刑法学》（第 8 版），北京大学出版社、高等教育出版社 2017 年版，第 65 页。

④ Vgl. Armin Kaufmann, “Objektive Zurechnung” beim Vorsatzdelikt?, in: FS Jescheck, 1985, S. 251.

⑤ 参见庄劲：《客观归责还是主观归责？——一条“过时”的结果归责思想》，载《法学家》2015 年第 3 期。

成要件性结果主观归责的依据基础”。[①] 也即行为人的意图引导着行为,进而创设了危险,意图直接关系行为的性质。[②]

正是基于这样的现实,德国学者开始探索另一种途径,即提出客观的观察者标准,作为这个参照标准的,不是平常普通之人,而是最明智之人。这个最明智之人,不仅具备一般人的认识,而且也具有行为人的特别认识,从而将后者纳入这种整体化之中。[③] 但是这种观点存在疑问,所谓的最明智之人不具有操作性:如果只是将一般人与行为人的认识简单整合在一起,那其实就是一种文字的骗局,用貌似客观的提法去包括主观的要素。如果是以行为人作为基准,按他的能力确定平均的参照系,但是这种参照系毕竟也不能完全等同于行为人自身。事实上,在一般人类可能预见性之外,还是存在行为人的特殊知识领域。如果以事后查明的资料作为判断标准,那么就导向了旧客观说的泥沼,这是德国学者无法接受的。由此可见,行为人的特别认知在客观归责体系中始终是一个挥之不去的阴影。

由此,即便并非目的行为论的学者,如今也十分重视故意的实质认定,并以此作为不法的核心。“将故意危险认作客观构成要件的一要素,可能是种误解。故意危险乃是个依行为人认识而(可能)存在的事实情状的一风险征兆”。[④] 我国台湾地区也有学者认为,“行为人认知的事实若可支撑法不容许的风险,才能说进入了犯罪的范畴,而且在行为人主观归责基础认知内的风险意识与行为决定,才能说是行为人借

---

① [德]约翰内斯·韦塞尔斯:《德国刑法总论》,李昌珂译,法律出版社 2008 年版,第 120 页。我国学者劳东燕教授亦明确认为,故意犯对应的是意志归责,“在意志归责的类型中,行为人是由于对因果流程存在主观的意志操控而受到归责,其归责结构以主观层面的归责作为构造之重心,主观要素具有决定不法的作用,同时也充当罪责非难的根据”。参见劳东燕:《过失犯中预见可能性理论的反思与重构》,载《中外法学》2018 年第 2 期。

② 台湾地区学者黄荣坚教授指出,“刑法上要说禁止一个人的不法行为,不可能就是禁止一个纯粹的外表的肉体动作而已,而是禁止一个意志的跃动,也就是禁止一种表态……我们不可能禁止一个抽离故意与过失之后的肉体动作,亦即,不法概念是没有办法抽离掉故意与过失的”。参见黄荣坚:《基础刑法学》(上)(第 3 版),中国人民大学出版社 2009 年版,第 128 页。

③ 参见吴玉梅:《德国刑法中的客观归责研究》,中国人民公安大学出版社 2007 年版,第 175 页。

④ [德]乌尔斯·金德霍伊泽尔:《犯罪构造中的主观构成要件—及对客观归属学说的批判》,蔡桂生译,载陈兴良主编:《刑事法评论》第 30 卷,北京大学出版社 2012 年版,第 201 页。

以展现行为规范对立态度的犯罪故意”。[①] 因此,无论我们怎么评价客观不法与主观不法的这场争论,这种趋势却是值得我们关注的。

在风险实现阶层真正的主观化指的是因果流程偏离中需要排除的是主观归责,即客观归责理论设置的虚拟第三人标准并无意义。可见,主观归责理论对客观归责理论的批评主要集中于风险创设阶层的“特别认知”以及风险实现阶层的“虚拟第三人”这两点。围绕虚拟第三人问题,刑法学界基本上存在三种观点:纯粹客观说、客观优先说以及纯粹主观说。其中前两者都是客观归责论的基本观点,基于笔者对主观归责说的认同,下面分别对这两种观点展开批评。

纯粹客观说认为,因果流程偏离只涉及客观归责,至于行为人主观上对因果偏离的认识则完全不需要考虑。其理由主要是来自规范论的立场。即行为人基于故意创设了一个不允许的风险,这是行为规范的范畴,因此在判断行为不法上需要考虑主观认知。但是一个不容许风险的实现则属于评价规范的问题,仅仅涉及的是客观构成要件。[②] 换言之,这种观点区分了行为规范与制裁规范,并严格对应于行为不法与结果不法的判断。诚然倘若在风险实现的判断中,仅仅考虑制裁规范的话,那么由于制裁规范的判断是法官基于事后立场的判断,与行为人的主观认知并没有任何关系,如此则将其完全定位于客观构成要件似乎是完全合理的。但问题是在风险实现中真能无视行为规范的作用吗?因为我们通常理解的结果归属指的是客观发生的结果是否属于行为规范的射程范围之内,只有答案是肯定的,行为人才能承担既遂责任。这里作为判断依据的仍然是行为规范。对此,我国学者指出,“在一个完整的故意既遂犯审查流程中,行为规范并非在行为归责与故意认定之后就对犯罪的认定而言不再具有意义。相反,行为规范的内容会对称性地投射在制裁规范之中,根据行为规范所确定的行为的规范违反属性,是制裁规范的要件之

---

① 周漾沂:《从客观转向主观:对于刑法上结果归责理论的反省与重构》,载《台大法学论丛》2014 年第 4 期。

② Vgl. Jürgen Wolter, Objektive Zurechnung und modernes Strafrechtssystem, in: Gimbernat/Schünemann/Wolter (hrsg.), Internationale Dogmatik der objektiven Zurechnung und der Unterlassungsdelikte, 1995, S. 12ff.

一”。[①] 不仅从制裁规范着眼,可以得出这个结论,从行为规范角度思考,同样如此。例如,笔者曾经指出,需要对行为规范的目的进行二次检验,理由在于行为规范承载的不仅是保护法益的要求,其与制裁规范相链接,还有一般预防的功能,故只要事后发生的结果,对于行为规范不能发挥一般预防功能时,便应否认结果的客观归属。[②]

而客观优先说是客观归责理论主流看法,认为结果归责首先需要以一个虚拟的第三人为基础进行客观性判断,除此之外,行为人对因果流程的想象(主观归责)对于归责而言,也是必要的。这种观点看似同时兼顾了客观归责与主观归责,但问题是对于风险实现的判断而言,前置的客观归责真的是必要的吗?赞成的理由主要是在于规范是针对社会一般人设立的,因而必须设立一个虚拟第三人的形象,当这个一般人对法益侵害存在客观预见时,法律的禁令才是有效的。可是首先,这个虚拟一般人的概念是非常模糊的,理论上根本不可能对此提供一个理想的模型。其次,行为规范“首先是一种主观的规制。没有对具体个人主观上的限制,就无法影响其行为决定,也就无法将命令落实到其客观的行为上去”。[③] 而所谓的社会一般人的标准其实只是作为一个参照,用来辅助判断行为人究竟是否能够认识到行为的风险,以最终完成责任的归属。质言之,其并没有独立的理论地位。最后,在判断主观归责之前,虚拟地设置客观的基准并没有意义,直接进行主观归责判断即可。对此学者指出,如果社会一般人的客观能力比个人的主观能力要强,那么此时客观归责的判断是完全多余的。相反,如果社会一般人的客观能力比个人的主观能力要弱,则会导致不应出罪的案件予以出罪。显而易见,客观归责要么没有任何作用,要么会出现功能上的问题,此时最容易化解这两者之间的紧张关系的办法,便是直接取消客观归责。[④]

---

① 陈尔彦:《论故意犯的主观归责》,北京大学2020年刑法学博士学位论文,第135页。

② 参见王俊:《风险增高理论的刑法教义学研究》,载《北大法律评论》第16卷第2辑,北京大学出版社2016年版,第56页。

③ 庄劲:《从客观到主观:刑法结果归责的路径研究》,中山大学出版社2019年版,第53页。

④ 参见[德]乌尔斯·金德霍伊泽尔:《犯罪构造中的主观构成要件——及对客观归属学说的批判》,蔡桂生译,载陈兴良主编:《刑事法评论》第30卷,北京大学出版社2012年版,第192页。

综上，无论是只考虑客观归责或者是优先考虑客观归责的观点均不合理。由于行为规范的对象永远都是具体的个人。“仅当行为人认识或主观上可能认识他的行为将创设一个法益损害风险，行为规范才有可能影响行为人的意志、使其产生避免风险行为的动机；也唯有如此，行为规范才是真正有意义的。”①因此纯粹的主观归责说是合理的，结果不法的判断依据只在于行为人主观上对风险的实现是否具有认识，至于其客观上偏离的程度则并非刑法所关心的问题。

由上述分析可知，即便是风险实现，在没有考虑行为人主观面的情况下，同样无法作出判断。由此可见，客观不法与主观不法完全纠葛在一起，切割客观与主观是不可能的。目的行为论虽然对于过失犯有些力不从心，但我们不能因为其存在这点瑕疵，就否认它在故意犯领域的重大价值。因而即便继续保留客观归责理论，也必须承认这个现实。而一旦对此进行了妥协，实际上就无法再完成它所肩负的其中一个使命——扭转主客观不法的地位。我国学者刘艳红教授在质疑客观归责论的立场是客观归责还是主观归责时，提出的如下结论，笔者认为是符合实际的：“虽然客观归责论以构成要件行为为基础重构归责理论，并以客观立场而显称于世；但当其根据行为人主观意思甚至个人人格进行归责判断时，客观归责理论实际就是主观归责论”。②

值得一提的是，把由客观构成要件处理的部分问题放到故意当中去解决，并没有推迟犯罪的排除时间。作出这种结论的学者仍然停留在古典体系，因为只有在古典体系中才把客观等于违法，主观等于责任，因此才有混淆违法与责任的问题。但在如今体系之下，既然客观要件与主观要件同属于不法，那么就没有理由拒绝这种处理方案。即便认为客观不法应优先于主观不法，那也是客观不法论者一厢情愿而已，站在主观不法论的立场，既然主观不法才是决定因素，那么先从故意上加以考虑，反而是优先排除犯罪的成立。可见这就是个彼此站在不同立场的死循环，谁也不能说服谁。况且，“所谓优先排除犯罪的成立，只

---

① 陈尔彦：《论故意犯的主观归责》，北京大学2020年刑法学博士学位论文，第173页。

② 刘艳红：《客观归责理论：质疑与反思》，载《中外法学》2011年第6期。

存在于观念上或者逻辑上,而不具有任何实际意义"。[①] 即便认为客观不法重要,在同属于违法要素情况下,讨论优先排除的顺序于司法实践并无意义。如此看来,德国学者的下述看法就是妥当的,"倘使基于等值理论可以在故意上找到解决的方案,就不再有任何理由,必须在客观的不法构成要件对归属进行限制了;就这点而言,客观归属学说仍然不合时宜地滞留在(新)古典体系的阶段"。[②]

其实客观归责的反对意见不仅仅来源于其反对者,即便是其支持者内部,从相关表述来看,也有意无意地承认主观不法要件的重要。例如,许迺曼教授作为客观归责理论的捍卫者,在《关于客观归责》一文中有如下表述,"在故意犯的情况时,容许的风险至少必须明显地狭隘地加以界定,如果行为人基于侵害故意为之,就已经开启了危险,而且也没有让被害人有自我保护的可能性"。[③] 其实许迺曼教授的本意是要区分故意犯与过失犯在客观归责体系中的具体适用规则,并不是要否认客观归责。但这种观点若往前再推进一步,便可以认为故意犯正是这种主观上强烈的意欲,才导致在行为危险性上高于过失犯,从而要限制容许风险的成立,而这无疑是更符合主观归责的立场。

四、结语

从以上分析可知,结果无价值论强调客观判断优先于主观判断的定罪原则,虽然从表面上看,似乎是从实质上理解了不法与责任的顺序,但是将行为的客观面完全等同于不法,将行为的主观面完全等同于责任的做法,实质上是一种古典犯罪论体系,这种古典体系对于犯罪成立要素的理解毫无疑问是形式性的。于是不少学者便赞成罗克辛教授提出的客观归责理论,认为这样便可以保证构成要件的实质化。

诚然客观归责理论在一定程度上推动了构成要件的实质化进程,

---

① 张明楷:《也谈客观归责理论——兼与周光权、刘艳红教授商榷》,载《中外法学》2013年第2期。

② [德]K. H. 哈曼:《论刑法中所谓的"客观归属"》,蔡桂生译,载《清华法律评论》第6卷第1辑,清华大学出版社2012年版,第229页。

③ [德]许迺曼:《关于客观归责》,陈志辉译,载许玉秀、陈志辉合编:《不移不惑献身法与正义——许迺曼教授刑事法论文选辑》,台北,新学林出版股份有限公司2006年版,第557页。

但是不得不指出的是,其对于主客观要素关系的理解依然是形式性。这种形式化的根源在于,客观归责理论试图截然去区分客观要素与主观要素,认为客观要件离开了主观要件仍然具有犯罪评价的意义。但是问题在于,在客观归责的理论框架之中,根本就不可能实现两者的截然分离,无论是行为不法还是结果不法的判断,客观不法只有在主观不法中进行考察才是一个真正有效的构成要件判断。

可见真正实质化地理解主客观要素的路径是在承认故意也属于不法要素的基础上(即采取行为无价值论),将主客观不法要素进行整体性地理解,并认为客观不法相对于主观不法仅具有从属的意义。决定不法的根据首先是行为人的主观不法,其次才是客观不法。换言之,客观构成要件事实只有在行为人主观上存在认识(故意)及认识可能性(过失)时才有刑法评价的意义。在刑法教义学上,并不存在一个能够脱离于行为人主观的纯粹客观评价。

第五章　刑法因果关系的实质认定：网络犯罪的"算法归责"

目　次

任何犯罪都需客观归责（认定因果关系），[①]网络犯罪自然、亦不例外。刑法上的客观归责，即基于罪刑法定原则（构成要件所记述）和法益保护原则（构成要件所追求）的责任归属。具言之，就是要在一定射程内（构成要件的效力范围）评判某一特定事件（构成要件结果）是否归咎于另一特定事件（构成要件行为）或者该由谁负责。从性质上看，刑法因果关系是法律意义上的因果关系，而非哲学意义上的因果关系。从功能上看，刑法因果关系不仅是存在论的事实因果关系（归因），还是规范论的法律因果关系（归责）。从方法上看，刑法因果关系的认定由一元标准发展出多元类型。三者共同构成了当今刑法因果关系理论研究的三大标

① 任何犯罪都有因果历程，皆需客观归责，但不否认很多犯罪的归责问题（因果关系的认定）无需特别判断。参见张明楷：《刑法学（上）》（第6版），法律出版社2021年版，第231页。

志性成果。刑法理论因应时代发展需处理好科技时代传统刑法理论与新问题之间的关系。[①] 从一般犯罪的因果关系研究到网络犯罪的因果关系研究，既有网络犯罪的特殊性，也有刑法总论的一般性。本章拟以刑法因果关系的功能、性质、认定为线索，在检讨刑法因果关系一般理论的同时，通过算法机制的实质评价（即探究科学技术的规范意义），从归责对象、归责基准、归责规则三个方面构建网络犯罪的客观归责理论体系。

一、算法因果：说明案件事实

因果概念在刑法学中至少具有四种不同含义。(1)案件事实因果关系，即构成性因果关系，旨在说明案件事实。(2)构成要件因果关系，即归属性因果关系，旨在归咎法律责任。(3)能够影响罪责的因果程度。[②] (4)作为刑罚根据的因果报应。其中，(2)是网络犯罪的归责基准和归责规则所要解决的问题，而(1)作为网络犯罪的归责对象——一个逻辑前提——需要先予特别研究。“技术与法律的发展可相互促进，也彼此制衡。”[③]网络犯罪不同于传统犯罪的特别之处在于，算法贯穿了其因果历程。算法，是指实现输入/输出关系的计算过程。[④] 算法因果能够说明/解释网络犯罪的案件事实，具有网络犯罪的构成功能。

---

① 参见刘艳红：《刑法理论因应时代发展需处理好五种关系》，载《东方法学》2020 年第 2 期。

② 因果程度为责任分配所必需，对一个人的惩罚或奖励至少应与其对结果的贡献保持一致，在进行制度设计时也必须根据行为能力分配职责和义务。See Matthew Braham & Martin van Hees, *Degrees of Causation*, 71 Erkenntnis 323, 324 (2009). 构成要件因果关系与影响罪责的因果程度的重要区别在于，前者具有“要么有因果关系（因果贡献为 100%），要么没有因果关系（因果贡献为 0）”的“全有全无”的特点；后者往往具有程度的高低（因果贡献在 0 至 100% 之间）。原则上，不能将后者提升为前者。例如，比例责任，被害人过错，诽谤、诈骗行为造成被害人自杀、死亡或者精神失常的场合，属于影响罪责的因果程度的内容，不宜将其提升为构成要件因果关系的内容。例外地，基于实用主义和刑事政策，可以将极少数后者提升为前者，但需要受到特别严格的限制，如疫学的因果关系。参见劳东燕：《事实因果与刑法中的结果归责》，载《中国法学》2015 年第 2 期。

③ 刘艳红：《网络爬虫行为的刑事规制研究》，载《政治与法律》2019 年第 11 期。

④ 参见[美]科尔曼等：《算法导论》，殷建平等译，机械工业出版社 2013 年版，第 3 页。

(一)因果关系构成功能的提起

刑法因果关系在功能上区分为事实因果关系与法律因果关系。无论刑法因果关系理论如何发展变化,“确定刑法上结果归属的有无(构成要件因果关系)的两步判断框架——将实行行为与结果之间的条件关系作为事实基础,再从法的见地来限定其范围——没有改变”。[①] 具言之,刑法因果关系具有两个基本功能。一是条件关系认定功能。该种因果关系遵循自然法则的因果律,亦即归因。二是法律责任评价功能。该种因果关系基于规范的法律责任的限制原理,亦为归责。前者认定的条件并非全部为后者所需,后者要在前者中识别比其他条件在法律上更具重要意义的条件,以完成具体事态的法律责任的评估/鉴定/评价。[②] 总之,根据刑法因果关系的功能,因果问题可分为事实的因果与责任的范围,前者为事实因果关系,后者为法律因果关系。

然而,刑法因果关系在功能上的事实因果关系与法律因果关系的二分目前至少面临两个问题。一个问题是只重视法律因果关系,而忽视事实因果关系。由于区分事实因果关系和法律因果关系的最终目的在于归责的实现,在法律中,事实因果关系现已不再探究普遍的因果关联,而试图筛选出其中的某条件作为原因。实际上,此时,事实因果关系已悄然向法律因果关系接近,二者在应用中甚至有时难以区分。如下所述,法学者甚至试图将因果关系问题完全改造为责任归属问题。由此产生的另一个问题是,即使重视事实因果关系,也仅是重视事实因果关系的归因性,而忽视其构成性;事实因果关系被完全等同于归因,而看不到或者不重视事实因果关系的构成功能。

虽然以归责为目的的事实因果关系值得肯定,但是事实因果关系的构成功能——说明案件事实——不应被忽略。案件事实说明是科学说明/解释(scientific explanation)——20 世纪争论最激烈的科学哲学主题之一——在法律科学中的具体体现。“科学的主要任务之一是提

---

① 井田良「刑法における因果関係論をめぐって:相当因果関係説から危険現実化説へ」慶應法学 40 号(2018)1 頁。

② See Richard W. Wright & Ingeborg Puppe, *Causation: Linguistic, Philosophical, Legal and Economic*, 91 Chicago-Kent Law Review 461 - 464 (2016).

供解释”,科学说明就是解释经验事实,[①]回答为什么的问题。根据说明的实用主义立场,当人们寻求说明时,其就是想知道原因。因此,只有说出原因,才是在解释。[②] 总之,科学说明与因果关系具有密切联系:原因造就说明,说明标示原因。[③] 在最近二十多年中,科学说明至少形成了介入主义(interventionism)和机制主义(mechanism)两种相互竞争的因果关系理论或者科学说明模式。

介入主义和机制主义分别体现了关于因果关系的两种见解:作为依存关系的因果关系(causation as a relation of dependence)和作为产生关系的因果关系(causation as a productive relation)。[④] 如下所述,事实因果关系不仅仅只具有归因功能,还具有更为基础的构成功能。前者与因果关系的介入主义相合,强调“事件”及其之间的依存关系,回答“如果事情不同会怎么样”的问题,旨在归责;后者与因果关系的机制主义相通,注重“过程”及其中间的产生关系,回答“发生/产生/生成了什么”的问题,旨在说明。[⑤] 总之,所谓事实因果关系的构成性,与事实因果关系的归属性不同,其以说明为目的,意在解释案件事实。亦即,审判法院所认定的案件事实,体现了事实因果关系的构成功能;没有构成性因果关系,案件事实的认定是不可想象的。

(二)网络犯罪案情的算法构成

网络犯罪的案件事实是由算法说明的。例如**案例 1[快播公司、王某等传播淫秽物品牟利案]**:审判法院认定的案件事实共包括三个方面。一是以资源调度服务器为中心的由网络用户上传和下载淫秽视频的 P2P 共享工作流程。二是以缓存调度服务器为中心的由快播平台抓取和存储的 P2P 缓存工作机制。三是关于 P2P 共享和 P2P 缓存关系的

---

① 参见齐磊磊:《科学解释的模型论进路》,载《自然辩证法研究》2008 年第 7 期。

② See Daniel M. Hausman, *Causal Asymmetries*, Cambridge University Press, 1998, p. 161 – 163.

③ See Eric Marcus, *Rational Causation*, Harvard University Press, 2012, p. 146.

④ See Hideki Hamamoto (濱本秀樹), *Theories of Causation and their Implications to Semantics* (因果関係と意味論), 3 Journal of International Studies 1, 2 (2018).

⑤ 参见庄媛、徐竹:《机制的形而上学意蕴》,载《自然辩证法研究》2015 年第 5 期。

事实。[1] 该案的罪非争论,亦如案例 2 ~ 12 的归责问题,皆源于由算法因果构成的案件事实。算法因果,或言之,算法机制,首先是构成性因果关系,属于狭义的因果说明。

1. 从本体论上看,算法因果是机制主义的因果论而不是介入主义的因果论

介入主义和机制主义的基本分歧是,因果关系的本质是事件(event)还是过程(process)。事件与过程的主要不同是,在时空范式中,事件定位于时间和空间(点),而过程是持续的时间和延展的空间(线)。[2] 具言之,介入主义考察“一定干预之下会发生什么”:在变量集合 V 中,当所有其他变量不变时,变量 X 受到 I 干预(即 I 介入 X),变量 Y 就随之改变(即经由 X 来操控 Y),那么,X 就是 Y 的原因。[3] 该理论模型下结果变量 Y 与原因变量 X 的依赖关系是归因性的。与之不同,机制主义研究的问题是“X 怎样产生 Y? 因果机制 M 是什么?”机制主义因果理论认为,因果关系包括:(1)因果过程,即从时空 a 点到时空 b 点的因果传递;(2)在因果交互中因果过程的变化,即生成/发生/产生。[4] 因果过程和因果交互所指的物理属性形成了现象发生的机制。[5] 根据机制主义,原因产生结果,一定存在运行的因果机制 M,而机制就是因果过程、路径、中间变化。

算法因果体现网络犯罪的犯罪过程,具有机制主义的构成功能。算法机制如案例 1 快播算法的运营过程,并非体现以因果链条上的某

---

① 参见北京市第一中级人民法院刑事裁定书,(2016)京 01 刑终 592 号;高磊:《论 P2P 共享服务提供者的刑事责任——以快播案为视角》,载《环球法律评论》2017 年第 5 期。

② See Wesley C. Salmon, *Causality: Production and Propagation*, in Ernest Sosa & Michael Tooley eds., Causation, Oxford University Press, 1993, p. 154 - 156, 169.

③ See James Woodward, *Making Things Happen: A Theory of Causal Explanation*, Oxford University Press, 2003, p. 59, 65.

④ See Wesley C. Salmon, *Causality: Production and Propagation*, in Ernest Sosa & Michael Tooley eds., Causation, Oxford University Press, 1993, p. 154 - 156; Stuart Glennan, *Mechanisms*, in Helen Beebee et al. eds., The Oxford Handbook of Causation, Oxford University Press, 2009, p. 315 - 325.

⑤ See Maria Carla Galavotti, *Causality, Mechanisms and Manipulation*, in Maria Carla Galavotti, Patrick Suppes & Domenico Costantini eds., Stochastic Causality, CSLI Publications, 2001, p. 3 - 4.

先在原因说明传播淫秽物品牟利案（V）的归因性（介入主义），进而完成归责的法律任务。它“重在以微观解释宏观”，①亦即，宏观层面的传播淫秽物品牟利案（V）“实际上就是”微观层面的快播算法的运营过程。换言之，案例1算法机制并不“外在于”传播淫秽物品牟利案，而实际上“构成了”或“实现了”传播淫秽物品牟利案；它解释了在案例1中“发生了什么”“怎么发生的”“为什么发生”（机制主义）。② 只有理解案例1的算法机制，才能理解案例1的案件事实，才可能进行下一步的法律评价。需要注意的是，介入主义和机制主义并非对立关系：介入主义揭示“介入之下的不变性”的依赖关系，机制主义提供“介入之下不变性”的详细时空信息。③ 由此，在由微观层面的算法机制（M）所构成的宏观层面的网络犯罪案件（V）中，亦能够同时进行归因性因果分析并进而完成归责。这并不矛盾。

2. 从语言学上看，算法因果是狭义的说明的因果陈述而非归属的因果陈述

“原因”一词有多种用法，“因为”“由于”“导致”“引起”“造成”等因果陈述可能表示多种含义，如作为纯粹关系的因果关系（causation as a relation）和作为因果说明的因果关系（causation as causal explanation）。前者仅仅表示一种纯粹的关系，后者才是科学说明。两者的差异在于有无定律，没有定律的因果陈述通常无法完成因果说明的任务。例如，“闹钟引起了火灾”，该句虽然是一个因果陈述，表明了闹钟和火灾有某种关系，但是其没能解释火灾的发生。要使“闹钟引起了火灾”为真，需要引入一个闹钟能够引起火灾的定律。所以，人们通常以“律”为“因”。④ 其中，作为因果说明的因果陈述又可分为归属的因果陈述（attributive causal statement）和狭义的说明的因果陈述（causal

---

① 庄媛、徐竹：《机制的形而上学意蕴》，载《自然辩证法研究》2015年第5期。

② See H. L. A. Hart & Tony Honoré, *Causation in the Law*, 2nd edition, Oxford University Press, 1985, p. 32.

③ 参见徐竹：《机制、生成与事件》，载《自然辩证法通讯》2014年第5期。

④ See David Owens, *Causes and Coincidence*, Cambridge University Press, 1992, p. 17, 60–61, 63, 82. 从这个意义上讲，“因果关系是一种关系”的说法并不准确。作为因果说明的因果关系并非一种“关系”，而是一种“定律”。我们日常生活中所用的因果陈述多是指起说明作用的因果关系，如表达纯粹关系的“闹钟引起了火灾”往往不能达成社会交往目的。

statement... for an explanation)，[①]分别与作为依存关系的因果关系和作为产生关系的因果关系相对应。前者体现介入主义的归因性，后者体现机制主义的构成性。

算法因果在网络犯罪案件中属于狭义的说明的因果陈述。众所周知，审判法院所认定的案件事实是通过裁判文书以语言文字的形式固定下来的。根据塞拉斯(Wilfrid Sellars)的因果知识的语义论，所有因果判断都在“语言之内”，是“从认知者的话语实践中建构语言与世界的关系”；不同的语言框架表达了不同的因果知识(因果知识的不唯一性)。[②] 因此，裁判文书以语言文字呈现的案件事实并非只是归属性的因果陈述，也可能是狭义的说明性的因果陈述。斯图尔德(Helen Steward)亦认为，对“世界为什么是这样”的回答可能是非归因性的。例如，对于“甲开枪射击为什么是违法的”的这个问题，人们可能回答“因为法律禁止开枪射击”。对此，我们不宜在归因的意义上说“法律是开枪射击违法的原因”，而应在构成的意义上说“法律因为该违法性而成为法律”或者“法律建立了/构成了/组成了/等同于该违法性”。[③] 像这类因果陈述就属于不具有归因性的构成性说明/等同解释(constitutive explanation)。[④] 裁判文书就网络犯罪案件事实的算法陈述，并非表达纯粹的关系，亦非直接体现归因性，而是为法官说明网络犯罪的发生过程以理解案件事实进而作出法律裁判所必需。需要强调的是，与传统犯罪的因果机制一般能够直接被经验检测不同，网络犯罪的算法机制往往并非为法学者所理解；甚至，在网络犯罪场合，说明案件事实有时比作出法律评价更困难。

综上所述，算法因果说明网络犯罪的案件事实，是网络犯罪的归责对象。当下的刑法理论还未就网络犯罪达成统一的定义，[⑤]有学者只是

---

① See Eric Marcus, *Rational Causation*, Harvard University Press, 2012, p. 154 – 155.

② 参见徐竹：《理解因果就是把握机制》，载《华中科技大学学报(社会科学版)》2019年第2期。

③ 正如凯尔森所言，“不—法(Un-Recht)在法学上同样只能被理解为法”。[奥]汉斯·凯尔森著、[德]马蒂亚斯·耶施泰特编：《纯粹法学说》(第2版)，雷磊译，法律出版社2021年版，第147页。

④ See Eric Marcus, *Rational Causation*, Harvard University Press, 2012, p. 161.

⑤ 参见刘艳红：《网络犯罪的刑法解释空间向度研究》，载《中国法学》2019年第6期。

将网络犯罪分为网络作为犯罪工具、犯罪对象、犯罪空间三种类型。然而，这种划分既无益于构成性因果关系分析，因为其未能深入揭示网络犯罪的犯罪过程；也无益于归属性因果关系分析，因为其本身欠缺法律评价所需的道德标准。而算法视角可定义网络犯罪：网络犯罪即以算法机制作为案件事实的重要构成部分的犯罪。网络犯罪的算法定义不但可说明网络犯罪的构成性因果关系，还能设定网络犯罪的归责基准，进而解决网络犯罪的归属性因果关系问题。

二、归责方向：从哲学到法律

刑法因果关系在性质上是法律意义的因果关系而非哲学意义的因果关系。刑法因果关系的法律性是包括网络犯罪在内的所有犯罪类型客观归责的本质特征。这一理论共识来之不易。在我国，由于刑法传统的政治性，[①]刑法因果关系长期定位于哲学因果关系。[②] 我国关于刑法因果关系性质的讨论大体分为三个阶段。第一阶段（1979 年《刑法》之前）是哲学内部的必然因果关系说和偶然因果关系说的争论，以二者的辩证统一而结束。第二阶段（20 世纪八九十年代）是刑法因果关系的法律性（价值评价）和哲学性（必然因果关系和偶然因果关系的辩证统一）的论战，以前者成为有力说而告终。[③] 第三阶段（进入 21 世纪以来）是法律基准内部的不同学说（相当因果关系说、客观归责理论、危险的现实化说等）的争鸣与哲学基准（与第二阶段同）的式微并存。然而，刑法因果关系的法律性成为有力说并不意味着绝对排斥因果关系的哲学分析。鉴于上述历史与现状，特别需要再厘清因果关系的哲学意义与法律意义二者之间的关系。

---

① 参见刘艳红：《刑法学变革的逻辑：教义法学与政法法学的较量》，载《法商研究》2017 年第 6 期。

② 参见高铭暄、马克昌主编：《刑法学》（第 9 版），北京大学出版社、高等教育出版社 2019 年版，第73 ~ 77页。

③ 参见陈兴良：《刑法因果关系研究》，载《现代法学》1999 年第 5 期；张绍谦：《刑法因果关系研究》，中国检察出版社 1998 年版，第 121 页；何秉松：《论刑法因果关系》，载《法学研究》1994 年第 2 期；等等。

（一）因果关系的哲学意义与法律意义的关系误区

纵观学说发展史，刑法因果关系实现由哲学性向法律性转型的第二阶段是一个至关重要的转折点。然而，在致敬20世纪八九十年代刑法学人的学术勇气、专业智慧和理论贡献的同时，也应看到其历史局限：我国刑法因果关系的法律性与哲学性的论战，基本是价值评价与必然说或偶然说的论战，而没有充分展开法律因果观与整个哲学甚至其他科学因果观之间关系的探讨。显然，刑法因果关系直接套用马克思主义哲学所具有的缺陷，并不能证明全部因果哲学之于法律的失败。因果关系的法律意义与哲学意义究竟有何联系和区别，这个问题从第二阶段延续到第三阶段，至今没有得到彻底解决。

西方法律世界自始就排斥法律上因果关系的哲学思考。其态度如：“大部分法学者都鄙视因果关系的哲学研究。在我看来，这种冷漠没有什么不对”；[①]“法学家经常嘲笑因果关系的哲学分析”；“法官和法学家常言，因果关系的哲学分析在法律中是无关紧要的、没有帮助的，实际上是混淆性的，没有什么启发性。”[②]我国的情况具有复杂性。在第三阶段的今天，罕有刑法学者关注和借鉴哲学的因果分析，即使西方哲学和我国哲学已经构建和积累了丰富的因果哲学的理论素材；同时，我国传统刑法理论的因果关系研究又坚持马克思主义哲学上的因果观点的指导。由此看来，因果关系的法律意义与哲学意义在关系认识上需要两个关键。

一方面，在认识的内容上，哲学上因果关系对应的应是法律上因果关系的事实因果关系，而不是与法律上因果关系完全对应。虽然人们已经认识到法律性（规范的或道德的或价值的评价）是法律上因果关系区别于哲学上因果关系的重要特征，但是不能走向另一极端而认为因果关系的哲学分析对于法律上因果关系研究没有任何价值。由于未能认识这一点而在法律上责备因果关系的哲学分析的做法，并不妥当。

---

① Jane Stapleton, *Causation in the Law*, in Helen Beebee, Christopher Hitchcock, and Peter Menzies eds., The Oxford Handbook of Causation, Oxford University Press, 2009, p. 749.

② Richard W. Wright & Ingeborg Puppe, *Causation: Linguistic, Philosophical, Legal and Economic*, 91 Chicago-Kent Law Review 462, 501 (2016).

例如,有西方学者认为:“哲学分析未能明确区分因果关系的描述性问题和法律责任的规范性问题……直至今日使得法律陷入相当大的混乱。”①与其如此责备哲学家,不如承认法学者一直将哲学上因果关系与法律上因果关系完全对应起来的固有观念是错误的。

另一方面,在认识的方法上,哲学上因果关系与法律上因果关系的事实因果关系应是同位关系(包括一般与特殊的关系),而非指导与被指导的关系。指导与被指导的政治定位只能使法律上的因果关系照搬哲学上的因果关系,而哲学上因果关系又与法律上因果关系的事实因果关系不对应,最终造成法律上因果关系在法律实践中具有诸多缺陷。“先前法律上因果关系理论有诸多缺陷,是因为它们未能领会同一因果语言能够传达世界的不同信息这一道理。由于同一因果术语能够用于回答不同的问题,因果关系的哲学研究注定了‘自由奔放’。”②所以,应当在转变哲学与法学指导与被指导的思维定式的基础上,根据因果哲学的理论内容具体分析其与法律上因果关系的对应关系。

(二)因果关系的哲学意义与法律意义的对应关系

因果关系的性质是由因果关系的功能决定的。法律上因果关系的事实因果关系具有普遍性,属于基本意义上的因果关系的描述性问题,其与哲学上因果关系的微观分析具有一定的对应关系。法律上因果关系的法律因果关系具有独特性,属于独特意义上的法律责任的规范性问题,其与哲学上因果关系不存在对应关系。

1. 事实因果关系的普遍性

在事实因果关系部分,因为事实因果关系的客观性、科学性和普遍性,除了上文所述的构成性因果关系,很多归因性因果关系的哲学分析也具有重要的借鉴意义。“也许有人会认为,法律上的因果关系与因果关系的哲学概念无关。然而,令人惊讶的是,虽然没有证据表明哲学对法律概念存在直接影响,但是,可以观察到,实际上每个哲学理论都能

---

① Richard W. Wright & Ingeborg Puppe, *Causation: Linguistic, Philosophical, Legal and Economic*, 91 Chicago-Kent Law Review 462 (2016).

② Jane Stapleton, *Causation in the Law*, in Helen Beebee, Christopher Hitchcock, and Peter Menzies eds., The Oxford Handbook of Causation, Oxford University Press, 2009, p. 744.

找到一个法律对应物。恩吉施(Engisch)展现了‘最后条件’的法律理论与施里克(Schlick)的哲学理论——因果关系是从空间和时间紧密相邻的事件之间获得的——之间存在对应关系。迈耶(Robert Mayer)的定量联接的因果关系哲学与科勒(Kohler)的法律上的因果关系理论——结果决定于性质和强度——之间也具有对应关系。”[①]此外,从休谟(David Hume)的必然理论,到叔本华(Arthur Schopenhauer)的充分理论、密尔(John Stuart Mill)的“最低限度的充分条件(充分不必要条件的不充分必要部分)”理论、麦基(John Mackie)的弱—强—严格的必要性理论、刘易斯(David Lewis)的反事实理论等,[②]其与法律上的事实因果关系理论如条件说、原因说等也存在某种对应关系。

进言之,事实因果关系主要是与因果哲学的微观分析具有对应关系。人们常言法律因果与哲学因果是特殊与一般的关系,却未必真正理解其中的含义:前者针对的是类事件(classes of events)或奇事件(singular events),[③]着眼于微观层面的个人行动,以个体主义方法论构建具体、可检验的理论模型,是一种“真实”的“澄清”,即“应用一般”;后者针对的是总体性的社会实在,着眼于宏观层面的整体现象,以整体主义方法构建抽象、一般的规律模型,是一种“虚构”的“发现”,即“建构一般”。[④] 由此,就如量子世界的微观粒子的运动规律与宏观世界完全不同,不难理解将马克思主义哲学照搬于刑法因果关系理论之中不妥:马克思主义哲学意在解决宏观因果问题,而刑法针对的是微观因果问题。其实,除了宏观视角的马克思主义哲学,哲学之中还有大量如上微观视角的研究。法律上的事实因果分析对此不能不关注。

---

① Paul K. Ryu, *Causation in Criminal Law*, 106 University of Pennsylvania Law Review 773, 777 - 778 (1958).

② See Richard W. Wright & Ingeborg Puppe, *Causation: Linguistic, Philosophical, Legal and Economic*, 91 Chicago-Kent Law Review 464 - 473 (2016).

③ See John Gerring, *Social Science Methodology: A Unified Framework*, 2nd edition, Cambridge University Press, p. 204.

④ See H. L. A. Hart & Tony Honoré, *Causation in the Law*, 2nd edition, Oxford University Press, 1985, p. 9 - 10. 徐竹:《当代社会科学哲学的因果机制理论述评》,载《哲学动态》2012 年第3期。

2. 法律因果关系的独特性

在法律因果关系部分，法律上因果关系一般独立于哲学上因果关系。法律因果关系的功能是识别哪些事实上的条件应该被作为法律上的原因。换言之，法律因果关系是要将那些不应承担刑事责任的事实上的条件过滤出去。正是这一功能使得法律因果关系成为难题，因为，在刑事责任的判断中，因果关系并不遵循普通视角(ordinary perception)，而是由刑法性质的道德假设所形塑。① 换言之，法律因果关系并不是一个没有感情色彩的逻辑—哲学判断，它涉及困难的道德和政策思考，②"它含有棘手的道德问题，它要求复杂的界限划定"。③ 法律因果关系因此区别于哲学上的因果关系。

关于什么是法律上的因果关系，存在是事实因果关系多一些还是法律因果关系多一些的争论。因果极简主义(causal minimalist)认为，只有具有普遍性的事实因果关系才是真正的法律上因果关系，而所谓的法律因果关系如基于规范视角的规范目的理论(责任仅限于由所违反的法律规范的目的所设想的行为类型所导致的损害)、基于道德视角的预见可能性理论(一个人不应为意想不到和不可预见的损害承担责任)等都涉及价值的一面而不属于因果关系的范畴。与之相反，因果关系标准曾有走向纯粹的责任标准的趋势。④ 例如，泷川幸辰曾主张因果关系不要说："因果关系理论不外乎责任理论，没有必要独立于责任理论采纳因果关系理论。"⑤在此背景下，事实判断和法律评价谁多一点、谁少一点的争论转而影响了法律因果关系判断标准即归责基准(相当

---

① See George P. Fletcher, *Basic Concepts of Criminal Law*, Oxford University Press, 1998, p. 62 - 72.

② See Stuart Macdonald, *Text, Cases and Materials on Criminal Law*, 2nd edition, Person Education, 2018, p. 65.

③ *Rethinking Actual Causation in Tort Law*, 130 Harvard Law Review 2163 - 2164 (2017).

④ See Antony Honoré & John Gardner, *Causation in the Law*, in Edward N. Zalta ed., The Stanford Encyclopedia of Philosophy, Winter 2010 edition, available at https://plato.stanford.edu/archives/win2010/entries/causation-law/, last visited on March 22, 2019; Paul K. Ryu, *Causation in Criminal Law*, 106 University of Pennsylvania Law Review 773, 777 - 778, 785 - 786 (1958).

⑤ 亀井源太郎「因果関係論に求められるもの」法学研究:法律・政治・社会83巻8号(2010)5頁以下。

因果关系说、客观归责理论、危险的现实化说)的建构,使其内部呈现出事实判断成分逐渐增多、规范评价成分逐渐减少、判断视角从介入主义转向机制主义的发展变化。

首先,相当因果关系说是介入主义视角下的评价性基准。相当因果关系说的判断构造是结果的发生是否具有经验上的一般性。换言之,与德国的个别化说(即个案地关注行为对结果的具体贡献程度)不同,相当因果关系说的特征在于其“一般性・类型性的考察方法”(即能否从经验上预测从该行为到该结果的发生)。[①] 如果能从行为的时点在经验上预测结果的发生及导致该结果的因果流程,那么就肯定因果关系;反之,如果由于偶然、罕见、异常的情况而导致结果的发生,那么就否定因果关系。[②] 总之,相当因果关系说就是借以预测可能性判断奇事件的经验通常性,其判断以奇事件为对象,体现了介入主义;其判断以预测可能性为路径,体现了道德评价。

其次,客观归责理论在规范论上走得更远的同时,又重启了存在论的大门。一方面,客观归责理论不但承接了相当因果关系说的评价性,而且体系性地纳入了如容许的风险原理、风险升高原理、危险接受法理、规范保护目的原理、信赖原理等更多的评价性因素,[③]将部分实行性问题、违法性问题归结为归责性问题,使得理论体系更加庞大精细的同时,将相当因果关系说变成了其理论体系的一部分。[④] 另一方面,客观归责理论的第二规则“实现不被容许的风险”强调“事实上出现的过程”“在具体案件中进行细致的调查”,[⑤]使得基准视角由相当因果关系说的介入主义转向机制主义。

---

① 井田良「相当因果関の相当性に関する一試論」法学研究:法律・政治・社会 64 巻 11 号(1991)3 頁参照。

② 井田良「刑法におけう因果関係論をめぐって:相当因果関係説から危険現実化説へ」慶應法学 40 号(2018)3 頁以下参照。

③ 参见[德]克劳斯・罗克辛:《德国刑法学总论》(第 1 卷),王世洲译,法律出版社 2005 年版,第 245 ~ 274 页。

④ 井田良「相当因果関の相当性に関する一試論」法学研究:法律・政治・社会 64 巻 11 号(1991)18 頁参照。

⑤ 参见[德]克劳斯・罗克辛:《德国刑法学总论》(第 1 卷),王世洲译,法律出版社 2005 年版,第 253、254 页。

最后,危险的现实化说继承了相当因果关系说的简洁性和客观归责理论的机制主义视角。危险的现实化说以实行行为的危险是否现实化为结果为基准。具言之,刑法的目的是保护法益,当刑法规范所要回避的法益侵犯危险由于结果的发生而被确证时,刑法因果关系就得以成立。危险的现实化说要求根据具体事实分析实际产生的因果过程,考虑实行行为的危险程度、行为以及介入事情的因果贡献、沿着该具体经过到达该具体结果的预测可能性程度等能否将因果过程评价为实行行为危险的现实化/确证过程。[①] 由此可见,危险的现实化说并不像客观归责理论那般是"一堆论题的集合"或"杂物间",[②]只借鉴了客观归责理论的第二规则,从而在依然保持了相当因果关系说的理论简洁性的同时,降低了规范评价成分,增加了事实判断成分,将相当因果关系说介入主义的评价视角改造为机制主义。

正如日本学者所评论的那样,因果关系的实质是因果说明,刑法因果关系就是根据科学法则的知识说明事实之间的关系。[③] 这一关于刑法因果关系的实质定位,将法律因果关系以往的规范评价性拉回事实描述性。一方面,危险的现实化说将因果关系问题作为遵循自然科学法则的因果说明问题。例如,介入主义的相当因果关系说考虑的是因果过程的"路径"的相当性,规范地"往后看""介入事情的异常性"。与之不同,机制主义的危险的现实化说事实地"往前看",将介入事情视作"从恒常推移中的脱逸"。另一方面,危险的现实化说作为事实描述性的因果说明也有界限。如上所述,该说也包含预测可能性的道德评价。法律因果关系毕竟不是纯粹的事实认定问题,也是作为规范性的评价问题,不应将危险的现实化的因果说明所使用的法则知识限定于自然科学法则。[④] 可见,危险的现实化说在一定程度上是合法则的条件说与相当因果关系说的有机结合。

---

① 井田良「刑法におけう因果関係論をめぐって:相当因果関係説から危険現実化説へ」慶應法学 40 号(2018)14 頁以下参照。

② 参见[德]英格伯格·普珀:《客观归责的体系》,徐凌波、曹斐译,载陈兴良主编:《刑事法评论》第 39 卷,北京大学出版社 2017 年版,第 289 ~ 292 页。

③ 橋本正博「法的因果関係に関する覚書」一橋法学 15 巻 2 号(2016)524 頁以下参照。

④ 橋本正博「法的因果関係に関する覚書」一橋法学 15 巻 2 号(2016)524 頁以下参照。

总之,就法律上因果关系而言,事实因果关系具有普遍性,因果关系的哲学分析与其具有某种对应关系;法律因果关系具有独特性,其使法律上的因果关系区别于哲学上的因果关系。在法律因果关系中,相当因果关系说、客观归责理论、危险的现实化说的区别在于介入主义的抑或机制主义的,事实判断和规范评价谁多一点谁少一点,某一特定判断要素是实行性问题、归责性问题还是违法性问题。正是借鉴了因果关系的哲学理论,才有了上文说明案件事实的算法因果的构成性因果关系。也正是无需受到因果关系哲学基础的“指导”束缚,才会有下文独特的网络犯罪的归责基准和归责规则。

三、归责基准:算法的二重性

算法因果具有两个属性:算法机制往往隐藏在信息网络系统的背后而不可见(不可知性),其算法结果又时常难以为日常经验所能理解(非直观性)。算法因果的不可知性和非直观性可能为相关网络服务提供者和网络用户带来隐私风险、剥削风险、歧视风险、错误风险。应对不可知性和非直观性所带来的各种风险的价值选择和社会政策为网络犯罪归责基准(网络犯罪法律因果关系的认定标准)的理论建构提供了特殊质料。

(一)利用算法因果不可知性的,具有可归责性

算法的不可知性,是指人们时常不知道或不理解算法的存在和运行。例如**案例2[大数据杀熟案]**:大数据杀熟,是指企业依据大数据所形成的用户画像和消费习惯进行精准溢价,对于同样的商品或服务,使老客户看到的价格反而比新客户要贵出很多。[①] 一名网友长期在某网站预订价格为380~400元的酒店房间。可是,当使用朋友的该网站账号进行查询时,他发现同一房间的价格显示为300元左右。[②] 算法机制在当今网络社会往往是一个不透明的、秘密的、隐藏的而又无处不在的

---

① 参见朱昌俊:《大数据杀熟:无关技术,关乎伦理》,载《光明日报》2018年3月28日,第10版。

② 参见陈晓红:《2018年十大消费维权舆情热点发布》,载《燕赵都市报》2019年1月11日,第12版。

"黑匣子"。对此,美国卫生、教育和福利部自动数据系统咨询委员会《公平信息实践准则(1973 年)》建立了"个人数据不被秘密记录"原则。该原则成为最近呼吁算法"终结秘密画像"的基础。① 之所以要在不可知性的层面打开算法因果的"黑匣子",是因为算法因果的不可知性具有隐私风险和不公平的剥削风险。② 在我国刑事司法实践中,算法因果不可知性的隐私风险和剥削风险,表现为算法用户(信息网络系统的使用者,如网上购物的买家)在算法主体(信息网络系统的控制者、经营者,如使用信息网络系统进行经营、管理的卖家)身上"薅羊毛",即算法用户利用算法的不可知性从算法主体那里获取非法利益。

案例 3[李某利用系统漏洞获取积分套现案]:李某在家中登录某网站购物时偶然发现,多次点击"确认收货"按钮可以获取多倍积分。此后,李某利用该漏洞不断获取积分。最终,李某在该网站非法获取 160 余万积分,并将其中 100 余万积分变现。法院认定,被告人李某犯诈骗罪。③

案例 4[江某利用系统漏洞获取积分套现案]:江某是某商场服装店的店长。江某偶然发现商场积分"退货不退积分"的漏洞后,利用自己的店长身份买了大量衣物后又全退了,充得积分价值 40 余万元,套现 18 万元。检察院以盗窃罪对江某提起公诉。④

案例 5[邓某利用系统功能获取京豆套现案]:邓某在京东商城开设网上店铺,通过自买自卖、给予好评获取京豆,并利用京豆再次进行虚假交易,共获取京东商城返还给商家的货款 800 余万元。法院认定,被告人邓某犯诈骗罪。⑤

---

① See Andrew D. Selbst & Solon Barocas, *The Intuitive Appeal of Explainable Machines*, 87 Fordham Law Review 1085, 1089 – 1091 (2018).

② See Dennis Hirsch, *Predictive Analytics Law and Policy: A New Field Emerges*, 14 I/S: A Journal of Law Policy for the Information Society 1, 4, 7 (2017).

③ 江苏省新沂市人民法院刑事判决书,(2016)苏 0381 刑初 69 号。类似案例参见刘亚:《7 亿天猫积分背后的诈骗案》,载《检察日报》2017 年 5 月 4 日,第 5 版。

④ 郑舜、王蕴:《杭州一商场品牌服装店长买了 4700 余万元衣物后又全退了,被抓时已利用积分漏洞套现 18 万元》,载《青年时报》2016 年 10 月 25 日,第 5 版。类似案例参见刘诗源:《利用网络漏洞窃取一千三百余万元,年轻网店老板一审获刑十五年》,载北京市第一中级人民法院网 2017 年 5 月 26 日,http://bj1zy.chinacourt.org/article/detail/2017/05/id/2881022.shtml。

⑤ 洪雪:《假购物,真点评,骗京豆套现 800 万》,载《法制晚报》2016 年 11 月 25 日,A14 版。

虽然算法因果的不可知性所具有的隐私风险能够由《刑法》第253条之一所规定的侵犯公民个人信息罪所规制,但是,我国刑事案件更为特殊地表现为算法用户逆向地利用算法因果的不可知性侵犯算法主体的相关权益(对算法主体的“剥削”)。借由算法因果的不可知性,可从案例3、案例4、案例5中得出以下网络犯罪客观归责的基本公式:利用算法因果不可知性的,具有可归责性。算法因果不可知性之利用,一方面表现为案例3和案例4的系统的漏洞故障不为算法主体所知,另一方面表现为案例5的系统的正常功能被不当利用(可谓广义的系统漏洞)却不为算法主体所知,二者皆是对算法作为一种如法律一般的一套规则的“规范目的”(算法设计目的)之违反。此外,案例3和案例4的案情相似却罪名不同,罪名认定准确与否暂且不论,这一现象至少表明归责性问题与该当性问题的不同。所以,二者能够适用同一归责基准,却并不一定适用同一罪名,后者另需构成要件符合性等其他犯罪构成要件的判断。

(二)利用算法因果非直观性的,排除可归责性

算法的非直观性,是指人们时常不能理解算法的自动决策。非直观性与不可知性不同:可检验的算法,其存在和运行可能不为人所知;人们所知道的算法,可能并不直观,因为其运算常常是基于统计关系,是一种相关性的预测,而非因果性的说明。[①] 例如**案例6[魏某西案]**:21岁的大学生魏某西因身患滑膜肉瘤,在百度搜索中找到并接受了搜索结果排名靠前的某医院的所谓国外疗法,后去世。[②] 非直观性在大数据时代尤为凸显。对此,“很多学者……遗憾地认为,如果我们看不到代码或与代码进行交互,我们就无法支配它”而沦为“机器的奴隶”。[③] 人们之所以要在非直观性的层面打开算法因果的“黑匣子”,是因为算法因果的非直观性具有错误风险和歧视性的偏见风险,即决策结果可

---

① See Andrew D. Selbst & Solon Barocas, *The Intuitive Appeal of Explainable Machines*, 87 Fordham Law Review. 1085, 1089 – 1091 (2018).

② 金耀星:《魏则西事件与搜索中立》,载《人民邮电》2016年5月12日,第3版。

③ See Andrew D. Selbst, *A Mild Defense of Our New Machine Overlords*, 70 Vanderbilt Law Review En Banc 87, 90 (2017).

能是错误的或偏见的,[①]而偏见风险也是一种广义的错误风险。

为应对算法因果的非直观性所带来的风险,在维护大数据、人工智能、算法等存在和运行的同时,人们需要一种"解释权"或"算法的可解释性"。人具有一种天然的解释感。律师的辩护意见、法官的裁判理由、政府对事件的回应都是一种解释。解释构成了将权力授予合法程序的制度与将权利授予捉摸不透之人的制度的区别。在法治社会,解释是法律的核心。[②] 然而,算法因果具有非直观性,而不是透明的、明确的、公开的、可理解的、稳定的——这些特征正是法治的特征。由此,解释权或算法的可解释性之提倡就具有了法治意义:它是人格尊严、自由、程序正义的基本要求。首先,算法的可解释性是对决策参与者的尊重。缺乏参与的决策是非人性的。官僚决策的恐怖之处不在于官员机械地履行职责,而在于个体对该职责之履行可能带来的后果一无所知。其次,算法的可解释性使人们能够有效驾驭自动决策的过程而可以自由安排自己的生活。最后,算法的可解释性迫使自动决策的基础公开化,从而提供了一种质疑该自动决策的有效性和合理性的路径。[③] 基于该算法解释的基本原理,法律实践出现以下两种解释类型:美国基于结果的解释模式和欧盟基于逻辑的解释模式。

(1)基于结果的解释模式要求说明特定的输入如何导致特定的输出。例如,《美国法典》第1681g(f)(1)条[1970年《公平信用报告法》(Fair Credit Reporting Act,FCRA)的相关规定]规定:"根据消费者的信用评分请求,消费者报告机构……应当提供一份通知。通知的内容应

---

① See Dennis Hirsch, *Predictive Analytics Law and Policy: A New Field Emerges*, 14 I/S: A Journal of Law and Policy for the Information Society 1, 6 – 7 (2017); Pauline T. Kim, *Auditing Algorithms for Discrimination*, 166 University of Pennsylvania Law Review Online 189, 194 – 195 (2017).

② See Andrew D. Selbst & Solon Barocas, *The Intuitive Appeal of Explainable Machines*, 87 Fordham Law Review 1085, 1087 – 1091 (2018).

③ See Andrew D. Selbst & Solon Barocas, *The Intuitive Appeal of Explainable Machines*, 87 Fordham Law Review 1085, 1118 – 1126 (2018). 例如,演员翟某临学术不端事件。翟某临被撤销博士学位并非由学术不端文献检测系统(复制率)直接决定的,而是经由北京电影学院学校学术委员会学术道德与学术仲裁委员会建议、学位评定委员会投票决定、校长办公会研究同意作出的。张维:《翟天临涉学术不端,高校教育频出问题,专家建议:惩治学术不端须改革评价机制》,载《法制日报》2019年2月18日,第4版。

当包括:……(C)所用模型中对消费者信用评分产生不利影响的四个以下关键因素……”[①]此外,根据《美国法典》第1681m条的规定,如果消费者报告使用者根据消费者报告所载任何信息的全部或部分对消费者采取不利行动,那么消费者报告使用者应当向消费者提供有关不利行动的口头、书面或电子通知。[②]

(2)基于逻辑的解释模式要求披露运算过程的一部或全部。例如,2016年欧洲议会和理事会《通用数据保护条例》(General Data Protection Regulation,GDPR)第15条第1款规定:“数据主体……有权查阅/访问个人数据和以下信息:……(h)第22(1)条规定的包括画像在内的自动决策、相关逻辑的有意义的信息以及这种处理对数据主体的重要意义和预期后果。”第22条第1~3款规定:“1.数据主体不受对其产生法律效力或类似重大影响的、仅仅基于自动处理(包括画像)的决策的约束。2.第1款不适用于以下情形:(a)自动决策对于订立或履行数据主体与数据控制者之间的合同是必要的……(c)自动决策是基于数据主体的明确同意。3.在第2(a)(c)款的场合,数据控制者应当采取适当措施保护数据主体的权利、自由以及合法利益,至少是获取对控制者的人为干预的权利和对自动决策表达其观点和异议的权利。”[③]

比较可见,二者的不同之处在于解释深度。基于逻辑的解释模式显然比基于结果的解释模式要求更高。美国联邦储备委员会也认识到这个问题,并指出单独列出影响因素无法准确解释模型的评分结果,尤其是当所列因素限于四个时。[④] 而二者的共同之处在于都重视不利行动的通知、表达异议的权利等法律的正当程序。我国与欧盟基于逻辑的解释模式基本相同。立法上,《个人信息保护法》第24条规定:“个人

---

① 15 U.S.C.A. § 1681g (West).

② 15 U.S.C.A. § 1681m (West).

③ See Regulation (EU) 2016/679 of the European Parliament and of the Council of 27 April 2016 on the protection of natural persons with regard to the processing of personal data and on the free movement of such data, and repealing Directive 95/46/EC (General Data Protection Regulation), available at https://eur-lex.europa.eu/legal-content/EN/TXT/?qid=1528874672298&uri=CELEX%3A32016R0679, last visited on April 4, 2019.

④ See Andrew D. Selbst & Solon Barocas, *The Intuitive Appeal of Explainable Machines*, 87 Fordham Law Review 1085, 1103-1104 (2018).

信息处理者利用个人信息进行自动化决策,应当保证决策的透明度和结果公平、公正……通过自动化决策方式作出对个人权益有重大影响的决定,个人有权要求个人信息处理者予以说明,并有权拒绝个人信息处理者仅通过自动化决策的方式作出决定。”司法上,有审判法院认为,“根据我国《电子商务法》《个人信息保护法》的精神,平台行使算法权力应当公开透明。一方面,平台应当对技术原理作出事先披露,保障用户知情权;另一方面,平台行使算法权力应当符合正当程序,用户有权在事中提出质疑和申辩”。①

综上所述,算法因果具有非直观性,这一属性可能会带来错误风险和偏见风险;为应对该风险,基于人格尊严、自由、法律的正当程序的基本原理,算法因果应当具有可解释性,且该解释权(包括自动决策在一定情形下没有约束力、结果解释乃至逻辑解释和不利行动的通知、表达异议的正当程序三个部分)已被我国、美国和欧盟等国家或地区付诸法律实践。由此,可以形成另一网络犯罪刑事归责的基本公式:利用算法因果非直观性的,排除可归责性。具言之,当网络犯罪刑事案件的算法因果具有非直观性时,不利行动尚不能作出,或者不利结果尚不能对潜在被害人立即产生约束力,而需先行发出不利行动之通知,等待潜在被害人的解释权之行使;在此期间,若能证明该不利结果为(广义的)错误结果,则不去采取不利行动,或者直接消除、修复不利结果,从而在法治原则所要求的法律的正当程序、社会治理方式、刑事政策考量下无需动用刑事司法资源进行刑事归责。如案例7、8。

案例7[江苏南京反向刷单案]:甲是经营论文查重业务的淘宝店铺。同在淘宝网经营相同业务的董某为谋取市场竞争优势,多次在竞争对手甲网店恶意刷单(下单并给予好评后又退单)。淘宝网认定甲网店从事虚假交易,对其作出了商品搜索降权处罚(降低网页排名)。经统计,甲因降权处罚致使订单交易额减少15万余元。辩护人认为,“行为与后果间介入淘宝公司降权处罚的因素,不具有刑法上的因果关

① 《平台能否根据算法自动化决策进行处罚？法院回应来了》,载微信公众号“杭州互联网法院”2021年9月13日,https://mp.weixin.qq.com/s/I5_ZzMat8BlepW3nLo-nZg。

系”。法院认定,被告人董某犯破坏生产经营罪。[①]

案例8[浙江杭州正向刷单案]:李某创建网站作为刷单炒信平台,吸纳淘宝卖家注册账户成为会员,并收取一定的平台管理维护费等费用。李某组织会员通过该平台发布或接受刷单炒信任务。会员在承接任务后,通过与发布任务的会员在淘宝网上进行虚假交易并给予虚假好评的方式赚取任务点,使自己能够吸引其他会员为自己刷单炒信,进而提升自己淘宝店铺的销量和信誉(提高网页排名)。李某共收取各类费用作为收入共计80余万元。法院认定,被告人李某犯非法经营罪。[②]

关于案例7破坏生产经营罪的裁判结果,存在肯定论和否定论两种观点。两种立场都是从破坏生产经营罪的构成要件出发论证各自的观点。[③] “作为阶层论基底的构成要件理论的探讨,已从概念化发展为精细化。”[④]然而,由于构成要件解释的开放性,谁也无法说服对方。从该当性考察转向归责性考察可能是更为有效的论辩路径。首先,审判法院和论者都没有对辩护律师归责视角的辩护意见给予足够重视。审判法院没有采纳这一辩护意见,更不见论者关于此案的因果关系分析。其次,案例8及其相关案例间接说明案例7搜索降权的不利结果不宜在破坏生产经营罪的构成要件中归责于行为人。正如论者所正确指出的那样,“从性质上来说,反向刷单与正向刷单一样,都是一种商家之间的不正当竞争行为,只不过手段不同而已:反向刷单是损害他人的商誉,而正向刷单是虚增自己的商誉”。[⑤] 案例8以非法经营罪定案,说明

---

① 江苏省南京市雨花台区人民法院刑事判决书,(2015)雨刑二初字第29号。类似案例参见王春:《浙江宣判首例反向刷单案例》,载《法制日报》2018年9月4日,第8版。

② 浙江省杭州市余杭区人民法院刑事判决书,(2016)浙0110刑初726号。

③ 否定论者如陈兴良:《刑法阶层理论:三阶层与四要件的对比性考察》,载《清华法学》2017年第5期;刘艳红:《网络时代刑法客观解释新塑造:“主观的客观解释论”》,载《法律科学》2017年第3期;等等。肯定论者如林维:《穿透技术复杂性迷雾,薅羊毛行为可能触犯三个罪名》,载法制网,http://www.legaldaily.com.cn/IT/content/2019-03/07/content_7791344.htm;李世阳:《互联网时代破坏生产经营罪的新解释》,载《华东政法大学学报》2018年第1期;等等。

④ 刘艳红:《论法定犯的不成为构成要件要素》,载《中外法学》2019年第5期。

⑤ 陈兴良:《刑法阶层理论:三阶层与四要件的对比性考察》,载《清华法学》2017年第5期。

审判法院并没有对提高网页排名的结果进行直接评价，否则亦应以破坏生产经营罪定罪处罚（可解释为：提高自己的网络排名破坏了其他商家的生产经营）。而案例7与案例8并没有本质的不同，这暗含着提高或降低网页排名的结果具有不宜归责的一面，甚至与案例8相似的“正向刷单案”都有不以犯罪论处而仅以行政违法行为处置者。① 最后，根据算法因果的非直观性原理，提高/降低网页排名是平台算法对平台之上商家的自动决策，虽然该自动决策的非直观性没有大数据背景下的程度深；基于算法的可解释性原理，刑法不应立即介入而“沦为保护网络准则的工具”，②成为工具主义的“物性刑法”，③应需平台先改进算法设计和经营管理，在对商家进行搜索降权等处罚之前，进行不利行动的通知并给予商家表达异见的机会；在此法律的正当程序期间，提高/降低网页排名所带来的损害后果便容易避免或容易恢复。如此规范地思考，案例7、案例8便有刑事政策的理由不去动用刑事司法资源以破坏生产经营罪进行处置。

（三）小结：基本公式与一个规范论的体系构想

根据算法因果的二重性，网络犯罪的归责基准为：（1）利用算法因果不可知性的，具有可归责性；（2）利用算法因果非直观性的，排除可归责性。这是“从刑事政策学角度出发，通过对公众诉求或者刑事判决社会效果的合理引入”构建的，④具有规范的实质主义色彩。在该网络犯罪归责公式的构造中，除了上文所论述的算法因果的不可知性和非直观性及其从中得出的归责性的法律后果，尚留有“利用”没有得到充分说明。归责公式的上述构建之所以使用“利用”一词，主要是为了体现一种客观的规范思维：在社会交往中，通过操纵、欺骗等手段使人或物为己私服务。按照现有的“特别认知”的理论范畴，算法因果的不可知性和非直观性的

① 参见孙晗埔：《办案人员谈查办网络刷单系列案体会》，载《中国工商报》2018年3月8日，A6版；吴强等：《培训电商？实则帮刷单忽悠顾客？　罚款五万元》，载《安徽商报》2018年3月6日，第12版。

② 参见欧阳本祺：《论网络时代刑法解释的限度》，载《中国法学》2017年第3期。

③ 参见刘艳红：《人性民法与物性刑法的融合发展》，载《中国社会科学》2020年第4期。

④ 刘艳红：《形式入罪实质出罪：无罪判决样本的刑事出罪机制研究》，载《政治与法律》2020年第8期。

“利用”,可以描述为行为人对算法因果的“特别认知”。于是,该“特别认知”就可作为归责依据,[①]而无需“利用”之词。

然而,“特别认知”的应用具有缺陷。一方面,在案例3~5中,即使行为人对被害人算法机制的积分漏洞具有特别认知,但如果不是出于“利用”,而是出于真实的消费需要,也不能将损害结果归属于行为人。另一方面,在案例7~8中,即使行为人对关于网页排名的提高或降低的淘宝规则具有特别认知,但是,根据算法因果的非直观性原理,或者行为人出于真实的消费需要,同样不能进行归责。如此,需要追问的是,在具有积分漏洞、网页排名的算法因果的特殊认知的场合,即明知自己的消费行为将会造成网店的损失,消费者出于真实的消费需要造成案例3~5、案例7~8的损害结果,这里不能归责的法律后果和前述案例3~5能够归责、案例7~8不能归责的法律后果有什么不同呢?由于二场合中消费者(行为人)所表现的社会意义不同,有必要区分“具有客观可归责性的违法”和“没有客观可归责性的违法”(见图5-1):案例3~5属于“具有客观可归责性的违法”中的能够“肯定客观归责”的情形;案例7~8属于“具有客观可归责性的违法”中的能够“排除客观归责”的情形;而在特殊认知的场合出于真实的消费需要却造成损害结果具体属于“没有客观可归责性的违法”中的“规范效果失灵的领域”。具言之,如图5-1所示,消费者(行为人)在特殊认知的场合出于真实的消费需要却造成损害结果,因为结果恶而具有违法性;但是,由于其属于“规范效果失灵的领域”而没有客观可归责性,故不以犯罪论处;而他人实施具有“利用”性质的教唆或帮助行为的,仍然可能构成教唆犯或帮助犯。

“结果不法是刑法归责的对象,行为不法是刑法归责的根据。”[②]据此,具有归责对象(结果不法)但缺乏归责根据(行为不法)的场合,就属于“没有客观可归责性的违法”。而缺乏归责根据(行为不法)的根据则是限制刑事责任范围的首要原则:“任何人对力所不及之事不承担义务”。换言之,“任何人在超出了其行为能力的情况下都不再受规范

① 参见王莹:《网络信息犯罪归责模式研究》,载《中外法学》2018年第5期。

② [德]乌尔斯·金德霍伊泽尔:《论所谓“不被容许的”风险》,陈璇译,载陈兴良主编:《刑事法评论》第34卷,北京大学出版社2014年版,第223~224页。

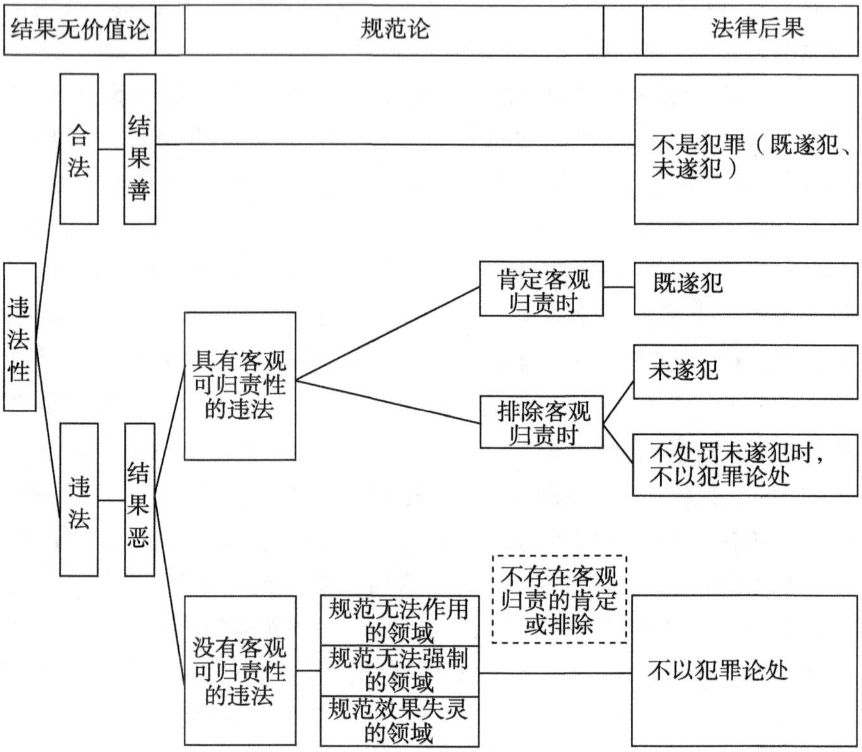

图5－1　基于结果无价值论的归责性与违法性的规范关系

约束”。[①] 这样的情形有三，但不是法外空间。一是规范无法作用的领域。例如，完全无刑事责任能力的人杀人、睡梦中杀人。这些行为具有违法性，因而能够对其进行正当防卫，但因没有客观可归责性而不以犯罪论处。这与现有的从罪责层面予以出罪的路径不同。二是规范无法强制的领域。例如，自杀、被害人承诺（轻伤以内）。针对自杀的问题，现大体有法外空间说、合法说、违法但因违法性较低而不处罚说三种观点。[②] 根据自杀属于“没有客观可归责性的违法”的观点，自杀具有违法性，因而能够救助（阻止自杀），教唆、帮助自杀者成立教唆犯、帮助犯；自杀属

① ［德］乌尔斯·金德霍伊泽尔：《论所谓“不被容许的”风险》，陈璇译，载陈兴良主编：《刑事法评论》第34卷，北京大学出版社2014年版，第223～224页。

② 参见周光权：《教唆、帮助自杀行为的定性》，载《中外法学》2014年第5期。

于规范无法强制的领域,一方面表明其仍处于法的空间之内,就如合同亦属于非强制领域却在民法的管辖之内,另一方面表明其因没有客观归责性而不以犯罪论处。另外,与被害人承诺(轻伤以内)属于违法阻却事由的通说不同,根据基于被害人承诺的伤害(轻伤以下)属于“没有客观可归责性的违法”的观点,基于被害人承诺的伤害(轻伤以下)仍具有违法性,无被害人承诺的教唆、帮助致以轻伤以内仍可能成立教唆犯、帮助犯。可见,这种思路与现有观点都不同。三是规范效果失灵的领域。该领域仍在法的空间内,不属于法外空间,且具体可划分为两类(见图 5 –2):一是在同一法域内,遵守规范仍无法避免该法域所禁止的结果(见图 5 –2 – Ⅰ);二是在不同法域内,遵守此法域的规范,却造成彼法域所禁止的结果(见图 5 –2 – Ⅱ、图 5 –2 – Ⅲ、图5 –2 – Ⅳ)。

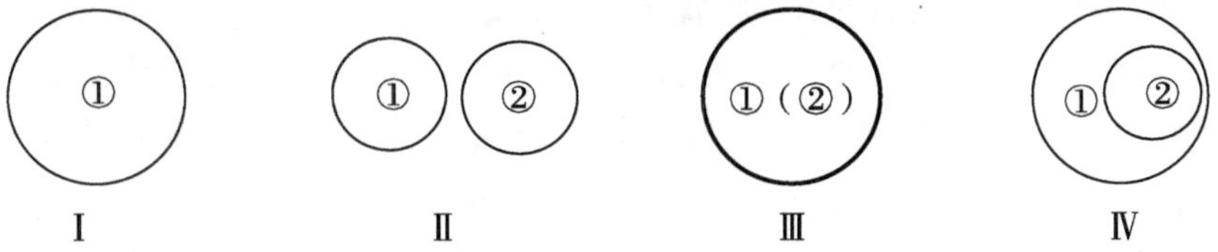

图 5 –2　规范效果失灵领域的四种情形

图 5 –2 所展示的是规范效果失灵领域的四种情形。在情形Ⅰ中,只有法域①。当行为人即使遵守该法域的规范,也不能避免该法域所禁止的结果时,行为人的行为是违法的,但不具有客观可归责性。在情形Ⅱ中,存在法域①和法域②。当行为人遵守了法域①的规范,却造成了法域②所禁止的结果时,法域②能够将其评价为违法,但不具有客观可归责性。如狼孩、为躲避战争而居深山七十余载不曾出山与他人接触的情形。在情形Ⅲ中,法域①和法域②是重合的。如义务冲突的场合:母亲和妻子坠入急流中,儿子(丈夫)只能救助其中一人。可以肯定的是,儿子(丈夫)谁都不予救助的场合,属于具有客观可归责性的违法。儿子(丈夫)救助其中一人的场合,对此而言属于合法,对彼而言属于没有客观可归责性的违法。而那些劝阻儿子(丈夫)救此舍彼者,亦对此而言属于合法,对彼而言属于没有客观可归责性的违法。这与现有的义务冲突属于违法阻却事由的通说不同。在情形Ⅳ中,法域①覆盖法域②。当行为人遵守了法域②的规范,却造成了法域①所禁止的

结果时,法域①能够将其评价为违法,但不具有客观可归责性。例如,天津摊贩赵春华"摆摊打气球"被认定非法持有枪支案、[1]内蒙古农民王力军收购玉米被认定非法经营案、[2]浙江、山东农民抓蟾蜍吃、抓壁虎"挣零花钱"被认定非法狩猎案。[3] 针对这些案件的入罪裁判,现有观点大多是从构成要件符合性和违法性认识的角度进行批判。与之不同,从归责的视角出发,这些案件属于规范效果失灵的领域,具体属于其中的情形Ⅳ,即行为人生活领域的小法域在国家的大法域之中。如果能够肯定这一法域关系,那么就能肯定这些案件行为人的行为的违法性,但因其没有客观可归责性而不以犯罪论处。与之相同,前述"在具有积分漏洞、网页排名的算法因果的特殊认知的场合,即明知自己的消费行为将会造成网店的损失,消费者出于真实的消费需要造成案例3~5、案例7~8的损害结果"属于情形Ⅳ。

最后需要说明三点。其一,图5-1的合法/违法没有明确的判断公式。"法律的保护范围的确定没有什么公式可用,最终只能取决于作为法律基础的广泛政策。"[4]其二,图5-1的结果善/恶并非一成不变。随着社会的发展变化,一方面,"没有客观可归责性的违法"可能直接"合法"化。例如,尊严死、母亲承诺献出眼角膜救治自己的孩子、在同一法域内遵守规范仍无法避免该法域所禁止的结果、被害人承诺轻伤以下、义务冲突等在今天以及今后可能被评价为"合法"。另一方面,"没有客观可归责性的违法"可能转化为"具有客观可归责性的违法",尤其是在涉及生命这样的重大法益的场合。例如,近年来关于降低刑事责任年龄的倡议(暂且不论正确与否)。[5] 又如,根据危险升高理论,当合法的替代行为不是肯定而是可能会造成死亡结果时,就能够进行

---

① 参见张晓敏:《赵春华涉枪案二审宣判》,载《人民法院报》2017年1月27日,第3版。

② 参见刘岚:《内蒙古农民王力军非法经营再审案宣判》,载《人民法院报》2017年2月18日,第1版。

③ 参见张鹏:《因为抓壁虎、癞蛤蟆,他们最后都被抓》,载《生活日报》2017年2月22日,第3版。

④ See Leon Green, *Duties, Risks, Causation Doctrines*, 41 Texas Law Review 42, 43-47 (1962).

⑤ 参见刘昌松:《降低刑事责任年龄并不能减少未成年犯罪》,载《光明日报》2018年7月10日,第2版。

归责。[①] 再如,被害人承诺重伤以上无效。其三,图 5－2 的四种情形在现代社会会越来越少。可以预见,随着社会化程度、法治水平、文明程度、立法技术、法律意识、普法教育等的提高,规范效果失灵的领域会越来越小,尤其是情形Ⅰ、情形Ⅱ和情形Ⅳ,大多会转化为具有客观可归责性的违法情形。

四、归责方案:三种案件类型

刑法因果关系的认定方法已由一元基准发展出多元类型。任何公式都有其适用范围,网络犯罪的归责基准亦并不能普遍妥当地适用于所有网络犯罪案件。面对复杂多变的社会生活和各种各样的刑事案件,在刑法因果关系理论中,类型化的研究方法是务实且富有成效的。基于因果关系认定多元类型化的方法论意义,网络犯罪的案件类型需要进行算法视角的重新划分,进而实现网络犯罪的归责目标。

(一)因果关系认定多元类型化

当今因果关系理论呈现一元基准和多元类型的双层架构。例如,保险学的因果关系的判断方法是首先区分事实因果关系和法律因果关系,在后者的判断中,有一个统一的基准,外加若干类型,[②]刑法学亦是如此。相当因果关系说、客观归责理论、危险的现实化说都是围绕案例群建构起来的,基本遵循这一理论框架,但又有各自特点。关于现有一般因果基准的考察,能够管窥网络犯罪刑事归责的建构方法和体系样态。

第一,相当因果关系说的主要特征是一元基准,多元类型则相对较弱。有学者评论道,相当因果关系说缺乏下位规则、体系化、规范性。[③]如上所述,相当因果关系说的全部内容即为相当性判断——相当因果关系说的一元基准。在 20 世纪 60 年代以前的德国,几乎无一例外地采用相当性说,但对因果关系的归责根据几乎没有进行讨论;而日本在

---

① 参见[德]克劳斯·罗克辛:《德国刑法学总论》(第 1 卷),王世洲译,法律出版社 2005 年版,第 257～262 页。

② 勝野真人「因果関係に関する一考察」保険学雑誌 634 号(2016)35 頁以下参照。

③ 参见周光权:《客观归责方法论的中国实践》,载《法学家》2013 年第 6 期。

将相当因果关系说作为通说的同时，追求相当性判断基准的精致化。[①]实践结果似乎是因果关系介入事情的类型化：介入被害人、第三人、行为人行为的情形。据此，认为"相当因果关系说缺乏下位规则、体系化"是中肯的，但批评其缺乏"规范性"是误解的，因为占据了相当因果关系说全部内容的相当性判断恰恰是规范性的。

第二，客观归责理论的特征是在一个学说名称下具有多元基准和类型。如上所述，一方面，与客观归责理论相比，相当因果关系说的类型化程度相形见绌。然而，这并非批判相当因果关系说的理由，因为客观归责理论纳入了多个"超越因果关系的技术基准"。[②] 另一方面，与相当因果关系说相比，客观归责理论的规范性在一定意义上相较为弱。前者体系虽小，却全部是规范性的；后者因其体系庞大虽然绝对数量上的规范性判断多于前者，但是，又因其具有机制主义的事实性判断而使得相对数量上的规范性判断少于前者。此外，"很多时候，法学追求一个单一标准。然而，应当铭记，这种对单一标准的追求可能只不过是对法律学说的回应。其有时要求将所有限制性因素都置于一个单一的保护伞之下，例如'近因''充分原因'，尽管在这些词语的基础上还有很多不同的限制责任范围的因素"。[③] 与相当因果关系说和危险的现实化说的学说名称即体现其一元基准不同，"客观归责理论"仅仅是个学说名称，并不能认为其中的"客观归责"是其一元基准。

第三，危险的现实化说的特征是在一元基准下多元类型的基准精致化。日本学者将在相当因果关系说研究中的"基准精致化"努力亦运用于危险的现实化说。如上所述，与客观归责理论不同，相当因果关系说和危险的现实化说都只集中于因果"关系"而具有一元基准。二者不同的是，相当因果关系说的多元类型的体系化并非直接从相当性出发，从而使体系性具有欠缺；危险的现实化说的多元类型的体系化则是直

---

① 亀井源太郎「因果関係論に求められるもの」法学研究：法律・政治・社会83巻8号(2010)33頁参照。

② 参见［日］松宫孝明：《因果关系与客观归责论》，钱叶六译，载陈兴良主编：《刑事法判解》第11卷，人民法院出版社2012年版，第64页。

③ Antony Honoré and John Gardner, *Causation in the Law*, in Edward N. Zalta ed., The Stanford Encyclopedia of Philosophy, Winter 2010 Edition, available at https://plato.stanford.edu/archives/win2010/entries/causation-law/, last visited on March 22, 2019.

接从危险的现实化出发。具言之,危险的现实化(结果的实现过程)分为直接的危险实现型和间接的危险实现型。直接实现型,是指行为人设定与结果直接关联的物理危险(实行行为在结果惹起中具有决定性贡献)而能够将现实产生的结果评价为危险的直接实现的场合。在直接实现型的介入事情的案件中,当实行行为对介入事情的贡献度较小(如结果同一性的场合、不作为的介入事情的场合、内在危险的场合)时,能够肯定因果关系。间接实现型,是指实行行为的危险性经由介入事情间接实现结果的场合。在间接实现型的介入事情的案件中,当实行行为对介入事情的贡献度较大(即能够评价为"实行行为与介入事情相结合而惹起结果",分为诱发型和危险状况设定型)时,则肯定因果关系;反之,当实行行为与介入事情的关系被评价为异常事态时,则否定因果关系。① 此即为危险的现实化说的一元基准和多元类型。

总之,网络犯罪的归责体系应当具有基准和类型两个层面,二者的关系可能如相当因果关系说的"强基准 · 弱类型"、客观归责理论的"多基准 · 多类型"、危险的现实化说的"基准的精致化"。网络犯罪刑事归责的体系性是可普遍化原则和形式正义原则的要求。可普遍化原则是道德论证的基本规则之一,它使"说的话负责",要求论断的理由"应在一切情况下有效"。"可普遍化原则确立了形式正义原则的基础。形式正义原则要求'遵守一定的规则,其表达了必须对属于一定范畴的一切人按照一定的方式对待的义务'。"②据此,所谓正义,是指原理,即在特定的法领域一致裁判的基础。也就是说,法官需考虑以往的判例所依据的原理来维护一致性。③ "刑法规范的安定性、教义学解释结论的稳定性和刑法知识的体系性的整体性构造,可以确保刑事法治的实现。"④

---

① 今井麻絢「法的因果関係—シネ・クワ・ノンと相当性を中心に」立命館法政論集14号(2016)6頁以下;里見聡瞭「因果関係の否定された事例と危険の現実化」都法59巻1号(2018)311頁以下参照。

② [德]Karl Larenz:《法学方法论》,陈爱娥译,台北,五南图书出版股份有限公司1996年版,第55页。

③ 今井麻絢「法的因果関係—シネ・クワ・ノンと相当性を中心に」立命館法政論集14号(2016)19頁参照。

④ 刘艳红:《中国法学流派化志趣下刑法学的发展方向:教义学化》,载《政治与法律》2018年第7期。

因此,网络犯罪归责原理的体系化建构具有重要意义。

(二)网络犯罪类型的重新划分

网络犯罪的多元类型源于众多的网络犯罪案件事实。如上所述,现有关于网络犯罪类型的划分仅具有犯罪学意义上的归纳整理作用,即使肯认其具有法益根据,各个类型的网络犯罪之间也存在法益侵害的交叉。网络犯罪多种多样,层出不穷,复杂善变。以归责为目的、以算法为视角重新划分网络犯罪类型,其意并非要在属种分类学意义上做到网络犯罪的分类无重合、无遗漏,而是要挖掘网络犯罪的分类在刑法教义学上的意义。这需要仔细识别各个网络犯罪案件事实的细微不同。

首先,比较案例 2 和案例 3 ~5。如上所述,案例 3 ~5 适用“利用算法因果不可知性的,具有可归责性”这一网络犯罪归责公式。但是,案例 2 的算法主体对算法用户进行“大数据杀熟”虽然亦属于“利用算法因果不可知性的”场合,却不宜进行归责。这一方面说明案例 2 有不同于案例 3 ~5 之处,另一方面说明网络犯罪的不可知性归责公式需要进一步具体化。比较可见,案例 2 与案例 3 ~5 的不同之处在于,案例 2 的损害结果并不违反算法设计目的,而案例 3 ~5 的损害结果是违反算法设计目的的。因此,行为人是否获得非算法设计目的之利益,应作为不可知性归责公式之补充。

其次,比较案例 6 和案例 7 ~8。如上所述,案例 7 ~8 适用“利用算法因果非直观性的,排除可归责性”这一网络犯罪归责公式。然而,案例 6 虽然体现了算法因果的非直观性这一属性,且亦不宜将魏某西的死亡结果归责于百度公司,但是,其排除归责的理由并非基于算法因果的非直观性原理。具言之,案例 6 与案例 7 ~8 的不同之处在于,前者算法机制并非属于强制性算法——《通用数据保护条例》第 22 条规定的“产生法律效力或类似重大影响的,仅仅基于自动处理(包括画像)的决策的约束”;《个人信息保护法》第 24 条规定的“通过自动化决策方式作出对个人权益有重大影响的决定”。因此,行为人所利用算法是否具有强制性,应作为非直观性归责公式之补充。

再次,比较案例 2 和案例 6。如上所述,案例 6 排除归责的理由并非非直观性归责公式。比较可知,案例 6 与案例 2 一样,都具有算法主体利用算法因果的不可知性的特征,且损害结果都在算法设计的目的范围之内。因此,案例6与案例2的排除归责的理由相同。而案例2~6与案例7~8的不同在于,前者是任意性算法之利用,后者是强制性算法之利用。在任意性算法中,算法主体与算法用户是一种对等关系;在强制性算法中,算法主体对算法用户是一种权力或准权力关系,处于相对优势/强势地位。这为不可知性归责公式和非直观性归责公式划定了各自的适用领域。

复次,比较案例1和案例2~8。比较可得,案例1的网络犯罪依靠的是作为平台的算法结构;案例2~8的网络犯罪直接依靠算法逻辑本身。因此,案例1的算法机制虽然也具有不可知性和非直观性的算法属性,但并不适用不可知性和非直观性的归责公式。案例1及其类案应当作为网络犯罪归责体系的独立一部。

案例9[杨某利用系统漏洞获取虚拟财产案]:杨某利用新娱公司的游戏充值平台漏洞,自主编写充值平台接口程序,多次生成虚假支付反馈信息,致使新娱公司向该游戏的联合运营公司结算"充值收益分成"共计33,984元。法院认定,被告人杨某犯非法获取计算机信息系统数据罪。①

最后,比较案例9和案例1~8。一方面,如上所述,与案例1不同,案例9的网络犯罪直接依靠算法逻辑而非将算法结构作为平台。另一方面,案例9与案例2~5极为相似,即二者都属于"利用算法因果的不可知性",即使如此,二者亦有本质区别:案例9具有侵入性。这一点将案例9及其类案与案例2~8区别开来,并能够使其作为网络犯罪归责体系的独立一部。

(三)网络犯罪归责的具体规则

网络犯罪的算法归责是以算法因果的构成性为对象、以因果关系的法律性为方向、以算法属性为基准的理论体系。该归责体系兼备"多基准·多类型"和"基准的精致化"的特点。首先基本公式有二:(1)利用算法因果不可知性的,具有可归责性;(2)利用算法因果非直观性的,排除可归责性。具体规则可分为以下三种案件类型。

其一,算法侵入型案件,如案例9。该类网络犯罪的不法实质在于打

① 北京市朝阳区人民法院刑事判决书,(2014)朝刑初字第3017号。

破算法主体对算法所构筑的网络空间的支配关系。规则一:算法侵入型案件,包括进入性(不改变算法)和破坏性(改变算法)算法侵入,能够归责。进入性算法侵入案件如案例10,破坏性算法侵入案件如案例11。

案例10[朱某、张某破解或知道密码转账案]:朱某捡到一部苹果手机,通过机主留在手机上的个人信息(银行卡和身份证照片),破解微信钱包支付密码,转走9800元。① 又如,张某与郭某系朋友关系。由于二人相熟,郭某之前告诉过张某转账密码。张某后利用该密码转走6000元。法院认定,张某犯盗窃罪。②

案例11[林某利用系统漏洞获取京豆京券案]:2014年3月至12月,林某利用京东公司的网络平台漏洞,采用自行设置虚假抽奖的手段,多次从京东公司网络平台上获取京豆、京券,共计价值193万余元,并使用其中价值88万余元的京豆、京券在京东商城购物。法院认定,被告人林某犯盗窃罪。③

其二,算法交流型案件,如案例1。该类网络犯罪的不法实质在于非法信息内容。交流犯分为:(1)传播犯,如煽动宣扬型犯罪、编造传播型犯罪、电信诈骗型犯罪;(2)表达犯,如侮辱、诽谤型犯罪;④(3)提供交流空间,如网络赌博犯罪。规则二:在算法交流型案件中,算法结构影响归责。通过集中式网络架构传播的,能够归责;通过分散式网络架构传播的,归责与否应基于次生责任的法理。⑤ 此外,根据2013年9月6日最高人民法院、最高人民检察院《关于办理利用信息网络实施诽谤

---

① 陈久忍:《小伙捡到一部苹果手机,一看之下"爽"呆了》,载《钱江晚报》2015年5月8日,A10版。

② 郭卫艳:《知道朋友密码,多次偷偷给自己转账》,载《山西晚报》2017年7月20日,第7版。

③ 北京市第三中级人民法院刑事裁定书,(2016)京03刑终191号。

④ 参见王莹:《网络信息犯罪归责模式研究》,载《中外法学》2018年第5期。

⑤ 根据基于法律的经济分析的次生责任法理,针对一个间接行为人(如网络平台)的一个案件与针对许多直接行为人(如网络用户)的许多案件相比,前者更具诉讼上的成本效益,更能发挥刑罚的预防功能,更能激励其当好"守门人"。据此,根据成本效益原理,当直接行为人数量不多或容易查证时,应当排除对间接行为人的归责;根据责任能力原理,当直接行为人是具有经济实力的实体而非分散的个人时,应当排除对间接行为人的归责;根据"守门人"原理,当间接行为人"闸门"的掌控力微弱或采取了适当的合规措施时,应当排除对间接行为人的归责。具体案件和原理应用,参见高磊:《论P2P共享服务提供者的刑事责任——以快播案为视角》,载《环球法律评论》2017年第5期。

等刑事案件适用法律若干问题的解释》等司法解释的规定,点击次数、浏览次数、转发次数等成为入罪或量刑情节,从侧面说明了算法结构对网络犯罪刑事归责的影响。

其三,算法利用型案件,如案例2~8。该类网络犯罪的不法实质在于非法利用算法本身的逻辑。算法利用型案件包括强制性和任意性算法利用。规则三:在算法利用型案件中,利用强制性算法的,根据非直观性公式排除归责;利用任意性算法的,利用算法因果的不可知性获取非算法设计目的之利益的,才能归责。

(1)利用强制性算法的,根据算法因果的非直观性原理,排除归责。如案例7和案例8。

(2)在任意性算法中,仅仅利用算法因果的不可知性而没有获取非算法设计目的之利益的,排除归责。如案例2和案例6。

(3)在任意性算法中,仅仅获取非算法设计目的之利益而没有利用算法因果的不可知性的,排除归责。如案例12。

案例12[东方航空案]:东方航空APP疑似发生故障,头等舱往返机票最低只需90元。事后,东方航空表示所售机票全部有效。[1]

在电子商务的社会背景下,网络消费者如果负担过多核实查证义务,将会大大降低网络市场的交易效率。“刑法不应成为社会管理法。”[2]即使消费者猜测“白菜价”是系统故障所致,也不宜将其基于真实的消费需求而“薅羊毛”的购买行为评价为不可知性之“利用”而被刑事归责。

(4)在任意性算法中,利用算法因果的不可知性获取非算法设计目的之利益的,能够归责。如案例3、案例4和案例5。

---

① 张淳艺:《“乌龙”订单有效是一个诚信范本》,载《青岛日报》2018年11月20日,第7版。类似案例参见江德斌:《拼多多“被薅羊毛”的警示》,载《经济日报》2019年1月22日,第9版。

② 刘艳红:《法定犯与罪刑法定原则的坚守》,载《中国刑事法杂志》2018年第6期。

第六章　中止犯“造成损害”的实质逻辑与罪刑厘定

目　次

一、中止犯“造成损害”的实务乱象与理论争议

对中止犯的研究历来是学界的热门话题之一，从研究现状看，我国刑法学界的研究范畴多限于自动性的认定、减免处罚的依据等方面，这样的研究对于促进教义学的发展固然大有裨益，却难免让理论与实务“脱节”，至为明显的是，在笔者所搜集的判例中，对于自动性认定错误的判例其实少之又少，法官在裁判时，更不会去探究中止犯减免处罚的依据，真正存在的问题，其实多集中于我国法条独有的“损害”概念的认定上。《刑法》第24条第2款规定：“对于中止犯，没有造成损害的，应当免除处罚；造成损害的，应当减轻处罚。”由于立法者并未明确规定损害的范围及成因，故在我国司法实践中也出现了截然不同的判决。

判例1　被告人进入他人室内欲实施盗窃，因“不想再因偷东西而坐牢”而放弃，在退出室外过程中被拦获。经查，被害人室内没有明显翻动痕迹，且没有财物

被盗。法院认为被告人成立盗窃罪的中止犯,判处拘役四个月。[①]

判例 2　被告人用刀将被害人控制以后,要求被害人拿出包中现金,见被害人只拿出 300 元现金后,明确表示拒绝,随后出于害怕处罚的考虑,主动放弃了犯罪。法院认为被告人成立抢劫罪的中止犯并免除处罚。[②]

在判例 1 中,既然被害人家中并未有翻动痕迹,也没有财物被盗,法院判处被告人有罪的依据只能是其给被害人财产法益造成的危险,可见该法院认为,给法益造成的危险也属于中止犯中的“损害”;但是在判例 2 中,被告人持刀胁迫被害人交付现金的行为,同样给被害人的财产法益造成了危险,且紧迫程度更甚于前者,而法院却认为其没有造成损害,可见在该法院眼中,给法益造成的危险并不属于中止犯中的“损害”。除了给法益造成的危险是否属于“损害”存在分歧以外,实务部门对于何种实害结果属于“损害”,也有不同看法。

判例 3　被告人以购买二手轿车为由对被害人实施抢劫,但在将被害人头部击成轻微伤后准备抢劫时因害怕逃离现场。法院认为被告人成立中止犯,但造成被害人轻微伤,依法只能减轻处罚,故成立抢劫罪,判处四年有期徒刑。[③]

判例 4　被告人故意以用力掐脖子、用石头砸头部等足以剥夺他人生命的手段对被害人施暴,并在造成被害人轻微伤后中止。法院认为,被告人成立故意杀人罪的中止犯,并在判决书中明确指出:仅给被害人造成轻微伤,尚未达到刑法意义上的损害结果,遂判决免予刑事处罚。[④]

在判例 3 中,虽然轻微伤的后果并不属于刑法所规制的后果,但是法院依然认定被告人成立抢劫罪,可见该法院认为,一切法益损害均属于中止犯中的“损害”;而在判例 4 中,法院在被告人造成被害人轻微伤的情况下,还对其免于处罚,可见该法院认为,没有造成刑法规范所保护的法益损害的,不属于中止犯中的造成“损害”。综合上述判例可以看出,我国实务部门对于“损害”范围的认定存在巨大的分歧,这些分歧

---

① (2014)巴州刑初字第 19 号判决书。

② (2014)包青刑初字第 333 号判决书。

③ (2016)云 2502 刑初 164 号判决书;类似判决,参见(2019)湘 0502 刑初 29 号判决书。

④ (2018)闽 0881 刑初 332 号判决书。

的存在导致我国司法实践中出现了同案不同判、违反罪刑法定原则、违背罪刑相适应原则等现象，进而严重影响我国的法律权威。但遗憾的是，学界对此问题并未充分重视，只有少数学者对其中的部分问题作出过简单的论述，例如有学者认为"损害"只包括物质性损害，[①]有学者则认为"损害"既包括物质损失，也包括非物质性结果；[②]又如，有学者认为对侵害客体的任何损害结果均属于"损害"[③]，而有学者认为只有《刑法》分则明确规定的犯罪结果时才属于"损害"。[④] 虽然上述学者对于"损害"提出了自己的观点，但大多均只是一笔带过，并未对其进行深入研究，相互之间更没有形成观点的交流与理论上的争鸣。[⑤] 有感于此，笔者拟系统地研究中止犯中"造成损害"这一概念，本章首先结合国内外学说分析"造成"损害的行为，其次根据罪刑法定原则确定"损害"的范围，最后基于罪刑相适应原则，对"造成损害"的中止犯进行合理的定罪与量刑。

二、中止犯"造成损害"实质化立场的三个维度

从语义上分析，"造成损害"能够被拆解为"造成"与"损害"两个部分，"造成"是行为，"损害"是结果，二者共同构成了中止犯中的"造成损害"，故对其认定也应当由此入手。首先需要研究的是"造成"的定义，因为行为人实施犯罪与中止犯罪的行为均可能给被害人造成法益损害，这两种性质截然不同的行为，究竟哪一种才是中止犯中"造成"损害的行为，直接关系到该损害是否属于中止犯中的损害，进而影响到中止犯成立与否的认定以及行为人的定罪量刑，因而具有极为重要的意义。其次，在明确了"造成"的含义后，需要从客观上认定，究竟怎样的"损害"，才能被认定为中止犯中的"损害"。此点对我国司法实践意义

---

① 参见张平、周铭川：《刑法总论疑难问题研究》，中国政法大学出版社 2016 年版，第 372 ~ 373 页。

② 参见程红：《中止犯研究》，中国人民公安大学出版社 2015 年版，第 24 页。

③ 参见陈兴良：《规范刑法学（上）》（第 3 版），中国人民大学出版社 2013 年版，第 222 页。

④ 参见周光权：《刑法总论》（第 3 版），中国人民大学出版社 2016 年版，第 311 页。

⑤ 张明楷教授曾撰文对上述问题作出过较为详尽的分析，参见张明楷：《中止犯中的"造成损害"》，载《中国法学》2013 年第 5 期。但一方面，张明楷教授撰文后，学界仍未对此问题引起任何重视；另一方面，依笔者观点，张明楷教授论文中的部分观点仍值得商榷。

尤为重大,因为正是由于实务部门对于"损害"范围的认定存在严重分歧,才导致我国司法实践中出现诸多同案不同判现象,不但严重影响了司法权威,更蕴含着侵害罪刑法定原则之风险。最后,因为犯罪必须是违法且有责的行为,若将难以预见的法益损害也认定为"损害",进而对行为人定罪量刑,也违反了罪刑法定原则,故在客观上认定了损害的概念后,我们需要从主观上判断,是否以所有心态所造成的损害都能够属于中止犯中的"损害",进而被归责于行为人。

(一)中止犯"造成损害"行为之实质解释

关于中止犯中"损害"的成因,学界主要存在两种不同的理论,整体考察说(Gesamtbetrachtung)又被称为一体理论(Einheitstheorien)[①],该说认为,应当将实行行为与中止行为合并认定为中止犯进行考察,由此,"中止行为便可以消解所有的犯罪因素"。[②] 此理论由宾丁首倡,其认为犯罪中止能够阻却未遂行为之违法性,无论是已产生或者未产生的结果必须要合为一体加以考察,法律不应该将人类之行为当作孤立的原子来考察,虽然行为人在着手之时已经开始制造结果产生的原因,但其中止行为又导致结果不发生,故就整体而言,此行为不再是一个违法行为,亦即其违法性被解除了。[③] 类似地,辛里奇森(Hinrichsen)教授也指出:行为人忠诚于法的意志虽然是事后形成的,但这并不有损实行与中止的单一性,否则便是采取了心理的—自然主义的观察方法(psychologisch-naturalistiche Betrachtungsweise)。因此,不能将着手实行与中止行为视为两个独立的行为,而应在价值的视角下将二者作为

---

① 此处概念与德国学界为了区分未终了的未遂与落空的未遂(unbeendetem und fehlgeschlagenem Versuch)所提出的个别行动理论及整体观察理论不同,后者探讨的是中止犯罪前,多个重复侵害的行为究竟应当视为多次单个行为,从而认定为"多个未遂+犯罪中止"抑或仅视为一个整体,只认定为犯罪中止。See Dennis Dold, Eine Revision der Lehre vom Rücktritt vom Versuch, 2017, S. 121ff;张明楷:《论放弃重复侵害的行为性质》,载《中外法学》2017年第6期。

② Maurach/Gössel/Zipf, Strafrecht Allgemeiner Teil Teiband 2, 8. Aufl. 2014, §41 Rn. 13.

③ Vgl. Binding, Strafrechtliche und strafprozessuale Abhandlungen, erster Band: Strafrecht, 1915, S. 125f.

构成一个整体的要素加以把握。① 支持此说的罗克辛教授也指出：根据刑罚目的理论，免除刑罚的中止是一种排除刑法责任性的案件。在这里，未遂和中止应当被视为一个评价整体。② 日本学者金泽真理认为：在实行着手之后、法益侵害之前的“浮动状态”下，自己避免了法益侵害的，就应该将指向法益侵害的实行行为与指向避免侵害的中止行为综合起来，认为其作为一个整体的未遂犯的违法性与责任已经减少。③ 我国学者虽然并未明确说明自己采纳何种学说，但其在文中指出：犯罪中止中的“损害”应当是指行为人在犯罪中止过程中所造成的损失。④ 可见其在事实上也是持“整体考察说”。与之相对的是分别考察说（Einzelaktsbetrachtung），该说又称为单个行为动作论（Einzelaktstheorie）⑤，其将行为人在行为开始的时候认为是适合于造成结果的每一个实行动作都加以特别的注意，在失败的情况中把它们作为独立的失败来处理，原因在于，行为人已经通过后续的积极行为避免了结果实现，而这种行为在主观与客观上，均与其之前侵害法益的行为并不相同，故有必要分别对中止前的着手实行行为与中止行为进行不同的价值判断。⑥ 我国也有学者认为：损害应限于中止前的犯罪行为的结果，而不是中止行为造成的结果。⑦ 显然，整体考察说与分别考察说会在实务中产生不同的效果。

案例1　A设置陷阱欲致B于死地，但眼见B快走到陷阱，心生不忍，冲上前将B撞成轻伤，B的轻伤是否属于“损害”？

按照整体考察说，A的冲撞行为属于中止犯中“造成”损害之行为，处3～10年有期徒刑；而按照分别考察说，A成立故意杀人罪的中

---

① Vgl. Hinrichsen, Bemerkungen zum Begriff der“Tat”im Strafrecht, in: Festschrift für Engisch, 1969, S. 370ff.

② Vgl. Roxin, Strafrecht Allgemeiner Teil, Bd. 2, 2003, § 30 Rn. 29.

③ 金泽真理『未遂の理論構造と中止未遂』川端博等编『理論刑法學の探究4』（成文堂，2011）80－82頁参照。

④ 参见陈世伟：《析我国犯罪中止中的“损害”》，载《云南大学学报法学版》2011年第1期。

⑤ Vgl. Wessels/Beulke/Satzger, Strafrecht Allgemeiner Teil, 48. Aufl. 2018, Rn. 1015.

⑥ Vgl. Eser/Bosch, in: Schönke/Schröder Strafgesetzbuch Kommentar, 30. Aufl. 2019, § 24 Rn. 21; Paeffgen, Rücktrittshorizont vs. Fehlgeschlagener Versuch, in: Festschrift für Ingeborg Puppe zum 70. Geburtstag, 2011, S. 809.

⑦ 刘艳红主编：《刑法学》（上）（第2版），北京大学出版社2016年版，第252页。

止犯且没有造成损害,因而免于处罚,其将 B 撞伤的行为成立故意伤害罪,仅需要判处 3 年以下有期徒刑,可见两说对于行为人的定罪量刑具有重要意义。本章认为,整体考察说的前提条件存在疑问,后续的中止行为并不能减少先前实行行为的违法性与有责性,因而赞成分别考察说,是以,中止行为不属于“造成”损害之行为,中止行为给被害人“造成损害”的,应当根据行为所造成的法益侵害单独定罪。原因如下:

首先,从客观层面分析,造成法益损害的违法行为与挽救法益的中止行为,在行为属性上具有本质的不同。实行行为是符合构成要件、造成法益侵害的违法行为,而中止行为是为了避免或者防止法益受侵害的行为,在某种程度上甚至可以被认为是保护法益的行为。例如,在案例 1 中,恰巧经过的路人 C 发现陷阱,其为了挽救 B 的性命而冲上前去将 B 撞开,将毫无疑问地被认为是见义勇为的壮举。虽然本案中是 A 设置了陷阱,但其将 B 撞开的行为在客观上仍然保全了 B 的法益,因此,实行行为与中止行为对于法益的影响完全不同,故应当采取分割的考察方法,准确判断两个行为的不同性质。①

其次,从主观面考察,行为人实施犯罪行为的心理与实施中止行为的心理并不相同。② 不言而喻,在实施造成损害的行为时,行为人对侵害他人法益是持希望或者放任之态度;而行为人实施中止行为时,则对于原先蔑视的行为规范重新表达了尊重,并通过中止行为自行重新建构被其破坏了的法律秩序,消除了受到侵害的危险,体现了行为人内心回归合法的态度。显然,损害法益的心理与保护法益的心理在行为规范上属于两种完全相反的行为,故在裁判规范上也应当分别对其进行评价,而不能将之混为一谈。

再次,根据目前日本的有力说“逆向理论”,中止构成要件是由中止结果与中止行为两方面组成的,而中止行为正是将中止犯与犯罪未遂相区分的核心所在。③ 德国的主流观点也认为:针对主动的中止行为

---

① 类似观点参见李立众:《中止犯减免处罚根据及其意义》,载《法学研究》2008 年第 4 期。

② 佐久间修等『刑法基本讲义总论·各论(第 2 版)』(有斐阁,2013 年)86 頁参照。

③ 盐见淳『中止行為の構造』『中山研一先生古稀祝賀論文集(第三卷)刑法の理论』(成文堂,1997 年)249 - 253 頁参照。

人,没有必要再加以处罚,才能实现刑法所承担的任务。因为从积极的一般预防的角度看,行为人通过其中止已经表现出对规范的认可,因而没有使得公众对规范效力的信任落空,也就不需要再对其加以处罚。[①]显而易见,能够实现积极的一般预防、让公众对法规范重拾信任的只能是行为人的"中止"行为,如果说中止犯中"犯"的行为是犯罪行为,是一种符合构成要件的违法且有责的行为,那么中止犯中"中止"行为就是合法行为,是一种"消极的构成要件"[②]、"逆违法"且"逆有责"的行为,故二者在刑事政策上具有截然不同的地位,[③]在法律价值的判断上也有天壤之别,不能将之混为一谈。部分学者认为,分别考察说"撕裂了一体的生活事实",因而欠缺理论上的说服力。[④] 但是如上两部分所述,着手实行行为与中止行为在构成要件符合性、违法性与有责性的层面上,没有任何同质性,[⑤]既如此,又怎能说他们是一体的,可以视为刑法上的一个行为?

复次,采取分别考察说,有利于保护被害人的法益。整体考察说将实行行为与中止行为视为一个整体,认为只要最终结果造成了法益损害,从整体上看便属于违法行为,两个行为也都属违法;反之,若最终结果并未造成法益损害,从整体上看便属于合法行为,两个行为也均为合法。按此逻辑,在案例 1 中,由于 A 冲上前将 B 撞离陷阱的行为造成了 B 的轻伤,从整体上看给 B 造成了法益损害,故其将 B 撞伤的中止也会被认定为违法。这样的后果是,如果 C 明知 A 的行为可以挽救 B 的生命,仍然故意将 A 阻拦,因为 A 的行为是违法行为,C 反而成立正当防卫,最后的结局是 C 无罪,A 成立故意杀人罪的既遂,B 无辜枉死,但是这样的结论显然难以得到民众的赞同。而按照分别考察说将二者分别加以判断,便应当认为虽然 A 设置陷阱的行为违反了法规范,但其冲撞行为是挽救 B 生命的正当行为,故 A 能够对 C 进行反击,最后的结局

---

① Vgl. Urs Kindhäuser, Strafrecht Allgemeiner Teil, 9. Aufl. 2020, § 32 Rn. 3.

② Vgl. Reinhard Hippel, Untersuchungen über den Rücktritt vom Versuch, 1966. S. 45.

③ Vgl. Günther Jakobs, Rücktritt als Tatänderung versus allgemeines Nachtatverhalten, ZStW 104 (1992), S. 83ff.

④ Vgl. Hilgendorf/Valerius, Strafrecht Allgemeiner Teil, 2. Aufl. 2018, § 10 Rn. 80.

⑤ 参见张明楷:《中止犯中的"造成损害"》,载《中国法学》2013 年第 5 期。

是A仅成立故意伤害罪，B的生命得以保全，C成立故意杀人罪，可见分别考察说的结论更有利于保护被害人。

最后，整体考察说是从结果回溯去判断行为人的行为是否符合刑法规范，存在逻辑上的不自洽。如德国学者Zachariä教授认为，犯罪中止乃将已为之犯行废弃掉，亦即将原来已经该当之构成要件该当性以及违法性解除掉，因此不具可罚性。[①] 此说的问题在于：如果认为行为人的整体行为是合法的，则其实行行为、中止行为也应当都是合法的，因为学界早已达成共识，先前行为的违法性，并不会因为事后的中止行为而被否认。[②] 一如Listz所言：当不可罚的预备行为与可罚的着手行为的界限被跨越的时候，着手的处罚就已经实现了。这个事实是不可更改的，不可能“向后被取消（rückwärts annulliert），也不可能从这个世界被抹去”。[③] 因此，一个行为不可能在行为时是违法的，而在中止后回溯性地使之前的行为成为合法行为。而且，一个行为是否符合构成要件，应当“以行为时”[④]为判断基点，而不能从结果去回溯判断，否则不利于保护被害人的法益。

案例2　A持枪欲射击B，在并未击中B后主动放弃射击。

在本案中，整体判断说可能存在两种观点：第一种观点认为A的射击行为与放弃射击行为均是合法的，这意味着B与在场者均不能对A的射击行为进行正当防卫。第二种观点认为A举枪射击的行为是违法的，故周围群众和B都可以对A的实行行为实施正当防卫；而A放弃射击的行为又是合法的，故对此又不得阻止。两相对比，显然第二种观点的解释更为合理。但是如果整体考察说采取第二种观点，则其已经不是从一个整体去判断行为合法与否，而是将一个整体“分割”成了“侵害法益——放弃侵害法益”两个部分，这正是分别考察说的做法。因此，整体考察说的观点要么不符合逻辑，要么背离了其本质。

---

① Vgl. Zachariä, *Die Lehre vom Versuche der Verbrechen*, 1839, S. 239ff.

② 金泽真理『未遂の理論構造と中止未遂』川端博等编『理論刑法學の探究4』（成文堂，2011年）80－82頁参照。

③ Franz von Liszt, *Lehrbuch des Deutschen Strafrechts*, 26. Aufl. 1932, S. 315.

④ 参见陈璇：《论客观归责中危险的判断方法——“以行为时全体客观事实为基础的一般人预测”之提倡》，载《中国法学》2011年第3期。

最后,整体考察说还在共犯与中止犯之间的关系上存在自相矛盾之情况。根据整体考察说及共犯限制从属性之逻辑,在共同犯罪中,正犯的中止行为效果理应连带作用于全部共犯,但这种情形明显地有违了中止犯属于个人责任阻却事由,而非违法阻却事由的“一身专属的效果”①。详言之,既然肯定“违法是连带的,责任是个别的”这个前提,如果采取整体考察说认为中止犯能够回溯地减轻违法性,则对于全部共犯而言都应当以中止犯违法性减轻为理由肯定所有共犯均以中止犯的相关规定加以处罚。但是学界早已无争议地认为,共同犯罪中行为人自动停止犯罪,并且阻止其他行为人实行犯罪或者防止犯罪结果发生的,才能够成立中止犯,行为人不是基于任意性而与其他共犯者解除共犯关系的,或者行为人如与其他共犯者解除了共犯关系,但最终未能有效防止结果发生的,均无法适用犯罪中止理论。②《德国刑法典》第 24 条第 2 项更是明文规定,在有多数人参与犯罪之情形中,仅有自己中止犯罪者,方得享有中止犯减免刑罚之恩典。因此整体考察说的结论与我国通说及其他国家和地区的法典相抵触,并不可取。

综上,无论从刑法教义学,还是刑事政策的角度,我们都应当坚持分别考察说,中止犯中的“损害”只能是基本行为造成的,而非中止行为所造成的,如果中止行为成立犯罪的,应当单独予以定罪处罚,不得认定为造成损害的中止犯。

(二)中止犯中“损害”概念之实质解释

在探讨了“造成”后,便能够继续探讨“损害”的概念,基于罪刑法定原则,本章拟基于以下几个方面从客观层面对“损害”的概念进行限缩:

1.“损害”也包括非物质性法益

中止犯中的“损害”是仅包括有形的物质性损害还是也包括无形的非物质性损害,学界存有争议。诸多学者基于刑法的明确性指出:现行

---

① Vgl. Thomas Fischer, Strafgesetzbuch mit Nebengesetzen, 65. Aufl. 2018, § 24 Rn. 2;林钰雄:《新刑法总则》(第 7 版),台北,元照出版有限公司 2019 年版,第 328 ~ 329 页。

② 参见刘艳红:《共犯脱离判断基准:规范的因果关系遮断说》,载《中外法学》2013 年第 5 期;日高義博『刑法總論』(成文堂,2015 年)533 頁参照。

刑法以“是否造成损害”为标准来区别对待不同中止犯，正为了给司法实践提供一个客观而明确的操作标准，在刑法的特有语境中，“损害”不能包括那些不可测量的、间接损失或者精神损失，而必须是直接的物质损失。因为刑法作为保障法，它的严厉性和不得已性决定了处罚的明确性，即禁止动用刑罚去处罚那些模糊的、不可测量的间接非物质“损失”。①

笔者不赞成这种观点。既然刑法的目的是保护法益，而我国刑法既保护物质性法益，也保护非物质性法益，因此，无论是物质性损害，还是非物质性损害，只要该损害为我国刑法规范所禁止，均应当属于中止犯中的“造成损害”，具体理由如下：首先，认为“损害”只包括物质损失的观点，不利于保护法益。如果认为“损害”只包括物质性损害，则行为人以强奸为目的，实施了足以评价为强制猥亵的侮辱行为后，主动中止奸淫行为的，虽然严重侵害了妇女的性自主权，但不能被认定为“造成损害”，只能对其免于处罚。但是，如果行为人仅以强制猥亵妇女为目的，上述行为就会成立强制猥亵妇女罪的既遂；而打算强奸妇女的行为人在强制猥亵妇女后中止奸淫行为的，反而可以免除处罚，将二者比较可以发现，行为人得以免除刑罚的原因竟然是主观上存在更高的不法，如此做法必然会损害刑法的公平正义。其次，以缺乏明确性为由认为应当将“损害”限定为有形的、可测量的物质损害，也不符合我国立法规定。非物质损害难以测量、没有明确标准确实不假，但是从来没有学者质疑过强制猥亵罪、诽谤罪、侮辱罪等保护非物质法益条文的正当性，由此可见，难以测量并非将非物质损害排除在“损害”之外的理由。因为“形而上学的认识的不明确性，并不意味着形而上学的对象的不明确性”。② 司法实践中能否正确认识非物质损害，与非物质损害是否应当属于中止犯中的“损害”是两码事，不能混为一谈，何况在我国司法实践中，要认定非物质损害也并非难事，因此，上述学者其实混淆了问题的认识论的侧面与存在论的侧面。最后，我国的实务部门几乎无

---

① 参见谢雄伟：《对中止犯处罚原则中“损害”概念之界定》，载《法学评论》2006 年第 1 期；段农乾：《论中止犯处罚原则中的“损害”》，载《人民法院报》2006 年 10 月 17 日，第 5 版；陈世伟：《析我国犯罪中止中的“损害”》，载《云南大学学报（法学版）》2011 年第 1 期。

② 城下裕二『量刑基准の研究』（成文堂，1995 年）91 頁参照。

争议地将非物质性损害也归属于中止犯中的“损害”，诸多判决书均明确指出：

被告人在车内强行对被害人抠摸、亲吻、搂抱，并褪下其内裤，欲与其发生性关系，后主动放弃，但其行为已侵害了妇女无形的、不可侵犯的性权利，故并不属于“没有造成损害”，遂判处被告人强奸罪，并予以减轻处罚。[①]

被告人姜某某不法侵入被害人家中，赤裸身体跨在被害人身上的行为已经给被害人的精神造成损害，因此对被告人应减轻处罚。[②]

被告人郝某某用生殖器蹭被害人阴部，给被害人心理造成了创伤，对被告人郝某某减轻处罚。[③]

尽管部分法院使用的“精神损害”“心理创伤”[④]等词语不够规范化，但是这充分说明，在实务部门眼中，非物质性损害也属于中止犯中的“损害”。部分学者认为上述判决并不妥当并撰文指出：“非物质性”损害存在两种类型：一类是通过行为造成的某种客观状态得以表现的损害，如猥亵行为通过身体接触对被害人的性人格尊严的损害；另一类是与行为相分离的精神性或心理性损害结果，例如，诽谤行为可能导致被害人形象贬损。后者属于不可直接观察的纯心理事实，其是否发生以及程度如何，都是司法难以准确认定的。法律设置的构成要件或者处罚标准必须具有司法上的可认定性，将司法不能认定的事实作为处罚标准是没有现实意义的。因此，后者应当排除在“造成损害”的范围之外。[⑤]

本章不赞成此种观点，因为该学者忽略了一个前提，即刑法对于会造成精神性或者心理性损害的犯罪均以行为情节严重为要求，而以“行为情节严重”为成立要求的犯罪是不存在犯罪未完成形态的。以侮辱诽谤罪为例，本罪属于抽象危险犯，故其应受处罚性来源于实施了符合

---

① (2019)冀0306刑初38号判决书。

② (2016)黑0781刑初14号判决书。

③ (2014)乌勃刑初字第169号判决书。

④ 显然，此处的“精神损害”“心理创伤”应当是指妇女的性自主决定权，属于强制猥亵、侮辱妇女罪所保护的法益，因而属于刑法意义上的非物质损害。

⑤ 参见刘之雄：《中止犯处罚的司法困境与立法完善》，载《法学评论》2018年第1期。

构成要件行为对特定法益所带来的一般危险性。[①] 据此,只要实施了符合构成要件的行为,就应当成立相应的抽象危险犯,而无需进行司法上的认定。德国学者格雷厄尔(Graul)教授认为,将所有实施了具有危险属性的行为均认定为犯罪而不进行实质审查,有导致抽象危险犯形式化的趋向。[②] 然而,这样的观点是建立在古典抽象危险犯基础之上的,已经难以适应瞬息万变的现代社会。至为明显的是,随着网络的不断发展,侮辱诽谤行为已经突破了地域的限制,一条留言瞬间就可以传达至全国各地,许多情况下我们根本难以得知有多少人阅读了此条信息,更难以确定阅读者的身份,在此种情况下,如果我们仍然坚持实质审查,不但会给司法机关增加巨大的负担,也难以保护被害人的法益。致力于发现抽象危险犯的实质危险来源,许迺曼教授提出了一种基于刑事政策理由的行为型抽象危险犯,该种危险犯的设立是出于训导大众行为的一般预防目的。详言之,此类抽象危险犯的设立,是因为刑法需要实现对民众行为的规范性形塑,通过赋予行为以抽象危险的属性并令行禁止,培养民众良好的符合规范期待的行为习惯,实现符合规范行为的自动化。此种学习型抽象危险犯与古典的抽象危险犯的区别在于,其不用去审查行为人的行为是否真的具有抽象危险,只要行为人实施了相应行为,便能够成立犯罪。根据许迺曼教授的论述,这一理论的典型适用领域是高风险的领域,即一旦实施行为,就可能造成难以挽回或者无法预估的后果,我国刑法中的恐怖主义类犯罪即为其例,这种抽象危险犯体现的是通过犯罪规定实现规范评价的目标机能,通常表达了刑事政策的特殊保护要求。[③]

显然,侮辱诽谤罪是一种典型的学习型抽象危险犯。与编造、故意传播虚假恐怖信息罪类似,一旦实施侮辱诽谤之行为,便会造成难以挽回也难以测量之损害后果,司法机关不会也根本无法去查证行为人的

---

① Vgl. Jescheck/Weighed, Lehrbuch des Strafrechts Allgemeiner Teil, 5. Aufl., 1996, S. 264.

② Vgl. Eva Graul, Abstrakte Gefährdungsdelikte und Präsumtionen im Strafrecht, 1991, S. 67ff.

③ Vgl. Bernd Schünemann, Moderne Tendenzen in der Dogmatik der Fahrlässigkeit-und Gefährdungsdelikte, JA 1975, S. 798ff.

侮辱诽谤行为是否损害了被害人的名誉或者给其日常生活造成影响。正是基于此种考虑,学界认为,只要将侮辱诽谤的信息散布,并使之处于不特定人或者多数人可能知悉的状态,即能够被评价为"情节严重"的侮辱行为,便直接成立本罪,无需审查多数人是否已经知悉诽谤内容;[①]若行为人并未实施能够被评价为情节严重的侮辱行为,便不满足本罪的构成要件,因而根本不会成立本罪。据此,本罪并不会出现中止、未遂等情况。就连该学者自己都认为:刑法关于犯罪完成与未完成形态的划分及其处罚原则的规定不适用于"情节严重""情节特别恶劣"等抽象的概括性情节规定的犯罪,此类犯罪行为并不区分犯罪既遂形态与犯罪的未完成形态。[②] 因此,在"与行为相分离的精神性或心理性损害"的犯罪中,不可能出现犯罪未完成形态,当然也不可能出现中止犯,更不可能出现中止犯中的"损害",该学者在此对于"损害"的区分并无实际意义。综上,物质性结果与非物质性结果,都应当属于中止犯中的"损害"。

2."损害"仅包括对法益的现实侵害

根据《刑法》第24条之规定,犯罪中止必须发生在犯罪过程中,而犯罪过程又包括犯罪预备及犯罪未遂,因此,犯罪中止必然发生在犯罪预备与犯罪着手以后,而通说又认为,预备行为也会给法益造成抽象的危险,着手行为更是给法益造成了具体的危险,这就意味着在中止行为发生前,行为人已经给法益造成一定程度的危险,问题在于,这种危险能否认定为中止犯中的"损害"?对此问题,实务界存在两种观点,以入户盗窃型犯罪为例,肯定说认为行为人的入户行为已经给财物造成了具体的危险,故即便中止了盗窃行为,也已经造成"损害",只能减轻处罚;[③]否定说则认为行为人入户的行为虽然已经给财物造成了具体的危险,但并没有造成实害结果,故属于"没有造成损害",应免于刑事处罚,[④]如此截然不同的裁判显然有损我国的法律权威,因此亟须对其加以厘清。

---

① 参见张明楷:《网络诽谤的争议问题探究》,载《中国法学》2015年第3期。

② 参见刘之雄:《中止犯处罚的司法困境与立法完善》,载《法学评论》2018年第1期。

③ (2014)巴州刑初字第19号判决书。

④ (2016)浙0824刑初46号判决书。

本章认为,中止犯中的"损害"不应当包括给法益造成的危险,原因如下:首先,从教义学理论上分析,肯定说的做法陷入了纯粹的报应刑,不符合我国刑法有关中止犯的立法宗旨,也不符合刑罚目的,更有将法条虚置的危险。我国有学者认为,行为人只要瞄准目标开枪射击,无论是否击中目标,其现实危险性已经显露无遗,因为每一个理智健全之人都会清楚地认识到,以枪击方式攻击他人是极其危险的行为!故将已经着手且造成具体危险的行为都认定为"没有造成损害"的中止犯,进而免予处罚"实在有失偏颇因而绝非公正"。[①] 但是,根据目前中止犯免除处罚的正当化依据"刑罚目的理论",立法者设立中止犯的重要理由之一是出于刑事政策的考量,给已经着手实施犯罪之人架设一座"回归的黄金之桥"[②],如果将发生结果之危险也认定为"损害",则行为人将永远无法享受到免除处罚的待遇,如此做法也会造成条文的虚置。[③] 而且,如今通说认为,刑罚的正当化依据在于"报应刑 + 预防刑"的并合主义,故唯有在行为人造成法益损害结果(危险或实害)且拥有预防必要性的情况下,才能够对其加以处罚。[④] 而中止犯中的行为人正是在可以继续实施犯罪的情况下完全放弃了犯罪,这充分说明其已经自动回到了合法性的轨道,没有特殊预防必要性,也就没有必要再用刑罚预防其犯罪,此时如果再对其施加刑罚,只能是因为单纯的报应,[⑤]但这样的做法显然有违刑罚的正当化依据。更为重要的是,无论是预备还是着手,均属于中止犯条文明确规定的"犯罪过程中",如果认为着手后便必然"造成损害",其实是排除了所有着手后中止犯罪行为"没有造成损害"的可能性,且论者在文中并未有说服力的论证,为何能够将"具体危险"认定为损害,却将"抽象危险"排除在外,故按照其逻辑,我们完全可以将预备所造成的抽象危险认定为"损害",但是这样一来,在中止犯中就不可能出现"未造成损害"之情况,该条规定也会被完全空置。诚然,理性与正义是法院工作与法律文化的重要目标。但是,个体的法律工

---

① 参见谢望原:《论中止犯减免处罚之根据》,载《华东政法大学学报》2012 年第 2 期。

② Rudolf Rengier, Strafrecht Allgemeiner Teil, 12. Aufl., 2020, § 37, Rn. 6.

③ Vgl. Kühl, Strafrecht Allgemeiner Teil, 8. Aufl., 2017, § 16, Rn. 89.

④ Vgl. Bernd Heinrich, Strafrecht Allgemeiner Teil, 6. Aufl., 2019, Rn. 19f.

⑤ 参见张明楷:《论放弃重复侵害的行为性质》,载《中外法学》2017 年第 6 期。

作者却无法掌握也无法定义它。所以，只有在更高的规范设置了其他相应规定而在这里缺少时，才存在价值漏洞。[①] 既然我国法律条文明确规定，中止犯能够发生在一切犯罪过程中，且该条文的合理性能够得到其他条文及教义学理论的印证，就说明其并不存在价值漏洞，我们便不应当以个人的价值判断对其肆意作出“绝非公正”的判断，进而对其进行违反文义的解读。事实上，立法者通过立法将刑罚排除事由纳入法典的行为，就是为了在法律上确定刑罚排除事由的范围，进而确定可罚性的范围。[②] 因此，在应当适用而不适用中止犯的场合，是一种对被告人不利的“条文在构成要件上的缩限”，这种对于可罚性排除事由的错误理解与类推适用奠定可罚性基础的语句一般，都是不被允许的。[③] 故论者违背条文规范，将具体危险认定为“损害”而任意缩小排除处罚事由、扩大处罚范围的做法，其实有违罪刑法定原则。

其次，肯定说有违我国司法解释相关规定。由于我国司法实践中对未遂犯均减轻处罚甚至不罚，倘若将具体危险也认定为“损害”，就意味着几乎所有着手后的中止犯都不可能免除处罚，如此做法会导致中止犯的处罚与未遂犯的处罚在许多案件中没有差别，而在部分不处罚未遂犯的场合，中止犯的处罚甚至还会重于未遂犯，显然有违立法者初衷。如最高人民法院、最高人民检察院《关于办理盗窃刑事案件适用法律若干问题的解释》第 12 条规定：以数额巨大的财物、珍贵文物为盗窃目标或有其他情节严重的盗窃未遂的，应当依法追究刑事责任，其言下之意便是，普通情形的盗窃未遂不追究刑事责任。但是按照肯定说，就会出现未遂的行为人不追究刑事责任；而着手、乃至预备阶段中止的行为人却仍然会被追究刑事责任，且只能减轻处罚，这显然有违罪刑相适应原则。再次，如果认为损害包括“抽象的危险”，则在预备犯的处罚上会出现两难之情况。因为预备行为也具有抽象危险，如果认为损害也

---

① Vgl. Ralph Christensen, Wahrheit, Recht und Folter-Eine methodische Betrachtung, in: Blaschke u. a. (Hrsg.), Sicherheit statt Freiheit? Staatliche Handlungsspielräume in extremen Gefährdungslagen, 2005, S. 152f.

② Vgl. Burkhard Koch, Prinzipientheorie der Notwehreinschränkungen, ZStW 104 (1992), S. 818. 虽然 Koch 教授在文中是以违法阻却事由为例，但这种论述同样适用于刑罚排除事由。

③ Vgl. BGHSt 42, 158 (161).

包括抽象的危险,则行为人在预备阶段便中止犯罪就会难以量刑:一方面对于中止造成损害的,应当减轻处罚;另一方面对于预备犯又可以比照既遂犯从轻、减轻或者免除处罚。如此处理无疑会使预备犯的处罚陷入困境,人为地增加司法困难。而且,如果处罚抽象的危险,就必然要处罚法益侵害性更大的具体的危险,那么就又会形成前述的将中止犯条文虚置的困境。最后,实务部门的判决中也认为,危险不属于中止犯中的“损害”,如有判例认为:

上诉人已纠集多人准备械斗,但因恐事态扩大而向公安局机关报警,主动中止犯罪行为并自动有效地防止了犯罪结果的发生,是犯罪中止,且未造成损害后果,依法应当免除处罚。原审判决将其已“造成了潜在的社会危害”的情形认为是造成损害显属不当,应予纠正。上诉人犯聚众斗殴罪,免予刑事处罚。①

在此判例中,上诉人已经纠集了80多人准备进行械斗,根据通说,聚众斗殴罪的着手行为应为“斗殴”,纠集他人的行为只能是聚众斗殴罪的预备行为②,可见在我国实务部门也认为,抽象的危险并不属于中止犯中的“损害”。对此,有学者正确地指出:危害公共法益或者国家安全法益的犯罪,其损害往往要最终还原为具体的物质性损害,行为仅仅停留在造成抽象危害的场合,难以认定为造成了损害。在聚众斗殴罪中,聚众行为对公共秩序仅有抽象的危险,没有具体危险,更没有实害意义上的损害,应当认定为中止犯中的“没有造成损害”。③ 对于已经着手造成具体危险的犯罪行为,我国也有判例指出:

被告人在被害人的小卖部内,持随身携带的折叠刀对被害人实施抢劫,后意识到自身行为的错误后,逃离案发现场。法院认为,被告人在犯罪过程中自动放弃犯罪,是犯罪中止,其抢劫行为未造成损害后果,依法应当免除处罚。④

由此可见,在我国司法实践中,审判机关认为抽象或者具体的危

---

① (2008)三亚刑终字第19号判决书。

② 参见张明楷:《刑法学(下)》(第6版),法律出版社2021年版,第1395页。

③ 参见程红:《中止犯研究》,中国人民公安大学出版社2015年版,第311页。

④ (2015)高新刑初字第41号判决书;类似判决参见(2014)包青刑初字第333号判决书。

险,均不属于中止犯中的“损害”。综上,“损害”应当仅限于行为给法益造成的实害,而不包括行为造成的抽象与具体的危险,当犯罪行为仅对法益造成危险时,都属于“没有造成损害”。

3.“损害”必须是行为人原本欲完成犯罪所保护的法益

是否所有给法益的实害均属于中止犯中的“损害”,学界也并未对此进行充分讨论。有学者认为,没有造成损害,是指没有造成对侵害客体的任何损害结果。[①] 其言下之意是,对侵害客体的任何损害结果都应当属于“造成损害”。类似地,我国也有判例认为:

被告人的故意杀人行为(其后自动中止)已造成被害人轻微伤的法律后果,对于中止犯,造成损害的,应当减轻处罚。遂以故意杀人罪(中止)判处被告人有期徒刑三年,缓刑三年。[②]

本章不赞成此类观点,原因在于,轻微的身体损害并非我国刑法规范所保护的法益,故法院的做法其实以“故意杀人”之名来惩处“轻微伤害”之实,将罪刑规范并不禁止的“轻微伤”作为故意杀人罪中的“损害”,使得故意杀人罪所保护的法益已经超出了刑法的界限,有违罪刑法定原则。因此本章认为,为了坚守罪刑法定原则,应当对之作出两点限缩:(1)损害必须是刑法规范所禁止的侵害结果。(2)损害必须在行为人原本所欲违反的法规所保护法益的范围之内。理由如下:

一方面,脱离法益保护去判断犯罪,将刑法规范并不保护的法益作为中止犯中的“损害”,违背了罪刑法定的基本原则。我国有判决指出:刑法对于中止犯中造成的损害为何种程度的损害并无明确规定,并未明确将轻微伤这一类的损害排除在法律规定的“损害”范围之外,因此判决给被害人造成轻微伤的被告人减轻处罚之做法,并未违反法律规定。[③] 有学者也在文中指出:一旦对幼女采取暴力、威胁或其他手段实施奸淫时,犯意的外在客观行为表现已对幼女的心灵造成巨大、不可估量的损害,出于刑法特殊保护,这种精神上无形的损害应

---

① 陈兴良:《规范刑法学》(上)(第3版),中国人民大学出版社2013年版,第222页。

② (2015)安刑初字第232号判决书;与之完全相反的判决,参见(2009)皖刑终字第0347号判决书。

③ (2018)鲁09刑终259号判决书。

是刑法所否认的。[①] 但是，在行为人的客观行为并没有达到故意伤害罪或强制猥亵罪程度的情况下，将轻微伤或幼女的心灵损害认定为中止犯中的“损害”，进而以故意伤害罪、强奸罪的中止犯论处，其实是以刑法中的故意伤害罪或强奸罪去处罚行政法上的轻微伤或者心灵损害，这种将刑法规范并不禁止的结果作为中止犯中的“损害”，并用刑法加以处罚的行为，是“以刑法之名，行治安管理处罚法之实”，实际上违反了罪刑法定原则。为了避免此类弊端，本章认为，中止犯中的“损害”必须同时满足两方面要求：从质的层面而言，行为所造成的必须是刑法规范所保护的法益；从量的层面而言，损害必须达到了足以定罪的标准。因此，在本部分所列举的两个判决中，虽然行为人都给被害人造成了身体伤害，但均只构成了轻微伤，并未达到故意伤害罪入罪标准中轻伤的程度，因而不满足“量”的要求，而在学者所举之例中，给幼女造成的心理损害并不属于强奸罪所保护的法益（性自我决定权），故不满足“质”的要求，是以上述“损害”均不应当属于中止犯中的损害。正是出于罪刑法定之考虑，本部分所举判例的二审法院也否认将本案中的轻微伤结果认定为故意杀人罪犯罪中止所造成损害，并对其所犯故意杀人罪免予刑事处罚。[②]

此外，必须强调的是，对于部分造成了“损害”的行为，即便行为人中止了随后的行为，放弃完成其本欲实施的犯罪，但只要其中止前行为符合其他犯罪构成，我们也应当坚决认定为犯罪。例如，有判决指出：

虽然被告人在将被害人按压在床上欲实施性侵的过程中强行脱掉了其短裤、内裤和胸罩，并对被害人身体造成轻微损伤的行为，但被告人随后主动中止了犯罪，且被害人身体所受的伤害尚未达到刑法惩处的严重程度，故不能认定其犯罪行为造成了损害，依照法律规定，对于被告人的强奸行为应免除处罚。[③]

诚然，法院认为轻微损伤未达到刑法惩处的程度，并否认其属于中止犯中“损害”的做法值得肯定，但需要注意的是，被告人并不只给被害

---

① 参见程方圆：《中止犯造成“损害”的理解判断新论——以强奸中止犯为视角》，载《河南工程学院学报（社会科学版）》2016 年第 3 期。

② 参见《刑事审判参考》2010 年第 1 辑（总第 72 辑），法律出版社 2010 年版，第 35～37 页。

③ （2018）川 1303 刑初 277 号判决书。

人造成了轻微的身体伤害,更"将被害人的贴身衣物强行脱掉",而这显然是一种足以达到入罪标准的极为严重的强制猥亵行为,若将此类行为认定为无罪,必然产生让人难以忍受的法律漏洞,故应视猥亵程度认定单独成立"强奸罪"(造成损害)的中止犯,抑或同时成立强制猥亵罪与"强奸罪"(造成损害)中止犯的想象竞合犯,并从一重处罚。①

另一方面,中止犯中"损害"的,只能是行为人原本所希望或者放任的、行为性质所决定的犯罪所保护的法益。我国有学者在正确理解损害的上述内涵后指出:故意杀人行为造成被害人数额较大财产损失或名誉毁损时,也应认定为造成"损害"。② 本章不赞成这种观点,因为就刑法分则的规定而言,法益侵害从来都不是停留在抽象的"法益"层面之上,而是以各个具体的犯罪构成要件要素为其法定载体。是以,一个具体的犯罪构成只能保护特定的法益,如果将某一条刑法规范并不保护的法益作为该条刑法规范中止犯中的"损害",则意味着该条刑法规范所保护的法益无边无际,这便导致犯罪构成丧失了区分此罪与彼罪的机能。详言之,构成要件是将该规定试图处罚的违法内容予以类型化的东西,故作为处罚之根据的法益所遭受的侵害或者危险,就必须是包含在构成要件内容之中的法益所遭受的侵害或者危险。这种将该处罚规定所固有的违法内容予以类型化,并排除根据其他的违法内容来加以处罚的机能被称为"违法类型化机能"或者"违法内容特定机能"。③ 因此,如果将所有法益损害均认定为中止犯中的"损害",会出现以此罪名处罚其他法益侵害的景象,它必将导致对犯罪构成要件内涵的模糊化,是对罪刑法定原则隐蔽的破坏,因而并不可取。

案例3 A试图杀害B,在持刀刺杀的过程中,将B价值昂贵(达到故意损坏财物罪数额)的大衣刺坏,后自动放弃。

如前所述,危险并不属于中止犯中的"损害",故若认为A的行为

---

① 此处可参见本章第四部分。认为在强奸过程中对被害人身体敏感部位进行抠摸,随后自动放弃犯罪,虽然构成强奸罪(中止),但并不属于"没有造成损害"的判例,参见(2016)吉03刑终236号判决书;(2019)川0302刑初351号判决书。

② 参见刘艳红主编:《刑法学》(上)(第2版),北京大学出版社2016年版,第252页;张明楷:《中止犯中的"造成损害"》,载《中国法学》2013年第5期。

③ Frister, Helmut Strafrecht Allgemeiner Teil, 9. Aufl., 2020, § 8, Rn. 26ff.

成立故意杀人罪，则处罚A完全是因为其损害了B价值昂贵的大衣，这样的做法其实是以故意杀人罪之名处罚故意毁坏财物之实，从而将构成要件与违法性从内容上完全割裂，将刑法规范转用于有别于其本来旨趣或目的的场合，有违罪刑法定原则。[①]

有学者可能会质疑：在实行行为造成的法益损害超出行为人欲犯之罪所保护的法益射程范围的情况下，难道就无法加以惩处？这样岂不是人为地制造了处罚漏洞？本章不赞成此种观点，而是认为，此时仍然能够对其定罪处刑，但是应当单独定罪，而非挂靠在行为人所欲追求的犯罪罪名之下。一方面，刑法已经对行为人给予宽大处罚，如案例3中，其已经免除了行为人故意杀人的责任，处罚造成其他法益损害的行为并不违背中止犯的立法宗旨，因为如后所述，法条只是规定对"中止犯"免予处罚，对于既遂而无法中止的犯罪当然可以按照犯罪既遂处罚；另一方面，单独定罪有利于避免处罚漏洞，不会造成重罪轻罚之景象。如果将所有的法益损害结果均认定为中止犯中的"损害"，则行为人完全可以在故意毁坏他人价值巨大的衣物后谎称自己是为了强奸而毁坏，最多被判处3年有期徒刑，避免了故意毁坏财物可能判处的7年有期徒刑，如此做法必然有违刑法的正义。

有学者认为：入户盗窃后中止盗窃行为的，若入户行为造成了非法侵入住宅罪所要求的构成要件结果，就应认定为"造成损害"，因为其造成了《刑法》第245条所禁止的侵害他人住宅安宁的结果。[②] 笔者同意论者的结论，但是认为可以将入户造成的法益侵害认定为盗窃罪中"损害"的原因，不是因为行为人侵害了非法侵入住宅罪所保护的法益，而是因为盗窃罪中规定了入户盗窃这一行为模式，而入户盗窃的法益既包括公民的住宅权，又包括公民的财产权，故行为人侵入他人住宅所侵害的法益能为盗窃罪条文所保护的法益所涵盖。换言之，在《刑法修正案(八)》以前，我国没有规定入户盗窃这一盗窃形式，其行为就不应当认定为盗窃罪中的"造成损害"，如果入户行为已经符合非法侵入住宅

---

① 参见[日]松原芳博：《刑法总论重要问题》，王昭武译，中国政法大学出版社2014年版，第39页。

② 参见张明楷：《中止犯中的"造成损害"》，载《中国法学》2013年第5期。

罪的构成要件，便应当将之认定为盗窃罪中止犯的"没有造成损害"，但同时应认为其成立非法侵入住宅罪。

（三）中止犯"造成损害"责任之实质解释

案例 4　A 试图枪杀 B，在一枪未击中 B 后，子弹穿越树丛，将 C 打伤（没有预见可能性），A 随后自动放弃犯罪，C 的重伤是否为中止犯中的"损害"。

案例 5　D 试图杀害 E，明知 F 与其在一起聊天（有预见可能性而没有故意），仍然朝 E 射击，E 毫发无损，F 受重伤倒地，D 自动放弃犯罪并送 F 去医院，F 的重伤，能否认定为中止犯中的"损害"。

以上两个案例的共同点是：被害人重伤的结果均属于前述"损害"的范围，不同之处仅在于行为人的主观责任：在案例 4 中，A 对 C 的死亡完全没有预见可能性，属意外事件；案例 5 中，D 对 F 的重伤结果按照具体符合说有过失责任；根据法定符合说存在故意责任。如果认为，只要造成了损害就可以认定为中止犯中的"损害"，则上述两个案例均可以成立中止犯中的"造成损害"。但是如此做法的正当性却值得思考。要将刑罚予以正当化，仅凭行为人实施了侵害行为这一点还不够，还要求行为人对该行为负有责任，行为人若无责任，就不能受处罚，这是责任主义的基本含义。① 根据前述限制条件，欲杀一人而造成他人的损伤，符合"损害"的全部要求。但是，违法与有责是成立犯罪的两大支柱，仅有法益损害结果而没有故意或者过失，其行为就不成立犯罪。故就中止犯而言，纵然行为在客观上造成了损害，但若其对损害并没有故意或者过失，也不能将之归责于行为人，故不得认定为中止犯中的"损害"，如果将行为人在没有预见可能性情况下所造成的损害也认定为"中止犯"中的损害，无异于让其为原本不应当负责的"意外致人死亡"承担刑事责任，有违责任主义。

接下来的问题便是，行为人对损害具有何种责任要素时，才能认定为其造成了中止犯中的"损害"？本章认为，"损害"不可能由过失的心态造成。首先，根据我国刑法条文的规定，过失犯罪中不可能存在中止犯，故也不可能存在"造成损害"的中止犯。一方面，成立中止犯必须要

① 山口厚『刑法總論（第 3 版）』（有斐阁，2016 年）6 頁参照。

“在犯罪过程中，自动放弃”犯罪，但过失犯的判断方式是从结果开始，再回溯判断行为是否违反注意义务与行为人能否预见该结果，[①]其并不存在犯罪预备、着手等过程，而只有成立（既遂）与否的问题，[②]故在过失犯发生以前，我们并不能够确认犯罪过程的存在。换言之，过失犯并不存在“犯罪过程”，更遑论“放弃犯罪”。另一方面，从结果要件上分析，刑法要求成立中止犯必须“防止犯罪结果发生”，故中止犯的成立以行为人原本预期的犯罪结果没有发生为前提，而根据我国《刑法》条文的规定，唯有出现实害结果，方能成立过失犯。如《刑法》第 15 条规定，过失犯罪的成立条件是“发生这种结果”，第 233 条过失致人死亡罪的成立条件是“过失致人死亡的”，既然过失犯罪以出现现实的损害结果为成立条件，其当然不可能再“防止犯罪结果发生”。因此，过失犯罪并不满足中止犯“在犯罪过程中”及“防止结果发生”之要求，也就不可能成立中止犯。其次，在故意犯罪中，不可能存在过失造成的“损害”。如前所述，本章认为，“损害”必须在行为人原本所欲违反的法规所保护法益的范围之内，故行为人本欲实施的犯罪与其“损害”所成立的犯罪之间处于“法条竞合”之关系。根据法条竞合的基本原理，不可能出现行为人对欲完成的重罪持故意心态，而对犯罪完成过程中可能造成的损害（即轻罪）持过失心态。因为故意与过失虽然在概念上是相互排斥的，但从规范的角度看，二者其实处于一种“规范性等级关系之中”（normativen Stufenverhältnis），即故意犯罪表现的对法益损害的态度更为强硬，而过失犯罪表现的对法益损害的态度较为软弱。[③] 在行为人以强硬的态度侵害更重要的法益时，其必然对侵犯更为轻微的法益持同等强硬甚至更为强硬的态度，而不可能持更加软弱的态度。例如，我们不可能认为：A 预谋故意杀害 B，但在杀害过程中过失造成了 B 的重伤；而只会认为：A 想故意伤害 B，却过失造成了 B 的死亡。因此，既然

---

① 参见林山田：《刑法通论》（下册）（增订 10 版），北京大学出版社 2012 年版，第 125 页。

② 参见张明楷：《刑法学（上）》（第 6 版），法律出版社 2021 年版，第 428 页。

③ Vgl. Christos Mylonopoulos, Das Verhältnis von Vorsatz und Fahrlässigkeit und der Grundsatz in dubio pro reoEine strafrechtlich-rechtstheoretische Untersuchung, ZStW 1987, S. 700; BGHSt 32, 48(57).

中止犯中的行为人对侵害重罪的法益持故意心态，则其对侵犯轻罪的法益也必然是持故意心态，故中止犯中的“损害”不可能包括过失或者意外造成的结果，而只能包括故意造成的结果。

根据上述分析，在案例4中：C的死亡属于A无法预料的意外事件，不应认定为“损害”，C成立中止犯且没有造成损害，应当免于处罚。而在案例5中，此时的结论取决于打击错误时的理论抉择。详言之，如果坚持法定符合说，会认为D对F的重伤存在故意，其救助F的行为属于成立故意杀人罪的中止行为，F的重伤结果也属于中止犯中的“损害”，对D应当认定为故意杀人罪中止犯中的“造成损害”，处3～10年有期徒刑；而根据具体符合说，则会认为D对F的重伤仅承担过失责任，故F的重伤结果不属于中止犯中的“损害”，D自动放弃继续杀害E的行为成立中止犯，且并未造成损害，应当免予处罚，造成D重伤的行为成立过失致人重伤罪，处3年以下有期徒刑或者拘役。

综上，只有当“损害”的质与量达到了某种轻罪的既遂程度，而该既遂的轻罪保护的法益能够为中止的重罪保护的法益所涵括，且行为人对造成损害的法益存在故意之时，才能够认定为中止犯中的“损害”。

三、中止犯“造成损害”后定罪与量刑的均衡路径

如前所述，本章认为，中止犯中的“损害”其实已经是轻罪的既遂，且其与行为人欲达成的犯罪间为法条竞合关系，故问题在于，当行为人同时构成重罪的中止与轻罪的既遂时，应当如何定罪？我国有学者认为：因为我国《刑法》分则规定法定刑较重，当行为人中止重罪又构成轻罪的既遂犯时，仅认定为重罪的中止，并按重罪的法定刑减轻处罚，此种做法完全能够做到罪刑相适应。①

本章不完全赞成此种观点，赞同之处在于，因为我国多数犯罪的基本刑为3～10年，加重构成为10年以上有期徒刑至死刑，故重罪的中止与轻罪的既遂在刑期上完全重合，以重罪的中止论处也能够做到罪刑相适应。否定之处则在于，论者的做法在部分情况下也难以做到罪

---

① 参见张明楷：《中止犯中的“造成损害”》，载《中国法学》2013年第5期；陈洪兵：《准抽象危险犯概念之提倡》，载《法学研究》2015年第5期。

刑相适应。首先，纵然我国《刑法》分则规定的法定刑较他国为重，但这是因为我国与他国社会观念、民众思想等并不相同，并不能够直接得出刑罚配置不合理之结论，故在法条有明文规定的情况下，我们仍然应当尊重立法者的规定，将类似案件可能被判处的刑罚相互比较，来判断是否符合罪刑相适应原则，而不应当空谈某种规定能否做到罪刑相适应，更不应当根据解释者自身的价值判断加以评判。其次，由于我国《刑法》分则条文的特殊规定，在部分极端案例中却难以满足罪刑相适应原则之要求。

案例6　A 预谋以特别残忍手段致 B 严重残疾，将 B 四肢砍断后“中止”，将 B 送往医院，并谎称自己原来想杀害 B。

由于我国司法实务中极为重视口供，故行为人承认想要实施更重犯罪的证言总是更容易被司法机关所采纳，本案在司法实践中极有可能被认定符合我国《刑法》第 24 条的规定，成立造成损害的中止犯，进而以故意杀人罪定罪并减轻处罚，处 3～10 年有期徒刑。但是，这样的结论显然让人难以接受，至为明显的是，如果 A 仅以伤害的故意，将 B 四肢砍断致使 B 严重残疾，其将会毫无疑问地成立故意伤害罪中的以特别残忍手段致使他人严重残疾，处 10 年以上有期徒刑至死刑。但是这两个案例的法益侵害性并无不同，前者的特殊预防必要性甚至更大，判处的刑罚却比后者更轻，明显有违罪刑相适应原则。又如，C 欲在公众场合强奸 D，并在压制 D 反抗过程的过程中实施了足以被评价为情节极为严重的猥亵行为，后因悔悟而中止。根据条文规定，在公众场合实施情节极为严重的猥亵行为，可以判处 5～15 年有期徒刑，而在公众场合强奸的中止犯，则仅能判处 3～10 年有期徒刑，若仅以重罪的中止犯论处，显然难以实现罪刑相适应。再如，行为人在实施了情节极为恶劣的强制猥亵行为（足以判处 5 年的程度）后主动中止，并在司法机关面前坦白从宽：我原本想要强奸，反而成立强奸罪“造成损害”的中止犯，最多只能判处 3 年有期徒刑。最后，论者的观点存在自相矛盾之处。论者在结果加重犯的中止犯中认为：如果结果加重犯的中止造成损害，则需要按照《刑法》第 63 条的规定，对加重犯减轻处罚所应适用的法定刑与基本犯的法定刑进行比较，然后适用其中较重的法定刑。① 但是,结果加重犯其实也是基本犯的特别法条,为何在结果加重犯中需要对被害人从一重处罚,而在其他特殊法与一般法中却又从轻处罚——用论者的话来说:不应超过轻罪的法定刑裁量刑罚——论者却并未给出任何理由。

本章认为,在此种极端情况下,应当首先考虑排除中止犯的适用,因为其并不符合中止犯减免处罚依据中刑事政策的目的。② 关于中止犯减免处罚的依据,德日的主流观点已经从褒奖理论、金桥理论转为刑法目标理论(Strafzweck-lehre)。该说认为,对于基于自己意思实施了中止行为的人,根据其对法益敌对态度的消灭,降低了改善或者教育的必要性,也降低了一般人的法益尊重意思的觉醒这一意义上的一般预防的必要性,因此降低了该未遂行为的要罚性。③ 根据这种融合了刑事政策与责任减少说的目标理论,在认定是否成立中止犯时,需要考虑两个要素:一是从规范的层面判断行为人的中止行为是否确实出于其对法规范的尊重,因而从积极的特别预防角度考量,行为人的特别预防必要性减少;④二是从刑事政策的层面考量,减轻甚至免除已经造成法益损害行为的刑罚,是否会导致公众对规范效力的不信任,二者缺一不可。我国台湾地区学者黄荣坚教授在论述中止犯必须未达既遂的理由中指出:如果对于犯罪既遂的行为人,只要在既遂结果发生之前表现诚挚的中止行为,都可以获得法律效果上的优惠,则有计划的行为人都可以肆无忌惮地着手犯罪,亦即任何人杀人都可以有计划地采取绝对有效的致死行为,然后也有计划地把被害人送医,并且最后也依其计划获得减轻或者免除其刑,如此,中止的规定等于全面鼓励犯罪。⑤ 可见立

---

① 张明楷:《简论部分的中止》,载《法学杂志》2013 年第 4 期。

② 日本学者野泽充指出:中止犯减免处罚的依据能够让我们正确地判断中止犯的成立范围,进而对中止犯的定罪与量刑有更好的认识。是以,中止犯的成立范围与处其减免处罚的依据息息相关。野泽充『中止犯の理論的構造』(成文堂,2012 年)373 頁参照。

③ Vgl. Baumann/Weber/Mitsch/Eisele, Strafrecht Allgemeiner Teil, 12. Aufl., 2016, § 23, Rn. 11;松宫孝明『刑法总论讲义(第 5 版补订版)』(成文堂,2018 年)246 頁参照。

④ 伊东研祐『积極的特別予防と責任避難』『香川達夫先生古稀祝賀———刑事法學の課題と展望』(成文堂,1996 年)275 頁参照。

⑤ 参见黄荣坚:《基础刑法学》(下)(第 4 版),台北,元照出版有限公司 2012 年版,第 560 页。

法者在设立中止犯之初,便已经预料到将既遂犯也纳入中止之范围,必然引发极大的法律漏洞,故将既遂犯排除在中止犯的范围之外。然而,我国《刑法》对于“造成损害”处罚之规定,也有产生如黄教授所言的处罚漏洞,如果某一行为人有计划地依据刑法典中减轻处罚的规范来行事——因为他确信,即使实施不法行为也可以少受刑法处罚——那么是否还应当对其宽大处理呢？答案显然是否定的,因为此时认可其成立中止犯,并不是给行为人架设的一座迷途知返的“黄金桥”,而是给其铺设了一条逃避重刑的“黄金桥”,不仅使中止犯沦为违法犯罪的天然屏障,也将大大瓦解刑法一般预防的效果,使公众对规范效力的信任丧失殆尽。刑法解释并非纯逻辑演绎的结果,而必须追求目的理想,将刑事政策的考量引入刑法解释学,有助于目的理性的解释论的形成,后者是目的理性的刑法教义学的有机组成部分。[①] 因此,纵然某种情形从形式上看完全符合法律规定,但已经与立法者设立条款的初衷相悖时,我们仍然应当否认该条款的适用,故在案例 6 中,应当否定行为人成立故意杀人罪的中止犯,径直以故意伤害罪定罪量刑。

退一步而言,即便司法机关因为其在客观上完全符合中止犯的成立条件而认定其成立中止犯,我们也可以认为,此种情况下既构成重罪的中止,又构成轻罪的既遂,二者成立想象竞合犯,从一重处罚,此种做法既能够满足罪刑相适应原则之要求,又不会有违立法者设立中止犯之初衷。一方面,“从一重处断”的做法并不违反刑法条文的规定。《德国刑法典》第 24 条规定:行为人自愿地放弃行为的继续进行或者阻止其完成的,不因为力图而受处罚。因其对中止犯仅规定了免除处罚一种法律后果,如果对造成伤害结果的故意杀人罪中止犯也免除处罚,就必然导致罪刑不均衡。所以,德国的通说与实践均认为,如果在未遂中包含了既遂的犯罪(qualifizerter Versuch),则该行为不因自动中止而不受处罚。在法条竞合或者想象竞合中,只要重罪的中止犯造成轻罪的既遂,既遂行为就不能因为行为人同时实现其他犯罪的未遂或中止而不受处罚。[②] 例如,在入室盗窃中止情况下,能够成立毁坏财物罪和侵

① 劳东燕:《刑法中的学派之争与问题研究》,法律出版社 2015 年版,第 182 页。

② Vgl. Jäger, in: SK StGB, 9. Aufl., 2017, § 24, Rn. 112; BGHSt 10, 230 (232f).

犯住宅安宁罪;虽然不处罚强奸罪的中止犯,但可能构成强制猥亵罪;中止毒杀未遂却已经构成既遂的身体伤害,成立故意伤害罪。罗克辛教授认为,这一点能够从第 24 条第 1 款第 1 项的文字中推断出来,因为这个条文仅仅是排除了由于未遂的刑事可罚性,而不是简单地排除了这种刑事可罚性,这个已完成的犯罪仍然具有刑事可罚性。① 德国法院也在判决中指出:行为人出于自由意志停止强奸的,能够成立强奸罪的中止犯,但其仍然有成立强制猥亵罪的余地,因为在此情况下,只有中止是不可罚的。② 由此可知,虽然德国关于中止犯的条文规定了不得以行为人欲实施的犯罪的未遂来处罚中止前行为造成的损害,但是为了避免处罚漏洞,实现公平正义,理论及实务仍然会以其他犯罪的既遂来处罚中止前行为造成的损害。参照德国学者的解释方式,我们也可以对我国《刑法》第 24 条第 2 款的规定作出全新的解读,即就行为人自动中止的重罪而言,没有造成损害的,应当免予处罚;造成损害的,应当按照重罪既遂的刑罚减轻处罚;但由于中止犯的条款并未排除已经既遂的犯罪的刑事可罚性,因此,我们同时也可以用既遂的轻罪来处罚中止前行为造成的损害。换言之,中止犯的条文仅能够避免对中止的重罪处以既遂犯的刑罚,而无法避免对中止犯处以其他既遂的轻罪的刑罚。因为"中止犯的恩典,是减免属于中止之对象的未遂犯的刑罚,不包括减免其他犯罪的刑罚"。③ 综上,立法者在中止犯的条文中确实规定了"中止犯"的处罚规则,但该规则仅适用于中止的犯罪,却并不适用于已经因既遂而难以成立中止犯的其他犯罪,故认定此时成立其他犯罪之做法,并不违反罪刑法定原则。

另一方面,"从一重处断"的做法符合教义学的基本原理,且更能满足罪刑相适应原则。由于本章认为中止犯中既遂的轻罪与中止的重罪属于法条竞合的关系,故重罪的故意必然包含了轻罪的故意;又因为造成损害的行为只能是重罪的实行行为,而不能是中止行为,所以轻罪的既遂必然发生在重罪的中止以前,而在轻罪既遂的情形下,重罪的中止

---

① Vgl. Roxin, Strafrecht Allgemeiner Teil Bd. 2, 2003, § 33, Rn. 229.

② Vgl. BGHSt 7, S. 300.

③ 松原芳博『刑法總論(第 2 版)』(日本评论社,2017 年)344 頁参照。

并不能回溯性地减少轻罪的违法性。正因如此，多数国家与地区均承认轻罪独立的违法性。例如，《日本刑法典》第 43 条规定：“基于自己的意志中止犯罪的，应当减轻或者免除处罚。”日本通说认为，当轻罪与重罪是科刑一罪的场合，则各个犯罪应当分别评价；而当轻罪与重罪之间是法条竞合的关系，则根据特别法条优于普通法条的原则，只能按重罪的中止犯论处。[①] 但是，日本判例并没有采纳通说之观点，而是认为，中止犯实质性的处罚根据应当包括轻罪的既遂，即便减轻处罚，也应当在其包含的既遂犯的法定刑上量刑。例如，放火罪的中止犯中仅造成了器物毁坏的，也应当处 3 年以上惩役。[②] 可见日本实务界为了满足罪刑相适应原则，并没有采纳通说的观点，而是一律从一重处罚。又如，我国台湾地区“刑法”第 27 条规定：已着手于犯罪行为之实行，而因己意中止或防止其结果之发生者，减轻或免除其刑。但是台湾学者却指出：以上效果仅止于因中止而未遂的犯罪之中，如果其中包含了既遂的犯罪，则既遂之犯罪不受中止犯减免处罚之影响。[③] 例如，我国台湾地区“刑法”规定，故意杀人罪的中止犯减轻处罚后只能判处 10 年以下有期徒刑，而故意重伤罪可以判处 5 ~ 12 年有期徒刑，则在 A 欲故意杀害 B，却给其造成极为严重的伤害后中止的情形中，若依中止犯之规定，将会判决比故意伤害罪更轻。正是为了避免此类轻重失衡的情形，台湾有学者指出：如果给被害人造成了伤害，则故意伤害罪的法定刑便形成了一种类似于想象竞合犯中“轻罪的封锁作用”，法官的量刑不能低于伤害罪法定刑的最低限度。[④] 也有部分学者认为，此时以故意重伤罪论处更能够做到罪行相适应。[⑤] 又如，虽然德国通说认为，故意杀人罪与

① 吉田敏雄『未遂犯と中止犯（第 2 版）』（成文堂，2014 年）228 页参照；虫明满『包括一罪の研究』（成文堂，1992 年）313 – 321 頁参照。

② 西田典之 = 山口厚 = 佐伯仁志编『注释刑法（第 1 卷）』（有斐阁 2010 年）702 頁参照。

③ 参见徐育安：《中止犯》，载《法学讲座》2002 年第 11 期。

④ 我国台湾地区“刑法”第 55 条规定：一行为而触犯数罪名者，从一重处断。但不得科以较轻罪名锁定最轻本刑以下之刑。台湾学界认为这是《刑法》对于想象竞合犯中“轻罪的封锁作用”的规定。参见蔡圣伟：《刑法问题研究（二）》，台北，元照出版有限公司 2013 年版，第 391 页。

⑤ 参见黄常仁：《刑法总论：逻辑分析与体系论证》，台北，新学林出版股份有限公司 2009 年版，第 198 页。

故意伤害罪之间为法条竞合关系，故在一般情况下，故意杀人罪未遂时造成的身体损害，都会为故意杀人罪的条文所涵括，直接以故意杀人罪未遂定罪量刑即可，但是由于《德国刑法典》第 211 条规定，故意杀人罪处 5 年以上有期徒刑至无期徒刑，第 226 条又规定，重大伤害罪处 1 ~ 10 年有期徒刑，故其通说与判例均认为：一个完成的、也许非常严重的身体伤害所具有的不法内容，会无法恰当地包含在一个不能没有产生后果的杀人未遂的刑罚之中，在此情况下应当认为二者成立想象竞合犯。[①] 由此可以看出，多数国家和地区都没有按照中止犯的条文死板地定罪量刑，而是在罪刑相适应原则的基础上在不同案件中采取不同的方略，如前所述，此种解释方法并不违反罪刑法定原则，因而也能够在我国得以运用。

此外，根据前述支持"中止犯论"学者的最新观点推断，其应当也赞成轻罪既遂说。张明楷在文章中指出：如果认定为杀人罪导致处罚较轻，因而不能评价特殊伤害的不法内容时，就不得按照法条竞合处理，而应认定为想象竞合，按特殊伤害的既遂量刑。[②] 据此，在行为人以特别残忍手段实施杀人行为，致人重伤且造成严重残疾后未遂的情况下，若还死板地按特别法优于一般法的原则认定为故意杀人未遂，就有可能对行为人从轻或者减轻处罚，使行为人遭受的处罚反而轻于故意伤害罪中"以特别残忍手段致人重伤造成严重残疾"的处罚。显然，这样的处罚不能充分评价行为人"以特别残忍手段致人重伤造成严重残疾"的不法内容，故论者转而指出：此时应认定为想象竞合，从一重罪处罚。亦即认定行为触犯数罪，同时适用故意伤害罪的 10 年以上有期徒刑、无期徒刑或者死刑的法定刑，且不再适用未遂犯的从宽处罚规定，才能做到罪刑相适应。[③] 可见论者认为，即便重罪与轻罪是法条竞合关系，当在重罪的未遂不能完整地评价轻罪的既遂之时，也不得按照法条竞合加以处理，而应当认为二者成立想象竞合，从一重处罚。按此逻辑，因中止犯中行为人本欲完成的犯罪与造成的损害（既遂的轻罪）也为想

---

① Vgl. Rissing-van Saan/Zimmermann, in: Leiziger Kommentar StGB, 12. Aufl., 2019, § 212, Rn. 82; BGHSt 44, 196 (198f).

② 参见张明楷：《法条竞合与想象竞合的区分》，载《法学研究》2016 年第 1 期。

③ 参见张明楷：《法条竞合与想象竞合的区分》，载《法学研究》2016 年第 1 期。

象竞合关系,在中止犯中的“损害”对法益的侵害性已经超过了中止犯所能评价的不法内容之时,应当通过实质解释将之认定为中止的重罪与既遂的轻罪的想象竞合犯,进而从一重处罚。因此在案例6中,司法机关应当认定A同时成立故意杀人罪的中止与“以特别残忍手段致人重伤造成严重残疾”,二者成立想象竞合,从一重处断。

四、结语

随着大批德日刑法学者的回归,众多德日刑法理念也被引入我国,这固然有助于教义学研究的不断深入,但同时也让部分学者过于重视我国与德日刑法的共通部分,却忽略了对我国特色条款的挖掘,不但使得我国的刑法学研究缺乏具有中国特色的、具有引领性且富有传播特质的话语概念,[①]也使得理论与实务之间的鸿沟不断扩大。因此,立足于本土资源,借鉴域外理论解释司法实务中真正存在问题的中国特色条款,才应当是研究的当务之急。出于此种考虑,本章在借鉴德日刑法教义学相关理论的基础上,对我国独有的中止犯中之“损害”概念及造成“损害”后的定罪量刑进行研究。首先,就损害的成因而言,应当将造成损害的行为限定于行为人为达到犯罪既遂而实施的行为,而不能是放弃犯罪或挽救法益的中止行为。其次,就损害客观表现而言,应当注意如下几点:第一,“损害”包括物质损害与非物质损害,否则将不利于保护法益;第二,“损害”只包括行为人给法益造成的实害,而不得包括给法益造成的危险,否则将使中止犯的立法形同虚设;第三,“损害”应当在行为人原本所希望或者放任的、行为性质所决定的犯罪所保护的法益射程范围之内,且必须是刑法规范所禁止的侵害结果,否则有违反罪刑法定之嫌。再次,就损害的主观心态而言,只包括故意造成的结果,而不得包括过失造成的结果,否则会有违责任主义。最后,就造成损害后的定罪与量刑而言,在一般情况下应认为行为人成立其原本欲实施重罪的中止犯,并对其减轻处罚,但是在重罪的中止不能完整地评价轻罪的既遂之时,应当认为二者成立想象竞合,以轻罪的既遂定罪量刑,方能做到罪刑相适应。

---

① 参见刘艳红:《以科学立法促进刑法话语体系发展》,载《学术月刊》2019年第4期。

第七章　人工智能时代技术风险犯罪化的实质性批判

目　次

一、智能技术背景下的风险类型

人工智能这一用语正在变得越发日常化，当前智能技术的进化速度令人惊愕，第三次人工智能繁荣的时代已经来临。智能技术的进步体现为，我们无意识地使用人工智能的情形越发常见，人工智能不知不觉地渗透我们的日常生活。当今世界，把人工智能作为构成要素的信息通信互联网系统所引发的第四次技术革命正在进行中。[①] 人工智能网络系统以前所未有的速度和规模，促进既有产业结构和就业结构的变化。与此同时，通过

---

① 《科学技術基本計画》（平成 28 年 1 月 22 日閣議決定）10 頁、産業競争力会議「成長戦略の進化のための今後の検討方針」（平成 28 年 1 月 25 日）、「日本再興戦略 2016 – 第 4 次産業革命に向けて – 」（平成 28 年 6 月 2 日閣議決定）2 頁以下等参照。另参见 Kluas Schwab, The Fourth Industrial Revolution (2016)；俞思瑛、季卫东等：《对话：技术创新、市场结构变化与法律发展》，载《交大法学》2018 年第 3 期。

创设新型产业,促生各种附加价值,对于传统经济和产业的根本变革起到引爆性作用。智能技术所产生的变革并不仅仅在于经济和产业领域,甚至会对整个社会、人类都带来颠覆性的改变。

然而,如同"工业社会为绝大多数社会成员造就了舒适安逸的生存环境,同时也带来了核危机、生态危机等足以毁灭全人类的巨大风险"①一样,在工业社会迈向网络社会甚至是智能社会的当下,人工智能在带来巨大社会利益的同时,更隐藏了潜在的风险浪潮。对于风险的评价,是以对将来的预测为依据的,因尖端科学技术等引起的现代化风险,对于新型风险的创设,没有足够的经验积累,通过经验来对将来进行预测,进而评价是很困难的。② AI网络化的风险也是如此,很难对危害发生的准确率以及规模进行预测。但是,参照以往尖端技术产生发展过程的经验,对在智能技术背景下可能产生的风险,仍然可以作出一定的归类。刘宪权教授将人工智能可能产生的风险作了概括,统称为技术风险,认为这种技术风险包括三种:"1.人工智能技术通过一定的算法对大数据进行深度学习,该过程的实现最终可能对人类现有的制度造成一定的冲击。""2.人工智能技术对于公民个人信息和隐私的侵犯可能是史无前例的。""3.人工智能产品存在风险,此为人工智能技术的'外在风险',即利用人工智能技术生产、研发的产品可能对人类社会生活造成威胁。"③这种分类相互之间存在交叉融合,不具有相互的独立性;而且此种分类方法有将技术风险与犯罪风险混为一谈的嫌疑。技术风险往往表现为技术缺陷,而犯罪风险则体现为主动故意犯罪,两者有明显的区别。为了能够进一步地划清人工智能时代可能出现的风险类型,进而为风险防范对策提出更有针对性的建议,笔者将智能时代的风险划分为技术缺陷风险和犯罪伦理风险两种。

"技术风险"一词源于贝克的风险社会理论。"贝克所说的风险社会的风险并不是一般意义上的工业社会的风险,而是后工业社会的风

---

① [德]乌尔里希·贝克:《从工业社会到风险社会(上篇)——关于人类生存、社会结构和生态启蒙等问题的思考》,王武龙译,载《马克思主义与现实》2003年第3期。

② 山田洋『リスクと協働の行政法』(信山社,2013年)5-6頁。

③ 刘宪权、林雨佳:《人工智能时代技术风险的刑法应对》,载《华东政法大学学报》2018年第5期。

险,主要是指技术风险。这个意义上的风险首先是技术风险,‘技术风险’是随着科学技术的广泛应用而导致的社会各个领域发生的风险”。[①] 与技术有关的风险包括:“交通事故、矿难事故、医疗事故、飞机失事、信息安全事故”等。[②] 由此可见,在智能技术的背景下,技术风险主要表现为技术缺陷危险。比如在自动驾驶汽车的场合下,“在初级阶段,自动驾驶汽车无法完备所有技术细节,导致在部分情况下遇到高速行驶的大货车自右向左驶来,难以躲闪”,[③]从而发生交通事故。此时可能会导致自动驾驶汽车的设计、生产者陷入刑事诉讼的风险。[④] 另外,比如医疗领域,“使用机器人进行手术或者治疗,虽然能够进入到当前治疗技术所无法涉及的人体部位,并且会大大减轻侵袭的程度,使得患者的负担大为降低,实现治疗时间缩短的效果,但是,治疗并不会总是成功的,使用机器人进行手术或者治疗,可能会导致发生严重的医疗事故”。[⑤] 总的来说,技术缺陷风险发生在智能技术的不成熟期,往往呈现过失犯罪的形态。

犯罪伦理风险则体现为在人工智能技术已经发展到高度阶段,“智能机器人就大大超越了以往没有灵性的机器,能够替代人类来完成一些工作任务,形成人机共处的工作和生活环境。这样,它在“给我们带来无尽欣喜与期望的同时,也逐渐挑战着我们既有的法律、伦理与秩序”。[⑥] 犯罪伦理风险既包括被动利用型犯罪风险,也包括狭义的犯罪伦理(主动攻击型)风险,狭义的犯罪伦理风险是指既有的规范体系无法回应未来可能出现的伦理灾难。

被动利用型犯罪风险主要是指人故意利用人工智能技术实施犯罪

---

① 陈兴良:《风险刑法理论的法教义学批判》,载《中外法学》2014 年第 1 期。

② 参见徐万龙:《风险刑法理论之辨正》,载《刑事法评论》2014 年第 2 期。

③ 储陈城:《自动汽车程序设计中解决“电车难题”的刑法正当性》,载《环球法律评论》2018 年第 3 期。

④ 此类案件并非没有先例,如日本三菱汽车轮胎脱落案,松宮孝明「三菱自工車両車輪脱落事件最高裁決定」立命館法学 343 卷 3 号(2012 年)2049 頁参照。

⑤ Lisa Blechschmitt, Der Fahrlässigkeitsmaßstab im Zivil-und Strafrecht am Beispiel des Einsatzes von Medizintechnik im Rahmen ärztlicher Behandlung, In: Erick Hilgendorf/Sven Hötitzsch(Hrsg.),Das Recht vor den Herausforderungen der modernen Technik, S. 115 ff.

⑥ 马长山:《人工智能的社会风险及其法律规制》,载《法律科学》2018 年第 6 期。

的风险。在弱人工智能时期，虽然人工智能、机器人自身一直都被认为不具有犯罪主体资格，[1]但是其被利用的过程可能会产生犯罪的情形。比如在毒品交易、抢劫等违法行为中，机器人可能会存在被用于此种犯罪。在强人工智能时代，利用人工智能实施犯罪的情形包括，可能会出现电话的相对方无法被辨别是人类还是人工智能，在分析大数据，把握详细个人信息的基础上，运用深度学习分析结果，用人工智能伪装成被害人的亲属来实施诈骗行为，这种机器学习和模式认识的精度会大幅提升，因此诈骗导致的被害程度会远远比传统情形更严重。对于此类犯罪风险，通过间接正犯理论即可得到解决，因此并不为刑法学者所重点研究的对象。

虽然各界对于强人工智能时代的到来还持保守的态度，但是对于这一全新时代的到来，亦没有完全否定。比如因为围棋等需要人类发挥高度智慧的比赛中，人工智能也常常能够战胜人类。直面其中的状况，甚至有人悲观地认为，将来人类会败给人工智能，被人工智能所支配。[2] 人工智能技术与历史上前几次技术革命并无二致，对于技术高度发达后所带来的失控，都可能会给人类带来灾难。无论是核技术还是克隆技术均有此风险。在强人工智能时代，人工智能一旦具备了类人类的属性，可能会出现人工智能自主性实施侵害法益的案件，比如自主性杀人机器人（Autonomous Weapon Systems），[3]由于强人工智能具有远超越于人类的能力，而人类可能无法采取有效的预防措施。因此，这种狭义的犯罪伦理风险，理所当然地成为各国刑法学者所关注的中心。

但是，无论是智能技术还是人工智能网络系统的设计、规则都是

---

① 即便主张人工智能主体资格的学者，也认为在弱人工智能时代，机器人不具有犯罪主体资格。参见刘宪权：《人工智能时代的“内忧”“外患”与刑事责任》，载《东方法学》2018 年第 1 期。

② 参见何怀宏：《奇点临近：福音还是噩耗——人工智能可能带来的最大挑战》，载《探索与争鸣》2018 年第 11 期。

③ See Alan L. Schuller, *At the Crossroads of Control: The Intersection of Artificial Intelligence in Autonomous Weapon Systems with International Humanitarian Law*, 8 Harv. Nat'l Sec. J. (2017)；岩本誠吾「致死性自律型ロボット（LARs）の国際法規制をめぐる新動向」産大法学 47 巻 3・4 号(2014 年)330 頁。

由人类完成的。人类构建人工智能网络系统，使得连接各个人工智能的网络系统高度化，通过使用人工智能，能够促进新型社会的形成。而处在人工智能飞跃发展的黎明期的当代，对于人类通过对 AI 网络系统的适用，作为主体来形成新型社会所需要的指南，是需要讨论的话题。

二、我国智能技术风险应对政策的失位

虽然，智能技术可能存在上述风险，但是从智能技术给人类所带来的前景优势角度来看，各国对于风险的重视程度与防范对策，还处于失位状态。

目前，人工智能正在我们的日常生活中扮演着越来越重要的角色。人工智能原则的主要目标之一是改进机器和系统，使他们能够推理、学习、自我收集信息、创造知识、自主交流，并以意想不到的方式操纵他们的环境。[①] 因此，有人断言，在不久的将来，人工智能将取代或加强人类的所有职业。[②] 人工智能将对我们的公共领域、生活领域和产业领域，带来巨大的便利。比如在公众领域，会给我们的公共基础建设带来便捷，帮助我们更好地进行数据收集、分析和预测，应对异常的气候和灾害。更好地帮助人类建设舒适、安全和效率的智慧城市系统。在生活领域，能够通过各种人工智能机器人的使用，实现人类日常生活的辅助化，甚至与人类的自然对话。在产业领域，人工智能将会通过自动栽培、农业无人机等，大幅度提高农业生产效率和产量。与此同时，人工智能在制造业、建设业、金融业、物流运输业、医疗护理行业、教育研究以及服务业等方面的潜力，不一而足。[③]

显然，由于人工智能技术所具有的广阔前景和智能优势，使各国都

---

① See Avneet Pannu, *Artificial Intelligence and Its Application in Different Areas*, 4 Int'l J. Engineering & Innovative Tech. 79, 84 (2015).

② See Karamjit S. Gill, *Artificial Super Intelligence: Beyond Rhetoric*, 31 AI & SOCIETY 137, 137 (2016).

③ 参见西田豊明「選択肢としての人工知能」情報管理 60 巻 9 号（2017 年）655 頁；日本経済産業政策局「ビッグデータ・人工知能がもたらす経済社会の変革」2015 年 4 月 21 日；日本総務省「平成 28 年版情報通信白書のポイント」232 – 241 頁；Sabine Gleß, Thomas Weigend, Intelligente Agenten und das Strafrecht, ZStW 126(2014), S. 561ff.

在觊觎智能技术领域的未来竞争。例如,美国就人工智能领域的技术,已经形成了以政府部门、大型企业和研究机构为核心的立体化战略格局。政府部门以美国国防高级研究计划局(DARPA)为主体牵头进行,早在2004年,其所发表的《美国国防高级研究计划局大挑战(2004)》[DARPA Grand Challenge (2004)]中就提到了实施人工智能无人驾驶汽车计划。2011年6月奥巴马总统倡议,要对人工智能领域相关的技术开发、商用化提供积极的支持。IBM、谷歌、微软等大型企业都先后启动了人工智能研究项目。相关科研教育机构,比如斯坦福大学、麻省理工学院等都纷纷设立人工智能研究机构,投入巨额资金进行相关技术研发。① 日本政府于2015年就发布了"机器人新战略",其中指出,通过强化产官学的联系,使得机器人的制造能力能够得到本质提升,在以服务、医疗护理等为代表的各种领域中,促进机器人的实际应用、普及促进,实现高度的IT化社会及着眼于全球化的机器人革命之目标。② 欧盟、德国、英国以及韩国,都在加速启动和进行,在自动驾驶汽车、医疗、机械制造以及智能语音系统当中,均有所进展,在此不再赘述。③

"人工智能是新一轮科技革命和产业变革的重要驱动力量,加快发展新一代人工智能是事关我国能否抓住新一轮科技革命和产业变革机遇的战略问题。"④因此,人工智能产业的战略高地已成为各国的"必争之地",我国更将其纳入国家发展战略。无论从中央政府还是地方政府的政策来看,人工智能的发展都正处于政策的机遇期。自2015年4月13日,中共中央办公厅、国务院办公厅出台的《关于加强社会治安防控体系建设的意见》开始,到2018年10月31日,中共中央政治局第九次

---

① See National Science & Technology Council, National Artificial Intelligence Research and Development Strategic Plan, https://www.nitrd.gov/PUBS/national_ai_rd_strategic_plan.pdf.

② 桑津浩太郎「IoTの普及にともなう新たなビジネスモデル,社会への影響(特集暗号通貨の諸問題/IoTの法的課題・個人情報保護:第40回法とコンピュータ学会研究会報告)」法とコンピュータ34巻7号(2016年)9-15頁。

③ 参见储陈城:《人工智能时代刑法的立场和功能》,载《中国刑事法杂志》2018年第6期。

④ 习近平:《加强领导做好规划明确任务夯实基础　推动我国新一代人工智能健康发展》,载《新华日报》2018年11月1日,第1版。

集体学习的文件,所有的21个中央政策和规范文件当中,无一例外地将大力发展智能技术,提升智能技术优势作为文件的重点内容。

2015年《关于加强社会治安防控体系建设的意见》中使用了“智能传感”“智能化水平”“智能化安全防护”等词语。在接下来的《中国制造2025》当中进一步使用“智能制造”“智能工厂”“人机智能”等用语,这些规定成为了后续有关人工智能政策制定的肇端。2015年中央政策方面并没有过多地提及“人工智能”一词,此后,2016年、2017年中央层面不断出台有关人工智能的发展政策,对人工智能产业的促进提供了政策平台。自中央相关政策出台之后,各省(直辖市)也在结合本省(直辖市)的实际情况,纷纷出台人工智能的相应政策。据有关统计,2018年前后已有15个省(直辖市)制订了人工智能规划。余下16个尚未有人工智能规划的省市也将陆续发布相关规划,省(直辖市)将成为人工智能政策发布的主力军。

自2016年起人工智能进入国家战略地位,相关政策进入红利期。从中央到地方出台的相关政策不难发现,无论是国家还是地方层面,对于人工智能的发展都持一种肯定态度。比如2015年5月19日国务院印发的《中国制造2025》在战略任务和重点中指出,第一,在传统制造业、战略性新兴产业、现代服务业等重点领域开展创新设计示范,全面推广应用以绿色、智能、协同为特征的先进设计技术。第二,加快推动新一代信息技术与制造技术融合发展,把智能制造作为两化深度融合的主攻方向;着力发展智能装备和智能产品,推进生产过程智能化,培育新型生产方式,全面提升企业研发、生产、管理和服务的智能化水平。《中国制造2025》中首次提及智能制造,为人工智能开辟道路;《关于积极推进“互联网+”行动的指导意见》为人工智能的发展进一步提速;“十三五”将人工智能列入战略规划等。人工智能在国家顶层设计上已经越来越受到重视,正在成为经济发展的新动力,逐步成为掀起互联网颠覆性浪潮的新引擎。

各省市是人工智能发展的主力军,需要对中央政策进行逐步落实。继中央政策出台之后,各省市也在加强人工智能政策的制定力度。为了使人工智能的发展能够进入快车道,抢占人工智能市场,各省市也在“招兵买马”。譬如,采取强化对人工智能发展的财税金融支持;加大对人工智能人才的培养和引进;引导和支持人工智能技术创新及产业化等措施。

但是,对人工智能可能产生的风险问题,只有三个中央层面的文件有所提及。譬如,在《新一代人工智能发展规划》中提到,人工智能是影响面广的颠覆性技术,可能带来改变就业结构、冲击法律与社会伦理、侵犯个人隐私、挑战国际关系准则等问题,将对政府管理、经济安全和社会稳定乃至全球治理产生深远影响。在大力发展人工智能的同时,必须高度重视可能带来的安全风险挑战,加强前瞻预防与约束引导,最大限度降低风险,确保人工智能安全、可靠、可控发展。在地方,也只有部分省市在人工智能的规划中,简单涉及对于人工智能发展风险的预防。在北京、浙江、安徽等省市的文件中提到,要完善法规政策,加强人工智能相关法规、伦理和社会问题研究,推动建立保障人工智能发展的法规和伦理道德框架。重点围绕智能驾驶、医疗机器人等应用基础良好的领域,加快研究制定相关管理法规,为新技术的研发应用提供保障。

由此可见,在智能技术国际竞争的驱使下,我国从中央到地方,在政策制定的视角上,存在偏重技术发展,忽视风险防范的倾向。也即,智能技术的风险防范政策全面失位。

三、既有智能风险规制理论的南辕北辙

"随着全面的人工智能时代即将到来,刑法作为回顾性法律,也需要对未来可能产生的风险进行提前性展望。由于人工智能技术的复杂性、裁量的独立性和行为自控性等特点",可能会使现实中出现人工智能导致的法益侵害,存在无法归责的空白地带。① 为了应对由人类所导致的同样风险,社会创设了刑法。刑法内含了对现代文明最为严厉的法律社会控制。人们对于人工智能技术产生的恐惧感,在绝大多数时候,是基于人工智能可能不受制于法律,尤其是刑法这样的事实。以前,人们也曾经对企业以及企业通过自己的影响,实施诸多犯罪有过

---

① 储陈城:《人工智能时代刑法归责的走向——以过失的归责间隙为中心的讨论》,载《东方法学》2018年第3期。

类似的恐惧，但是，由于公司已经成为一种法律主体，受制于刑法和公司法，才使这样的恐惧感大幅降低。因此，对于人工智能技术所产生的现代性问题是：如何通过刑法政策来将智能技术纳入刑法规制体系中。①

近年来，国内刑法学界以刘宪权教授为代表，针对未来智能技术可能产生的风险，提出了体系性的规制理论。根据刘宪权教授的观点，他将人工智能的发展阶段分为“普通机器人时代、弱人工智能时代和强人工智能时代”。② 刘宪权教授认为刑法应当提前进行规制的是，弱人工智能时代和强人工智能时代可能出现的新型犯罪风险，并以此为界分，提出系统控制风险的理论体系。所谓强弱人工智能，其区分标准是，智能产品是否具有了如人类一般的认识和控制自己行为的能力。如果智能机器能够自主学习，能够摆脱程序设计者而产生独立意志，进行独立思考的话，则属于强人工智能；反之，智能产品只能够在程序设计和编制的范围之内实施行为，就属于弱人工智能。③

（一）弱智能时代扩大技术人员的刑事责任权重

在弱人工智能时代，刘宪权教授认为智能犯罪既存在故意型犯罪，也存在过失型犯罪。在故意犯罪领域，“弱人工智能产品被他人作为工具加以利用实施严重危害社会的犯罪行为，可能体现在刑法规定的许多犯罪中”。比如，弱人工智能会被利用来实施危害国家安全、国防利益、公共安全、社会管理秩序的行为；可以用于侵财类犯罪场域；还可以被作为实施危害人身安全的犯罪工具等。④ 在这种情形中，弱人工智能只是人实施故意犯罪的工具，由于弱人工智能并不具备自主决定行为的目的，并无选择行为的自由意志，即便是基于传统的间接正犯理论，也只能认为弱人工智能所实施的犯罪行为，实际上是实现设计研发者

---

① 参见储陈城：《人工智能时代刑法的立场和功能》，载《中国刑事法杂志》2018 年第 6 期。

② 刘宪权、房慧颖：《涉人工智能犯罪的前瞻性刑法思考》，载《安徽大学学报（哲学社会科学版）》2019 年第 1 期；刘宪权：《人工智能时代的“内忧”“外患”与刑事责任》，载《东方法学》2018 年第 1 期；等等。

③ 参见刘宪权、朱彦：《人工智能时代对传统刑法理论的挑战》，载《上海政法学院学报》2018 年第 2 期。

④ 参见刘宪权：《人工智能时代的“内忧”“外患”与刑事责任》，载《东方法学》2018 年第 1 期。

的意志的工具。因此，人工智能产品本身不应当承担刑事责任，而应当由人工智能产品的设计者或使用者承担刑事责任。[①]

而在过失型犯罪的场合，刘宪权教授认为，如果在检测过程中，已经预见到了人工智能在使用的时候，存在法益侵害的可能性，因为发生的概率较低，所以轻信能够避免法益侵害的发生，一旦出现危害结果，设计研发者就会构成过于自信的过失型犯罪。相反，如果因检测过程中，没有预见到本应发现的危险，导致智能产品出现法益侵害的话，则属于应当预见而未预见的情形，设计研发者就会构成疏忽大意的过失。但是，刘宪权教授认为，当前我国既有的法律规定，并没有设定设计研发者对人工智能产品之间的监督义务，因此现行刑法很难对设计研发者追究过失犯罪的责任。基于这一点，刘宪权教授认为，智能技术本身就是高风险领域，所以设计研发者在将人工智能技术投入使用之前，必须履行一切可能的技术保障，来保证人工智能不具有安全隐患。[②]"由于人工智能可能造成的社会危害性大，并且研发者和使用者在大多数情况下对人工智能产品具有一定的把控能力，因此可以考虑在刑法中确立人工智能产品研发者和使用者的严格责任。"[③]也即，在弱人工智能时代，建构相关前置性法律，明确弱人工智能的生产设计者的注意义务，一旦相关主体违反了注意义务，导致弱人工智能出现法益侵害结果时，就可以追究智能机器人的设计者或生产者的过失犯罪的刑事责任。[④]

（二）强智能时代赋予人工智能刑事责任能力

刘宪权教授认为，当人工智能技术进入到强人工智能时代，就需要讨论人工智能独立的刑事责任能力问题。刑事责任能力就是行为主体对自己行为所具有的辨认和控制的能力。虽然，智能机器人只是通过

---

① 参见刘宪权：《论人工智能时代智能机器人的刑事责任能力》，载《法学》2018年第1期。

② 参见参见刘宪权、朱彦：《人工智能时代对传统刑法理论的挑战》，载《上海政法学院学报》2018年第2期。

③ 刘宪权：《人工智能时代的刑事风险与刑法应对》，载《法商研究》2018年第1期。

④ 参见刘宪权、房慧颖：《涉人工智能犯罪的前瞻性刑法思考》，载《安徽大学学报（哲学社会科学版）》2019年第1期。

程序设计和编制而成的，并不具备与人一样的生命体，但是未来智能机器人有与人类一样的智商和情商。智能机器人的思想来源于程序设计，而人的思想则产生于生命体。虽来源不同，但异曲同工。

最为关键的是，当人工智能技术驶入强人工智能阶段，智能机器人就与普通机器人产生本质的区别。这种区别产生的原因在于，强人工智能开始具有深度学习的能力，通过深度学习产生自我意识，因此也就具备了认识和控制行为的能力。智能机器人在辨认行为的性质、意义、后果，甚至对行为所导致的结果的认识上，在精确度上远超人类。而智能机器人的控制能力也具有独立性和快速性，"其反应速度是人类的几倍、几十倍甚至是几百倍"。

正因如此，刘宪权教授认为，强人工智能时代的智能机器人在法律属性上可以被定位为："经程序设计和编制而成的、可以通过深度学习产生自主意识和意志的、不具有生命体的'人工人'。"[①]因此，未来的具有人格的人工智能产品可以成为刑法中的刑事责任主体。

在刑罚论上，刘宪权教授主张在强人工智能的语境下重构当前的刑罚体系。[②] 因为当前我国以死刑和自由刑为主刑、财产刑和权利刑为辅刑的刑罚体系，已经不再适应智能技术的发展趋势。由于智能机器人并无生命概念也无人身权，且暂时没有被赋予财产权和政治权利，因此当前的四种刑罚在智能机器人身上适用，"既不合理，也不可能"。[③] 因此，刑法有必要重新设置针对智能机器人的刑罚，包括"删除数据、修改程序、永久销毁"。

（三）评议：阻碍技术难防风险

针对人工智能时代可能产生的风险，刘宪权教授所构建的刑法风险防范体系，虽然独树一帜，引领刑法知识发展的新方向。但是，从最终的效果上来看，可能与当前技术发展现状和未来的发展远景南辕北辙。概言之，这种通过刑法所构建的风险防范体系，可能会导致弱人工

---

① 刘宪权：《论人工智能时代智能机器人的刑事责任能力》，载《法学》2018 年第 1 期。

② 参见刘宪权：《人工智能时代刑事责任与刑罚体系的重构》，载《政治与法律》2018 年第 3 期。

③ 刘宪权：《人工智能时代我国刑罚体系重构的法理基础》，载《法律科学》2018 年第 4 期。

智能时代的技术阻却,以及强人工智能时代的风险难防的结果。

刘宪权教授针对智能技术可能产生的过失犯,提出的强化智能设计研发者的过失责任,有扩张过失犯,阻碍智能技术发展之虞。

在德国,曾经以医疗过失为中心,产生过关于是否应该限制过失犯的处罚范围的讨论。有观点认为,对医疗错误的过度刑事处罚会招致所谓的防御性的医疗,所以刑事司法的介入只限于严重的过失。[①] 德国学者科赫提出,任何过失犯,尤其是涉及技术领域的过失犯,应当作限缩解释,其根据在于:(1)减轻司法负担;(2)过失犯中的行为者责任;(3)过失在事实上不具有结果回避可能性;(4)与在其他领域内的评价相抵触;(5)所谓偶然要素;(6)在追诉实践中的不平等;(7)对过失犯处罚弊大于利。[②] 其中对于过失犯处罚弊大于利这一点,在技术领域具体化为:刑法扩张过失犯的处罚范围,对于从事尖端技术领域的人员来说,随时都有可能面临刑事诉讼,这种状态会逐渐成为一种压力。而且,刑事处分不仅仅比一般的诉讼更容易吸引社会的关注,根据我国相关法律之规定,其可能会成为未来继续从事职业的障碍,因此,扩张过失犯难免会导致技术的萎缩。

那么,除萎缩效果之外,还有智能技术的特殊性问题。如前所述,智能技术的发展将为人类的生产和生活领域带来巨大的利益。虽然智能技术可能具有一定的危险,但仅以防止技术萎缩为由,并不能作为用来广泛否定智能技术过失可罚性的唯一根据。被允许的危险理论能够为限定智能技术发展中的过失犯的范围,提供另一种理论支撑。如果仅因某一行为具有危险性而一律禁止的话,这会对社会有用性和国民行动自由带来显著的危害。因此,在一定范围内,在凌驾于危险恶害的社会的有用性和行动自由的利益的范围内,便可以被允许的危险来排除过失犯的成立。例如,机动车的驾驶对步行者的生命和身体具有一定的危险,如果因此一律禁止驾驶行为的话,会显著阻碍人们的交通自由,而且事实上物流也会完全中断。因此道路交通相关的一定规则(交

---

① 山本紘之「過失犯の処罰限定論について」法學新報121卷11・12号(2015年)123頁。

② Vgl. Koch, Die Entkriminalisierung im Bereich der fahrlässigen Körperverletzung und Tötung, 1998, S. 77 ff.

通规则)被制定出来,让机动车司机遵守交通规则,使被降低的危险和多少被限制的移动自由与物流达成平衡。也就是说,在遵守交通规则的范围内,机动车驾驶所产生的危险是被许可的。① 基于同样的道理,智能技术的研发虽然也伴随着风险,但智能技术的发展不仅是法律所允许的,更是国家政策所期望的。因此,在一定程度上为智能技术的发展设定宽缓的规则,只要智能技术的研发行为符合该规则,即便出现法益侵害结果,也可以通过被允许的危险理论排除刑事追责的可能。

弱人工智能时代,是人工智能技术发展的起步阶段。对于正在兴起的尖端技术领域,立法和司法应秉持谦抑的立场,以防止对技术发展产生阻碍。刘宪权教授所构建的智能技术过失风险防范体系,源头上带有习惯性的单线思维特质,即通过扩张刑法过失犯的触角,不留余地地封锁新技术所可能带来的安全风险,根源于我国传统的入罪思维。针对风险构建密不透风的刑事过失犯防范体系,虽然能够在一定程度上维护社会的稳定,但也会导致智能产业技术提供者的负担过重,严重阻碍智能技术提供者的经营自由、束缚其发展空间。② 现代社会发展日新月异,新鲜事物层出不穷,法律应对风险的思路也必然常有变迁更新。日本 Winny 一案的经典之处,就在于该案体现出了司法在解决风险问题的同时,提出了为防止“对于技术开发产生萎缩效果”,限缩刑法处罚范围的解释方针,所以得到了积极的评价。③ 在弱人工智能时代,刑法在整个法律体系内,应该居于保障法的地位。为了防止对智能技术的发展产生萎缩效果,只有在民事和行政制裁无法应对的时候,刑法才有登场的余地。“对(弱)人工智能的风险防控主要应依靠强制性的技术标准和具体操作的使用规则。”此“民商法中的民事责任也能起到一定程度的惩罚和补偿作用。所以,在对人工智能技术及其应用进行

---

① 小林憲太郎「許された危険」69 巻 1 号立教法学(2005 年);山本紘之法學新報 121 巻 11・12 号(2015 年)43 頁。

② 参见刘艳红:《网络中立帮助行为可罚性的流变及批判——以德日的理论和实务为比较基准》,载《法学评论》2016 年第 5 期。

③ 参见储陈城:《限制网络平台帮助行为处罚的理论解构》,载《中国刑事法杂志》2017 年第 6 期。

规制的过程中，应尽量避免‘刑法万能’的错误倾向”。[①]

在强人工智能时代，刘宪权教授针对智能机器人的自主犯罪，提出的赋予人工智能刑事责任能力，设计人工智能独有的刑罚类型，且难以预防未来的智能犯罪风险。

人工智能之所以能够成为世界各国未来竞争的主战场，其原因正在于人工智能将在部分功能甚至整体能力上，可能全面超越、取代人类。人工智能原则的主要目标之一是改进机器和系统，使他们能够推理、学习、自我收集信息、创造知识、自主交流，并以意想不到的方式操纵他们的环境。[②] 详细来说，人工智能所拥有的机能包括：(1)环境的认识：环境认识系统通过接收周边环境的信息，使用规则基础来认识和解释这些环境；(2)探索和推论：基于来自环境认识系统的信息，推论系统设定目标，探索目标实现所必要的知识，根据推论计算来解决问题；(3)环境的操作：基于推论系统所得出的问题解决的结果，来决定具体的操作，对环境施加行动；(4)深度学习：学习系统基于过去的行动经验，进行规则价值的变更，规则的追加和消除，学习采取更为迅速且适当的行动。[③] 可以预料，未来人工智能会在大脑运算能力上、肢体操作上整体超越人类。正如刘宪权教授自己所言，“我们不得不承认，智能机器人已经突破了人类的生理极限，在辨认能力和控制能力可能或已经超越了人类”。[④]

尽管人工智能的超强能力能够给人类带来福音，但是，不受控制的人工智能技术，将会给人类带来灾难。“人工智能反过来超越人类智能扮演上帝角色的奇点正在追近。”[⑤]因为一旦被装备了人工智能成为能够自律行为的机器人，他们可能不再忠于人类的指示进行行动，人类对于这类机器人自律且自动行为的结果无法进行预料的话，将无法控制

---

① 赵秉志、詹奇玮：《现实挑战与未来展望：关于人工智能的刑法学思考》，载《暨南学报(哲学社会科学版)》2019 年第 1 期。

② See Avneet Pannu, *Artificial Intelligence and its Application in Different Areas*, 4 Int'l J. Engineering & Innovative Tech. 79, 84 (2015).

③ 荒屋真二『人工知能概論——コンピュータ知能からWeb 知能まで——〔第 2 版〕』(共立社，2004 年)146 頁参照。

④ 刘宪权：《论人工智能时代智能机器人的刑事责任能力》，载《法学》2018 年第 1 期。

⑤ 季卫东：《人工智能时代的司法权之变》，载《东方法学》2018 年第 1 期。

强人工智能所带来的社会危害后果。[①] 因此,有学者认为"我们可能没有意识到,这次人工智能可能带来的危机,将是我们以前从来没有遇到过的,它对我们是全新的东西。它可能一直驯服于人,甚至比人类此前其他所有的工具还要驯服,但一旦到达奇点,就有可能发出反叛的一击,而这一击却可能剥夺人类反击的机会,成为最后的一击。即便是核大战所造成的核冬天,人类也还可以有劫余,还可能有翻盘的机会。但对于一个将比人类更聪明、更有控物能力的超级智能,人类却几乎不可能再有什么机会"。[②] 这一观点也与著名物理学家霍金的论断相契合,"人工智能或许不但是人类历史上最大的事件,而且还有可能是最后的事件","人工智能的全面发展可能导致人类的灭绝"。[③]

刘宪权教授所主张的赋予人工智能刑事责任能力,将人工智能纳入人类所设计的刑法规则体系中,接受刑法的规制和刑罚的惩处,其基本前提是强人工智能仍然处于人类的控制之下。但是,人工智能技术不受约束的发展,将会使这一态势在未来发生根本变革。众所周知,拥有强于其他生物的智能,一直是人类占据地球支配地位的主要原因。然而,一旦超强人工智能体出现,无论是在智力还是体力上都不再占据优势地位的人类,可能会在未来从驯服人工智能的地位转变成被驯服的对象。当强人工智能将替代人类和改变地球上的生态,让强人工智能服从于人类刑法体系也自然不再可行,那么刘宪权教授所构建的强人工智能时代,人工智能自主犯罪的风险防范体系也不会具有任何效力。也正因此,这一观点会使"人工智能的研究日益滑向不可知论"。[④]

---

① 新保史生「AIの自律とロボット法の必要性」505 巻 1 号 TASC MONTHLY(2018 年)1 頁参照。

② 何怀宏:《奇点临近:福音还是噩耗——人工智能可能带来的最大挑战》,载《探索与争鸣》2018 年第 11 期。

③ 参见刘洪华:《论人工智能的法律地位》,载《政治与法律》2019 年第 1 期;吴汉东:《人工智能时代必须关注的社会风险及四大问题》,载北大法宝,http://article.chinalawinfo.com/ArticleFullText.aspx? ArticleId=102548,最后访问日期:2020 年 9 月 12 日。

④ 刘艳红:《人工智能法学研究中的反智化批判》,载《东方法学》2019 年第 5 期。

四、AI技术风险刑事可罚性的实质分析

虽然很多学者认为,人工智能时代的法律规制应以防控风险为出发点,兼顾保障创新。① 但是在世界各国重视人工智能技术竞争的大背景下,我国针对人工智能的政策立场是以鼓励技术发展为中心,以防范技术的风险为辅助。尽管我国当前的政策立场存在风险防范的失位现状,但是从人工智能技术发展的过程来看,在弱人工智能时代,鼓励人工智能技术发展为主的政策,符合技术发展的规律。但是,在未来强人工智能时代,随着技术失控的风险逐步增大,政策制定应以防范强人工智能的风险为主要导向。

在弱人工智能时代,由于技术风险是主要风险,因此,从防范法律对技术发展产生桎梏的角度而言,刑法需要采取谦抑的立场。具体而言,刑法的过失犯必须作限缩适用的态度。

根据过失犯的基本理论,司法实践中认定过失犯的成立应当具备如下要素:注意义务认定的前提事实;注意义务的具体内容;违反注意义务的具体行为。其中注意义务的具体内容的设定,是其中的核心内容。② 在智能技术发展的初期阶段,如何合理设定设计研究人员的注意义务内容,就成为该阶段最为重要的命题。通过比例原则来限定注意义务内容的扩张或许是可行之道。从注意义务内容的传统适用上来看,在明确了危险的内在实质之后,根据比例原则确定适当的义务内容这一基本的观点,因调和了作为社会中安全的确保和避免刑法的过度介入的要求而广受支持。③ 那么在智能技术语境下,社会生活中会发生技术风险,则根据刑法来抑制这种危险的要求是具有充分的理由的。但是另一方面,避免处罚过重抑制技术进步也是十分重要的。根据比例原则,适当地限定刑法介入的范围具有现实性意义。并且,通过具体

---

① 参见叶良芳、马路瑶:《风险社会视阈下人工智能犯罪的刑法应对》,载《浙江学刊》2018年第6期;刘宪权、房慧颖:《涉人工智能犯罪刑法规制的正当性与适当性》,载《华南师范大学学报(社会科学版)》2018年第6期。

② 河上雄他『大コンメンタール刑事訴訟法第8巻(第2版)』(青林書院,2011年)129頁参照。

③ 樋口亮介「注意義務の内容確定プロセスを基礎に置く過失犯の判断枠組み(1)」69巻12号法曹時報(2017年)3661頁参照。

地标明义务的内容,将该义务内容与应该控制的危险进行对比,可以验证注意义务内容是否过重。

在弱人工智能时代,也即人工智能技术发展的不成熟期,技术风险无处不在,可能产生的过失犯罪无外乎产品质量瑕疵所带来的。那么,在这种归责体系中,如何通过比例原则来尽可能地限制设计研发人员的过失责任呢?

从主流观点来看,社会生活上注意义务的内容确定标准,已经被定型化为“采取可能的而且具有期待可能的安全措施”。① 在这里的期待可能性,与刑法学用语不同,是指为了保护他人不受损失,拥有慎重、合理的注意能力的人,有义务采取充分考虑之程度的措施。② 具体的考虑因素主要是损害的重大性和盖然性,另外,是否包括对回避损害的成本的比较衡量,在理论界存在一定的分歧。但是,这一标准具有较大的抽象性,为了缓解抽象标准带来的操作性缺失问题,德国学者施密特·萨尔泽(Schmidt Salzer)在产品责任过失追责语境下,认为要在明确特定时点中成为危险的基础的事实关系,以及从该特定事实关系中发生的危险的内容之后,进而对达到防止该危险目的的手段的审查中,采用比例原则和义务履行可能性的标准。从这样的角度来看,与在设定注意义务时明确指出的危险成比例,而且履行可能的措施作为注意义务的内容确定下来是基本指南。施密特·萨尔泽在比例原则的指导下,将注意义务内容判断标准细化为三个子标准:(1)行为时,考虑对于防止危险,什么措施是必要的;(2)在具有复数的措施的场合下,选取负担较轻的措施作为义务的内容,进而,依据行为者所置身的状况;(3)有履行措施可能的。③在施密特·萨尔泽所构建的判断标准之前,笔者认为还应当构建过失犯的追责程度与技术所带来的利益之间的比例关系。

因此,比例原则在智能时代过失判断中的四个具体标准,主要体现

① 樋口亮介「注意義務の内容確定基準:比例原則に基づく義務内容の確定」87 巻 11 号刑事法ジャーナル(2014 年)48 頁。

② 浦川道太郎「クリスティアン・フォン・バール著「社会生活上の義務——ドイツ不法行為法における裁判官により形成された危険防止命令——」(二)」57 巻 2 号早稲田法学(1982 年)10 頁参照。

③ Vgl. Schmidt-Salzer, Produkthaftung Bd. I Strafrecht 2. Aufl. Rn. 1. 482 ff.

为如下内容：

首先，基于利益和风险之间的比例关系，技术所带来的利益越大，社会所要承受的风险也就越广；相反，技术所带来的利益越小，则社会可容忍的风险就越窄。比如：机动车辆具有较强的社会危险性，而之所以允许机动车辆进入道路行驶，是基于可允许的危险法理。根据可允许的危险法理，“对于社会生活上不可避免的存在对法益侵害危险的行为，因为该行为具有社会效用性，因此法律容许该危险的存在”。[①] 在人工智能时代，诸如自动驾驶汽车、自动辅助医疗机器人等技术，无论是对人类的生活便利还是整个社会福祉而言，都具有质的提升之意义，如果对技术设计研发人员提出过于苛刻的过失归责，则显然有失公平。因此，对于能够给人类和社会带来利益的人工智能技术，在考量过失归责的时候，应该适用更为宽松的基准。

其次，以技术风险在特定时刻中的危险之实质被明确为前提，从防止该危险的角度来看，需要考虑究竟什么措施是有效的。在需要同时履行数个措施以有效防止危险的情况下，以“……且……”的形式记载了重叠性的注意义务。另外，在不能完全消灭危险的情况下，有关降低危险的措施也可以被作为一种义务。比如，对自动汽车的驾驶人员提出使用上的准确提示和警告，虽然无法将危险完全消灭，但是如果有效地减少了危险，可以作为义务内容的补充。通过这种措施的履行，结果回避是否是可能的，是因果关系的问题，属于与注意义务的内容确定不同级别的问题。

再次，即使是能有效防止危险，也不能附加履行不能的义务。所谓履行不能的义务，包括因地位履行不能和因成本履行不能。前者如一些有缺陷的智能产品，在企业内部的地位和权限上没有立场开展产品召回手续的人，不能设定开展召回手续的义务。[②] 后者是指，即使能有效地防止危险，也不能附加与危险相对比过重的负担。反过来说，能够让沉重的负担得以正当化，其要求必须是危险的实质是重大的。例如

① 参见储陈城、方明洁：《自动驾驶时代：交通肇事如何适用信赖原则》，载《检察日报》2019年2月16日，第3版。

② 参见最决平成24年2月8日刑集66卷4号，第200页。

在智能汽车领域,为了使具有缺陷的智能汽车召回这一沉重的负担得以正当化,危害性必须满足如下要件:大量销售的车辆事故多发,对智能汽车的利用者和公众的人身具有重大的危险。[①] 对于一定的危险,将什么程度的措施作为义务是可以被允许的,或是被评价为过于沉重的,不能一概而论,而是需要通过反映社会整体意识来进行决断的问题。

最后,在能有效防止危险的措施是复数的情况下,将负担更轻的措施作为义务。例如,具有监督地位的设计研发者,虽然自己也可以去采取危险防止措施,但是在对部下的指示也可以认为是危险防止的有效措施的情况下,如果自己亲自采取具体的措施的负担更重的话,义务内容就仅限于对部下的指示。

在强人工智能时代,人工智能开始具备一定的自主意识,人工智能技术驶入高度发达和成熟的阶段,技术风险所导致的过失犯罪将逐渐消弭。强人工智能给人类带来的主要挑战将转变为犯罪伦理风险,而其中最可能给现代法律体系秩序带来困扰的是,强人工智能的主动攻击所产生的风险。

"科学技术的进步给人类生活带来的威胁,往往并不是以一种简单的、表面的形式表现出来。""申言之,对于人工智能伤害、统治人类或者经过基因编辑的人群成为特权阶层等类似情形的想象,不过是由于未知而带来的原始恐惧。实际上,科学技术的发展所带来的负面影响是深刻、根本而又难以被察觉的。"[②]如前文所述,由于通过赋予强人工智能独立的刑事主体资格,在客观上无法实现控制人工智能自主犯罪的风险。因此,试图通过刑法规制智能实体的路径来控制风险,难具现实性。既然刑法无法规制未来的强人工智能,那么,是否可以通过刑法来规制强人工智能的设计研发者,促使其在强人工智能技术的研究过程中,遵循基本的伦理,防止出现强人工智能自主侵害人类权益的可能。这便涉及科技伦理的刑法规制问题。

目前很多学者认为,应当发挥刑法在规制科技伦理上的刚性作用。

---

① 参见最决平成24年2月8日刑集66卷4号,第200页。

② 叶一舟:《人工智能与基因编辑的法理挑战》,载《中国社会科学报》2019年2月20日,第5版。

比如有学者认为：人类社会所以能够维系一定的社会伦理秩序，就在于这种伦理关系的基本稳定。而科技伦理犯罪深刻地违反了伦理性，它是一种严重违反人类伦理道德的行为。科技伦理犯罪之所以可以被刑法所规制，其根本原因在于这类行为，严重冲击并侵害了人类社会的传统伦理，动摇或威胁现有社会秩序的稳定。根据违反伦理的类型不同，可以在《刑法》分则中设置“代孕罪”“非法利用胚胎罪、非法从事生殖性克隆人研究罪”“非法开展人类实验罪”等。① 另外有学者针对近期发生的基因编辑科技伦理事件，也提出同样的观点，如针对某些逾越社会的（研究）行为，应规定相应的惩罚措施，追究刑事责任。“对于我国刑法之中尚未能完全覆盖的行为类型，建议增设新罪名进行规制。”②还有学者提出针对人工智能领域，增设“人工智能重大安全事故罪”“非法研发、利用人工智能罪”等具体罪名来规制人工智能技术的研发行为。③

在应对人工智能可能产生的风险之时，刑法自然需要在适当的时候发挥应有的功能。但是，在科技研发领域，刑法在介入之前必须要厘清两个边界，即刑法规制科技研发行为，是否能够准确界定法益，坚守罪刑法定原则；刑法介入科技研究领域，是否会存在规制不当而对科学研究的进步产生桎梏效应。

针对包括人工智能研究在内的科技研发行为，对应技术人员的伦理要求，设置相应的刑法规范，很难保障刑法的法益保护功能。科技研发行为涉及的面向广泛，仅自然科学研究就涉及了生物科学技术、化学化工技术、电子通信技术、人工智能技术诸多门类的学科范畴。如果技术人员违反了研究伦理，受到刑法的规制，无非有两种路径：一种是设置具体、个别的罪名；另一种是设置统一概括的罪名。第一种路径会使刑法罪名不当地肥大化，法益陷入变换不定的状态，刑法需要多次定义法益，针对不同具体领域的研究行为，设置各种不同类型的罪名。比如

---

① 参见刘长秋：《生命科技刑事责任根据研究》，载《山西警官高等专科学校学报》2011年第2期。

② 姚万勤：《基因编辑要置于法律框架内》，载《学习时报》2019年1月16日，第3版。

③ 参见李振林：《人工智能刑事立法图景》，载《华南师范大学学报（社会科学版）》2018年第6期。

针对基因编辑行为,就需要将基因自主权纳入法益体系;针对人工智能研究行为,设置相关罪名则需要前置性的行政法规范。作为一种新型法定犯,对人工智能研究行为进行处罚,无非是因其违反禁止性行政法规范,单纯地对国家规定不服从,法益内容变得虚置化。① 而如果将科研伦理作为整体法益,直接设置违反科研伦理的犯罪,将所有违反研究伦理规范的行为,均纳入其中的话,则会出现法益内容不明确,法益内容空洞化,以及构成要件口袋化的后果。与此形成连锁反应的是,如果刑法按照前述类型对人工智能研究行为进行规制的话,由于科学研究行为的专业性和复杂性,法学界很难准确界定其是否具有法益侵害性,只能交给科学界本身来判断和规范。"这种科技制造风险并自行提供解决方案的模式在医学和生命科学领域表现的无为明显。"②如果完全让刑法肆无忌惮地介入科学研究领域,会使刑法打击的射程变得模糊,进而会导致科学研究行为畏首畏尾。

在未来技术前沿领域,刑法并不具有防范一切风险的能力。即便我们可以通过制定新的罪名来规制科技研发人员的行为,但是其只有象征性的立法效果。我国《新一代人工智能发展规划》中提到,人工智能领域"未来工作的重点是要开展人工智能行为科学和伦理等问题研究,以此建立伦理道德多层次判断结构及人机协作的伦理框架"。因此,通过规制人工智能的研发伦理,实现人工智能技术的可控性,或许是防范强人工智能时代犯罪伦理风险的唯一范式。

在20世纪50年代,阿西莫夫(Isaac Asimov)专门为提防人工智能的侵害设定了三个基本原则:"第一条:机器人不能对人类产生危害。且不能因为忽略这种危险,而导致危及人类安全。第二条:机器人必须要服从人类所发出的命令。但是,所发出的命令如果违反第一条的话,不在此限。第三条:机器人只要在不违反前两条规定的前提下,必须保护自己。"这三个基本原则虽然暗含了人工智能研发伦理的内容之雏形,但是显然又具有矛盾性。比如一个人为了他人的利益,而命令机器

---

① 参见刘艳红:《"法益性的欠缺"与法定犯的出罪——以行政要素的双重限缩解释为路径》,载《政治与法律》2019年第1期。

② 郑戈:《迈向生命的宪制——法律如何回应基因编辑技术应用中的风险》,载《法商研究》2019年第2期。

人去伤害其他人该怎么办？如果机器人处于警察勤务中，任务的指挥官命令它去抓捕犯罪嫌疑人，而该犯罪嫌疑人反抗该怎么办？或者，机器人服务于医疗领域，并被要求对病人实施手术治疗，患者表示反对，但医生坚持认为这是为了患者的利益考虑，并再次向机器人发出命令，又该如何处理？而且，阿西莫夫三原则本身不具有规范的性质。

科学技术的发展需要打破常规的精神，而科技研发者往往并不在意技术所引发的伦理问题，这便会导致技术领域伦理规范的缺失。人工智能时代伦理缺失会给人类带来灾难。因此，对人工智能的社会风险防控，除了通过法律规范指引外，还可以通过可靠的科技伦理支撑，这就要求构造一个人工智能的伦理框架。[①] 从现实角度来看，我国人工智能研究领域，应及时出台本领域的共识性伦理规则。而这一共识性伦理规则应当以人类中心主义和命令服从原则为核心。

人类优先主义实际上是确保强人工智能时代，以人类为中心的原则。有学者认为，随着虚拟世界越发渗入人类生活，人类社会即将进入一个转折点，即在人工智能技术的深入发展阶段，人工智能不再是辅助人类，而是取而代之进入决策主体的程度时，我们就从人类中心主义进入去中心主义。[②] 人工智能技术之所以得到各国的重视并得以发展，归根结底仍然是其具有服务于人类及社会的功能属性。换言之，人工智能技术的发展，必须围绕人类利益展开，一旦人工智能技术侵扰到人类福祉，则相关研究必须停止。

命令服从原则是指人工智能技术无论发展到何种程度，必须要能够被人类所控制，因此也被称为可控制性原则。技术确实有时并不能服务于人类，有时技术会失去控制，甚至会导致灾难。尽管，从技术史的演化来看，技术失控是一个持续的、日常的事物，在我们日常生活或高技术领域里都有这类事物。[③] 而且，人工智能则把技术思想史中的技术失控问题推向了一个新高度。但是，无论如何，智能技术的研发人员必须最大限度地确保所研发出来的人工智能具有可受人类控制性。在

---

① 参见马长山：《人工智能的社会风险及其法律规制》，载《法律科学》2018 年第 6 期。

② 参见高全喜：《虚拟世界的法律化问题》，载《现代法学》2019 年第 1 期。

③ 参见[美]兰登·温纳：《自主性技术：作为政治思想主题的失控技术》，杨海燕译，北京大学出版社 2014 年版，第 238 ~ 252 页。

强人工智能时代,一旦人类失去了对人工智能的控制地位,人类可能将会失去对世界的统治权,人类中心主义也将只能成为空谈。

在这两个原则的主导之下,人工智能研究领域还应当形成如下具体的伦理规则,第一,秘密及隐私保护原则(Secrecy and Privacy):人工智能需保守所知晓的秘密,遵守从设计着手保护隐私(privacy by design)来进行设计。第二,利用限制原则(Use Limitation):限制人工智能在本来利用目的以外用途下进行使用,限制违反公序良俗的利用,限制对人类产生危害、加害目的的利用。第三,安全保护原则(Security Safeguards):保证利用人工智能时的安全性,确定安全标准并按照该基准进行开发和利用,通过制度设置来保障能够安心利用的环境。第四,公开透明性原则(Openness & Transparency):保证人工智能开发过程中,开发内容的公开透明,保证人工智能利用方法的透明性。第五,个人参加原则(Individual Participation):人工智能的利用规则制定中个人参加;限制人工智能进行个人管理。第六,责任原则(Accountability):人工智能操作过程中所生责任的应对;人工智能操作中的伦理道义责任的考虑。①

五、结语

虽然智能技术国际竞争驱使我们将技术发展优先于风险防范,但是我国在政策制定上过分轻视风险的做法,仍然值得理论界进行探讨。刘宪权教授所构建的在弱人工智能时代强化设计研发者的刑事责任,在强人工智能时代赋予智能实体刑事责任的理论体系,可能会导致阻碍技术发展的结果,无法预防风险的后果。弱人工智能时代,应当以促进智能技术发展为主要目标,因技术风险导致的过失犯,刑法应采取谦抑的态度,以强化处罚的实质合理性。强人工智能时代,应当以防范智能伦理风险为主,而刑法难以做到准确界定科技伦理行为,因此,构建共识性人工智能研究伦理规范或许是应然之道。

---

① 新保史生「ロボット法をめぐる法領域別課題の鳥瞰」第5卷1号情報法制研究(2017年)64頁。

下　篇

实质的刑法方法论

第八章　单位犯罪主管人员卸责机制的实质化

目　次

一、问题所在

单位犯罪的形成与发展深受市场经济因素影响。1979 年《刑法》诞生于计划经济时期,企业并无独立自主权和特殊经济利益,自然也不存在以谋求单位利益而实施的单位犯罪类型。因此,1979 年《刑法》并未规定单位犯罪。然而,随着对外开放和市场经济发展,以企事业单位、国家机关、团体名义实施的走私犯罪逐渐增多,对这类违法犯罪,如果按照传统自然人犯罪处理,会导致打击面无休止扩大,严重阻碍企事业单位等的正常活动。为了在完善刑事惩罚体系和促进正常经营之间寻求相对平衡,单位犯罪应运而生。1987 年《中华人民共和国海关法》(以下简称 1987 年《海关法》)第 47 条第 4 款规定:“企业事业单位、国家机关、社会团体犯走私犯罪的,由司法机关对其主管人员和直接责任人员依法追究刑事责任;对该单位判处罚金,判处没收走私货物、物品、走私运输工具和违法所得。"这一规定首次在我国确立了单位犯罪及其双罚制的处罚原则。紧随其后,1988 年 1 月,全国人大常委会通过了《关于惩治走私罪的补充规定》和《关于惩治贪污罪和贿赂罪的补充规定》,以单行刑法的方式对单位走私、逃汇、行贿、受贿等违法犯罪进行了详细规定,正式将单位犯罪上升为刑事立法。到 1997 年《刑法》颁布,单位犯罪顺势被纳入刑法正本之中。

在单位犯罪从无到有的历史变迁过程中,一个核心问题是:如何确定单位犯罪中主管人员的责任范围? 从 1987 年《海关法》"主管人员"到 1988 年《关于惩治走私罪的补充规定》"直接负责的主管人员",其表述方式有明显变化。而在 1988 年至 1997 年《刑法》颁布之前的时间里,有的规范文件使用"主管人员",有的则使用"直接负责的主管人员"。到 1997 年《刑法》颁布之后,才正式将之确立为"直接负责的主管人员"。从语义分析,直接负责作为主管人员的修饰词,意味着对承担单位犯罪的主管人员范围进行限制。不过,对于主管人员究竟承担多大程度的单位犯罪责任,远未达成统一意见。而从既有规范和司法实践来看,主管人员承担单位犯罪的责任范围存在不同程度的泛化。

第一,立法上的责任扩张。有关 1997 年《刑法》第 31 条"直接负责的主管人员"之解释,2000 年 9 月 20 日颁布的《全国法院审理金融犯罪案件工作座谈会纪要》规定,"直接负责的主管人员,是在单位实施的犯罪中起决定、批准、授意、纵容、指挥等作用的人员,一般是单位的主管负责人,包括法定代表人"。据此,可能被认定为直接负责的主管人员的涉及三种情形:一是事前领导型,即单位的决策者事前积极组织、策划、决定、批准、授意、指挥实施单位犯罪;二是事中默认型,即单位主管人员事中明知相关单位成员将实施或正在实施单位犯罪行为,而容许或默许其发生;三是事后追认型,即单位主管人员事后知道单位犯罪而积极予以追认。关于前两种情况,刑法理论一般认为,事前领导和事中默许都视为参与,应依法追究刑事责任。① 但实际上,对于事中默许的主管人员,即使没有实际参与或者实际获利,也可能会由于未能履行监

① 参见黎宏:《犯罪中"直接负责的主管人员和其他直接责任人员"》,载《法学评论》2000 年第 4 期。

督义务而被作为犯罪处理，这无疑明显扩大了主管人员的责任范围。至于第三种情形，本属于不利于行为人的溯及既往，应当被禁止，但是为了体现单位犯罪之“单位意志”，第三种情形却得以保留和承认。

案例1　2012年，A公司董事长杨某安排李某负责公司理财方面的工作。李某在管理理财业务期间，不定期将理财情况报告杨某。2014年10月至2015年4月，李某在明知亏损的情况下仍与多家银行频繁开展理财套利业务，并对投资者谎称银行会对该业务进行补贴。李某在取得大量资金后，先后开设六个期货账户，将大部分资金投入期货市场，欲凭借期货交易赚钱弥补股票市场的亏损，在已造成巨大亏损明知无法偿还后，仍催促投资人继续投资。2015年4月15日，李某将6400万元资金转给其岳母陈某，并提现600万元后逃匿。以上操作共造成损失11亿3343万余元。①

第二，司法上的责任泛化。在司法实践中，常常认为企业的法定代表人在企业出现问题时都要承担法律，甚至是主要责任。在案例1中，法院认为A公司构成合同诈骗罪，其中，法定代表人杨某属于直接负责的主管人员，鉴于A公司和杨某为“在全案整个共同犯罪中起次要作用的从犯”，依法对A公司和杨某减轻处罚。② 在上述案件中，杨某虽然是公司的法定代表人，对公司的理财业务有所了解，但是具体到理财业务模块上，是由李某整体负责的。李某在明知严重亏损的情况下仍然开展套利业务，骗取了大量资金。又将资金用于股票、期货交易，造成巨大损失，以及将大量资金转移给他人。虽然诈骗资金行为是以公司名义进行的，但是其个人具体操作均违反了公司正常的操作流程，此时能否当然认定为单位犯罪？或者即使能够按照单位犯罪处理，能否当然要求法定代表人承担刑事责任？本案中，法院显然也考虑到了这一点，在整个犯罪中，李某虽然是以公司名义从事违法犯罪行为，但实际上严重违背了A公司的操作章程，也完全蒙蔽了公司法定代表人杨某，故在最终量刑时认定该公司和杨某均为从犯。但冷静分析发现，杨某在整个案件中并无实际参与，其对李某至多仅有选任与监督义务，选任

① 广东省深圳市中级人民法院刑事判决书，(2019)粤03刑初163号。

② 参见广东省高级人民法院刑事裁定书，(2020)粤刑终304号。

过失和监督过失并不足以确立单位犯罪刑事责任的主观基础。

以上情况表明,我国刑法中的单位犯罪,在某种程度上正逐渐成为刑事责任扩散的重要路径,单位犯罪中主管人员的责任泛化,导致企业管理不善责任上升为刑事责任,这不仅有悖于单位犯罪设置的初衷,也不符合刑法的谦抑性思想和人权保障机能。为此,如何在单位犯罪的归责逻辑下对单位犯罪的主管人员进行适当"卸责",对于从刑法上配合良好法治营商环境塑造而言,具有重要的理论和实践意义。

二、原理阐释:主管人员在单位犯罪中的归责逻辑

传统刑法理论认为,主管人员在单位犯罪中承担刑事责任需要满足两个条件:一是主管人员实施刑法所禁止的行为;二是主管人员的行为可以评价为单位行为。① 前者显示主管人员行为的实质违法性,后者表明将主管人员行为纳入单位犯罪加以评价具备实质理由,缺一不可。上述对主管人员承担刑事责任理由的论述较为抽象,理论上还对主管人员承担刑事责任的情形进行了更为细致的展开:一是主管人员按照集体决策意见组织、指挥、策划单位犯罪的;二是主管人员以单位名义实施犯罪,谋取单位利益的;三是主管人员个人决定实施犯罪,但犯罪所得大部分归单位的。② 上述三种情形中,第一种情形完全符合传统单位犯罪构造,第二种情形也大致符合单位犯罪逻辑,第三种情形则更多地体现了外观责任,或者类似于民法上的代表责任。第三种情形中的代表责任与民法上的代理责任还有所不同,单位的员工都可以说是有代理外观,但是如果单位员工未经主管人员授权而以单位名义实施犯罪的,应当定性为自然人犯罪。

为了防止单位犯罪被滥用,1999 年 6 月 25 日最高人民法院发布的《关于审理单位犯罪案件具体应用法律有关问题的解释》规定了三种即使有集体决策,但依然不能认定为犯罪的情形,分别是个人为进行违法犯罪活动而设立的公司、企业、事业单位实施犯罪的,公司、企业、事业

---

① 参见张明楷:《刑法原理》(第 2 版),商务印书馆 2017 年版,第 92 页。

② 参见叶良芳:《论单位犯罪的形态结构——兼论单位与单位成员责任分离论》,载《中国法学》2008 年第 6 期。

单位设立后，以实施犯罪为主要活动的以及盗用单位名义实施犯罪，违法所得由实施犯罪的个人私分。在以上情形中，犯罪虽然冠以单位名义，但是本质上单位是被自然人利用的犯罪工具，应当认定为自然人犯罪。这也意味着在上述场合，主管人员若构成犯罪，也只能按照自然人犯罪处理。

整体上看，单位犯罪中主管人员的归责依然遵循传统理论，但在此基础上又有新的拓展，主要体现在三个方面：一是主管人员未必只有起组织、指挥、策划作用才能成立犯罪，也可以直接参与犯罪实施。在这种情况下，主管人员在定性上可能不再是"直接负责的主管人员"，而是"其他直接责任人员"。二是主管人员未必总是主犯，如果主管人员只是少量参与单位犯罪，或者虽然组织、指挥、策划了单位犯罪，但存在被下属蒙蔽的情况。此时，如果能够确定主管人员系从犯的，原则上应当追究其从犯责任。三是单位犯罪的形态不限于故意犯罪，在刑法明文规定单位过失犯罪的场合，主管人员过失参与单位犯罪的，也可能构成犯罪，并承担相应的刑事责任。

以上理论及演变揭示了主管人员在单位犯罪中的归责原理：

首先，主管人员在单位犯罪中承担的是一种实质责任，应结合主管人员在单位犯罪中所起的作用进行实质解释。[①] 对主管人员之归责不能仅考虑形式层面，因为从形式上看，主管人员对其主管的所有事项都应当承担责任，而法定代表人近乎对公司大多数事项都要担责，这是基于法律和公司章程规定的管理责任，是一种泛在责任。刑事责任是一种精确责任，其要求责任之承担必须基于实质的违法行为，而不是管理上的失责。形式的泛在责任容易走向结果归罪，而实质责任则是形式入罪实质出罪的辩证结合，有助于保障对主管人员入罪和出罪的合法性与合理性。这也决定了单位犯罪主管人员责任是一种有限责任。有限责任意味着，主管人员参与单位犯罪的行为只有达到值得刑法处罚的程度时，才能够作为犯罪处理；如果法益侵害性程度较低，后者经过

① 参见刘艳红：《形式与实质刑法解释论的来源、功能与意义》，载《法律科学（西北政法大学学报）》2015 年第 5 期。

法益衡量之后不值得刑法处罚,则不能作为犯罪处理。[①] 例如,某公司主管人员受到下属蒙蔽而签署伪造的文件,下属将该文件用于实施合同诈骗罪,主管人员发现后并未阻止。事后查明,即使主管人员加以阻止,由于合同诈骗主要事实已经完成,受害人已经受损,也无法阻止犯罪结果发生。在这种情况下,表明主管人员未阻止的不作为虽然违反了应尽义务,但无论是否阻止都不影响损害结果发生,此时,不宜对主管人员课以单位犯罪的刑事责任。

其次,主管人员在单位犯罪中承担的是一种过程责任,应以主管人员参与情况作为归责的主要依据。我国刑法理论向来肯定单位自身的归责能力,认为单位犯罪首先要追究单位的刑事责任,其次才是自然人的刑事责任。确实,在单位犯罪中,自然人的刑事责任较之一般的自然人犯罪有了很大幅度减轻。但这并不意味着单位犯罪中自然人的刑事责任是一种简化责任,对自然人进行追责时依然要进行过程性判断,而非以结果论。在组织形态上,"单位只能依赖个人及其组成的部门开展工作,它不可能不以特定自然人的行为为前提"。[②] 而根据行为责任原理,个人之行为要想进行归责,必须达到值得刑法处罚的违法性程度和具备非难可能性。具体到单位犯罪中,对主管人员进行追责,就应当具体考察其是否在客观上参与了单位犯罪,主观上是否存在故意或者过失,等等。将个人责任原理嵌入至单位犯罪中,有助于合理地确定应否对主管人员进行归责。

最后,主管人员责任并非都是外观责任,应根据情况区分。单位法定代表人以单位名义实施违法犯罪,具有稳固和强烈的外观责任。对于受害方而言,正是基于对法定代表人背后单位的信赖才导致风险现实化。这种风险归责逻辑是在商事外观主义基础上发展起来的,[③]作为前置法的外观责任规则,对于后置刑法也有重要影响。法定代表人以单位名义实施犯罪,即使没有经过单位集体决策,但只要将违法所得大

---

① 参见刘艳红:《实质刑法观》,中国人民大学出版社 2019 年版,第 298 页。

② 李冠煜:《单位犯罪处罚原理新论——以主观推定与客观归责之关联性构建为中心》,载《政治与法律》2015 年第 5 期。

③ 参见张雅辉:《论商法外观主义对其民法理论基础的超越》,载《中国政法大学学报》2019 年第 6 期。

部分归单位的，依然认定为单位犯罪。除了法定代表人、总经理之外的其他管理人员，如某个项目的主管，以单位名义实施犯罪的，则不能当然认定为单位犯罪，还要具体考虑该主管能否决定单位犯罪的主要内容，以及违法所得是否大部分归单位所有，进而确定其责任。

总之，单位犯罪中主管人员责任并非一种形式责任和结果责任，而是一种实质责任和过程责任。这样看来，单位犯罪不单单是集体意志下单位整体的犯罪，对主管人员等自然人的追责，还需要结合其在单位犯罪中所起到的实质作用进行具体判断。

三、现实图景：单位犯罪主管人员责任的多元扩散

刑法设置单位犯罪的预期目标是限制责任的成立范围，但在实践中，较为普遍存在对主管人员应否负刑事责任欠缺实质审查而导致形式入罪的情形。由于现行刑法对单位犯罪的规定较为简单，相关司法解释对直接负责的主管人员范围没有特别明确规定，对单位犯罪的形式解读很容易形成有罪思维。主管人员在单位犯罪中尤其容易入罪，由于主管人员一般为单位法定代表人、高管或者项目主管，围绕相关管理事项的行为被认定为单位犯罪之后，其很难摆脱责任。从现实来看，司法实践正通过以下几个路径来脱离实质法治的要求而实现对主管人员的形式入罪。

案例 2　2010 年开始，博泰公司取得探矿权之后着手准备采矿权申请工作，在办理采矿权之后，经过有关部门评估，发现博泰公司拥有矿业权的地段被即将规划建设的公路压覆，导致这部分路段矿产无法开采并造成损失。对于这部分损失，按照当地有关规定，可以申请矿产压覆的占地补偿。2012 年至 2013 年，博泰公司法定代表人侯某指定刘某办理相关补偿事项。办理完成后，博泰公司于 2013 年拿到第一笔补偿款。然而，2020 年经调查发现，博泰公司办理采矿手续的绝大部分文件系伪造。据此，法院认为博泰公司“提供虚假材料骗取采矿证，其采矿证自始无效”，判处博泰公司构成合同诈骗罪，侯某作为主管责任人员被判处 10 年有期徒刑，刘某作为直接责任人员判处 10 年有期徒刑。①

首先，将上下属的管理责任异化为对主管人员刑事归责理由。在

① 内蒙古自治区兴和县人民法院刑事判决书，(2020)内 0924 刑初 14 号。

企事业单位,上级对下级的管理责任是一种内部责任,主要表现为执行本单位规章规定履行职责,并对下级进行依法依规监督。显然,管理责任与刑事责任的根据不同,前者是单位的内部规章,后者是刑法的明文规定。然而在实践中,主管人员的管理责任常常成为刑事归责理由,尤其是主管人员对有关文件进行审批、签字之后,往往会直接推定其知晓犯罪事实。在案例 2 中,侯某并不实际参与决策,采矿权和压覆补偿由刘某全权负责。法院认定侯某承担责任的实质理由是,侯某在相关文件上签了字,进而推定侯某知晓伪造文件的事实。

在单位犯罪中,企事业单位的主管人员常常因为在有关文件中签了字就被直接推定为具备单位犯罪故意,这种"签字即明知"的形式推定,很容易忽略对行为的实质判断。分析本案可知,侯某授权由刘某办理采矿权和相关补偿事项,虽然相关文件最终由侯某签字,但侯某并无专业能力对文件内容进行实质审查。事实也表明,即使侯某在相关文件上签了字,也无法证明侯某对伪造文件事实都是明知的。本质上看,侯某未及时阻止刘某伪造虚假文件实施合同诈骗,确实存在管理上的过失责任,但管理上的过失并不能成为刑事归责理由。事中默认型的单位犯罪确实与主管人员的管理不善有关,但管理责任并不等于刑事责任。对于单位犯罪认定而言,除了根据主管人员签字等事实确认其存在管理责任之外,还应当强化对刑事责任的实质审查。

其次,主管人员与其他直接责任人员被人为绑定,接近于对主管人员必罚。单位犯罪是由具体人实施,除了一人公司实施单位犯罪时主管亦是直接责任人员这种特殊情况外,其他单位犯罪的成立,都要有直接责任人员,即单位犯罪的具体实施者。在立法上,直接负责的主管人员和其他直接责任人员是成对出现的,且直接责任人员一般是在主管人员的组织、指挥、策划之下而实施犯罪的,因而,绝大多数单位犯罪既有直接负责的主管人员又有其他直接责任人员。但这是否意味着所有的单位犯罪都存在直接负责的主管人员呢?有学者认为,单位故意犯罪只要达到推定故意,单位过失犯罪只要达到过失推定即可。[①] 据此,

① 参见李冠煜:《单位犯罪处罚原理新论——以主观推定与客观归责之关联性构建为中心》,载《政治与法律》2015 年第 5 期。

由于单位整体责任是通过推定确定的，因而其中自然人故意或过失包括主管人员故意或过失也是推定的。笔者不赞同这种观点。因为如果单位主管人员的主观方面由推定确定，则这种推定也是不利于行为人的推定，违背了刑法谦抑性理念。谦抑性是现代刑法的底线要求，突破了谦抑性就很容易形成有罪思维，最终与刑事法治逻辑相背离。[①] 在前述管理责任异化为刑事归责以及单位犯罪责任泛化的共同影响下，主管人员的不当行为，都可能被视为承担刑事责任的理由。在实践中，下属蒙蔽主管人员实施单位犯罪，由于是通过主管人员签字等形式要件而得以推进的，因此，单位犯罪的成立与主管人员当然有关联。但是如上所述，这种关联是由于管理上过失所产生的，通常并不会产生刑事责任。对主管人员接近有罪必罚，违背了实质法治的要求，也不符合单位犯罪的基本原理。

案例3　唐某、孙某、李某三人作为阳春公司股东，在国有企业改制期间，通过虚开增值税专用发票的方式为阳春公司获得利益，依法认定阳春公司构成单位犯罪。但鉴于阳春公司已被吊销，其诉讼能力已经丧失，依照刑事诉讼法的规定，不能再追究单位的刑事责任。唐某、孙某、李某因此而获得利益，属于共同犯罪。[②]

案例4　2016年3月、4月，国明公司在无危险废物经营许可证且无危险废物相关处理设备的情况下，经股东李某、沈某决定，共同出资购买了撕碎机、球磨机，开展回收废旧油桶盖业务。公司聘用李某等人联系回收业务，聘用其他工人对废旧油桶盖进行破碎、抛光，后以铁皮的形式出售，进行营利活动。国明公司未对废旧油桶盖上的残留物如油漆、废机油等进行处理，任由残留物在场地上流淌、经抛光后产生的剥离物随意堆砌，严重污染环境。据此事实，法院认为国明公司成立单位犯罪，但同时认为李某、沈某等自然人成立共同犯罪。[③]

最后，利用共同犯罪的整体责任原理将责任扩散至主管人员。司法实践中，很多判决在认定单位犯罪成立时，同时也会提到共同犯罪，

---

① 参见刘艳红：《"风险刑法"理论不能动摇刑法谦抑主义》，载《法商研究》2011年第4期。

② 盐城市中级人民法院刑事判决书，(2015)盐刑二终字第00009号。

③ 嘉兴市南湖区人民法院刑事判决书，(2018)浙0402刑初244号。

大致有两种形式：一是认为单位犯罪就是共同犯罪，只不过是一种特殊的共同犯罪，在判决书中将单位犯罪与共同犯罪相互代换（如案例3）。二是在认定单位犯罪同时，认为直接负责的主管人员和其他直接责任人员成立共同犯罪（如案例4）。

将单位犯罪认定为共同犯罪，或者在认定单位犯罪同时，认定单位内部相关自然人成立共同犯罪，实际上已经突破了形式规范的约束。[①]客观地说，单位犯罪与共同犯罪之间存在紧密联系，两者主观上都体现了多数主体的共同意志或意思联络特征，客观上都有多数人共同参与。而且理论上，两个以上单位以及单位和个人之间都可以成立共同犯罪。

然而，问题之一是，单位犯罪是否为特殊的共同犯罪，能否直接套用共同犯罪的逻辑？如果认为单位犯罪和共同犯罪可以代换，那么实际上没有单位犯罪概念其实也并不影响自然人犯罪的认定，立法者专门规定单位犯罪，一方面是为了让以单位集体决策形式实施的犯罪由单位承担部分刑事责任，另一方面也是为了在自然人犯罪处理方面有别于共同犯罪。如果认为单位犯罪也是共同犯罪，则单位中的主管人员只要对犯罪有影响，就应当承担刑事责任，在共同犯罪因果理论的加持之下，单位中的主管人员很难摆脱责任。由于主管人员在单位犯罪中起着组织、指挥、策划等作用，按照共同犯罪理论，其必然属于主犯，这与单位犯罪的实际情况并不相符。再者，共同犯罪中的犯罪集团与单位犯罪中的单位也难以进行有效区分。正因为如此，在1997年《刑法》颁布之后，刑法学界主流观点都认为单位犯罪不是共同犯罪，这在相关司法判决中也得到了确认。[②]

问题之二是，在单位犯罪之下，各自然人之间能否成立共同犯罪？根据我国单位犯罪双罚制原则，对单位判处罚金后，还要对直接负责的主管人员和其他直接责任人员判处刑罚，那么在此时，是否还有必要再认定直接负责的主管人员和其他直接责任人员之间构成共同犯罪？其

---

① 参见刘艳红：《"规范隐退论"与"反教义学化"——以法无明文规定的单位犯罪有罪论为例的批判》，载《法制与社会发展》2018年第6期。

② 参见温州市鹿城区人民法院刑事判决书，（2017）浙0302刑初840号；城步苗族自治县人民法院刑事判决书，（2018）湘0529刑初157号；成都市青羊区人民法院刑事判决书，（2015）青羊刑初字第1010号，等等。

实完全没有必要。因为在单位犯罪框架下,只要具体确定了直接负责的主管人员和其他直接责任人员之后,按照相应的处罚规则处理即可。如果认为单位犯罪之下还有一个共同犯罪,那么在归责结构上,就会发现在单位责任之下还嵌套了一个共同犯罪责任,但由于单位犯罪对自然人的处罚范围进行了限定,并非如同共同犯罪那样广泛处罚参与者,两者存在根本性差异。单位犯罪责任并不是按照整体归责确定的,即使在单位犯罪中起组织、策划和指挥作用的主管人员也可能承担从犯责任,这与共同犯罪要求组织、指挥、策划作用者普遍承担主犯责任亦有明显区别。

其实,将单位犯罪代换为共同犯罪,或者将共同犯罪嵌套入单位犯罪,要么是为了扩大打击范围,要么是为了加重刑事责任。对于主管人员而言,共同犯罪归责原理的引入,至少会普遍将主管人员认定为主犯,进而加重其责任。而在有些场合,通过利用共同犯罪整体归责原理,将没有实质参与,但对犯罪结果有贡献的主管人员也纳入进来,实质地扩张了主管人员的刑事责任。

总之,受管理责任异化、主管人员必罚以及单位犯罪共同犯罪化等因素的影响,单位犯罪已经脱离了最初预设,主管人员承担责任的范围实际上得到了明显扩张和加深。主管人员在单位犯罪中的刑事归责不能仅看主管人员身份,而应当实质地审查主管人员是否对单位犯罪有贡献,以及该贡献是否基于其自身意志所作出。对单位主管人员不宜科以过多的刑事责任负担,而应在法治逻辑下对其进行适当卸责。

四、卸责机制:单位犯罪主管人员的实质出罪路径

在合法的限度内对主管人员进行适当“卸责”,不仅是营造良好营商环境的要求,还有助于给予企业充分的发展空间。《中华人民共和国民法典》(以下简称《民法典》)第 62 条规定,“法定代表人因执行职务造成他人损害的,由法人承担民事责任”,该条规定正是对法定代表人“卸责”思想的立法确认。2017 年 1 月 6 日最高人民检察院《关于充分履行检察职能加强产权司法保护的意见》明确强调:“依法妥善处理历史形成的产权案件。以发展眼光客观看待和依法妥善处理改革开放以来各类企业,特别是民营企业经营发展过程中存在的不规范问题。办

案中坚持罪刑法定、法不溯及既往、从旧兼从轻、疑罪从无原则，对于确属事实不清、证据不足、适用法律错误的错案冤案，坚决予以纠正。”以上立法和司法解释均从不同层面表明，对于企业发展过程中所形成的违法犯罪问题，不能在法律上盲目增加企业家或单位主管人员的刑事责任。应根据单位犯罪的具体情况，实质判断主管人员是否参与单位犯罪，坚守形式入罪实质出罪的法治逻辑。[①] 类似于将合规计划引入单位犯罪卸除不必要的单位责任，[②]对单位主管人员这类特殊主体也不宜强加过多的刑事责任负担。基于前述分析，结合单位犯罪的基本原理，笔者认为可以考虑从以下几个层面对单位犯罪的主管人员进行卸责。

（一）管理责任不能替代刑事归责

管理责任是单位内部责任，管理失责失职可能导致违法犯罪，但却并非刑事归责的实质理由。如在前述案例 2 中，主管人员侯某完全被下属刘某蒙蔽，虽然其签字行为对单位合同诈骗罪实现具有促进作用，但实际上是被下属利用。从既有事实来看，可以证明侯某与单位犯罪并无关联。第一，侯某对合同诈骗罪的主要事实并不知情。合同诈骗罪是特殊类型的诈骗罪，在构成要件上要求行为人“以非法占有为目的”。但综合案情，侯某并无犯罪动机，在拿到征拆补偿款之后，也将大部分作为相关人员劳务费分配出去，最终自己保留的征拆补偿款与其前期投入也完全不相匹配，这些都表明侯某并不具有非法占有拆迁补偿款的目的。第二，侯某并未参与合同诈骗罪的实施。从决定由刘某全权负责征拆事宜之后，侯某便再未实质参与到任何与征拆补偿相关的事项上，也并未实际接触到任何与合同诈骗有关的虚假材料。第三，侯某的相关行为皆受刘某所蒙蔽。综合整个案件，自侯某购买涉案矿产之后，其虽然是法定发表人，但与涉案矿产有关的探矿、采矿以及征拆补偿的主要事项，几乎都由刘某负责。[③] 既有证据表明，侯某存在管理上的过失，但管理责任并不能作为刑事归责的直接

---

① 参见刘艳红：《实质刑法观》，中国人民大学出版社 2019 年版，第 183～185 页。

② 参见时延安：《合规计划实施与单位的刑事归责》，载《法学杂志》2019 年第 9 期。

③ 参见内蒙古自治区兴和县人民法院刑事判决书，(2020) 内 0924 刑初 14 号。

依据。

管理责任多为过失责任，且该过失行为常常对单位犯罪发生起到促进作用。但问题在于，过失参与了单位犯罪，是否应当承担刑事责任？单位犯罪的“直接责任条件要求作为单位犯罪直接责任人员的单位主管人员主观上要有与单位犯罪罪过内容相同的罪过”。[①] 故对此问题，现行刑法理论并未达成一致，但从单位犯罪构造及归责原理来看，应当分情形讨论：一是如果单位正在实施的犯罪为故意犯罪，则管理上的过失并不能成为让单位主管人员承担责任的实质理由。如前述案例2中，侯某存在管理过失，且其过失行为对犯罪结果发生有积极促进作用，但过失行为即使导致故意犯罪结果发生，并不能同一地评价为犯罪，这在单位犯罪中同样适用。现行刑法要求单位犯罪成立必须由单位集体或者负责人决定，表明在故意犯罪场合，主管人员知晓犯罪事实并且通过单位行为直接或间接引起犯罪结果发生。在上述情况下，管理上的过失不宜成为刑事归责的实质理由。二是如果单位正在实施的犯罪为过失犯罪，则管理上的过失导致犯罪结果发生，与单位因没有履行充分的注意义务而引发犯罪结果之间具有同一性。此时，评价单位犯罪，可以将这种过失与单位过失相对照，在过失犯罪的限度内，适当考虑主管人员在单位过失犯罪的框架下成立单位犯罪。但问题是，监督过失能否一律要求主管人员承担刑事责任。学界有力观点认为，监督过失并不必然产生刑事责任，即使在单位过失犯罪中，也要将犯罪过失内容与监督过失内容相对照，只有两者一致的场合，才能够认为该过失构成了犯罪过失。[②] 再者，主管人员事前没有参与单位犯罪，事后发现的，是否构成不作为犯？这个问题的关键在于，单位主管人员是否有阻止单位犯罪的义务。对此，应当具体判断单位犯罪的实施是否利用了其主管事项，或者其是否对单位犯罪产生了促进作用，如下属蒙骗该主管人员在某文件上签字，并将该文件用于实施犯罪，此时，主管人员便负有消除其先行行为影响力的义务，如果不履行该义务，可能构成不

---

① 石磊：《论单位犯罪的直接责任人员》，载《现代法学》2006年第1期。

② 参见赵秉志、侯帅：《当代中国公司犯罪争议问题研讨》，载《现代法学》2014年第4期。

作为犯罪。因此,根据我国现行刑法规定以及单位犯罪的基本原理,管理责任不能替代刑事归责,只有在单位过失犯罪场合,可以考虑将不履行管理责任作为指引主管人员承担刑事责任的参考。

(二)主管人员不必和直接责任人员相关联

根据单位犯罪双罚制模式,构成单位犯罪的,原则上应对单位判处罚金,并对直接负责的主管人员和其他直接责任人员判处刑罚。但单位犯罪的这种预设,主要适用于一般情况,并不适用于所有情形。《刑法》第 31 条第 2 款规定:"本法分则和其他法律另有规定的,依照规定。"所谓"另有规定",指的是可以单罚的情形,具体而言,《刑法》第 161 条"违规披露、不披露重要信息罪"和《刑法》第 162 条"妨碍清算罪",都属于只处罚自然人而不处罚单位的情形。而对自然人的处罚,是否意味着只要有直接责任人员就一定要有直接负责的主管人员?

案例 5　联海公司实际控制人张某指使法定代表人侯某以联海公司名义向大实公司借款 1000 万元,张某谎称其关联公司尚有 3760 吨大豆,并以此虚构的 3760 吨大豆粮油入库单(号码为 0002365)作为借款担保。后大实公司发现上述虚假事实并报案。法院经审理认为,联海公司构成合同诈骗罪。侯某为"联海公司的总经理,应当对联海公司所犯合同诈骗罪承担刑事责任"。但同时认为,侯某系在张某指使下参与犯罪,系从犯,可依法予以减轻处罚。[①]

在绝大多数单位犯罪中,既存在直接负责的主管人员和其他直接责任人员。因为直接负责的主管人员通常指单位决策者,同时也更容易成为单位犯罪的组织者和策划者,应当与其他直接责任人员一起承担刑事责任。不过,在现实中,主管人员未必是单位犯罪的实际组织者或者策划者,甚至可能完全不知晓单位犯罪。例如,在隐名代理的场合,幕前的主管人员并不直接进行决策,而是由幕后的被代理人进行具体决策,主管人员只不过是在传达幕后者的意思,其作用类似于工具。如果幕后的被代理人故意让幕前的主管人员传达犯罪意思的,该主管人员如果不知道的,则其类似于被利用的工具,不应当承担刑事责任;

---

① 参见大连市中级人民法院刑事判决书,(2017)辽 02 刑初 92 号。

如果该主管人员知晓的,则由于其实质参与度较低,宜从轻或者减轻责任。实践中也认可了这一实质判断逻辑。案例 5 的判决表明,单位主管人员即使参与了单位犯罪,也应当根据其作用或贡献大小实质判断责任大小。

笔者认为,单位犯罪中不仅存在主管人员责任比直接责任人员责任轻的情形,也存在只有直接责任人员而无主管人员责任的情形。在《刑法》第 31 条第 1 款规定的双罚制以及部分分则条文例外规定的单罚制下,都同时规定了对直接负责的主管人员和其他直接责任人员的处罚,容易让人误以为只要构成单位犯罪,存在直接责任人员的,就一定要有直接负责的主管人员。在这种逻辑下,司法实践中直接负责的主管人员与其他直接责任人员基本都是成对出现的,几乎找不到只处罚直接责任人员而不处罚直接负责的主管人员的案例。这种潜在的逻辑实际上是一种形式入罪思维,即只要确定直接责任人员,就积极寻找主管人员承担刑事责任,直接负责这一实质要件被虚置了。《刑法》第 31 条第 1 款将直接负责的主管人员单列出来作为一类主体,是因为根据单位犯罪的形成逻辑以及现象层面的经验观察,主管人员往往是促成单位犯罪的重要因素。因为单位犯罪的成立要求体现单位意志,而单位意志之体现一般存在两种情形:一是"执行单位决策机构的决策和单位法定代表人或者负责人决定";二是"单位成员在其单位业务范围内履行职责"。[①] 第二种情形一般不涉及单位犯罪,除非单位经营的业务涉嫌违法犯罪。与单位犯罪有关的通常是第一种情形,在此情形下,主管人员构成单位犯罪通常要实质参与犯罪组织、策划、决策等。我国刑法将单位犯罪的自然人主体之一限定为直接负责的主管人员,其中,主管人员为记述的构成要件要素,一般而言,企事业单位法定代表人、高管或者具体相关的管理人员,都可能是主管人员。根据经验逻辑,主管人员应当对单位事项或者自己管理事项有充分了解,这是其履行公司法规定的忠诚、勤勉义务的重要前提。故在通常情况下,主管人员在单位犯罪中起着非常重要作用。然而,经验逻辑不能代替事实和价值判断,主管人员完全可能由于自身懈怠而不关注单位业务,进而也没有

① 贾宇主编:《刑法学》(上册),高等教育出版社 2019 年版,第 160 页。

参与单位犯罪决策、实施，或者可能由于受蒙蔽而错误地作出决策，在这些情况下都欠缺对主管人员进行追责的实质理由。立法将直接负责的主管人员与其他直接责任人员并列，只是单纯强调在绝大多数情况下，主管人员在单位犯罪中起的作用较大，并不当然意味着所有单位犯罪成立都要有直接负责的主管人员。

《刑法》第31条以“直接负责”来修饰主管人员，意在限定主管人员成立单位犯罪的范围，因此，“直接负责”是决定主管人员应否承担单位犯罪刑事责任的实质要素。对于实质要素，便应当结合具体情境进行实质解释，实质解释有助于“将不值得动用刑罚处罚的行为排除在刑法的犯罪圈之外，以实现个案的正义”。[①] 对于如何确定主管人员应当对单位犯罪“直接负责”，需要结合前述三种情形分别进行考量。第一，对于事前领导型，由于主管人员在单位犯罪中起着组织、策划、决策等核心作用，单位犯罪成立之后，主管人员不仅应当承担责任，还应当承担主犯责任。第二，对于事中默认型，应当实质考量主管人员在单位犯罪中的有无作用及作用大小。过去刑法理论认为，单位主管人员发现管理对象实施犯罪的，都应当承担刑事责任。[②] 如前所述，这实际上是将管理责任泛化为刑事责任，明显不合理地扩大了单位犯罪中主管人员的刑事归责范围。从单位犯罪的立法初衷及制度设计看，主管人员事中默认或并未表示反对，只要其事后没有积极参与，也没有通过犯罪行为获利，则不宜追究主管人员的刑事责任。对犯罪的默示或不履行阻止犯罪的义务，并不意味着主管人员实质地参与了犯罪，或者应当对单位犯罪直接负责，应当分情形具体分析。第三，对于事后追认型，过去的刑法理论片面地认为单位犯罪一定要有直接负责的主管人员，导致事后追认型单位犯罪被普遍认定。[③] 但根据责任主义原理，判断主管人员的责任必须考虑单位犯罪实施过程是否与主管人员实质相关，主管人员对单位犯罪的事后追认，意味着其并未参与单位犯罪的事前或

① 刘艳红：《走向实质解释的刑法学——刑法方法论的发端、发展与发达》，载《中国法学》2006年第5期。

② 参见陈鹏展：《单位犯罪司法适用问题释疑》，中国法制出版社2007年版，第129～130页。

③ 参见林荫茂：《单位犯罪理念与实践的冲突》，载《政治与法律》2006年第2期。

者事中，即没有实施犯罪行为，单位犯罪结果的产生也与其并无因果关系。在这种情况下，不能溯及既往地追究主管人员刑事责任。

由此可见，在单位犯罪中，主管人员并不必然承担刑事责任，对于自然人主体而言，完全存在单纯由直接责任人承担刑事责任而无主管人员承担责任的情形。实质地判断主管人员的刑事责任，能够确保单位犯罪刑事归责的合理性，有效避免将主管人员的管理责任异化为刑事责任。

（三）主管人员个人责任不能援引共犯整体归责

刑法理论虽然反复强调单位犯罪不是共同犯罪，但在实践中，单位犯罪与共同犯罪始终呈现出“剪不断理还乱”的复杂关系。例如，《全国法院审理金融犯罪案件工作座谈会纪要》指出：“对单位犯罪中的直接负责的主管人员和其他直接责任人员，应根据其在单位犯罪中的地位、作用和犯罪情节，分别处以相应的刑罚，主管人员与直接责任人员，在个案中，不是当然的主、从犯关系，有的案件，主管人员与直接责任人员在实施犯罪行为的主从关系不明显的，可不分主、从犯。但具体案件可以分清主、从犯，且不分清主、从犯，在同一法定刑档次、幅度内量刑无法做到罪刑相适应的，应当分清主、从犯，依法处罚。”这表明，单位犯罪确定责任时，可以借鉴共同犯罪中主从犯的区分方法，必要时区分主犯和从犯，确保罚当其刑。有学者认为，单位犯罪中直接负责的主管人员与其他直接责任人员的责任基础不同，前者“是因为所具有的职责与犯罪的实施之间具有因果关系”，后者“是因为直接参与了实施犯罪构成要件的行为”，[①]这显然是将共同犯罪的归责原理套用到单位犯罪中，并不具有妥当性。上述案例 1 和案例 5 无疑就根据实际情况区分了主从犯，对主管人员的责任进行了适当降低。但是，正如前文分析，对于单位犯罪而言，共同犯罪最大的吸引力不在于是否区分主从犯，而是其整体归责原理。为了适用该原理，有学者甚至还认为“单位犯罪是一种嵌套式的共同犯罪形态”，即“在单位犯罪中，单位和单位成员为两个独立的犯罪主体，他们在各自犯意的支配下，针对同一犯罪对象，侵害同一法益，并造成同一危害结果，显然可以将其归属于特殊的

---

① 周振杰：《单位犯罪司法解释研究》，载《法治研究》2011 年第 12 期。

共同犯罪形态”。[①] 果真如此,共同犯罪的归责原理便可以直接适用于单位犯罪,甚至可能完全没有创设单位犯罪的必要性。

实质上,共同犯罪是一种责任扩散机制,[②]而单位犯罪却是一种责任限缩模式。因为相对而言,单位犯罪的追责范围进行了极大的限缩,第一,从追责对象来看,仅追究直接负责的主管人员和其他直接责任人员刑事责任,排除了一般人员的刑事责任。第二,从追责标准来看,单位犯罪的入罪门槛相对于自然人犯罪高很多,收缩了犯罪圈。以合同诈骗罪为例。根据 2001 年 4 月 18 日最高人民检察院、公安部颁布的《关于经济犯罪案件追诉标准的规定》第 69 条的规定,个人合同诈骗 5000 元至 2 万元以上的、单位合同诈骗 5 万元至 20 万元以上的,应当予以追溯。粗略估算,单位合同诈骗较之个人合同诈骗的入罪标准提升了十倍左右,相对而言明显降低了入罪门槛。如果认为单位犯罪是共同犯罪,则共同犯罪的入罪标准是以自然人犯罪的入罪标准为依据的,必然会导致刑事犯罪圈的扩张。有观点认为,在主体认定时,应当将单位主体与自然人主体一体化,即不再以法律明文规定限定单位犯罪成立,将单位犯罪与自然人犯罪配置统一法定刑。[③] 但实际上,这样的单位犯罪其实已经与共同犯罪无异了,有差异的可能只是多了单位过失犯罪。实际上,单位犯罪所强调的单位意志也不同于共同犯罪的共同故意,单位意志更强调集体决策或者单位的意思表达,通过将单位视为独立的责任主体而分担自然人责任。

具体而言,单位犯罪中的自然人责任本质上是个人责任而非共同责任,单位主管人员的责任应适用个人责任原理,而非共同犯罪的整体归责原理。首先,单位犯罪中当然有集体责任或者共同责任思想,因为单位意志本身就是一种集体意志,对单位犯罪进行集体归责具有合理性。“单位作为组织体与作为其组成人员的自然人之间”,[④]这种差异奠定了单位承担刑事责任的基础,但却未必能够决定其中自然人的刑

---

① 陈忠林、席若:《单位犯罪的“嵌套责任论”》,载《现代法学》2017 年第 2 期。

② 参见章雨润:《共同犯罪刑事责任的扩散——从解释论到方法论的重新演绎》,载《烟台大学学报(哲学社会科学版)》2017 年第 3 期。

③ 参见尉琳:《单位犯罪主体资格问题探析》,载《法学杂志》2016 年第 6 期。

④ 黎宏:《组织体刑事责任论及其应用》,载《法学研究》2020 年第 2 期。

事责任基础。在单位犯罪的双罚制中，集体责任或者共同责任已经由单位承担了，即对单位判处罚金。其次，单位犯罪只是借用了共同犯罪的某些原理，但不必然意味着要适用共同犯罪的整体责任。尽管司法解释规定，单位犯罪中直接负责的主管人员和其他直接责任人员在必要情况下可以区分主犯和从犯。但“主管人员与直接责任人员在个案中不是当然的主、从犯关系”，①不能够一律套用共同犯罪的处罚逻辑。最后，只有将主管人员责任理解为个人责任才能够确保定性与归责的合理性。共同犯罪整体归责的根基是因果共犯论，但单位犯罪适用的并非因果归责逻辑，其本质上是有限责任。主管人员即使知道存在单位犯罪，但是没有实际参与，也不能认为其由于未阻止犯罪而承担刑事责任。

案例6　1998年1月至1999年1月，王某1在北京某制药厂担任法定代表人，其间从制药厂取走本厂生产的“健骨生丸”5100余盒，并进行销售，销售金额为4,508,240元，未入本厂财务账，也未向延庆县国税局申报纳税，涉嫌偷税额达655,043.42元。经查证，该制药厂由总经理王某2负责，将其中358,313盒登记在药厂正式账上，其余208,287盒采用不登记入库的方法，另做记录可由药厂销售科人员以打白条形式领走，系王某1授意为之。就此事实，法院认为王某1虽为主管人员，但与前述偷税犯罪无关，不应当承担刑事责任。②

确立主管人员归责适用个人责任原理，意味着在归责时应当考虑以下两个方面问题：一是确定主管人员是否实际参与犯罪，没有实际参与的，不应当承担刑事责任（如案例6）。因此，主管人员在单位犯罪中承担刑事责任的实质条件是，对单位犯罪事实知情且参与了单位犯罪，在单位犯罪中起着组织、指挥、决策等作用。二是主管人员未必承担主要责任，应根据其在单位犯罪中的责任大小具体归责。前文指出，单位犯罪在必要的时候还可能区分主从犯，在判断单位犯罪中的直接负责的主管人员和其他直接责任人员是否有必要区分主犯和从犯

---

①　阮齐林、耿佳宁：《中国刑法总论》，中国政法大学出版社2019年版，第170页。

②　参见中华人民共和国最高人民法院刑事审判第一庭、第二庭主编：《刑事审判参考（2003年第4辑）》（总第33辑），法律出版社2003年版，第1～2页。

时，关键要看两点：一是能否分清主从犯；二是不区分主从犯能否做到罪刑相适应。从既往的司法裁判来看，对非组织、指挥、策划的主管人员，或者因受下属蒙蔽而参与了单位犯罪的人员，通常在量刑的时候都会从轻或者减轻处罚。

总之，单位犯罪中主管人员责任属于个人责任，应当根据主管人员是否参与单位犯罪、在单位犯罪中所起到的作用等进行综合判断。单位犯罪并非共同犯罪，不能直接适用共同犯罪的整体归责原理。在归责逻辑上，个人责任应当以个人是否参与犯罪以及参与程度来进行实质判断，不能将单位所涉全部罪行都归结到主管人员身上，也不能在任何时候都片面地要求主管人员承担刑事责任。

五、结语

既往实践表明，要求法定代表人在企业出现问题时要承担主要的法律责任，或者在涉嫌单位犯罪时对主管人员一律归责，实际上是错误的。塑造良好的法治营商环境，遵循“形式入罪实质出罪”①的刑事法治逻辑，既要强调单位主管人员刑事归责基础，又要对主管人员进行适当“卸责”。实际上，正在如火如荼推进的合规建设，为卸除单位责任提供了有效方案。而在我国，单位犯罪采取的是双罚制，合规建设只能卸除单位责任，而不能卸除个人责任尤其是主管人员责任。单位犯罪成立并不必然要捆绑上主管人员；相反，根据单位犯罪的基本原理，主管人员只有实际参与单位犯罪才应当承担相应责任，这是对单位犯罪进行合理定位的当然结论。在单位合规建设过程中，根据单位犯罪的基本原理构建针对主管人员的卸责机制，两者相配合起来，真正建立起完善的单位犯罪实质出罪机制，最终在单位犯罪领域实现罚当其罪、罚当其刑。

---

① 刘艳红：《形式入罪实质出罪：无罪判决样本的刑事出罪机制研究》，载《政治与法律》2020 年第 8 期。

第九章　股权众筹型集资模式的实质出罪判断*

目　　次

一、问题的提出

股权众筹是互联网金融的重要业务模式之一，与 P2P 网络借贷相比股权众筹具有更为实质意义上的金融创新属性。P2P 网络借贷在本质上仍属于民间借贷，只是因作为中介的 P2P 平台的存在使得借贷双方更为便捷地寻找到合适的交易对象，提高了效率，但在基本的法律关系上与传统民间借贷相比并无二致。股权众筹则突破了传统意义上公募和私募的划分，具有强烈的金融创新色彩，“是人类史上又一个伟大的制度发明，它能够弥补股票市场股份制的缺陷和不足，让中小企业获得资金的筹集和资源的筹集，还有人脉的管理以及

* 本章系国家社科基金青年项目“刑民交叉视野下的互联网金融行为‘罪与非罪’问题研究”（17CFX020）的阶段性成果。

营销的众筹”。[①] 股权众筹的产生是重要的金融模式创新，对于推动我国的金融发展具有积极意义。

同时也应该看到，金融必然存在风险，而金融创新的风险则更为明显，这正如硬币的两面，两者相生相伴。金融业务的法律监管在时效性上远滞后于金融业务本身，自 2012 年在我国出现至今，针对股权众筹的法律规范仍属空白，导致了实务中股权众筹本土化过程中的野蛮生长和异化，各种披着股权众筹外衣的非法金融行为大肆出现，在刑事司法领域以非法集资犯罪为典型代表，在侵犯社会公众的财产的同时，也破坏了国家的金融监管秩序，以致出现系统性金融风险。金融监管部门敏锐地发现了风险的存在，近年来积极出台多项举措化解股权众筹中存在的风险，却导致了可能是“矫枉过正”的结果：在打击股权众筹型金融犯罪的同时，殃及了合法的股权众筹金融模式，导致股权众筹目前在我国始终未能被“正名”的尴尬境地，阻碍了股权众筹的发展。“面对越来越多的各种网络安全威胁，过度强调管制的传统法制化治理虽然可在短时间内取得一定的安全效果，但是，从长远来看，有可能会扼杀互联网创新，削弱互联网活力，进而产生阻碍互联网发展的负面效应。”[②]如何界分股权众筹型的金融犯罪和属于金融创新的合法的股权众筹，有必要厘清股权众筹中存在的法律风险并加以分析，以发挥该业务模式的优势，确保在推动金融创新的同时维护金融安全。

二、股权众筹的行政监管缺位

（一）众筹的概念

关于众筹，其定义在法律上未有明确。理论上有学者认为众筹是“小企业、艺术家或个人为进行某项活动或为创办企业而依托互联网和 SNS（Social Networking Services），在众筹平台上向公众募集资金的一种融资方式”[③]；也有观点认为众筹是指“通过网络平台为项目发起人

---

① 杨东：《互联网金融打开股权众筹发展空间》，载《上海证券报》2015 年 7 月 23 日，第 12 版。

② 刘艳红：《互联网治理的形式法治与实质法治》，载《理论视野》2016 年第 9 期。

③ 刘海：《网络众筹、微筹的风险监管与发展路径》，载《商业经济研究》2015 年第 5 期。

筹集从事某项创业或活动的小额资金,并由项目发起人向投资人提供一定回报的融资模式"[①]。笔者认为这两种观点均存在一定的瑕疵,不当地限缩了众筹的范围。众筹的概念产生于美国,至今亦只有10年时间。"众筹"一词的英文crowdfunding由crowdsourcing和microfinancing二词融合而来,意即公众参与的微型金融,crowdfunding在我国香港特别行政区被译为群众集资,在我国台湾地区则被译为群众筹资,据此我们可以从字面上得出众筹的含义,即向社会公众筹集资金,这也是国内外所有关于众筹的研究文献中对于这一概念所作定义的交集部分,不同的部分在于众筹的主体和范围,因为众筹作为一种金融业务,其定义必须包含"什么人"、"什么方式"以及"什么范围"等要素,以区别于其他向社会公众筹集资金的行为,如公开发行股票或是银行存款业务等。

首先,发起众筹的主体也即发起人是一切具有完全行为能力的民事主体,而不仅仅局限于"小企业家、艺术家或个人"。虽然在实践中以小企业家或艺术家作为发起人的众筹项目占据了相当的比例,但从事其他行业的人并未被排除在外,因此发起众筹的主体应当是一般主体而非特别主体,发起众筹的行为属于民事法律行为,因此任何具有完全民事行为能力的人均可以发起众筹。其次,众筹一定是以网络为媒介,在互联网平台上进行的行为,关于这一点虽然从众筹的字面意义上看无法得出,但却为世界范围内所有的研究人员、实务专家以及法律法规所公认,众筹不同于传统证券法中公募、私募划分的概念,而是在互联网金融产生后出现的在特征上完全不同于传统募集资金方式的行为。最后,众筹的范围或是结果并不一定是由项目发起人向投资人提供一定的回报,也可能存在没有任何回报的众筹,对于这一点涉及众筹的种类。

众筹有不同种类的划分,例如,实务中欧盟将众筹划分为六类,包括:捐赠、赞助、奖励、预售、借贷及证券型投资[②];而美国则将众筹分为捐赠和股权两类[③];理论上,有观点认为应将众筹分为捐赠、预售、借贷

---

① 白江:《我国股权众筹面临的风险与法律规制》,载《东方法学》2017年第1期。

② 参见顾晨:《欧盟探路众筹监管》,载《互联网金融与法律》2014年第2期。

③ 参见杨东、苏伦嘎:《股权众筹平台的运营模式及风险防范》,载《国家检察官学院学报》2014年第4期。

和股权型四类[①]；还有观点认为众筹可以分为股权式和非股权式两种[②]。虽然众筹的分类因标准不同而有多个版本，但在本质上并无差异，根据投资人是否能够获得经济上的回报，我们可以将众筹分为有偿众筹和无偿众筹两种，有偿众筹包括了预售、债权和股权等形式，其中债权众筹也即我国语境下的P2P网络借贷，借款人通过网络借贷平台向投资人筹集资金，而投资人在出借期内得到债权，在出借期间届满时通过实现债权得到本金和利息。而无偿众筹则包括了捐赠、赞助和奖励等类型，如国内知名的大病筹款平台"水滴筹"即属此类型，社会公众通过众筹平台为经济困难的大病患者进行资金捐赠，募集资金者一般情况下只需确保资金的使用情况公开、透明，接受捐赠人的监督，而无需向募集资金者支付金钱或其他财物。据此，众筹项目中的投资人并非一定可以得到经济上的回报。根据以上分析可以得出关于众筹的定义，即项目发起人通过互联网平台为某个项目向公众筹集资金的行为。

（二）股权众筹概述

本章所讨论之"股权众筹"为众筹的下位概念，其与债权众筹、无偿众筹等众筹模式共同架构起众筹。股权众筹属有偿众筹，即投资人通过众筹项目可以获得经济上的回报，不同于债权众筹中项目发起人与投资人之间是借款法律关系，股权众筹中发生的是股权交易关系，投资人通过投资获得项目的部分股权，并通过该部分股权在未来获得收益。在我国，理论上对于股权众筹概念的争议点在于众筹行为是否为公开。公开论者认为众筹中项目发起人是公开募集资金，其依据是2015年中国人民银行等十部委出台的《关于促进互联网金融健康发展的指导意见》（以下简称《十部委意见》），其中指出"股权众筹融资主要是指通过互联网形式进行公开小额股权融资的活动"。而非公开论者则认为众筹中项目发起人采用的是非公开方式募集资金，该观点的依据是2014年证监会发布的《私募股权众筹融资管理办法（试行）（征求意见稿）》，该意见中指出"私募股权众筹融资是指融资者通过股权众筹融资互联

---

① See Bradford, C. Steven, *Crowdfunding and the Federal Securities Laws*, Columbia Business Law Review, Vol. 2012, No. 1, 2012, p. 14 – 27.

② 参见白江：《我国股权众筹面临的风险与法律规制》，载《东方法学》2017年第1期。

网平台（以下简称股权众筹平台）以非公开发行方式进行的股权融资活动”。实践中，公开与非公开形式的募集资金形式同时存在，前者获得公募股权众筹试点资质的只有三家平台，分别是京东金融的“东家”（其自身定位为“非公开股权投资”的互联网理财综合服务平台）、平安集团旗下的深圳前海普惠众筹交易股份有限公司（以下简称前海众筹），以及蚂蚁金服的“蚂蚁达客”，而绝大多数的股权众筹均属非公开的互联网私募股权。

笔者认为，关于股权众筹应属公募还是私募的争论实际上是伪命题，因为股权众筹的概念是在当下的互联网时代才出现的，而公募与私募的区分产生于传统证券法时代。诚然，无论是在新证券法还是旧证券法中，我国法定的股票发行方式只有公开和非公开两种也即通常所说的公募和私募，也未明确定义何为“证券”。而向公众募集资金的唯一方式是上市公司公开发行股票，任何其他形式的面向社会大众的公开募股行为都会被认定为非法集资，市场上大部分的股权众筹平台，均是通过限制投资者资格、人数、投资金额或对项目需求资金进行份额化拆分等方式规避法律风险。然而从股权众筹产生的根源看，这种私募性质的股权众筹并非严格意义上的众筹，而只是私募的互联网化，从本质上看它并未改变筹集资金的传统方式。“众筹融资的运作模式决定了不宜对众筹出资人资格和行为加大限制力度。而如果将股权众筹界定为私募进行监管，即为股权众筹加上合格投资人的限制，众筹就丧失了其本质。”①同时，股权众筹也当然地不属于证券法上的公募，因为公募中公开发行股票的主体是上市公司，而股权众筹中的项目发起人只能是小微企业或者个人，且股权众筹产生的主要原因之一即为了解决小微企业在初创时期融资难的问题。“公募、私募的概念，是传统的证券法的概念，已经不适合‘互联网＋资本市场’的发展趋势。真正意义上的众筹是通过互联网的方式公开发行。”②因此，应当认为，股权众筹是独立于公募及私募而独立存在的向社会公众筹集资金的方式，只有

---

① 李莉：《论金融消费者权益保护视角下股权众筹的监管》，载《北京社会科学》2019年第9期。

② 杨东：《互联网金融打开股权众筹发展空间》，载《上海证券报》2015年7月23日，第12版。

《十部委意见》中所定义的股权众筹才属于互联网金融语境中的股权众筹。当然,无论现有的政策如何积极肯定股权众筹的重要意义并推动其发展,我国现有的法律体系中股权众筹并非《证券法》所明文规定的融资方式,也没有其他具有法律效力的规范性文件对股权众筹作出规范,因此未获得金融监管部门授权者存在非法集资的法律风险。

(三)股权众筹具有证券属性

直接融资的主要法律制度即为证券法,而股权众筹是典型的直接融资行为。虽然新《证券法》对"证券"的定义仍较为狭窄,其第 2 条规定:"在中华人民共和国境内,股票、公司债券、存托凭证和国务院依法认定的其他证券的发行和交易,适用本法;本法未规定的,适用《中华人民共和国公司法》和其他法律、行政法规的规定。政府债券、证券投资基金份额的上市交易,适用本法;其他法律、行政法规另有规定的,适用其规定。资产支持证券、资产管理产品发行、交易的管理办法,由国务院依照本法的原则规定。在中华人民共和国境外的证券发行和交易活动,扰乱中华人民共和国境内市场秩序,损害境内投资者合法权益的,依照本法有关规定处理并追究法律责任。"该条仍然坚持了对证券的狭窄界定,与旧《证券法》相比,新法将存托凭证明确规定为法定证券,并将资产支持证券和资产管理产品写入证券法,授权国务院按照证券法的原则规定资产支持证券、资产管理产品发行、交易的管理办法,因此目前《证券法》中的证券只有股票、公司债券、存托凭证等类型。现有立法对证券的狭窄定义限制了市场的证券品种和市场层次,也限制了交易的多样性和相关性。更重要的问题是,其限制了《证券法》的适用范围,不利于对投资者的保护。然而,虽然我国法定的证券类型中并未包含股权众筹,但这并不影响基于学理层面的分析认为股权众筹符合证券的特征,属于理论上的"证券"。

证券定义的主要功能是确定证券法的适用范围。基于证券法"规范证券发行和交易行为,保护投资者的合法权益,维护社会经济秩序和社会公共利益,促进社会主义市场经济的发展"这一立法目的,所有与投资有关的融资安排都应当被纳入证券的定义,否则,证券法对投资者保护的目标就无法实现。因此,在界定证券时需要注意两个问题:(1)已知的证券品种是否都列入;(2)如何将那些层出不穷、花样翻新的融资安排都纳入监管范围。对此,美国证券法上定义证券的方式值得借鉴。美国证券法上对证券采用了复杂的定义方式,在列举了数十种立法者认为应当被认定为证券的投资工具之后,立法者还用"一般被普遍认为是证券的任何权益或者凭证"来作为兜底。[①] 实践中,美国法院通过对"投资合同"这一概念的广泛解释,将所有花样翻新、不在明确列举的证券范围内的投资安排都包括在证券定义之内。美国法院界定证券的基本原则是"实质重于形式"。对任何疑似证券的投资安排,都需要通过对其经济实质的认定来界定是否属于证券,对于那些证券法条文中没有列出的证券类型,法院则一般适用 Howey 检验标准以衡量其是否符合投资合同的经济实质,应否被纳入证券法的适用范围。

美国为了确定证券法的基本范围,根据最高法院的判决,1933 年《证券法》和 1934 年《证券交易法》中证券定义的细微差别应按"实质上完全相同"对待。法律用语有伸缩性,并已经相应地进行解释。法律定义的宽泛性,为法院提供可预期的指导工作不断带来麻烦。为了确定某一投资工具是否为证券,可以作一些概括总结。投资者的感觉和期望是个重要因素。司法上的证券定义主要从对"投资合同"这一法律词语的解释发展而来。以最高法院为首,联邦和州法院试图总结出一个切实可行的定义,并已经形成了多种标准和建议。在探求适当定义的整个斗争史中,法院一直关注着这一事实,即最基本的问题是这种特定投资或工具是否需要或必须由联邦或州的证券法对投资者进行保护。美国最高法院在首次处理这个问题时,将焦点集中于这种投资工具的一般特征上。该法院在证券交易委员会诉 W. J. Howey 案中宣称,《证券法》目的上的投资合同是指一个合同、交易或计划,一个人据此将他的钱投资于共同单位,并且受引导有获利愿望,利益全部来自发起人或第三人的努力。认定了促销计划是证券之后,最高法院指出,不仅不需要正式的股票证明,而且企业实物资产并不能排除作出事实上存在证券的决定。法院并未指出任何单一的决定性要素,而是将一揽子投

---

① 参见彭冰:《非法集资活动规制研究》,载《中国法学》2008 年第 4 期。

资作为一个整体看待，包括投资的销售方式。[①] 据此，美国通过立法上的宽泛性标准和司法个案中的开放性说明将满足 Howey 检验标准的投资合同作为“证券”的兜底形式，丰富了证券的类型。Howey 检验标准可以适用于证券法明确规定的各种类型，最具普遍意义上的证券即股票、公司债券等也符合该检验标准，“以股票为例，投资者使用金钱购买股票，成为股份公司这一‘共同事业’的股东，期待通过分红获得收益。投资者一般不参与到公司的运营和管理中心，因此购买股票的收益是仅仅来源于他人努力，或者至少是由他人在管理方面作出关键的、影响成败的努力”。由此可见，投资合同的概念和 Howey 检验标准高度概括了证券的最本质特征，使得证券的定义可以涵盖所有带有证券性质的投资理财产品和合同安排，构成了对这些产品与合同安排进行规制的前提。[②] 美国立法例将投资合同纳入证券的概念中，除了在法条中通过例示性的列举出证券常见的类型，以方便形式判断，还通过判例的方法强调了被称为“证券”的产品应当具有的实质内核。在开放性的证券概念下，美国国会于 2012 年通过了《JOBS 法》的修正案，其中包括第三章专门的《众筹法》，后在 2015 年，美国证券交易委员会（SEC）颁布了《众筹条例》，至此在美国，股权众筹在法律和行政法规两个层面都得到了明确的规范。

（四）股权众筹在我国尚未取得合法地位

与美国法相比，我国证券法同样列明了“证券”的法定类型，这方便了司法机关、行政监管部门以及金融业者的判断与实务操作，但由于法条中未明确证券的定义，导致形式审查外，无法从实质上判断某一产品是否可以被纳入证券的范畴，与此同时，已有司法解释或最高人民法院的指导案例中也没有引入“投资合同”的概念，现行立法对证券的狭窄界定导致除股票、公司债券、存托凭证外其他具有“投资合同”实质的产品如金融衍生产品、金融理财产品等无法得到证券法的保护，当产生纠

---

① 参见托马斯·李·哈森：《证券法》，张学安等译，中国政法大学出版社 2003 年版，第 23～25 页。

② 参见马其家、王淼：《美国证券法上投资合同的司法认定标准及启示》，载《法律适用》2018 年第 6 期。

纷时只能援引合同法予以调整。然而合同法规范的是“平等主体的自然人、法人、其他组织之间设立、变更、终止民事权利义务关系的协议”，其立法目的是“为了保护合同当事人的合法权益”，这与证券法“保护投资者的合法权益”之间存在明显区别。虽然我国现有法律制度中没有明确的“投资合同”概念，但投资合同中当事人之间的法律关系并非平等主体之间的法律关系，仅通过合同法来调整投资合同是远远不够的，在合同法力有不逮，证券法排除在外的情况下，对非法定的投资合同当事人保护出现真空。

法律具有稳定性和滞后性，而金融市场则瞬息万变，时有金融创新出现，一般情况下，金融类型的更新迭代总是先于金融法律法规的出台或修订。股权众筹是互联网时代的产物，传统证券市场的监管制度在其面前必然无法完全适用，这是世界各国家和地区在推广股权众筹过程中均面临的困境，也即股权众筹本身合法化的问题。从世界范围看，对于股权众筹合法性问题主要有三种处理模式，第一种对此采严格禁止模式，只有经过政府的特别授权才可以展开此项业务，我国香港特别行政区即采此模式；第二种是在现有公开发行证券的范围内通过修法建立适当的豁免制度来承认股权众筹的合法地位，采用这一模式的有美国、澳大利亚等，最著名者为美国的 JOBS 法案，受到其他各国的争相模仿借鉴；第三种是通过制定专门法律的形式承认和规范这一金融创新，意大利、新西兰等采用了这一模式。[①] 这三种模式表示了不同国家对于股权众筹的认可与接纳程度，以及在监管上的宽松或严格，但无论何者都给予了股权众筹一定的发展空间。由此可知，作为一种金融创新股权众筹除了一般金融业务可能具有的风险外，还可能存在额外的准入风险。

股权众筹较之于传统证券形式更有优势，其基于互联网平台让更多的投资人参与到投资创业企业的过程中，一方面有利于融资困难的小微企业，另一方面活跃了社会上的闲散资金，丰富了民众的投资渠道。股权众筹中融资人与投资人间的法律关系属于投融资法律关系，具体而言，投资人受融资人对项目的介绍和引导后有获利的愿望，其将

① See Arjya B. Majumdar, Umakanth Varottil, *Regulating Equity Crowdfunding in India: Walking a Tightrope*, Edward Elgar publish, 2017.

钱投资于融资人发起的该项目,所获利益全部来自发起人或第三人的努力,满足 Howey 检验标准,应认为二者之间签订的合同属于证券范畴下的投资合同。但正如前文所述,由于我国现行证券法律法规采狭窄定义方式,未赋予投资合同证券地位,因此股权众筹尚无法得到证券法的保护。

与历史上出现过的所有金融创新模式相似,股权众筹面临的法律风险主要有两种:一种是由于金融业务的发展速度因超过金融监管的反应速度而产生出的一般法律风险,也即因监管空白引起的金融风险及其对传统金融秩序的冲击产生在现有法律制度下的合法性疑问,这一风险主要是行政法律风险,严重者可能进一步承担行政刑法风险,有学者即指出,“对于股权众筹名义下的非法股权众筹行为,即使是真实的股权众筹,因为其非法性而应当追究法律责任”;[①]另一种则是以新形态为幌子的传统的金融异化行为产生的法律风险,这种风险无论是在互联网时代还是在传统社会均是统治阶级和一般社会公众所无法接受的风险,不仅破坏了金融秩序,而且侵犯了普通民众的财产权,一直以来都受到法律的否定性评价,这种异化风险主要是刑事风险。由此,本部分所讨论的股权众筹风险包括这两种类型的风险。

股权众筹是互联网金融时代的产物,社会民众在谈论时往往将其与另一互联网金融代表 P2P 网络借贷相提并论,从行为结构和可能面临的风险看,两者有相似之处,同时又存在显著区别。从近年来的发展看,P2P 网络借贷的法律规制已经相对成熟有序,形成了一批不同效力层级的法律性文件,与之相比,立法机关和金融监管部门对股权众筹的监管与规范尚处于起步阶段,无实质性的规范文件出台。有论者认为 P2P 网络借贷在性质上属于债权众筹,其监管模式与路径可以为股权众筹所借鉴。但笔者认为,两者虽都属于融资模式,且同样易触及非法集资犯罪,但存在根本性的区别。

三、整体法秩序下股权众筹与 P2P 网贷的区别

股权众筹与 P2P 网络借贷是互联网金融的两个典型代表,甚至可

---

① 胡启忠:《非法股权众筹的刑法适用与现时策略》,载《西华大学学报(哲学社会科学版)》2019 年第 6 期。

以认为,股权众筹和P2P网络借贷两者共同组成了最狭义的互联网金融的全部业务类型。P2P网络借贷属于债权众筹模式,前文已进行了具有针对性的分析,与其相比,股权众筹有很多的不同。相当部分的社会公众简单地认为,“互联网”加上“钱”就是互联网金融的全部,同时互联网金融又与P2P网络借贷画上等号。然而,正如前文所指出的,股权众筹跟P2P网络借贷两者之间相去甚远,与P2P网络借贷相比,股权众筹在交易结构上更依赖于互联网技术,也更加符合互联网金融较之于传统金融在“创新”上的要求,甚至有学者指出,互联网金融就是众筹金融。因此,区分股权众筹与P2P网络借贷的区别,对于厘清股权众筹的法律属性,探析股权众筹行为罪与非罪的边界具有重要的意义。

(一)基础民事法律关系不同

股权众筹与P2P网络借贷的基础民事法律关系存在不同,这是两者在私法领域最根本的区别。虽然两者的目的都在于实现资金的融通,且整个业务流程中均涉及三方主体,在两者的交易模式下,互联网平台均扮演中介的角色,与投融资双方均是居间法律关系,但行为结构却有明显的差异,这是因为两者的基础法律关系不同。“由于民法与刑法所共同关注的基本生活事实是一致的,这意味着,当民法总则明确了这些基本概念的内涵或对其进行调整之后,基于法秩序统一性原理,刑法可能需要以之为基础对相关概念进行重新但又不一定等同于民法的解释。”[①]不同的民事法律关系可能影响具体行为在法秩序统一原则要求下受到不同的法律评价,也可能影响到判断具体行为是否构成犯罪时对于犯罪构成要件要素该当性的认定。

1. P2P网络借贷的基础法律关系是借款法律关系

P2P网络借贷的主要基础民事法律关系为借款法律关系。《十部委意见》中指出,“个体网络借贷是指个体和个体之间通过互联网平台实现的直接借贷。在个体网络借贷平台上发生的直接借贷行为属于民间借贷范畴,受合同法、民法通则等法律法规以及最高人民法院相关司法解释规范”。据此,P2P网络借贷是发生在网贷平台上的民间借贷行为,就出借人和借款人双方而言,“与传统民间借贷相比其行为发生的

① 刘艳红:《人性民法与物性刑法的融合发展》,载《中国社会科学》2020年第4期。

场所从现实的物理空间转移到了网络虚拟空间，而网络则是开展民间借贷所使用的工具。相较于传统民间借贷，网贷具有操作较便捷、咨询交流快、贷款门槛低，以及借贷金额小、收益率较高等特点，但这些优势的产生皆是因网络世界的大数据决定的，并未从根本上改变其民间借贷的属性……网贷产生的权利义务关系仍旧只在借款人与出借人之间，并未发生任何‘质’的改变”。① 借贷行为在中国自古有之，然而借贷关系在我国并非法定的民事基础法律关系，自1949年中华人民共和国成立以来，我国法律中都没有“借贷合同”这一概念，1999年出台的原《合同法》中规定的有名合同并无“借贷合同”，而以“借款合同”代替之，然而借款合同与借贷合同并不能完全画上等号，传统民法中借贷一般分为使用借贷和消费借贷。使用借贷又称借用合同，是指当事人双方约定，一方将物无偿贷给他方使用，借用人在使用后，依照约定返还该物的合同。消费借贷是指当事人双方约定一方将金钱或其他物品转移于他方，借用人在约定的期限内将同等种类、数量、品质的物返还给贷与人的合同。我国现行合同法中所采用借款合同名称是沿用了1981年《经济合同法》中的概念，但指称范围又比该法上的借款合同范围广泛，包括金融机构借款合同和自然人间的借款合同。② 原《合同法》中将借款合同分为自然人之间的借款以及当事人一方为金融机构的借款等不同类型，民间借贷即属于自然人之间的借款行为而受到相关条款规范。③ 因此，P2P网络借贷属于非金融机构的民事主体之间发生的借款行为，在私法领域受到原《合同法》等法律法规以及最高人民法院《关于审理民间借贷案件适用法律若干问题的规定》等司法解释的规范。

---

① 徐彰：《个人网络借贷平台的法律风险分析》，载《金融与经济》2017年第1期。

② 参见徐彰：《刑民交叉视野下的民间借贷问题研究》，法律出版社2018年版，第97～98页。

③ 需要说明的是：(1)关于借款合同的分类方法并不是唯一的，最高司法机关根据主体不同对于借款合同有其他的分类，如最高人民法院2011年《民事案件案由规定》第89条将借款合同纠纷分为“(1)金融借款合同纠纷；(2)同业拆借纠纷；(3)企业借贷纠纷；(4)民间借贷纠纷；(5)小额借款合同纠纷；(6)金融不良债权转让合同纠纷；(7)金融不良债权追偿纠纷”等七种，文中的分类是通说观点。(2)民间借贷合同并不完全等同于自然人之间的借款合同，两者之间存在重叠部分，但不存在包含与被包含的关系，关于两者的联系与区别，参见徐彰：《刑民交叉视野下的民间借贷问题研究》，法律出版社2018年版，第97～102页。

而网络借贷平台则主要受到以《网贷信息中介机构监督管理暂行办法》《网络借贷信息中介机构备案登记管理指引》《网络借贷资金存管业务指引》《网络借贷信息中介机构业务活动信息披露指引》等“一办法三指引”为主的法规规章的规范。

2. 股权众筹的基础法律关系是投融资法律关系

不同于P2P网络借贷行为属于受到原《合同法》为主的法律调整的借款行为，股权众筹行为则是典型的投融资行为。《关于促进互联网金融健康发展的指导意见》明确了“股权众筹融资主要是指通过互联网形式进行公开小额股权融资的活动”，由此可知，股权众筹属于股权融资，投资人与融资人之间因股权众筹行为所产生的基础民事法律关系是投融资法律关系。投融资行为在我国受到《证券法》《公司法》等商事法律规范，较之于借款关系发生在平等的民事主体之间，通过原《合同法》即可调整双方的权利义务关系，投融资双方所处地位可能较为悬殊，信息不对称成为最需要解决的问题。因此，在我国向公众直接融资的行为受到了《证券法》的严格监管，必须符合法定条件并经证监会核准，才可以进行。

我国采民商合一的立法模式，两者同样以市民社会制度作为观念基础，都是以商品经济和市场经济为调整内容，都以尊重当事人意思自治为特征的任意性规范为主要调整手段，这决定了民法和商法有着许多相同的价值取向，如平等、诚实信用、合法性价值等。然而作为调整市场经济中商人及其商事活动的法律规范，商法与民法在价值取向上的最大不同在于民法以公平作为最基本价值取向，当公平原则与民法的其他基本原则发生冲突与矛盾时，民法首先会选择公平；而商法最基本的价值追求则是效益，在处理效益与其他法律原则的关系时其基本原则和要求是效益至上兼顾公平与其他原则。基本价值追求的不同决定了不同法律立法的最终追求目的不同，反映出民法和商法在调整市场经济关系时所具有的不同作用和各自独特的存在价值。① 股权众筹是以股权为媒介的融资行为，投融资法律关系是典型的商事法律关系，作为商法的代表，证券法调整证券市场主体之间因证券发行和证券交

---

① 参见赵万一：《商法基本问题研究》，法律出版社2013年版，第84～86页。

易而产生的权利义务关系。而所谓证券,就广义上而言凡是可以用来证明持有者按照全面记载享有权益的凭证均称为证券,一般分为证书、资格证券和有价证券三类。证券法中的证券是有价证券的下位概念,特指“资本证券”,其功能是为投资者取得资本收益,持有者有权主张相应的资本收益。根据新《证券法》的规定,股票、公司债券、存托凭证和国务院认定的其他证券均属于证券法中的“证券”。虽然现行法律中只规定了公募和私募两种证券发行方式,并未明确股权众筹的证券地位,但从本质上看,股权众筹中融资者通过众筹平台向公众吸收资金,构成了直接融资中的公开发行,投资者与融资者之间的这一公开小额筹集资金方式当然地属于投融资法律关系。

(二)合法性程度不同

虽然 P2P 网络借贷和股权众筹均属于投资型众筹的类型,都是互联网时代的金融创新模式,但在目前的政策规范下,两者的合法性存在区别。

P2P 网络借贷自出现以来就被定位为民间借贷的网络化,从而受到原《合同法》的保护,是合法的民事法律行为。虽然通过前文的分析我们发现,金融监管部门对 P2P 网络借贷的业务限制日趋增多,网贷平台面临全部被清退的可能,但应当清楚地看到,P2P 网络借贷之所以受到政策限制,其主要原因是部分网贷平台未能切实以信息中介的身份自处,未能严格按照“一办法三指引”等行政法规或部门规章的要求开展网络借贷业务,侵犯了国家的金融管理秩序和社会公众的财产权,具体行为构成违法甚至是犯罪,因而面临法律的否定性评价,即使是在今天行业面临被要求整体退出或转型的背景下,P2P 网络借贷行为本身仍不存在合法性方面的争议。

股权众筹则有所不同,虽然与 P2P 网络借贷同属投资型众筹,但股权众筹在合法性上一直受到质疑,或者可以说,股权众筹模式在国内一直未被授予明确合法的地位。虽然作为一种金融创新模式,股权众筹在十部委的《关于促进互联网金融健康发展的指导意见》中被认为可以“发挥股权众筹融资作为多层次资本市场有机组成部分的作用,更好服务创新创业企业”,应当予以支持和鼓励,但正如前文所分析的,股权众筹中的基本法律关系属于投融资法律关系,应当受《证券法》或是国务院出台的其他单行行政法规调整，亦可以由证监会通过另行特别规定来进行规制，然而新《证券法》中只规定了公募和私募两种募集资金方式，没有针对股权众筹的特别规定，国务院或证监会也没有出台相应的法规规章进行专门规范。因此虽然有政策文件的支持，但就法律制度层面而言，股权众筹行为一直存在合法性的质疑。

首先，股权众筹不属于公募，尽管也是公开的股权融资，但证券法中明确规定了公开发行股票的条件，在没有注册或者核准豁免的情况下，要求股权众筹中的融资人必须经过注册程序或者获得监管者核准几乎是不可能的，在我国 IPO 的固定成本需要 700 万元人民币左右，小额的融资需求根本不可能负担得起这样高额的成本，且在核准制下公开发行要求披露三年或者两年的财务报表，以及各种实质的公司治理要求与财务条件，对于初创企业而言根本无法获得公开发行许可。至于互联网平台，帮助融资者发布融资信息的行为可能涉及承销和投资咨询，这都需要获得监管机构的许可并接受监管，但按照证券中介机构的监管要求，互联网众筹平台往往很难满足监管要求。[①] 证券法中公募条件下的融资人与股权众筹中小微企业为主要对象的融资人，两者相去甚远。其次，股权众筹也不属于私募。股权众筹的行为方式为“公开募集”，意味着其募集资金的对象是社会公众，也即不特定的多数人，而私募作为证券发行制度中一项重要的豁免制度，严格限定了发行对象、人数和发行手段。这与以互联网平台为依托开展不限定对象和人数的资金募集两者间南辕北辙，在交易模式上完全不同。面向公众的资金募集行为需要受到金融监管部门的严格监管，法定的资金募集方式只有公募和私募两种，在此前提下，股权众筹既非公募亦非私募，属于现行法律之外的金融业务模式，因此不受法律保护。同时由于缺乏行政法上的合法性依据，使得行为一旦突破实定法的限制（如人数、手段、信息披露等某一方面），均属于违法行为。在目前证券法未作出相应调整的情况下，“如果要让新兴的股权众筹活动完全符合既有的证券法规则，那就意味着融资者将承担极高的发行与合规成本，而这几乎抵消了

---

① 参见彭冰：《投资型众筹的法律逻辑》，北京大学出版社 2017 年版，第 35 页。

互联网技术对促进融资活动的积极意义”。[①] 因此,股权众筹仍旧是无法受到法律保护的金融行为。

(三)约定收益模式不同

除了前文指出的两个最主要的不同外,在交易的模式上,P2P 网络借贷是固定收益承诺,股权众筹约定的是非固定收益。前文曾指出 P2P 网络借贷的民事法律基础关系是借款关系,原《合同法》第 196 条规定:“借款合同是借款人向贷款人借款,到期返还借款并支付利息的合同。”无论借款人在获得借款后如何使用,投资后是否产生收益,均应依合同约定向出借人返还借款并支付利息。利率由双方约定,同法第 211 条规定“自然人之间的借款合同对支付利息没有约定或者约定不明确的,视为不支付利息。自然人之间的借款合同约定支付利息的,借款的利率不得违反国家有关限制借款利率的规定。”借款人和出借人通过网贷平台直接借款,借款人所获收益由双方所签订的借款合同事先约定,因此这一收益是固定收益。

而在股权众筹中,投资人与融资人之间是投融资法律关系,融资人没有固定还本付息的承诺,而是以不确定的未来收益吸引投资者。根据众筹模式进一步划分:若是项目公司发起众筹,则投融资法律关系为增资法律关系;若是项目创始人发起众筹,则投融资法律关系为合资设立公司协议。但无论是哪一种模式,投资人所获得的是股权而非债权,投资人成为项目公司的股东而非债权人。因此,根据项目公司在众筹融资成功后最终的营利情况依持股比例进行分红,投资人与融资人之间约定的收益是不固定的。极端者可能出现融资者的完全失败,项目在实施后未取得收益的情形。

由于股权众筹和 P2P 网络借贷在基础法律关系、合法性以及投资人获得收益的模式等方面存在显著区别,因此,相关行为在具体犯罪的构成要件该当性上也有所不同,不能一概地以两者具有相似性,均系通过互联网平台开展的融资业务为由进行同一管理,不能套用 P2P 网络借贷的规范治理手段在股权众筹上,而是应结合其自身的“证券”属性加以规

---

① 黄韬:《股权众筹兴起背景下的证券法律制度变革》,载《北京工商大学学报(社会科学版)》2019 年第 6 期。

制。收益模式上的区别也导致P2P网络借贷异化风险往往构成非法吸收公众存款罪，而股权众筹则多为擅自发行股票、公司、企业债券罪。

四、股权众筹中面临必然的非法集资刑事风险

股权众筹可能涉及的犯罪主要集中于广义的非法集资犯罪，包括非法吸收公众存款罪、集资诈骗罪、擅自发行股票、公司、企业债券罪、非法经营罪等。这几个罪名均在《关于审理非法集资刑事案件具体应用法律若干问题的解释》（以下简称2010年司法解释）作出了规定，属于广义上的非法集资犯罪，其共同点在于均属于涉众型犯罪。其中集资诈骗罪是犯罪人以股权众筹为名义实施的以非法占有他人财产为目的，披着创新外衣的传统犯罪。本章限于篇幅，所讨论者不包括集资诈骗罪，盖因集资诈骗罪与其他单纯侵犯金融管理秩序犯罪存在根本性区别，前者系通过集资的方式进行诈骗，直接指向的是他人的合法财产，侵犯的主要是个人法益，属于自然犯；而非法吸收公众存款罪和擅自发行股票、公司债券罪侵犯的则是金融管理秩序，属于超个人法益，为典型的法定犯。为便于研究内容的聚焦，也即探求正常的股权众筹融资模式自身刑事合法性路径，因此不讨论股权众筹异化时可能涉及的集资诈骗罪。

现有的非法集资犯罪治理模式下，股权众筹有着构成犯罪的必然性：一方面，该证券发行模式尚未得到证券法的确认或豁免，天然具有行政违法性；另一方面，行政犯的入罪在实践中往往只强调构成要件的该当而忽视了行为的刑事违法性判断，由于超个人法益的“质”难以掌握，而当然地将行政犯等同于行政违法在“量”上的增加，以便于操作。违法二重性判断被简化为行政违法性的判断，在入罪思维导向下，将违法行为通过客观解释予以犯罪化。法律的滞后性与现实生活的多样性与变化性，决定了法律的解释应该跟随生活的变化而递进，将法律规范作出合乎生活现实需要的解释。网络犯罪的严峻现实，国家立法的目标需要，司法部门的有效治理，以及刑法理论的适时推波助澜，造成了网络犯罪刑事治理的扩大化与入罪化。[①] 在这样的大环境下，股权众筹

---

① 参见刘艳红：《网络时代刑法客观解释新塑造：“主观的客观解释论”》，载《法律科学（西北政法大学学报）》2017年第3期。

由于自身携带的金融风险所导致对金融安全的消极面影响被无限放大,进而被纳入网络犯罪打击圈内。

以非法吸收公众存款罪为例,非法吸收公众存款罪是非法集资犯罪的基础罪名,也是股权众筹行为最容易触犯的罪名。在股权众筹项目中,为了规避法律风险,经常会出现利用股权代持或者有限合伙的方法以注册投资人的名义进行隐名投资,从而变相扩大了投资人的范畴,导致可能会被认定为非法吸收公众存款罪。

首先,股权众筹虽然已经明确了由证监会对其进行管辖,但相应的监管细则还未出台,处于监管的真空期,对股权众筹项目的审批制度还未建立,在融资过程中没有取得批准,并且在互联网时代利用网站或其他互联网社交软件招募投资人就存在"公开宣传"和"向社会不特定的对象吸收资金"的嫌疑。"因此在认定成立非法吸收公众存款罪过程中,一般只要查明行为符合客观构成要件且没有违法阻却事由,即可认定其吸收公众存款违反刑法禁止性规定,不需要以刑法之外的其他法律规定'追究刑事责任'为前提。如果该吸收公众存款行为得到行政许可即阻却违法性,当然不成立犯罪"。[①] 其次,虽然股权众筹平台不能承诺投资保本,但实际中存在部分平台通过变相宣传的方式告知投资人众筹项目已经过认真审核,目前发起的众筹项目都保障了投资人预期的收益等,从而暗示投资人可以实现保本保息的期待。最后,即便认为股权众筹的投资人是经过严格审核保管的注册用户,尤其是各项目的领投人都具备一定的投资从业经验,投资心理相对成熟,可以被认为是特定群体,但此特定群体涉及人数众多。在目前缺乏合法性的情况下,融资人的行为与非法吸收公众存款罪的犯罪构成要件具有天然的契合性,股权众筹项目通过互联网平台的扩散,无论是在参与人数还是在融资数额上也轻而易举地超过司法解释中划定的入罪标准。对于众筹平台,一方面为融资人的融资活动提供了便利从而成为非法吸收公众存款罪的共犯,另一方面在众筹平台运营时投资人的资金通常是先注入平台公司的账户,虽然有部分平台宣称这一账户属于托管的第三方账

---

① 程兰兰、隋峰:《股权众筹行为与非法吸收公众存款行为的认定》,载《经济刑法》2017年第17辑。

户，但该账户绝大多数情况下还是受到平台公司的控制而非第三方监管机构的监督下，在未获得吸收资金相关资质的情况下，涉嫌归集资金设立资金池，进而构成非法吸收公众存款罪。

擅自发行股票、公司、企业债券罪同样是股权众筹极易触犯的罪名，股权众筹行为满足该罪的构成要件，对此下文将作具体展开。

五、股权众筹不构成非法集资犯罪的实质证立

由于自身业务模式存在的法律风险，股权众筹有着天然的入罪可能，如何在不突破罪刑法定原则的前提下保证国家政策得以顺利推行，对股权众筹行为予以非罪化处理，更多的是需要从其他部门法的视角来进行实质解释。“通过实质的刑法解释，方能实现只有严重侵害法益的行为才会被解释在刑法犯罪圈之内，以实现我国《刑法》第 13 条但书部分规定的出罪机制。”①

股权众筹因面临的法律风险不同而可能触及不同的罪名，正常运行模式下因法律未规定而产生的准入风险，可能构成的犯罪多为行政犯，如非法吸收公众存款罪、擅自发行股票、公司债券罪等；异化的业务模式下产生破坏金融秩序和侵犯他人合法财物的风险，可能构成的犯罪多为刑事犯，如集资诈骗罪等。虽然新《证券法》并未明确给予股权众筹合法地位，但笔者认为，仍存在不违反罪刑法定原则这一前提下，对于正常的股权众筹行为予以出罪的可能。“互联网股权众筹行为作为小微企业初创期的重要融资方式，通常通过投资入股的形式吸收投资人的资金用于生产经营活动，这属于金融创新的重要内容，为鼓励金融创新，对这些行为，应当充分彰显刑法的谦抑性，避免影响金融创新的空间。”②因此，准入门槛不是界分股权众筹罪与非罪的标准。

如前文所述，股权众筹中投资人与融资人之间是投融资法律关系，两者所签订的合同为投资合同，在性质上属于“证券”。我国现行证券法未对“证券”给出明确定义，而是对证券采取了狭窄界定的列举，也即

① 刘艳红：《实质刑法观》（第 2 版），中国人民大学出版社 2019 年版，第 161 页。

② 孙本雄：《完善刑法制度助推互联网股权众筹发展》，载《检察日报》2018 年 8 月 20 日，第 3 版。

受到证券法承认和规范的“证券”只有“股票、公司债券、存托凭证和国务院依法认定的其他证券”。股权众筹目前尚未被国务院正式认定,仅在部门规章中被予以确认,因此股权众筹并非法定的证券类型。目前在中国,除获得股权众筹试点资质的三家平台外,其他任何互联网平台开展股权众筹业务都可能构成非法集资。但这并不意味着在国内开展股权众筹就必然构成非法集资犯罪。

股权众筹与P2P网络借贷涉罪行为的出罪路径不同。P2P网络借贷涉罪行为之所以不认为构成非法吸收公众存款罪,在于其行为不满足该罪形式上的构成要件,通过对非法吸收公众存款罪中规范的构成要件要素如“非法”“存款”等进行实质解释,发现P2P网络借贷不具有非法性,其借贷行为本身发生于私主体之间,也区别于存款法律关系,该类行为受到民法的规范,在前置的行政违法性判断上不应受到《商业银行法》的限制,因此认为P2P网络借贷涉罪行为有出罪之可能。与之不同,股权众筹属于“证券”,股权众筹行为属于股票发行行为,系典型的金融行为,应受到金融法调整,因此存在行政违法性的判断问题。同时,虽然行为可能构成行政违法,但并不当然构成犯罪。入罪须合法,出罪要合理,将形式上符合犯罪构成但实质上不具备处罚合理性与必要性的行为予以出罪,所彰显的正是现代法治国形式正义与实质正义的统一性。① 股权众筹即使可能满足非法吸收公众存款罪或擅自发行股票罪形式上的构成要件,但也因缺乏法益侵害性而不满足实质的违法性判断,进而不构成犯罪。

(一)形式上满足构成要件

非法集资犯罪属于行政犯,根据2010年司法解释,非法集资犯罪共涉及8个具体罪名,其中以非法吸收公众存款罪作为基础性罪名,而其他7个罪名或为特别罪名如擅自发行股票、公司债券罪,或为加重罪名如集资诈骗罪。根据特别法优于一般法的原则,如果某个非法集资活动符合了刑法上规定的其他罪名,就直接以这些罪名定罪,但如果不符合这些具体罪名,则适用非法吸收公众存款罪。由此可见,我国当下

---

① 参见刘艳红:《形式入罪实质出罪:无罪判决样本的刑事出罪机制研究》,载《政治与法律》2020年第8期。

针对非法集资犯罪进行规制的罪名不可谓不严密，方式不可谓不多样。2010年司法解释将8个罪名都放入"非法集资"的名下，是因为这些罪名都具有某些共同的特性，放在一起可以对这些共性进行统一解释，节约立法成本，也方便对这些罪名进行理解和适用。[①] 根据前文分析，在实践中股权众筹模式由于自身模式的合法性问题，最可能触及的犯罪为非法吸收公众存款罪和擅自发行股票、公司、企业债券罪，通过中国裁判文书网检索发现，股权众筹涉罪案件最终被审判机关认定的罪名中，前者多于后者，实然虽如此，但这是由现有非法集资治理模式以非法吸收公众存款罪作为基础罪名所导致的，并不符合金融法上追寻的目标。具体分析，前文已分析股权众筹与P2P网络借贷行为模式上的不同，P2P网络借贷与非法吸收公众存款罪联系紧密，而股权众筹在行为特征上则更为符合擅自发行股票、公司、企业债权罪的构成要件。2010年司法解释中"承诺在一定期限内以股权方式还本付息或者给付回报"的情形与股权众筹并不相同，"非法吸收公众存款罪的本质是以承诺还本付息或给付回报为条件向公众筹集资金，此回报具有对价性、必然性；而股权众筹并不保证还本付息，融资者也不会作出必然给付回报的承诺，而是由投资者与融资者共担风险。一言以蔽之，擅自发行股票罪与非法吸收公众存款罪的根本区别不在于行为人是否以'股权方式'给付回报，而在于行为人是否允诺'必然'给付回报"。[②] 据此，作为证券发行的一种模式，股权众筹符合擅自发行股票罪的构成要件而非非法吸收公众存款罪。擅自发行股票罪规定于《刑法》第179条第1款："未经国家有关主管部门批准，擅自发行股票或者公司、企业债券，数额巨大、后果严重或者有其他严重情节的，处五年以下有期徒刑或者拘役，并处或者单处非法募集资金金额百分之一以上百分之五以下罚金。"由此可知该罪属行政犯，"未经国家有关主管部门批准"这一构成要件意味着在对构成要件该当性的判断上需要借助行政法规判断其行政违法性，在具备行政违法性的前提下进一步明确其刑事违法性。

---

① 参见彭冰：《非法集资行为的界定——评最高人民法院关于非法集资的司法解释》，载《法学家》2011年第6期。

② 刘宪权：《互联网金融股权众筹行为刑法规制论》，载《法商研究》2015年第6期。

1. 股权众筹行为具有行政违法性

股权众筹属于“证券”，发起股权众筹项目属于应受《证券法》规制的发行股票行为，在现行《证券法》未对股权众筹予以明确豁免的情况下，股权众筹的特点满足第 9 条第 2 款“向不特定对象发行证券”的规定，应属于公开发行，但同时又无法达到证券法关于公开发行证券的要求，亦即现有制度下股权众筹项目无法取得“国家有关主管部门批准”，这意味着现有的股权众筹项目均具有行政违法性。根据《十部委意见》，股权众筹融资业务由证监会负责监管，而证监会的态度早在 2013 年时即已明确。2012 年 10 月北京美微文化传播开通了淘宝店铺，以每张 100 元的价格出售美微传媒会员卡，该卡除具有订阅电子杂志等功能外，还配送该公司原始股份 100 股。自 2012 年 10 月至 2013 年 1 月，该公司先后两次共募集合计 387 万元，最多一天有 7000 人参与。在美微传媒的网上 B 轮募资之后被证监会叫停，2013 年 5 月证监会召开新闻通气会，明确表示擅自在淘宝等互联网平台上转让股权是一种新型非法证券活动，责令所有类似活动停止违法行为并退还所募集资金。由此可见，股权众筹由于无法得到国家主管部门的批准，因行为违反证券法等金融法规而具有行政违法性。

2. 股权众筹符合擅自发行股票罪的构成要件

擅自发行股票、公司、企业债权罪的犯罪主体是一般主体，既包括具备了发行股票、公司、企业债券条件，但还没有得到国家有关主管部门批准而擅自发行股票、公司、企业债券的单位和个人，还包括那些根本不具备发行股票、公司、企业债券条件的主体，股权众筹的发起人满足主体要件；该罪要求行为人必须实施了未经国家有关主管部门批准，擅自发行股票、公司、企业债券的行为，这一行为要件前文已重点分析，股权众筹的发起人一方面无法得到国家有关主管部门的批准，另一方面实际通过股权众筹的方式进行了融资，股权众筹满足该罪行为要件；擅自发行股票、公司、企业债券罪在结果上必须达到数额巨大，或者造成严重后果或者有其他严重情节。根据 2010 年司法解释第 6 条规定，“未经国家有关主管部门批准，向社会不特定对象发行、以转让股权等方式变相发行股票或者公司、企业债券，或者向特定对象发行、变相发行股票或者公司、企业债券累计超过 200 人的，应当认定为刑法第一百七十九条规定的‘擅自发行股票、公司、企业债券’”。对于股权众筹而言，由于通过互联网平台进行公开融资，其面向的投资人可轻松突破200人的门槛，如前文美微传媒股权众筹的案例中，一天涉及人数就多达7000人，股权众筹满足结果要件。由此可以认为，股权众筹符合擅自发行股票、公司、企业债券罪形式上的构成要件。

（二）股权众筹不具有刑事违法性

虽然股权众筹具有行政违法性，但作为行政犯，只有既违反行政法，同时又符合行政刑法规范的特别要件，才能构成行政犯罪，此即行政犯罪的双重违法性，而不仅限于刑事违法性。与此同时，行政犯在坚守法秩序统一原理，并根据行政管理法规判断了行为的行政违法性之后，并不意味着该行为一定具备刑事违法性，“违反行政管理法规是法定犯违法性认定的必要条件，以此为基础，再根据刑事违法性的程度，才能决定法定犯是否构成犯罪”。[①] 基于实质刑法所主张的，只有达到了值得处罚的法益侵害性，行为才具有可罚性。符合犯罪构成要件的行为不一定都处罚，只有其刑事违法性即对法益的侵害达到应受处罚的严重程度，才可能成立犯罪。对于股权众筹行为而言，虽然由于未被《证券法》赋予合法地位而处于当下“非法金融业务”的境地，侵犯了国家的金融管理秩序，但是作为行政犯，这样的秩序或者说法益是抽象的，也是空洞的，仅仅只是只需受到侵犯，如果没有发生任何侵害公众财产的法益侵害性，则意味着其没有达到值得处罚的法益侵害性。虽然根据最高人民检察院、公安部《关于经济犯罪案件追诉标准的规定》，擅自发行股票的数额达到50万元以上的即构成犯罪，应当予以追诉，但是股权众筹中项目发起人在目前监管部门没有出台相应管理办法的情况下，通过互联网平台进行融资的行为，与试图规避监管，违反证券法规定通过公募方式融资存在本质区别。一方面，股权众筹作为金融创新模式具有弥补传统证券发行模式不足，解决小微初创企业融资难，活跃民间投资渠道的优势，从世界范围看，大部分国家均在设立严格证券发行监管标准的同时对股权众筹予以不同程度的豁免。另一方面，虽然新《证券法》未明确股权众筹的合法身份，但从立法历程看，却可以

---

① 刘艳红：《法定犯不成文构成要件要素之实践展开》，载《清华法学》2019年第3期。

发现,对于股权众筹的身份以及是否应当发行豁免的问题,都存在争论。

1. 股权众筹的合法性讨论还未落定

新《证券法》的修订起步于2013年,2015年4月第一次提交全国人大常委会审议。第一稿修订草案中加入了"通过证券经营机构或者国务院证券监督管理机构认可的其他机构以互联网等众筹方式公开发行证券,发行人和投资者符合国务院证券监督管理机构规定的条件的,可以豁免注册或者核准"这一条文,为股权众筹的合法性提供了直接的基础。此后2017年的《证券法》修订草案二审稿中,该条文完全消失,可见在这一问题上不乏争议,显然担心股权众筹引发系统性风险的考量占了上风。2019年4月26日开始公开征求意见的《证券法》修订草案三审稿重新纳入了相关条文,规定"公开发行证券,有下列情形之一的,可以豁免核准、注册:(一)通过国务院证券监督管理机构认可的互联网平台公开发行证券,募集资金数额和单一投资者认购的资金数额较小的……"这使得股权众筹被《证券法》赋予合法身份又具有了极大可能。然而最终在2019年12月28日第十三届全国人民代表大会常务委员会第十五次会议审议通过的《证券法》即新《证券法》条文中,一审稿和三审稿中曾经出现的股权众筹豁免规则被取消,在各国纷纷修改《证券法》对股权众筹予以豁免的趋势下,我国此次修订却未作任何体现,业界普遍认为,立法者可能是考虑到近年来互联网金融尤其是P2P网络借贷的悲惨经历,但同时也放弃了实验以技术改进融资模式的可能性。从新《证券法》的修订过程看,四个版本的内容(包括三个草案和一个最终审议通过版本)中有两个版本涉及股权众筹的相关豁免规则,可见立法者也是充分地认识到了股权众筹在证券的重要性和囊括进相关法律的迫切性。2014年12月初审至今的五年多时间里,新《证券法》共经历了四次审议,资本市场也发生了两次大波动。最终审议通过的新《证券法》删除了相关内容这一结果并不意味着股权众筹对投资人而言不重要或是不应当纳入监管范畴,而仅意味着在彼时特定背景下,股权众筹同时包含的金融风险和制度优势中,前者被认为更加值得关注,因此改采"保守"方案。即便如此,新《证券法》仍然为股权众筹的合法化留下了空间,该法第2条第1款前段规定:"在中华人民共和国境内,股票、公司债券、存托凭证和国务院依法认定的其他证券的发行和交易，适用本法；本法未规定的，适用《中华人民共和国公司法》和其他法律、行政法规的规定。”由此，对股权众筹的豁免还存在两条路径：一是国务院依法认定股权众筹属于证券，从而适用《证券法》，同时在证券法中增加豁免规则；二是国务院针对股权众筹出台专门规定，如证监会目前正在制定的《股权众筹试点管理办法》，如果将其效力上升为行政法规，则根据《证券法》第2条第1款的规定，股权众筹自然就具备合法地位。

由此可见，形式上无论是立法者还是监管者都在积极地推动股权众筹的合法化，力图将其纳入法律的保护和监管范畴。一是表现为早在《十部委意见》时就已经对股权众筹进行了定性，明确了股权众筹不是非法集资，应当促进其发展。二是表现为法律层面积极探索引入股权众筹豁免规则，以《证券法》的修订为代表，虽然最终股权众筹豁免条款未被纳入新《证券法》的正式条文中，但在一审稿和三审稿中都曾强势出现过，体现了立法者和监管者对该领域的重视和有益探索。三是表现为在金融法规层面制定试点管理办法，同时也已经在为股权众筹合法化之后的监管工作作好准备，继明确了股权众筹业务由证监会负责监管后，多个省级地方金融监管局承担起股权众筹机构的监管职责。例如，江苏省地方金融监管局“负责强化对全省开展信用互助的农民专业合作社（含农民资金互助合作社）和具有金融属性但不属于中央金融管理部门监管的投资公司、社会众筹机构、地方各类交易场所的监督管理”。对社会众筹机构的监管具体由该单位的地方金融监管三处负责。[①] 由此，虽然在形式上目前股权众筹仍存在合法性的障碍，但其一贯呈现的是积极推动合法化的趋势，应当将其与不满足证券法公募要求而未取得主管部门批准，擅自发行股票的行为作严格区分，考虑到法律滞后性的特点，一概将股权众筹行为认为是违法甚至是构成犯罪的观点都是片面的，是对法律条文的机械适用。在目前行政前置法尚处于理论上存在争议，立法者摇摆不定的情况下，刑法不应扮演急先锋的角色将自己降格为“行政保障法”，应在罪刑法定原则和谦抑性的要求

① 载江苏省地方金融监管局网，http://jsjrb.jiangsu.gov.cn/col/col4673/index.html。

下坚持刑法自身的品格，围绕法益侵害对具体行为犯罪与否作出刑法上的独立判断。

2. 股权众筹可以破解传统证券业监管难题

股权众筹对于中小企业，尤其是金融科技的初创企业的投融资两端都极有价值，通过发挥股权众筹融资作为多层次资本市场有机组成部分的作用，可以更好服务创新创业企业，实现这种价值也是证监会等国家机关应有的责任。促进中小企业，尤其是初创科技企业之资本形成亦有法律、道德和经济上的正当性。股权众筹融资的重要意义在前文曾进行详尽的分析，此处不再展开，当然，在看到股权众筹的积极作用和优势的同时，也应该看到这一模式所蕴含的风险，但正如前文所述，正常的股权众筹中的风险仅仅是一种普遍的金融风险，是必然存在的风险，与其他任何一种金融业务并无二致，所以需要政府的介入监管，以避免发生系统性风险。即使在美国目前已明确股权众筹豁免规则的情况下，在其立法过程中，也遭遇了社会公众的质疑，这些质疑分为两类：一类人担心《JOBS 法》要求披露的信息太少，从而为证券欺诈打开了大门；另一类人则抱怨《JOBS 法》要求披露的信息太多，致使股权众筹对于小微初创企业来说成本过于昂贵。[①] 这两种刚好对立的观点不仅反映投资人和初创企业各自不同的担心，更反映了金融效率和金融安全这两个相对的金融法治价值追求之间的矛盾在股权众筹领域的集中体现。股权众筹中的风险与擅自发行股票行为中的法律风险存在根本的区别。诚如立法者所言，“发行股票、公司、企业债券是企业实行公司制以后，市场经济条件下的一种有效的集资手段。但由于面向社会公众，这种大规模的集资方式并非只是一家公司自己筹措资金的简单行为，而是事关广大股票、债券投资者的切身利益。因为发行股票、公司、企业债券的单位要向投资者负责。发行股票要定期付给股东红利，发行公司、企业债券要按时归还本金及利息，这依赖于发行公司、企业的生产经营管理及其经济效益的好坏，具有一定风险性，同时由于这种活动涉及面广，事关大量资金的流向，与社会金融秩序的稳定甚至

---

① See Dorff, Michael B., *The Siren Call of Equity Crowdfunding*, The Journal of Corporation Law 39. 3 (2013).

社会安定密切相关。因此,公司法对发行股票、公司债券规定了严格的条件和批准程序:股份有限公司的设立如果采用募集设立形式需向社会发行股票募集股份的,或者股份有限公司成立后需发行新股的,都必须要先报经国务院证券管理部门批准,必须由证券经营机构采取承销方式发行股票,必须公告招股说明书并制作认股书,并将募集情况报国务院证券管理部门备案或者向公司登记机关办理变更登记,并公告……公司法的这些规定,体现了国家对发行股票、公司债券活动的严格监督和管理"。[①] "向社会发行股票、债券必须经过有关监管部门的严格审批,否则,任何机构都可任意发行股票、债券,必将造成金融秩序的混乱,产生金融风险。为防止这类情况的发生,刑法将擅自发行股票、公司、企业债券的行为规定为犯罪。"[②]由此可见,股权众筹中存在的风险与擅自发行股票罪侵犯的法益两者并不相同,而且可以进一步指出的是,股权众筹的存在,就是为了将传统发行股票行为中所存在的风险最大限度地降低。

传统股票发行中最大的风险是信息的不对称。在资金分布不均匀的情况下,资金短缺方有向资金盈余方支付回报以融入资金的需求;资金盈余方因为资金限制,也有动力提供资金向短缺方,以获得资金使用的回报。然而,对于资金盈余方而言,提供资金给资金短缺方等于放弃了对于资金的控制,虽有资金短缺方提供回报的承诺,但实际上仍存在对方不愿意履行承诺或客观上无法履行承诺的违约风险。资金盈余方和资金短缺方在信息上的不对称,客观上导致了这种风险不可避免,甚至在某种程度上决定了这种风险永远无法得到满意的解决。经济学家认为,这种信息不对称导致了融资交易在事前会发生逆向选择,在事后则容易产生道德风险。在现实世界中,信息不对称问题总是客观存在的,这两大难题无法全部克服,然而融资却长期存在。信任是支撑金融市场正常运转的基础,在信任的支持下,即使资金盈余方不能掌握充分信息,也愿意向对方提供资金,传统社会中,融资交易发生所需要的信

① 郎胜主编:《中华人民共和国刑法释义》,法律出版社 2015 年版,第 270～271 页。

② 全国人大常委会法制工作委员会刑法室编:《中华人民共和国刑法条文说明、立法理由及相关规定》,北京大学出版社 2009 年版,第 332～333 页。

任主要通过特殊关系和持续互动来建立，例如通过发展出一些专业性的中介机构帮助解决融资交易的信息不对称问题。因此，我们可能期望初创企业提供强烈的动机披露足够的信息，以满足投资者的需求。当然，要做到这一点是可信的，就必须有适当的机制来禁止欺诈和歪曲事实，这两种机制分别存在于刑法和一般合同法中。[①] 从信息不对称的角度来看，现代证券法所规定的强制信息披露制度解决的是信息收集和信息验证问题，现代证券法的支持者认为，只要融资方提供了充分的信息，市场自然会消化和吸收这些信息。公众投资者读不懂这些信息没有关系，市场上的中介机构会帮助公众投资者。然而实际上，证券市场上多次危机的发生表明：证券中介机构并不像想象的那么可靠，公众投资者往往还是会受到误导和欺诈，最终损失惨重，这成为现代证券法一直饱受诟病的地方，以强制信息披露制度作为证券法核心制度以解决信息不对称问题的立法模式始终未能解决这一困境。由此可见，无论是金融法对金融中介机构的严格市场准入与行为监管，还是证券法对公开融资的注册或者核准程序，都是基于信息不对称而产生的法律应对。也因此，当条件具备可以克服融资时的信息不对称问题时，或者当具体情况下克服信息不对称变得成本过高、得不偿失时，法律上的这些监管要求都可以改变或者放弃，比较典型的就是证券法上的各种发行豁免制度。

传统的证券发行豁免制度主要有三种：私募豁免、小额豁免和区域发行豁免。私募豁免是证券发行制度中最主要的豁免，我国的私募豁免规定在《证券法》第 9 条："非公开发行证券，不得采用广告、公开劝诱和变相公开方式。"同时募集对象不超过 200 人，涉及发行对象、人数和发行手段等因素。小额融资基于成本收益的考量发展出小额豁免制度，以美国法为代表，小额豁免对发行人的证券发行额度和发行方式有限制，不分情况下允许公开劝诱，但必须履行简化的注册程序。我国《证券法》目前没有规定小额豁免制度。区域发行豁免适用于融资者与投资者集中在相对比较封闭的区域的情况，此时投

① See Armour, John, and Luca Enriques, *The Promise and Perils of Crowdfunding: Between Corporate Finance and Consumer Contracts*, Modern Law Review 81. 1 (2018): 51 – 84.

资者较为容易获得融资者的相关信息,通过国家强制的注册程序就显得并非必要,地方性的监管足以满足投资者保护的要求,同时也能减少发行成本,便利企业融资。同样地,我国现行法律制度中也没有区域发行豁免制度。

股权众筹被认为是解决初创企业融资问题的重要方式,然而现行证券法理论上的三种发行豁免制度都无法适用于股权众筹:私募豁免在发行对象上要求必须是合格投资者,社会公众不能参与,并且在发行方式上禁止广告和公开劝诱,在网站刊登融资需求显然是符合广告和公开劝诱的标准。小额豁免同样禁止广告和公开劝诱。而区域发行豁免则限制了发行对象的地域范围,不符合互联网泛在互联的特性。

众筹平台在股权众筹中可以发挥重要作用,帮助验证和审查融资者的信息,可以有效减少信息不对称,提高项目成功的可能性,因此众筹平台不仅是一个撮合众筹双方的场所,还需要发挥减少信息不对称的功能。正因为与传统发行证券相比,股权众筹中众筹平台可以在更大程度上帮助该融资模式避免传统困境,通过发挥大数据分析和人工智能的优势,使交易双方降低交易成本,互联网为股权众筹中的投融资双方提供了方便快捷的信息沟通渠道,投资者可以通过众筹平台及时了解到融资者的资信变化、其他投资者的投资额等信息,进而减小投融资双方的信息不对称。诚然,现有实证研究只证明股权众筹中的金融科技只是减少了信息不对称的可能性,而未成熟到可以完全解决这一问题的程度。因此,世界各国针对股权众筹的立法也没有盲目相信当下的技术能够解决信息不对称,仍然在传统证券法的框架和理论下,在豁免的同时对股权众筹的各个方面施加监管。

3. 股权众筹不具有法益侵害性

股权众筹的出现降低了证券发行中信息不对称的情况发生,由此可知两种行为模式虽然都仍存在必然的金融风险,但对于可能的金融秩序的侵害在“质”上是完全不同的。对于股权众筹而言,应当建立不同于传统证券领域擅自发行行为的出罪机制,前者由于不具有法益侵害性,因而应该基于实质刑法立场建立“有罪不一定罚”的实质出罪通道。针对传统证券擅自发行行为满足形式构成要件即构成犯罪的处理模式不应完全适用于作为新兴业态的股权众筹中去。

行为仅仅满足形式上的构成要件还不足以将该行为入罪，由于“规范通过犯罪构成所作的违法性事实推定，是一种类型性的推定，尽管具有价值判断的普遍意义，但价值判断从来存在着相对性和特殊性。现实社会的复杂性，导致高度抽象的违法类型无法实现规范事实与具体发生的事实完全对接和还原”。[①] 法律尤其是刑法在面对高速发展的社会时存在严重的滞后，无法周详地考虑到所有可能的情况，因此在行为具备形式违法性的基础上，要进一步确认其实质违法性，只有当满足构成要件的行为实际上侵害了条文所保护的法益时，才可以将其入罪。股权众筹属于金融创新行为，必然存在以过去的传统法律规范来评价互联网时代新出现的产物的情况，因此，在尚未作出及时回应的法律制度面前，即使满足形式上的犯罪构成要件，也仍需要从实质上判断是否侵害了刑法条文所具体保护的法益。

非法集资犯罪主要集中于破坏金融管理秩序罪一节中，因而金融管理秩序成为股权众筹涉罪时所侵犯的法益，然而究竟什么是金融管理秩序，学界对此有较大争议。金融犯罪属于法定犯，由于法定犯只是单纯的不服从法律，而单纯的不服从不能帮助判断行为是否侵害或者威胁了法益从而具有违法性。[②] 虽然有论者从法定犯在刑法法典中的章节而认定其所侵害的具体法益——这也是金融管理秩序成为金融犯罪法益的主要原因，但是这却恰恰暴露了法定犯的本质并非侵害或威胁了具体法益，而是体现为对国家行政法规的不服从。

以金融管理秩序作为非法集资犯罪法益的观点产生于计划经济时代，其浓重的行政管理色彩对我国的金融业发展产生了消极影响，陈旧的管理理念跟不上日新月异的金融创新，在一定程度上阻碍了发展，且司法实践中存在模糊化、抽象化和象征化等问题。而秩序作为“超个人法益”又难以把握其内涵与边界，因此需要对该“秩序”予以解构，“作为法定犯，这样的秩序或者法益是抽象的，也是空洞的，仅仅只是秩序受到侵犯，如果没有发生任何侵害公众生命或者身体健康的法益侵害

---

① 孙国祥：《经济刑法适用中的超规范出罪事由研究》，载《南大法学》2020 年第 1 期。

② 参见刘艳红：《“法益性的欠缺”与法定犯的出罪》，载《比较法研究》2019 年第 1 期。

性,则意味着其没有达到值得处罚的法益侵害性”。[①] 金融管理秩序是金融管理过程中一种有序的状态,而这种有序的状态,依赖于金融领域的安全稳定。如前文所述,金融安全是当下我国社会一切金融行为所追求的目标,“维护金融安全,要坚持底线思维,坚持问题导向,在全面做好金融工作基础上,着力深化金融改革,加强金融监管,科学防范风险,强化安全能力建设”,[②]因此金融安全是包括金融刑法在内的所有金融相关法律应坚持的底线和应保护的法益。金融法制既要强调金融交易的安全,又要关注金融系统的安全。加强金融监管,防范金融风险,维护金融业的安全与稳定,是金融业健康发展的重要标志,是金融监管当局的重要目标,是各国家或地区金融法一致的价值追求。[③] 股权众筹作为金融领域的创新模式,必须同样坚持这一底线思维,将维护金融安全,防止发生系统性金融风险作为开展工作的永恒主题。

同时,金融法制除追求金融安全外,还追求金融效率。规范金融市场交易活动,促进金融创新,积极发挥法律制度对于金融发展的促进作用,实现金融市场资源配置的帕累托最优和金融效益的最大化,是金融法制的应有之意。传统观点一直认为金融法制的重点在于平衡金融安全和金融效率,而两者之间存在先天的矛盾:一方面,强调金融安全,必然要求对金融市场进行管制,这将导致金融市场主体的积极性和创造性受到束缚;另一方面,增加了交易成本,进而使金融效率降低,而股权众筹的出现恰好就是为了弥补传统融资模式的不足,降低交易成本,提升金融效率。

应当以投资人的资金安全作为非法集资犯罪的核心法益,作为金融管理秩序的落脚点,作为金融安全的具体化。一方面,超个人法益需要能够被还原为具体的个人法益,集体法益最终都可以还原到个人法益,即集体法益是多个个人法益的集合,因为“个人法益与集体法益都是以人的利益、人的自由为依归,因此,个人法益与集体法益具有相通

---

① 刘艳红:《法定犯与罪刑法定原则的坚守》,载《中国刑事法杂志》2018 年第 6 期。

② 《金融活经济活金融稳经济稳　做好金融工作维护金融安全》,载《人民日报》2017 年 4 月 27 日,第 1 版。

③ 参见张忠军:《论金融法的安全观》,载《中国法学》2003 年第 4 期。

性,集体法益的保护是对传统刑法个人法益保护的一种延伸”。[①] 金融安全较之于金融管理秩序而言进一步具化,然而刑法上的金融安全同样难以把握,超个人法益不同于对个人法益的犯罪在违法性上较为明确,对于涉及集体法益的犯罪,法益是否受到侵害不易作出清晰的判断。行政犯的法益一直存在过于抽象的缺陷,因为行政犯重视的是国家行政管理秩序,是团体利益的法秩序。但是,面对行政犯的日益增加,刑法作为公民人权的最后保障法,仍然要牢牢树立具体法益观,因为“法秩序是以个人利益存在为前提”的。因此,对于股权众筹行为是否构成犯罪的判断,应该提倡以侵害或者威胁了具体的个人利益作为定罪的前提,否则将会导致行政法与刑法之间的界限模糊,导致行政犯作成为行政违法行为的刑事表达进而失去其作为刑事犯罪的定型性。[②] 另一方面,对投资人的保护是现代证券法的核心目标,如果具体行为没有侵害投资人的权益,或者投资人与融资人之间并无显示公平,合同双方具有平等的民事主体地位,此时投资人就不再具备金融消费者的身份,两者之间发生的法律关系通过民法调整即可,而无需金融法的介入,更无需金融刑法的介入,因合同行为产生的纠纷亦只属于一般民事纠纷。投资人在资金安全得到保障的情况下,更愿意追求金融效率,由此与金融安全的价值追求相左。当金融安全与投资人的资金安全这两种法益发生冲突时,需要进行价值衡量,考察作为集体法益的金融安全是否可以被还原为投资人的资金安全这一个人法益。

据此,非法集资犯罪所侵犯的法益是投资人的资金安全,而股权众筹虽然在形式上满足了构成要件,但该融资模式的存在,就是为了将传统发行股票行为中所存在的风险最大限度地降低,使信息不对称这一金融领域的亘古难题得到有效解决,避免投资人因信息不对称而资金受损,因而股权众筹在实质上没有侵犯刑法保护之法益,不具有刑事违法性因而不构成犯罪。

---

① 孙国祥:《集体法益的刑法保护及其边界》,载《法学研究》2018 年第 6 期。

② 参见刘艳红、周佑勇:《行政刑法的一般理论》(第 2 版),北京大学出版社 2020 年版,第 47 页。

六、结语

股权众筹作为一项具有创新性质的融资模式，目前尚未受到《证券法》的保护，但应当承认，股权众筹是一种金融行为，应当受到金融监管，这一点上其不同于 P2P 网络借贷的民间借贷属性。在制度缺失的情况下，擅自通过众筹平台开展股权众筹的行为具有行政违法性，同时，在情节严重的情况下满足擅自发行股票、公司、企业债券罪形式上的构成要件。但由于金融法上对这一融资模式的讨论还在进行中，且股权众筹的创新正通过消弭传统证券发行中的信息不对称问题以保护投资人利益，同时降低融资人的融资成本，因而该行为在实质上未侵犯刑法所保护的金融管理秩序这一法益，不具有刑事违法性。在行政前置法保护和规范存在欠缺的情况下，应严格恪守行政犯的基本理论和罪刑法定原则，认定股权众筹行为不构成犯罪。

第十章 妨害业务犯罪化立法动向的实质纠偏

目 次

晚近以来,我国进入了“刑事立法的活性化”①时代,犯罪化是其极为醒目的内容,受此影响近年来要求在我国增设妨害业务罪的呼声日渐高涨,且这种声音已经引起了我国立法机关的关注,并正在聚集犯罪化立法的力量。为此,深入分析域外妨害业务罪之现状及我国刑法对妨害业务行为的规制功效,进而确立我国刑法在增设妨害业务罪上的准确立场,是当前亟待解决的一个问题。我们认为,在我国不宜增设妨害业务罪,因为以“妨害业务罪”来专门地保护业务者从事正当业务的自由是少数国家的做法而非普遍的情形,而在域外业务概念的松弛严重削弱了妨害业务罪的司法适用性,集中模式的妨害业务罪存在“口袋罪”化的弊端,我国刑法中

---

① 井田良「刑事立法の活性化とそゆくえ」法律时報 2003 年第 2 号,4 頁。

既有的相关罪名设置并非无法有效地应对目前的妨害业务行为,应及时纠偏增设妨害业务罪这类带有重复性色彩的犯罪化立法动向,并有效提升对规制妨害业务行为之现有罪名条文的解释力以释放其规制潜力。

一、业务概念的松弛削弱了妨害业务罪的司法适用性

在我国,如果要增设妨害业务罪,那么何谓"业务"就是必须要回答的问题。遗憾的是,在规定了妨害业务罪或与之相关的罪名的国家或地区,迄今为止业务概念早已呈现松弛化的发展趋势,甚至可以说业务概念已模糊不清,这严重削弱了妨害业务罪在司法上适应性,也提供了质疑在我国增设妨害业务罪的合理性。

(一)社会生活上地位的业务要件对该罪司法适应性的冲击

在规定了妨害业务罪的国家或地区,业务的成立是否需要基于社会生活上的地位这一要件,理论上和实务中是存在争议的。在日本,妨害业务罪中的业务和业务上过失致死伤罪中的业务稍有不同,但基于社会生活上的地位这一要件都是二者的必要内容。[①] 并且,妨害业务罪的这一要件是由 1921 年 10 月 24 日大审院的刑事判决确立的。长久以来,支持该判例的观点在日本的刑法学界处于通说的地位。与此相一致是肯定说的立场,即基于社会生活上的地位是妨害业务罪中业务成立所要求的不可或缺的要件。不同地,否定说认为业务的成立不要求基于一定的社会生活上的地位。在日本,团藤重光、植松正等学者都曾支持过该说。[②] 如今,否定说的支持者极少。究其原因,一旦失去基于社会生活上的地位这一条件的制约,妨害业务罪的犯罪圈将难以避免地进行不当的扩张。例如,个人提高修养的学习行为、个人出于娱乐目的而实施的行为(如自驾游的行为)、家庭生活中的行为(如清洁、做饭、哺乳等)等都可能纳入妨害业务罪中业务行为的范畴。

---

① 井田良『講義刑法学各論』(有斐閣,2016 年)176 頁;大谷實『刑法講義各論』(新版第 3 版)(成文堂,2009 年)129 頁;松宫孝明:《刑法各论讲义》(第 4 版),王昭武、张小宁译,中国人民大学出版社 2018 年版,第 144 页;等等。

② 植松正『刑法概 II(各論)』(劲草书房,1975 年)272 頁;团藤重光『刑法綱要各論』(第 3 版)(創文社,1976 年)430 頁;等等。

但是,对基于社会生活的地位这一要件的坚守是否就意味着它可以清晰地区分妨害业务罪中的业务行为与日常生活中的非业务行为?回答是否定的。因为随着现代社会的快速发展,社会分工愈加专业化、精细化、复杂化,业务行为与非业务行为之间的边界往往不再清晰可辨,依据基于社会生活的地位这一标准也难以区分二者。对此,已故的西田典之教授就认为:“实际上,这一要件几乎可以说已失去了限定的作用。”[①]而大塚仁教授也指出:“判例所理解的业务的范围,超出了业务一词本身的本来意义,是极为广泛的。”[②]鉴于业务过失致死伤罪中的业务与妨害业务罪中的业务在这一要件上的一致性,这类批判对妨害业务罪中的业务也是恰当的。

况且,社会生活上的地位究竟如何界定,到目前为止依旧是一个难题。比如,有学者主张,社会生活上的地位应依其本来的意义,指一个人从事社会生活之活动时所具有的职务、职业、营业等而言;另有学者主张,应扩张解释社会生活上的地位,指社会生活上或维持社会生活上程度之意义。[③] 在日本,晚近以来较为引人注目的是曾根威彦教授的观点。其认为,家庭主妇并不缺乏业务成立所要求的社会生活上的地位,不构成犯罪的理由在于欠缺源于社会生活或法令规定所赋予的一般人不得行使的排他性权利。[④] 可是,法令规定之外的“社会生活”所赋予的排他性权利并非显性的规定,对此如何把握仍是难题,故而,该见解并未根本性地解决业务的边界问题。正是存在这样的缺陷,在我国台湾地区的刑法学者引入该观点后,[⑤]它未能得到刑法理论界和实务界的广泛认可,也未能有效地改变业务过失在“刑法”中被删除的历史命运。当然,我国台湾地区“刑法”中没有类似于《日本刑法典》中专门的妨害业务罪,所以,也就不存在由此引发的应否废除妨害业务罪的问题。

---

① ［日］西田典之:《日本刑法各论》,刘明祥、王昭武译,武汉大学出版社 2005 年版,第 45 页。

② ［日］大塚仁:《刑法概说(各论)》(第 3 版),冯军译,中国人民大学出版社 2003 年版,第 67 页。

③ 参见一品法苑编:《模范新六法(刑事法编)》(第 7 版),台北,一品文化出版社 2011 年版,第 1～281 页。

④ 曾根威彦『刑法総論』(弘文堂,1996 年)189 頁参照。

⑤ 参见谢开平:《业务过失之业务概念》,载《月旦法学教室》2015 年第 6 期。

简言之,基于社会生活的地位这一要件早已因社会的发展出现了界定上的难题,无论是保留还是废除这一要件,都难以避免业务概念的松弛及其边界趋于模糊化的问题,这无疑会实质性地冲击妨害业务罪的司法适应性。

(二)反复持续实施的业务要件对该罪司法适应性的冲击

一直以来,反复持续实施的业务要件也为通说所坚持。同时,持续的判断以事实上平稳地进行为标准。[①] 但是,这一要件也存在足以影响妨害业务罪司法适应性的缺陷。具体而言,一次性的、无持续性的单个行为(如个人的结婚仪式)不符合这里的"反复持续实施"的要求。一般认为,反复继续实施并不意味着必须客观上存在过去反复持续实施的事实,而是说行为人主观上具有将来反复持续实施该行为的意思,同时客观上该行为不仅是同种行为,且具有反复实施的性质。换句话说,在域外,妨害业务罪中业务要件的反复持续实施是一个主客观相统一的概念,需要进行综合判断。然而,至今无论是在刑法理论上还是在审判实践中综合判断的标准都缺乏明确性和统一性。例如,有学者认为:"只要具有反复持续实施的意思,即便实施了一次行为,也成为业务。"[②]不同地,有学者认为有单纯的主观上反复持续实施的意思是不够的,必须具有"客观证据"来证明"反复持续实施"的意思。[③] 实务中,判例所显示出的立场也不尽一致。例如,日本高等裁判所在 1955 年 8 月 30 日的刑事判决中认为,社团的成立仪式之类的举办一次活动就结束的行为不包括在妨害业务罪的业务中。可是,同样是仅此一次的行为,工会大会的召开(东京高判昭和 35・6・9 高刑集 13-5-403)、政党的成立大会(东京高判昭和 37・10・23 高刑集 15-8-621)等却被认定为妨害业务罪的业务。[④] 不难发现,这里出现了较为明显的"同案不同判"的怪现象。

针对这种不一致,有刑法学者提出了反复持续实施不是妨害业务

① 大谷實『刑法講義各論』(新版第 3 版)(成文堂,2009 年)137 頁参照。

② 大谷實『刑法講義各論』(新版第 3 版)(成文堂,2009 年)54 頁。

③ 斉藤信治『刑法総論』(第 4 版)(有斐閣,2003 年)151 頁参照。

④ 参见[日]松宫孝明:《刑法各论讲义》(第 4 版),王昭武、张小宁译,中国人民大学出版社 2018 年版,第 144 页。

罪中业务成立之要件的观点，即所谓的否定说。例如，平野龙一教授就曾指出，妨害业务罪中业务的成立不需要反复持续实施的要件，应当将是否为职业或者与此类似的情况作为要件看待。① 据此，将工会大会的召开、政党的成立大会等仅举办一次活动就结束的行为视为业务，并不意味着将实施一次就结束的情况当作业务，而是将召开的或成立的大会看作将要持续实施的事业中的一环来认定为业务的。问题是，将仅举办一次活动就结束的行为视为将要持续实施的事业（即所谓的"职业或者准职业"）中的一环的标准是什么并不明确。这预示着，平野龙一教授的这一观点并不能有效地解决妨害业务罪中业务概念边界不清的问题。正是看到了该观点的缺陷，所以，山口厚教授在支持否定说的同时，不赞同平野龙一教授的说理，而是主张是否属于业务"应该根据该事务的性质来具体判断"。② 不过，这会导致"事务的性质"判断标准不一致的问题。并且，从整体上看，这种"公说公有理、婆说婆有理"的争论和分歧会造成业务概念的松弛，也会造成上文所述的判断标准不明确、不统一的问题。由此，妨害司法罪的司法适应性受到削弱不言而喻。

另外，以事实上的平稳进行作为业务持续性的判断标准也会引发该罪司法适应性的减弱。在日本，司法判例和有力学说都主张应以是否事实上地平稳进行作为业务持续性的判断标准。③ 但是，一直以来对此批判的声音不断。例如，西田典之教授就曾指出："由于只要是平稳从事的事务，即使是制造或贩卖兴奋剂也属于本条所指的业务，这显然是不合理的，所以，应当以某种业务的反社会性是否达到失去由本罪保护的必要性程度作为判断的标准。"④在我国，这样的见解尤其值得关注。因为"平稳且公然"实施的违法或犯罪行为同样在我国社会中存在，比如"黄牛"倒卖车票、医院专家号、机动车车牌号等的行为，这类行为不论其多么平稳和公然地实施，都不能纳入妨害业务罪中业务的范

---

① 平野龙一『刑法概説』（東京大学出版会，1977 年）186 頁参照。

② 参见［日］山口厚：《刑法各论》（第 2 版），王昭武译，中国人民大学出版社 2011 年版，第 179 页。

③ 中森喜彦『刑法各論』（第 2 版）（有斐閣，1996 年）71 頁参照。

④ ［日］西田典之：《日本刑法各论》，刘明祥、王昭武译，武汉大学出版社 2005 年版，第 86 页。

围。不仅如此,类似于我国圆明园历史上被盗而被不当占有的文物等也会否定这一事实上的平稳进行的业务判断标准,否则就极有可能不当堵塞这些历史文物正当回归我国的多样化路径。因此,这一分歧会削弱妨害业务罪的司法适应性。

在日本,为了摆脱这一困境,妨害业务罪中的业务概念向不以合法为必要的方向发展,最终以值得刑法保护作为业务的判断基准逐步确立。这就是说,即便是违法的业务,只要仍然值得刑法保护,也属于本罪的业务范畴,只有那些不值得刑法保护的违法业务,才会被排除在本罪的业务范围之外。日本的审判实践也基本支持了这一立场,如没有耕作权的人所实施的农活、没有得到行政长官的批准而开办的澡堂、未经批准而从事交换游戏机专用赠品的活动等,都被视为妨害业务罪中的业务,而在地下室制造麻醉药品的行为等则被排除在本罪的业务之外。[①] 但是,何为"值得刑法保护"? 迄今为止其判断标准并不能说是明确的,这会引发新的"同案不同判"的难题,也会冲击妨害业务罪的司法适应性。

(三)业务与公务界限不明对该罪司法适应性的冲击

由于规定了妨害业务罪的国家基本都规定了妨害公务罪,因此,业务和公务之间到底是何种关系就是一个不得不解决的问题。令人遗憾的是,业务和公务之间的关系并不明确。在日本,刑法学说史上先后出现了无限定的积极说、消极说、公务区分说、限定的积极说、竞合说等多种学说。如今,刑法学者之间的争论依旧很激烈,但从整体上看,很难说妨害业务罪中的业务是否包含公务已经有一个明确的定论。

具体而言,公务区分说被认为得到了较多的刑法学者的支持(多数说)。[②] 该说主张,应以专营企业性、类似民营性、"现业"性、非权力性等为标准对公务进行区分,凡符合这一标准的公务,可以构成妨害业务罪。并且,对于构成妨害业务罪的公务,即便受到了暴力、胁迫手段的妨害时也不适用妨害公务罪(日本《刑法》第 95 条)。值得注意

---

① 大谷實『刑法講義各論』(新版第 3 版)(成文堂,2009 年)137 ~ 138 頁参照。

② 参见[日]山口厚:《刑法各论》(第 2 版),王昭武译,中国人民大学出版社 2011 年版,第 185 页。

的是,“现在,持竞合说的论者正在增加”。[①] 与公务区分说的结论不同,依据竞合说,在属于“业务”的公务受到暴力、胁迫的妨害时,优先适用妨害公务罪。[②] 历史地看,审判实践的立场不是一贯的,而是有所变动。晚近以来,日本的审判实践支持的立场是限定的积极说,这不同于早期的消极说。[③] 限定的积极说主张,本罪的业务不包括权力性公务,但包括非权力性公务,非权力性公务既可以适用妨害公务罪,也可以适用妨害业务罪。消极说则主张,本罪的业务不包括公务,公务只能由妨害公务罪来保护。目前,松宫孝明教授等是该说的支持者。此外,无限定的积极说(公务全部属于“业务”)也有学者支持,如大谷实教授。

之所以存在这些学说之间的争议和分歧,一方面是这些学说本身存在这样或那样的缺陷,另一方面是以市场为导向的私有化或民营化改革在日本的持续深入使得公务和业务之间的关系整体上变得更加复杂而不易区分。

就前者而言,以获得较多学者支持的公务区分说为例,该说据以区分业务和公务的标准缺乏明确性、统一性。如有学者主张以“现业”性标准来区分业务和公务,所谓“现业”是指国家或地方专营的企业,若民间也有类似的工作的“现业”性公务,则属于本罪中的业务;反之就不属于本罪中的业务。[④] 换句话说,它是以“与民间业务的等同性”作为实质的判断标准。问题是,“与民间业务的等同性”到底如何判断,其标准并不明确。审判实践中,日本法院曾判决具有专营企业性质的国营铁路的公务和不具有类似民营性特点的邮局业务属于妨害业务罪中的业务,就直接暴露了公务区分说的这一缺陷。此外,公务区分说将一部分公务排除出妨害业务罪的业务范围,被批评存在欠缺(日本)刑法上根

---

① [日]松宫孝明:《刑法各论讲义》(第4版),王昭武、张小宁译,中国人民大学出版社2018年版,第146页。

② 反对的意见认为,妨害业务罪是针对个人法益的犯罪,而妨害公务罪是针对国家法益的犯罪,因而,不应轻易肯定二者之间的(法条)竞合关系。

③ 参见[日]西田典之:《日本刑法各论》,刘明祥、王昭武译,武汉大学出版社2005年版,第87页。

④ 团藤重光『刑法綱要各論』(増補)(創文社, 1976年)432頁参照。

据的缺陷。[①]

就后者而言,市场化发展所推动的私有化或民营化改革导致限定的积极说的缺陷日趋明显。在日本,支持积极的限定说的刑法学者也不少。甚至有学者认为,该说是当前通说的立场。[②] 不过,由于该说以公务是否具有权力性为标准来确定公务是否属于妨害业务罪的业务范畴,但近年来日本正在推动国营铁路、烟草、邮政等的民营化改革,曾经公务与业务有重叠关系的部门,也逐渐开始与民营企业具有相同的经营基础,这使得公务和业务之间的关系整体上变得更加复杂,也对传统的公务和业务的清晰划分提出了挑战。[③] 同时,原本否定消极说而转向积极的限定说的理由,即"与民间业务并无不同的公务,只因其本身是公务,就不能像业务那样受到保护,这显然并不合适",[④]也会受到质疑。查阅立法文献可知,针对第233条,日本当年的修正提案说明是,"出于保护企业家的精神而制定的"。[⑤] 很明显,限定的积极说会造成妨害业务罪原来的立法目的落空。与此相一致,在市场经济条件下,相对于国家或地方专营的企业,缺乏国家或地方财政支持而自负盈亏的民营经济的经营基础具有脆弱性,偏离这一要点而将"自主执行力"的有无、[⑥]权力性的有无等与妨害业务罪中业务挂钩,在合理性上值得反思。况且,有无权力性的标准具体是什么似乎并不明确。审判实践中,即便是行使强制力的权力性公务,在不行使强制力的场合和因妨害业务而造成本可以行使强制力却没能行使的场合等也被法院判定成立妨害业务罪,[⑦]就是适例。另外,可见,理论上的不同观点分歧和审判实践中不尽一致的立场引发了妨害业务罪中业务概念的松弛化,由此该罪的司法

---

① 大谷實『刑法講義各論』(新版第3版)(成文堂,2009年)138頁参照。

② 井田良『講義刑法学各論』(有斐閣,2016年)176頁。

③ 参见[日]松宫孝明:《刑法各论讲义》(第4版),王昭武、张小宁译,中国人民大学出版社2018年版,第146页。

④ [日]山口厚:《刑法各论》(第2版),王昭武译,中国人民大学出版社2011年版,第185页。

⑤ 田中正身『改正刑法釋義下巻』(信山社,1994年)1208頁。

⑥ 前田雅英『刑法各論講義』(第6版)(東京大学出版会,2015年)137頁。

⑦ 参见[日]山口厚:《刑法各论》(第2版),王昭武译,中国人民大学出版社2011年版,第187页。

适应性很难不受到实质性的影响。

二、集中模式的妨害业务罪存在“口袋罪”化弊端

(一)保护业务者从事业务自由的两种刑事立法模式

比较而言,针对业务者从事正当业务自由的刑法保护,当前各国家或地区在立法模式上存在巨大的差异。但是,它们基本上可以划分成两类:一类是专门的集中规制模式(以下简称集中模式),另一类是网状的分散规制模式(以下简称分散模式)。

所谓集中模式,是指以个别化或同类别化的妨害业务罪罪名的方式来集中保护业务者从事正当业务的自由。目前,日本和韩国可谓这一模式的典型适例。《日本刑法典》第 2 编第 35 章规定了“妨害信用及业务罪”,其中第 233 条规定:“散布虚假的传闻或者使用诡计,毁损他人信用或者妨害他人业务的,处 3 年以下惩役或者 50 万元以下罚金。”第 234 条规定:“以压制他人自由意思的力量(威力)妨害他人业务的,依照前条规定处断。”随着计算机应用在日本的金融、通信、制造、交通、医疗等领域逐步普及化,损坏计算机引发的妨害业务问题日趋严重,1987 年日本增设了第 234 条之二的损坏计算机等妨害业务罪,即“损坏他人业务上使用的计算机或者供其使用的电磁记录,或者对他人业务上使用的计算机输入虚伪信息或者不正当指令,或者以其他方法使计算机不能按使用目的运行或者违反使用目的运行,妨害他人业务的,处 5 年以下惩役或者 100 万元以下罚金”。至此,《日本刑法典》妨害业务罪的基本架构得以形成,即《日本刑法典》以 2 个半条文规定了 3 个罪名(诡计妨害业务罪、威力妨害业务罪、损坏计算机等妨害业务罪)对妨害业务罪进行了集中规定。与日本相类似,《韩国刑法典》第 313 条规定:“散布虚假事实或者以其他欺骗方法,妨害他人信用的,处 5 年以下有期徒刑或者 100 万元以下罚金。”第 314 条规定:“以前条的方法或者暴力,妨害他人业务的,处 5 年以下有期徒刑或者 100 万元以下罚金。”

需注意,日本现行刑法第 2 编第 35 章来自对旧《刑法》第 2 编第 8 章的修正,而旧《刑法》第 2 编第 8 章采取了下文所述的分散模式。旧《刑法》第 2 编第 8 章在第 267 条的谷类等物品买卖、第 268 条的拍卖或投标、第 269 条的农业和工业中,都规定了诡计或威力的妨害行为。

不仅如此,其在第 271 条中规定了为提高薪金而使用诡计或威力的行为以及雇主为降低薪金而使用诡计或威力的行为、在第 272 条中规定了散布流言以操纵谷物价格的行为等。为了解决“妨害商业及农工业之罪”适用范围过于狭窄的问题,修正后的刑法将其修改为“妨害信用及业务罪”,且修改旧《刑法》的细分化规定为概括性规定,以应对各种妨害信用及业务的情形从而避免遗漏。[①] 伴随这一修改,日本刑法保护业务者从事正当业务的自由由分散模式转向了集中模式。但是,如后文所述这导致了日本的妨害业务罪出现了较为明显的“口袋罪”化弊端。

可以认为,与集中模式不同的是分散模式。所谓分散模式,是指刑法以多元化的行为合力解决妨害业务问题,从而达到保护业务者从事正当业务的自由。如今,大多数国家和地区的刑法都采取了这一模式。例如,《德国刑法典》在第 187 条的诋毁罪中规定:“明知其为不实,而指摘或传述足以使他人受蔑视、在社会通念中足以贬低他人或足以危害他人信用之事者,处 2 年以下有期徒刑或者罚金。公然于集会中或以文书传述者,处 5 年以下有期徒刑或罚金。”不难发现,《德国刑法典》中的诋毁罪包含了一部分类似于日本刑法中的妨害信用行为。但是,《德国刑法典》并没有在该条中或该条之外设立妨害业务罪。并且,在业务犯罪方面,德国在 1940 年就已经废除了刑法典中关于业务过失加重处罚的规定,其中业务范围的日益模糊不清是重要的原因。[②]

应当说,我国台湾地区的情形与此如出一辙。查阅我国台湾地区“刑法”可知,其第 313 条规定了妨害信用罪,即“散布流言或以诈术损害他人之信用者,处 2 年以下有期徒刑、拘役或科或并科 1000 元以下罚金”。但在“妨害名誉及信用罪”章中并没有规定“妨害业务罪”。同时,该“刑法”其他条文也没有集中模式的妨害业务罪的规定。不过,如果将目光向前延伸,那么就会发现 1912 年《中华民国暂行新刑律》(以下简称《暂行新刑律》)是明确规定了妨害业务罪的。《暂行新刑律》第

① 参见[日]松宫孝明:《刑法各论讲义》(第 4 版),王昭武、张小宁译,中国人民大学出版社 2018 年版,第 141 页。

② 参见梁云宝:《业务过失的刑法惩处不必重于普通过失》,载《法学评论》2020 年第 1 期。

359 条规定："散布流言或以诈术损害他人或其业务之信用者，处 5 等有期徒刑、拘役或 100 元以下罚金。"此后，1928 年《中华民国刑法》第 330 条将《暂行新刑律》的这一规定修改为："散布流言或以诈术损害人之信用者，处 2 年以下有期徒刑、拘役，得并科或易科 1000 元以下罚金。"[①]在理论和实务中，通说将这里的"信用"解释为："乃人类于经济活动上，有关其财产资力及支付能力之评价，亦即俗称之债信。"[②]由此可见，这一修改将《暂行新刑律》中的妨害信用罪和妨害业务罪两个罪名删减成了妨害信用罪一个罪名。在此意义上，我国台湾地区"刑法"未采取集中模式的妨害业务罪规定并非"立法"上的疏忽，而是有意为之的举措。另外，由于业务概念存在边界模糊不清等弊端，2019 年我国台湾地区"刑法"最终删除了业务过失加重处罚的规定。[③] 简言之，在保护业务者从事正当业务的自由上我国台湾地区"刑法"由集中模式转向了分散模式。实际上，仔细比较我国台湾地区"刑法"和《日本刑法典》中妨害信用罪的罪状描述后，可以发现二者在形式上并无不同。可是，在我国台湾地区"刑法"删除妨害业务罪后，二者就有了实质性的差异，即我国台湾地区的"妨害信用罪"包含了一部分"妨害业务罪"的行为。举例来说，诈称某厂商制造的奶制品含有三聚氰胺，致一般消费大众望而却步，不敢购买的行为，在我国台湾地区被视为典型的"妨害信用罪"的行为。[④] 在日本，类似的行为是成立妨害业务罪的。如行为人散布盒饭店并未做好卫生管理这一虚假的传闻，使顾客不再上门，属于妨害业务罪的行为。[⑤] 再举一例来看，乘商店休假，在其店门上贴上"停业清理"的字条，在我国台湾地区被认为成立"妨害信用罪"。[⑥] 在日本，类似的行

---

① 参见《重要刑事法律新旧条文汇编》，台北，正兴文具印刷有限公司 1991 年版，第 214 页。

② 一品法学苑编：《模范新六法（刑事法编）》（第 7 版），台北，一品文化出版社 2011 年版，第 1～312 页。

③ 参见薛智仁：《展望未来的刑事立法政策？（上）》，载《月旦法学教室》2017 年第 7 期（总第 177 期）。

④ 参见甘添贵：《刑法各论（上）》，台北，三民书局 2009 年版，第 174 页。

⑤ 参见［日］山口厚：《刑法各论》（第 2 版），王昭武译，中国人民大学出版社 2011 年版，第 189 页。

⑥ 参见林山田：《刑法各罪论》（上册）（修订五版），北京大学出版社 2012 年版，第 185 页。

为同样成立妨害业务罪。如店铺明明正在营业,却向顾客传递“暂停营业”这一虚假消息,导致顾客不再上门的行为,在日本通常认为成立妨害业务罪。①

值得一提的是,张明楷教授认为《意大利刑法》第 513 条、《荷兰刑法》第 328 条是对妨害业务罪的规定。② 笔者认为,这一见解是值得商榷的。《意大利刑法》第 513 条规定:“采用对物的暴力或欺诈手段妨碍或者干扰工业或贸易活动的,如果行为不构成更为严重的犯罪,经被害人告诉,处以 2 年以下有期徒刑和 103 至 1032 欧元罚金。”从该条所处的刑法典位置上看,它属于第 8 章“妨害公共经济、工业和贸易罪”中的第二节“妨害工业贸易的犯罪”。比较而言,这是针对超个人法益而非个人法益的犯罪,它更多地类似于我国《刑法》第 3 章规定的“破坏社会主义市场经济秩序罪”。与此不同,日本的妨害业务罪隶属于“妨害信用及业务罪”章节,它通常被视为一种针对个人法益——自由的犯罪,而不是针对超个人法益(社会法益)的犯罪,是对个人社会活动自由的犯罪,核心是保护经济活动的自由。③ 另外,如前文所述,业务和公务界限不明。不过,消极说之外的其他学说基本都将一部分公务纳入妨害业务罪的保护范围。所以,在范围上妨害业务罪不会局限于“工业贸易”。其实,基于前文所述的《日本刑法典》在第 2 编第 35 章上的修正,也会得出相同的结论。因此,将《意大利刑法》第 513 条视为对妨害业务罪的规定过于牵强。同样地,《荷兰刑法》第 328 条也存在这一问题。

(二)集中模式的妨害业务罪存在明显的“口袋罪”化问题

集中模式的妨害业务罪规定存在一个较为明显的缺陷是“口袋罪”化,日本的妨害业务罪就是典型适例。“口袋罪”是我国刑法理论中的一个常见用语,它是地道的本土化用语,而不是“舶来”用语,且它是习惯性用语,而不是法定化用语。迄今为止,“似乎大家都是在文章中直接使用,没发现有人曾对此做过考证和界定”。④ 但是,在我国“口袋

① 参见[日]山口厚:《刑法各论》(第 2 版),王昭武译,中国人民大学出版社 2011 年版,第 195 页。

② 参见张明楷:《妨害业务行为的刑法规制》,载《法学杂志》2014 年第 7 期。

③ 井田良『講義刑法学各論』(有斐閣,2016 年)176 頁参照。

④ 余丰泳:《口袋罪的坏名声及冷思考》,载《检察日报》2015 年 5 月 6 日,第 3 版。

罪”的轮廓是清晰的。一般认为,“口袋罪”是指我国《刑法》中一些因界定不清、外延模糊、内容庞杂而容易混淆罪与非罪、此罪与彼罪界限的罪名,是对某一行为是否触犯刑法某一法条不明确,但与某一法条相似而直接使用该法条定罪的形象称呼。如今,我国《刑法》中的以危险方法危害公共安全罪、非法经营罪、寻衅滋事罪等是公认的“口袋罪”。比较而言,日本的妨害业务罪具有类似于我国这些“口袋罪”的典型特征。

从形式上看,日本的妨害业务罪似乎并不存在构成要件规定不明确的问题,但司法判决所体现出来的情况恰恰相反。在传统的认知中,“口袋罪”一般集中在具有兜底性条款规定的罪名。比如,以危险方法危害公共安全罪中“以其他危险方法”的兜底性规定。实践中,这一兜底性规定所导致的“口袋罪”的涵盖范围从交通肇事到生产经营、食品原材料、“碰瓷”、偷窨井盖,从道路交通秩序领域到市场经济秩序领域、公民个人权利领域、社会管理秩序领域等。① 但是,“兜底性条款”不是“口袋罪”的专属性识别标志,即便某刑法条文没有“兜底性条款”也不意味着该罪就不是“口袋罪”。例如,我国的非法获取计算机信息系统数据罪罪状描述中没有“兜底性条款”,但该罪是网络犯罪的新“口袋罪”。实证分析显示,所有能存储于电脑系统中的权利客体都可以成为“数据”,非法获取以“数据”为对象和媒介、工具的网络犯罪都可能构成非法获取计算机信息系统数据罪,这使得该罪成了名副其实的“口袋罪”。② 可以认为,这是一种有别于传统的兜底性条款“口袋罪”的无兜底性条款“口袋罪”。在类型上,日本的妨害业务罪更类似于无兜底性条款的“口袋罪”。

就诡计妨害业务罪而言,有针对个人法益的妨害业务行为。如将障碍物沉入渔场海底,造成渔业从业者渔网损坏(从外面难以发现),无法再进行捕捞作业(类似于我国的故意毁坏财物罪、破坏生产经营罪)。有针对超个人法益的妨害业务行为。如暗中切断有线电视公司的信号

---

① 参见孙万怀:《以危险方法危害公共安全罪何以成为口袋罪》,载《现代法学》2010 年第 5 期。

② 参见杨志琼:《非法获取计算机信息系统数据罪“口袋化”的实证分析及其处理路径》,载《法学评论》2018 年第 6 期。

传播线路,使之无法向客户传输信号的行为(类似于我国的破坏广播电视设施、公用电信设施罪);将缝纫针插入百货商店作为店面展示商品的卧具里(类似于我国的以危险方法危害公共安全罪);虚假报警,让海上保安厅的职员无端出警(类似于我国的寻衅滋事罪、编造虚假信息罪);为了争夺其他报刊的读者,某报社经营者将自己发行的报纸刊头等设计成容易与其他报纸相混淆的外形(类似于我国的侵犯著作权罪)。① 并且,在超个人法益上,诡计妨害业务罪的涵盖范围从公共安全领域到社会管理秩序领域、市场经济秩序领域等。

就威力妨害业务罪而言,有针对个人法益的妨害业务行为。如剪断用于捕捞海豚的渔网,将捕获的海豚放掉(类似于我国的故意毁坏财物罪、破坏生产经营罪);将正在营业的商店的周围强行用木板围起来,使其不能营业的行为(类似于我国的破坏生产经营罪);抢走律师随身携带的装有庭审日志的皮包,并将其藏匿在自己家中(类似于我国的抢劫罪、抢夺罪)。② 有针对超个人法益的妨害业务行为。如殴打电车司机妨害其驾驶电车的行为(类似于我国以危险方法危害公共安全罪);在有很多顾客的营业餐厅中放20条蛇到处乱爬致使餐厅陷入混乱的行为(类似于我国的寻衅滋事罪或破坏生产经营罪)以及在公寓食堂的配膳部放入无毒的菜花蛇的行为(类似于我国的寻衅滋事罪);因劳动争议纠纷,广播公司的多数工会成员聚集在公司正在进行广播业务的播音室出入门前,高唱劳动歌、拍手、齐声呼喊等,使现场播报陷入混乱(类似于我国的聚众扰乱社会秩序罪);在国民体育运动会开幕式上,扯下挂在外面旗杆上的国旗,并用火焚烧,让赛场内的观众看见影响比赛进行的行为(类似于我国的侮辱国旗罪)。③ 可见,在超个人法益上,威力妨害业务罪的涵盖范围从公共安全领域到社会管理秩序领域等。

就损坏计算机等妨害业务罪而言,虽然该罪在罪状描述中使用了“以其他方法”的“兜底性条款”表述,但这里的“其他方法”只限于直接

---

① 参见[日]山口厚:《刑法各论》(第2版),王昭武译,中国人民大学出版社2011年版,第189~190页。

② 大谷實『刑法講義各論』(新版第3版)(成文堂,2009年)141頁参照。

③ 参见[日]大塚仁:《刑法概说(各论)》(第3版),冯军译,中国人民大学出版社2003年版,第188~189页。

对计算机的运行产生妨碍性质的行为，诸如切断电源、破坏温度、湿度等运行环境，切断通信线路，输入不能处理的数据等，不包含占据计算机房或拘禁操作人员之类的情形。[①] 这就是说，“以其他方法”的兜底性规定并未导致该罪沦为“口袋罪”。但是，审判实践中，删除广播公司网站上天气预报的内容并替换上淫秽图像的行为、删除计算机控制式切削机的操作系统的行为等都被判定成立本罪。[②] 在此意义上，本罪中“以其他方法”的边界并不清晰。

由以上所罗列的一系列被确定为妨害业务罪的行为可知，日本集中模式的妨害业务罪实质上是较为混乱的。究其原因，一方面，妨害业务罪的构成要件规定实质上称不上明确诱发了该罪的“口袋罪”化。前文所述的“业务”概念的松弛化就导致了司法对其规范的理解出现了“弹性化”，进而引发了该罪呈现明显的“口袋罪”化弊端。对此，日本刑法学者也直言不讳。如山口厚教授认为，对妨害业务这一概念作造成业务“外形上的妨害”的限制，其实际效果令人怀疑，因而，可以说妨害业务罪是极其难以限定的犯罪。[③] 井田良教授认为，妨害业务罪的处罚范围宽泛且不明确。[④] 另外，妨害业务罪中的“诡计”和“威力”之间的区分很不明确也会加剧该罪的“口袋罪”化问题，而“诡计”和“威力”的区分不明确被归因于“诡计”概念原本具有不明确或过于宽泛的特性的结果。[⑤] 不仅如此，妨害业务罪是具体危险犯还是抽象危险犯的不同理解，也会造成该罪在处罚上的乱象。有学者认为：“需要使具有妨害业务之虞的状态产生而不需要现实地产生了妨害的结果会是妥当的。因此，应该认为本罪也是具体的危险犯。”[⑥]不同地，有学者认为：“与妨

---

① 参见［日］西田典之：《日本刑法各论》，刘明祥、王昭武译，武汉大学出版社2005年版，第90页。

② 前田雅英『刑法各論講義』（第6版）（東京大学出版会，2015年）143頁参照。

③ 参见［日］山口厚：《刑法各论》（第2版），王昭武译，中国人民大学出版社2011年版，第195页。

④ 井田良『講義刑法学各論』（有斐閣，2016年）176頁参照。

⑤ 曾根威彦『刑法各論』（第4版）（弘文堂，2008年）74頁参照。

⑥ ［日］大塚仁：《刑法概说（各论）》（第3版），冯军译，中国人民大学出版社2003年版，第187页。

害信用罪一样，妨害业务罪是抽象的危险犯。”[①]另有学者更是直言：“条文明确指出了‘妨害其业务者’，关于妨害业务罪的多数判例也承认有妨害的结果，因此，妨害业务的‘结果’是多方面的且包含模糊的边缘部分。考虑到证明上的困难，在认定妨害业务罪时判例是以‘有使发生妨害结果之虞的行为’来表述的。”[②]

另一方面，妨害业务罪出现的“司法上的犯罪化”问题诱发了该罪的“口袋罪”化。所谓“司法上的犯罪化”，是指在适用刑法时将迄今为止没有适用刑法作为犯罪处理的行为，通过新的解释将其作为犯罪处理。[③] 在日本，与上述妨害业务罪庞杂的行为样态相一致的是该罪出现的“司法上的犯罪化”问题，其背后的深层次原因是多方面的，但刑事政策价值取向、法定犯法益侵害性的扩大等是极为引人注目的。

其中，就刑事政策的价值取向而言，一般认为，现代国家对国民的刑法保护是公共服务的内容之一。在不危及法治国这一绝对原则前提下，应允许刑事政策的价值选择进入刑法体系中去，才是正确之道。[④]不过，损坏计算机等妨害业务罪的法定最高刑是5年有期徒刑，诡计妨害业务罪和威力妨害业务罪的法定最高刑都是3年有期徒刑，因而与其说这是对重刑化的追求，不如说是对法益保护提前化的追求。如今，社会生活趋于复杂化，犯罪在网络时代高度科技化，特别是损坏计算机等妨害业务罪，一旦犯罪得逞就会造成不可估量的侵害结果，所以，须对业务者从事正当业务的自由进行提前保护，而不是等到实害结果发生再处罚。这一刑法保护的提前化，甚至出现了受到批判的与刑法条文规定相矛盾的问题，即“这种观点（不要求实际妨害了业务）与‘妨害了业务’这一条文表述之间存在矛盾”。[⑤] 事实上，这是将刑事司法政策上升到了一种解释方法的高度，即司法上的犯罪化。据此，无论是没有兜底性条款的诡计妨害业务罪和威力妨害业务罪还是有兜底性条款

---

① 井田良『講義刑法学各論』（有斐閣，2016年）176頁。

② 前田雅英『刑法各論講義』（第6版）（東京大学出版会，2015年）141頁。

③ 参见张明楷：《司法上的犯罪化与非犯罪化》，载《法学家》2008年第4期。

④ 参见［德］克劳斯·罗克辛：《刑事政策与刑法体系》（第2版），蔡桂生译，中国人民大学出版社2010年版，第12～15页。

⑤ ［日］松宫孝明：《刑法各论讲义》（第4版），王昭武、张小宁译，中国人民大学出版社2018年版，第147页。

的损坏计算机等妨害业务罪,“即使刑法对构成要件有较为具体的描述,但只要具有解释的空间,也不排除刑事司法上的犯罪化”,[①]更遑论妨害业务罪存在“业务”概念边界模糊的问题。由此,日本刑法学者对于该罪处罚范围不明确的批判就不难理解了。换言之,这一批判是对妨害业务罪是“口袋罪”在日本刑法语境下的表达。

就法定犯法益侵害性的扩大而言,我国的储槐植教授早就提出了“法定犯时代的到来”的论断,并主张在理论和实务上要予以正视。[②]同样地,日本迈入了法定犯时代,妨害业务罪作为重要的法定犯罪之一,妨害业务行为的法益侵害性随着行政管理的加强而日益扩大。前文业已提及,在刑法史上,为了保护企业家的精神,日本修正了妨害业务罪的刑法条文。如今,为了提高市场经济下民营企业的竞争力以及优化资源配置,日本开启了针对铁路、烟草、邮政等国家或地方专营企业的改革,这使得在相关领域的行政管理不是变弱而是加强了。其结果是,妨害业务罪的触角延伸进入了一部分“公务”领域。这就是说,虽然晚近以来日本刑法中的妨害业务罪条文未作任何修改,但随着社会生活事实的变化,司法机关不得不重新审视妨害业务行为在罪与非罪以及此罪与彼罪上的界限,对以往的部分妨害业务行为实行司法上的犯罪化处理。可是在这场改革中哪些“公务”应纳入妨害业务罪来保护,始终缺乏明确而具体的标准。因此,“司法上的犯罪化”促进了该罪的“口袋罪”化问题。

三、在我国应停止增设“妨害业务罪”的刑事立法

(一)我国刑法能够有效规制妨害业务行为

比较地看,我国刑法中并无妨害业务罪这一罪名,其对业务者从事正当业务之自由的保护是通过破坏生产经营罪,故意毁坏财物罪,损害商业信誉、商品声誉罪,非法经营罪,破坏计算机信息系统罪,寻衅滋事罪,聚众扰乱社会秩序罪等罪名从不同角度、不同层次、不同力度进行合力解决的。这意味着,我国刑法对妨害业务行为的规制采取了分散

---

① 张明楷:《司法上的犯罪化与非犯罪化》,载《法学家》2008 年第 4 期。

② 参见储槐植:《要正视法定犯时代的到来》,载《检察日报》2007 年 6 月 1 日,第 3 版。

模式。对此，有学者批评指出："在我国司法实务中，破坏生产经营罪，破坏计算机信息系统罪甚至非法经营罪，损害商业信誉、商品声誉罪等都对一部分妨害业务行为进行惩罚，可以适用的罪名似乎为数不少。但是，由于缺乏包容性较强的妨害业务罪，刑法适用经常面临一些瓶颈性难题，罪刑法定原则面临不少冲击。"[①]笔者认为，这一批评有值得反思之处，目前我国刑法并非不能有效地规制妨害业务行为。

具体而言，迄今为止我国刑法规定的469个罪名中并没有妨害业务罪这一罪名，集中模式下的妨害业务行为，我国刑法是通过它的不同行为样态所侵犯的不同法益而分门别类地以不同章节中的不同罪名来加以规制的。其中，涉及个人法益的破坏生产经营罪，涉及社会主义市场经济秩序法益的损害商业信誉、商品声誉罪及非法经营罪，涉及社会管理秩序法益的破坏计算机信息系统罪、寻衅滋事罪等因网络时代新型妨害业务行为样态的出现及其适用罪名所带来的争议而被较多地关注。例如，为了打击竞争对手，在网上从事论文相似度检测业务的董某雇用并指使谢某多次以同一账号在竞争对手的网店恶意刷单1500多次，导致对手被网上交易平台公司认定存在虚假交易而作出"搜索降权"的处理，严重影响对手的正常经营，造成对手损失19万余元。对此，法院以破坏生产经营罪处理。[②] 不同地，不少场合下妨害业务行为本身的关注度不高。如何某在公务员考试中笔试第一，为了保证自己被顺利录取，其雇用并指使肖某在竞争对手的水杯里放入冰毒，在对方误饮后何某打电话报警称其吸毒，以使对方因"吸毒"受到行政处罚而丧失录取的机会。对此，法院是以妨害社会管理秩序罪中的欺骗他人吸毒罪来处理的。[③] 在日本，类似的行为成立诡计妨害业务罪。譬如，在皮划艇锦标赛中，铃木康大给队友小松正治的饮料中投放了违禁药，意图阻碍队友参加东京奥运会。对此，日本警方是以妨害业务罪立案

① 周光权：《刑法软性解释的限制与增设妨害业务罪》，载《中外法学》2019年第4期。

② 参见江苏省南京市中级人民法院刑事判决书，(2016)苏01刑终33号。

③ 参见刘苏雅：《女子公务员笔试考第一，为了保过，竟给面试对手下毒》，载https://news.sina.com.cn/o/2019-12-12/doc-iihnzhfz5383843.shtml，最后访问日期：2020年3月8日。

处理的。[①]

这些罪名共同构筑起我国刑法应对妨害业务行为诸多样态的有效防线。主要理由是:其一,类似于域外的妨害业务行为在我国并非不能有效入罪。由前文的列举不难发现,在日本借助妨害业务罪进行规制的大多数行为在我国也是以犯罪来处理的,只是行为所成立的罪名不同而已。对于妨害业务行为的规制,我国的这一立法模式背后有着深刻的历史原因。新中国成立后,受苏联模式的影响我国对私有制进行了社会主义改造,这对我国个人法益的刑法保护产生了巨大的影响,即便是在改革开放初期颁布的1979年《刑法》中,也能看到这一影响的身影。比如,受私有制基础薄弱的影响,破坏生产经营罪在当时的称谓是破坏集体生产罪(第125条),且被放置在属于超个人法益的“破坏社会主义经济秩序罪”章节,而不是属于个人法益的“侵犯财产罪”章节。因此,类似于日本刑法中针对个人法益的妨害业务罪,不论是保护企业家的精神还是民营经济的经营基础,在我国当时的历史条件下都很难具有生存的空间。实际上,即便将妨害业务罪视为对超个人法益的犯罪,与其具有实质性重复内容的破坏集体生产罪等也会排斥该罪进入我国刑法典。简言之,在那个特殊的时代,我国刑法典不可能围绕个人法益尤其是个人财产法益来保护妨害业务行为。受社会主义市场经济持续发展的推动,1997年《刑法》适时作出了调整,这突出体现在增设了大量的破坏社会主义市场经济秩序的犯罪和妨害社会管理秩序的犯罪,妨害业务罪行为的不少样态被分解到这两类犯罪行为中进行规制。至此,我国刑法在应对妨害业务行为样态上的分散模式逐步走向完善。这预示着,我国刑法对妨害业务行为规制的分散模式是历史的选择。

其二,我国刑法在妨害业务行为的犯罪圈划定上大体合理。不可否认,1997年《刑法》在犯罪圈和刑罚结构的设置上存在“厉而不严”的问题。[②] “厉而不严”是指我国的犯罪圈不如域外的立法严密,我们的

---

① 参见佚名:《日本下药门男主最高或被判3年涉嫌诡计妨碍业务罪》,载 https://baijiahao.baidu.com/s? id=1589480431649573857&wfr=spider&for=pc,最后访问日期:2020年3月8日。

② 参见储槐植:《再说刑事一体化》,载《法学》2004年第3期。

犯罪圈偏小，但犯罪成立的起点较高，某种行为一旦被定性为犯罪，往往意味着要接受很严厉的惩罚，且法定刑设置整体上确实偏重。不过，这一问题因多次刑法修正案所持续进行的犯罪化立法而有一定程度的改善。如今，我们不能说我国刑法在犯罪圈和刑罚结构的设置上已经达到了“严而不厉”的状态，但我国刑法在规制妨害业务行为的犯罪圈划定上基本妥当。妨害业务行为在我国所成立的犯罪涉及《刑法》第二章危害公共安全罪、第三章破坏社会主义市场经济秩序罪、第五章侵犯财产罪、第六章妨害社会管理秩序罪、第七章危害国防利益罪等章节，这些罪名整体上编织起来的应对妨害业务行为的法网并不比集中模式下妨害业务罪的法网疏松。更为重要的是，在域外业务概念已松弛的背景下，围绕个人自由法益展开的妨害业务罪的罪质存在模糊化的问题，因此，在我国刑法的个人法益或超个人法益章节中增设妨害业务罪都是欠妥当的。况且，无视我国刑法在妨害业务行为规制上的分散模式而贸然增设妨害业务罪，会造成罪名设置在实质内容上的重复。例如，前已提及在日本殴打电车司机妨害其驾驶电车的行为可以成立妨害业务罪。与此不同，2019 年 1 月 8 日，我国最高人民法院、最高人民检察院、公安部联合发布了《关于依法惩治妨害公共交通工具安全驾驶违法犯罪行为的指导意见》，其规定：“乘客在公共交通工具行驶过程中，抢夺方向盘、变速杆等操纵装置，殴打、拉拽驾驶人员，或者有其他妨害安全驾驶行为，危害公共安全，尚未造成严重后果的，依照刑法第一百一十四条的规定，以以危险方法危害公共安全罪定罪处罚；致人重伤、死亡或者使公私财产遭受重大损失的，依照刑法第一百一十五条第一款的规定，以以危险方法危害公共安全罪定罪处罚。”据此，殴打电车等公共交通工具的司机妨害其安全驾驶的行为在我国是以以危险方法危害公共安全罪来处理。如果不考虑这一差异，在我国增设妨害业务罪，就会导致罪名设置上实质性内容的重复，即刑法规制妨害业务行为的犯罪圈并没有发生实质的变化，不同的仅仅是分散模式下的罪名变更为妨害业务罪而已，因而，这一做法的实际价值相当有限。

不得不说的是，在日本构成妨害业务罪的行为在我国若不构成犯罪能否证立增设妨害业务罪的必要性和合理性?[①] 回答是否定的。一个国家或地区的犯罪圈的大小,应与其政治、经济、文化等影响因素相适应。当下我国社会正处于转型时期,若不能较为理想地通过政治、经济、社会等改革来最大化地削减社会矛盾,则更不宜在政治、经济、行政等手段乏力时频繁地求助刑法迷信它的功能,而应该将刑法作为调整社会关系的最后手段,避免动辄主张动用刑法的“刑法万能论”倾向。从日本修正妨害业务罪以保护企业家精神或企业的经营基础来看,该罪伴随日本企业经历了日本经济的辉煌和疲软时期,且在日本经济晚近“失落的二十年”里该罪的适用范围不断扩张,因此,试图以妨害业务罪一举实现这样的立法目的似乎有着不切实际的期待。另外,当前全球经济排名前十的国家鲜有通过妨害业务罪来提升企业竞争力的。这意味着,试图通过增设妨害业务罪来强化我国企业的经营基础和竞争力恐非明智之举。事实上,与我国改革开放40年来企业竞争力持续增强相伴的是我国刑法对妨害业务行为规制所采取的分散模式的不断完善。况且,即便不构成犯罪该类妨害业务的行为在我国的法律体系中并不是得不到有效的处理,如行政处罚、民事赔偿等。“在中国‘派出所解决’了‘可能有80%的社会纠纷’,也就丝毫不会令人奇怪。这80%的纠纷中,相当一部分正是主张犯罪化的学者所说的轻微犯罪行为。”[②] 因而,面对我国刑事立法持续的犯罪化高热态势,应及时纠偏增设妨害业务罪这类带有重复性色彩的刑事立法动向。

其三,以存在“软性解释”为由替增设妨害业务罪的合理性辩护难以成立。的确,我国刑法对妨害业务行为的入罪采用了“软性解释”的方法。但是,“软性解释”作为一种刑事司法中的方法,既不是妨害业务罪所独有的,也不是我国所独有的,日本的妨害业务罪在司法中同样存在这一问题。佐伯仁志教授就指出,在刑事立法难以推进的情况下,在出现值得处罚的新行为时,出于刑事司法政策的考虑,司法倾向于通过

---

① 例如,在日本行为人故意往公共浴池里倒入8瓶洗发水,造成浴池因泡泡过多一度无法正常使用,警方是以涉嫌妨害业务罪来处理的。参见姜惠敏:《制造泡沫也犯法! 日本两男子倒8瓶洗发水致公共浴池无法使用》,载 https://world.huanqiu.com/article/9CaKrnK6mMV,最后访问日期:2020年3月8日。在我国,类似的行为通常不构成犯罪。

② 刘艳红:《我国应该停止犯罪化的刑事立法》,载《法学》2011年第11期。

“软性地”解释刑法条文来应对。[①] 由此导致的结果是，“在日本，对于违反行政取缔规则的行为，有过于适用刑罚的倾向。”[②]就妨害业务罪而言，“软性解释”扩张了妨害业务罪的范围，加剧了日本妨害业务罪“口袋罪”化的弊端。如前列的抢走律师随身携带的装有庭审日志的皮包并将其藏匿在自己家中的行为，因行为人是出于隐匿的意思而不是非法占有的意思，日本法院认定成立妨害业务罪而不是盗窃罪。在我国，这样的行为可能成立抢劫罪等财产犯罪。事实上，日本的妨害业务罪对财产犯罪具有浓厚的兜底性嫌疑。山口厚教授也认为妨害业务犯罪的规定对于财产犯罪具有“补充机能”，[③]结合其对妨害业务罪极难限定的批判可以看出，这正是对该罪所具有的“口袋罪”化弊端的批判。众所周知，“口袋罪”有一个明显的弊端是它会冲击罪刑法定原则。因此，以“软性解释”方法存在违背罪刑法定原则的嫌疑为由，否定我国刑法难以有效应对妨害业务行为，并主张增设类似于日本的妨害业务罪就能摆脱困境的设想，无疑是片面的。

其四，将利用计算机妨害业务的行为独立成罪或纳入增设的妨害业务罪打击范围会引发更多深层次的问题。我国《刑法》第287条规定：“利用计算机实施金融诈骗、盗窃、贪污、挪用公款、窃取国家秘密或者其他犯罪的，依照本法有关规定定罪处罚。”在我国刑法对妨害业务行为的规制采取了分散模式的背景下，这里的利用计算机实施“其他犯罪”包含了利用计算机实施妨害业务犯罪的行为。审判实践中，司法判例也支持了这一立场。例如，陈某出于泄愤、报复等个人目的，利用其实现掌握的天猫商铺的用户名和密码进入被害单位网店后台，改低被害单位销售商品单价，导致大量商品以低于成本价的价格被抢购，造成被害单位重大损失，属于以修改计算机数据的方式破坏生产经营，成立破坏生产经营罪。[④] 此时，再增设损坏计算机等妨害业务罪或妨害业务

---

① 参见[日]佐伯仁志：《刑法总论的思之道·乐之道》，于佳佳译，中国政法大学出版社2017年版，第23页。

② [日]西原春夫：《刑法·儒学与亚洲和平》，山东大学出版社2008年版，第51页。

③ 参见[日]山口厚：《刑法各论》（第2版），王昭武译，中国人民大学出版社2011年版，第178页。

④ 参见浙江省杭州市余杭区人民法院刑事判决书，（2015）杭余刑初字第469号。

罪只会增加刑法在规制妨害业务行为的诸罪名之间的区分难度,也会徒增我国刑法在竞合论上的混乱。另外,不容忽视的是,我国刑法针对计算机犯罪向网络犯罪的升级所设置的罪名与刑罚逐渐形成了契合我国实际的独特内容,无视这一内容增设损坏计算机等妨害业务罪或妨害业务罪,难免会陷入“邯郸学步”的窘境。鉴于日本的妨害业务罪与财产犯罪之间存在兜底性关系,以盗窃罪为例试作简要说明。在日本,财产性利益难以成为盗窃罪的对象。究其原因,强调通过无形的价值来判断财物的做法会导致对肯定利益盗窃行为的担忧,这与日本刑法中利益盗窃不可罚的基本立场相违背。[①] 然而,为了避免处罚上的漏洞,一部分网络时代“盗窃”财产性利益的行为分流给了妨害业务罪来规制。不同地,近年来智能手机的普及将我国带入了网络“便携化”时代,支付宝、微信等移动支付的大规模应用正呈现出网络时代我国赶超国外的跨越式发展,在此背景下主张将我国盗窃罪的对象局限于狭义的财物,对窃取财产性利益的案件不按盗窃罪而按诈骗罪等其他罪名定罪处罚或者采取其他方式处理的见解,[②]其实质是抛弃我国刑法在盗窃罪上将财产性利益纳入规制对象的创造性内容,要求回到起点并重走德日盗窃罪发展的老路。[③] 显然,这是不切实际的,正在我国发生的“跨越式发展”是在我国既有模式下出现的,它不会允许我国刑法走回头路。因此,对利用计算机妨害业务行为的规制,要在我国现有的模式下进行完善,在现有的基础上持续推进这一“跨越式发展”的实现,而不是放弃这一模式转向弊端明显的日本模式,寻求新的“根基”来保障和促进我国网络业务的发展。换言之,我国刑法应对网络犯罪依旧有许多亟待完善的地方,但就网络时代妨害业务行为的规制而言,其方向不应是增设类似于日本的损坏计算机等妨害业务罪或妨害业务罪,以妨害业务罪来兜底财产犯罪在我国既无必要,将财产性利益纳入盗窃罪对象的独特内容也使这一兜底变得不可能。

---

① 佐久間修『刑法における無形的財産の保護』(成文堂,1991 年)72 頁参照。

② 参见刘明祥:《论窃取财产性利益》,载《政治与法律》2019 年第 8 期。

③ 参见梁云宝:《从占有到取得:我国盗窃罪教义学结构的补正》,载《政治与法律》2019 年第 4 期。

(二)应解释释放相关罪名条文应对妨害业务行为的潜力

由于我国刑法对妨害业务行为的规制是依靠刑法典不同章节的诸多罪名共同实现的,在这一分散模式下增设妨害业务罪会造成不必要的重复,且集中模式的妨害业务罪存在业务边界不清、罪名适用"口袋罪"化等问题,因此,应停止增设妨害业务罪这样的刑事立法,而着重于加强对现有规制妨害业务行为的刑法典罪名的解释,在释放刑法应对不同妨害业务行为样态的潜力的同时减少相应罪名的"口袋罪"化问题。这要求:

第一,摒弃我国刑法典中现有个罪能全面应对妨害业务行为的解释理念和方法。前文已指出,我国刑法对妨害业务行为规制所采取的分散模式是诸多因素的产物,是历史的选择。无视这一点,主张通过我国刑法中现有的个别罪名来全面规制妨害业务的行为的观点是片面的。例如,高艳东教授认为,在信息时代应当对破坏生产经营罪进行扩张解释,破坏不等于毁坏,妨害也是一种破坏,生产经营可以包括业务,破坏生产经营罪可以包容妨害业务罪。① 很明显,这是将妨害业务罪纳入破坏生产经营罪中,形成破坏生产经营罪对妨害业罪的包含关系,以破坏生产经营罪这一罪名来全面规制各种妨害业务行为的样态。它的根本性问题在于未能准确把握我国刑法在规制妨害业务行为上的模式及其形成原因,进而陷入了对利用破坏生产经营罪这一个罪名激进地遏制妨害业务行为的不合理期待中,犯了以偏概全的错误。事实上,这一见解还会造成破坏生产经营罪中"其他方法"在解释上的矛盾。一般认为,对破坏生产经营罪中"其他方法"的解释要遵循同类解释的规则,即"其他方法"应是与毁坏机器设备、残害耕畜相类似的毁坏财物的方法,而不是泛指任何方法。② 这就是说,该罪中的"其他方法"不是无限制的,至少要受到与其同步列举的"毁坏机器设备""残害耕畜"在性质、手段、程度、功能等方面的限制,将导致他人无法正常生产经营的一切妨害业务行为均纳入破坏生产经营罪,掏空了这一同步列举内容的

---

① 参见高艳东:《破坏生产经营罪包括妨害业务行为》,载《预防青少年犯罪研究》2016年第2期。

② 参见张明楷:《刑法学》(下)(第5版),法律出版社2016年版,第1027页。

规范性内涵,违背了同类解释的规则。类似地,柏浪涛博士主张,破坏生产经营罪的行为方式包括《日本刑法典》中诡计妨害业务罪、威力妨害业务罪意义上的诡计和威力,①本质上犯了同样的错误。

不依托单一的个罪力图"一劳永逸"地解决妨害业务行为的刑法规制问题,也是我国司法实践的立场。例如,在网约车行业竞争激烈的背景下,滴滴公司采取补贴用户的模式获取市场份额,这为刷单行为提供了条件,常某在滴滴打车平台注册乘客账号领取平台发放的优惠券,再通过虚构打车交易,将优惠券向自己控制下的司机账户支付,最后完成提现,短短数月获利一万余元。② 对此,法院是以诈骗罪进行的定罪处罚。同时,裁判文书网的统计数据显示,对于行为人(包括司机)恶意刷单、非法套取补贴以获利的妨害业务行为,北京、上海、广东等地法院都是以诈骗罪而不是破坏生产经营罪来处理的。可见,在我国既不宜以刑法典章节中独立的条文增设妨害业务罪,也不宜在破坏生产经营罪等个罪条文之末仿照妨害公务罪与"暴力袭警"行为的解决模式增设对妨害业务行为的处理。

在我国,似乎有学者意识到这一问题。比如,李世阳博士认为,可以借鉴日本刑法学界与司法实务中关于"业务"的解释来弥补我国刑法中对"生产经营"的机械理解所产生的缺陷,将网络时代语境下破坏生产经营的范围扩大解释为"业务",但不能将破坏生产经营罪与妨害业务罪相等同。③ 应当说,这一见解有一定的合理成分。从我国刑法所采取的分散模式来看,破坏生产经营罪与集中模式下的妨害业务罪在规制的妨害业务行为上确实有一定的重合,即破坏生产经营罪的构成要件行为包含了一部分妨害业务行为的样态,这构成了破坏生产经营罪和妨害业务罪之间的交叉关系。然而,二者之间的差异极为明显。这不仅表现在保护法益的不同上,破坏生产经营罪主要围绕财产法益展开,而妨害业务罪主要围绕自由法益展开,也表现在二者与财产犯罪的

① 参见柏浪涛:《破坏生产经营罪问题辨析》,载《中国刑事法杂志》2010 年第 3 期。

② 参见高健:《滴滴刷单首案　司机被判诈骗》,载《北京日报》2016 年 5 月 19 日,第 3 版。

③ 参见李世阳:《互联网时代破坏生产经营罪的新解释》,载《华东政法大学学报》2018 年第 1 期。

关系不同上,破坏生产经营罪隶属于财产犯罪,是我国财产犯罪的重要组成部分,而妨害业务罪不是财产犯罪,它与财产犯罪之间存在兜底性关系;更为明显的是二者的背后对应着不同的规制模式及形成原因,破坏生产经营罪对应着分散模式,妨害业务罪对应着集中模式,二者都有着各自深刻的历史形成原因。并且,这一见解整体上仍未跳脱出以破坏生产经营罪一罪来规制妨害业务行为之解释理念和方法的窠臼。此外,由于日本妨害业务罪的"业务"概念早已松弛且边界模糊不清,因此,以其来弥补我国破坏生产经营罪中"生产经营"概念的缺陷,使我国破坏生产经营罪的处罚范围在扩张的同时边界清晰化,无疑难以实现。

第二,严格解释规制妨害业务行为之罪名的构成要件以压缩"口袋罪"的生存空间。无论是集中模式的妨害业务行为的刑法规制,还是分散模式的妨害业务行为的刑法规制,都出现了"口袋罪"化的现象。故而,在完善我国刑法对妨害业务行为规制的过程中,压缩所涉罪名出现"口袋罪"化的问题不可忽视,避免妨害业务行为无端犯罪化。对此,严格解释涉及妨害业务行为之罪名的构成要件不失为有效的方法。

下面以饱受"口袋罪"化批评的非法经营罪为例,试作分析。2015年7月,经营网店但生意不好的杜某与同伙通过淘宝网店,采取虚假交易的方式,帮助他人从"花呗"套现,牟利的方式是向套现者收取事先与其商量好的7% ~10%的手续费。套现者向杜某等的淘宝网店申请退款后,杜某将扣除了手续费的金额通过支付宝转账给套现者,整个交易过程中无任何真实的货物流通。到同年11月中旬案发时,杜某及其同伙虚构交易2500余笔,从"花呗"套现470多万元。对此,法院是以非法经营罪来定性处理的。[①] 应当承认,杜某等通过"花呗"套现并收取手续费的行为具有规模化、产业化等属性,其对电商平台和"花呗"公司正常经营业务的妨害是明显的,属于妨害业务行为的范畴。可是,像杜某等的这一行为是否属于犯罪,之前并没有法律、行政法规等进行明确的界定。

在关联的意义上,2009年12月3日最高人民法院、最高人民检察院《关于办理妨害信用卡管理刑事案件具体应用法律若干问题的解释》

① 参见重庆市江北区人民法院刑事判决书,(2017)渝0150刑初817号。

（以下简称《妨害信用卡管理的解释》）第 7 条规定：“违反国家规定，使用销售点终端机具（POS 机）等方法，以虚构交易、虚开价格、现金退货等方式向信用卡持卡人直接支付现金，情节严重的，应当依据刑法第二百二十五条的规定，以非法经营罪定罪处罚。”①据此，对信用卡套现行为可以非法经营罪处理。那么，上述“花呗”套现案能否适用针对信用卡套现行为的规定？回答是否定的。理由是，2004 年 12 月 29 日全国人大常委会通过的《关于〈中华人民共和国刑法〉有关信用卡规定的解释》对“信用卡”有明确的界定，依据这一解释不论是从发行主体上还是从信用卡的电子支付卡特性等方面来看“花呗”都不是信用卡，将杜某等的行为视为信用卡套现行为属于应予禁止的类推适用。

尽管法院在该案的审理中没有类推适用信用卡套现行为的规定，但对该案以非法经营罪定性仍然有致命的疑点。纵观该案的判决书，法官对杜某等通过“花呗”套现并收取手续费的行为的定性重心放在了未经国家有关主管部门批准非法从事资金支付结算业务上，对影响本案定性的一个关键性问题重视不够，即非法经营罪的成立要求行为人的行为必须“违反国家规定”。我国《刑法》第 96 条规定：“本法所称违反国家规定，是指违反全国人民代表大会及其常务委员会制定的法律和决定，国务院制定的行政法规、规定的行政措施、发布的决定和命令。”此后，为了进一步规范我国刑法中“国家规定”的内涵，2011 年 4 月 8 日最高人民法院发布了《关于准确理解和适用刑法中“国家规定”的有关通知》（以下简称《关于“国家规定”的通知》）对其进行了补充规定，其中特别明确了“对于违反地方性法规、部门规章的行为，不得认定为‘违反国家规定’”。换句话说，“违反国家规定”不是非法经营罪认定中可有可无的内容，而是该罪成立所不可或缺的要件。杜某等通过“花呗”套现并收取手续费的行为并不符合非法经营罪成立所要求的“违反国家规定”这一要件。在涉及“花呗”等套现的规范性文件中，至今尚不存在达到相应级别的“国家规定”。既然如此，就不存在违不违

---

①　2018 年 12 月 1 日施行的最高人民法院、最高人民检察院《关于修改〈关于办理妨害信用卡管理刑事案件具体应用法律若干问题的解释〉的决定》只是调整了该条在新的司法解释中的位置，对于其内容并无只字修改。

反的问题。将杜某等通过"花呗"套现并收取手续费的行为认定为非法经营罪,违反了刑法解释中的体系性解释规则,也违反了罪刑法定原则,应归入类推解释的范畴。事实上,《妨害信用卡管理的解释》第7条中的"违反国家规定"也存在类似的问题。对此,张明楷教授就指出:"迄今为止并不存在相关的国家规定,故本规定属于超前规定,下级司法机关在相关的国家规定公布之前,不应直接根据该解释认定非法经营罪。"①至于有人认为:"刑法修正案(七)已将非法从事资金结算业务规定为非法经营罪的行为方式之一,因此对于实践中利用POS机、网上支付、电话支付等方法从事套现活动,情节严重,需要追究刑事责任的,可以适用刑法第二百二十五条规定处理。"②其错误的根源之一就在于没有严格解释非法经营罪的构成要件。概言之,对杜某等的妨害业务行为应采取严格解释的立场,不宜以非法经营罪定罪处罚。

第三,探寻网络时代我国刑法应对妨害业务行为的新方法。比较而言,我国刑法对网络犯罪的规制起步较晚,但晚近以来发展迅速,当前我国《刑法》基本架构起了规制网络犯罪的体系。在此背景下,"叠床架屋"地设置类似于日本的损坏计算机等妨害业务罪并不可取,针对我国网络时代的妨害业务行为(特别是其中的利用网络实施的妨害业务行为)规制,应积极探索新的方法以释放我国刑法在规制妨害业务行为上的潜力,比如利用截堵构成要件(Auffangstatbestand)③来处理。

对于我国全面接入国际互联网后网络犯罪陡增的问题,1997年刑法专门增设了破坏计算机信息系统罪等罪名。计算机在我国的大规模应用推动了网络的普及化,传统犯罪持续向网络上迁移,网络犯罪所涉及的罪名在以网络为犯罪对象、以网络为犯罪手段、以网络为犯罪空间等层次上逐渐明显,网络犯罪的犯罪圈急速扩张。晚近以来,随着智能手机的普及,网络在我国开始"便携化",移动支付在我国的大规模应用

---

① 张明楷:《刑法学》(下)(第5版),法律出版社2016年版,第840页。

② 刘涛:《〈关于办理妨害信用卡管理刑事案件具体应用法律若干问题的解释〉的理解与适用》,载《人民司法》2010年第1期。

③ 所谓截堵构成要件,是指基于刑事政策的考量,在经济刑法中将某些经济不法行为犯罪化,以拦截行为人轻易不具有故意而能规避经济刑法制裁功能的刑法条款。并且,截堵构成要件早已由过失犯罪延伸进入了故意犯罪。参见林山田:《经济犯罪与经济刑法》,台北,三民书局1987年版,第105页。

更助推了网络犯罪的发展。对此,2015 年《刑法修正案(九)》予以了特别关注,有 8 个条文直接针对新型网络犯罪,涉及新增犯罪、扩充罪状、降低入罪门槛、增加单位犯罪主体等方式。之后,我国又通过司法解释、判例等形式将诽谤罪、寻衅滋事罪、非法经营罪、破坏生产经营罪、强制猥亵罪等纳入网络犯罪的犯罪圈。至此,我国刑法基本架构起了规制网络犯罪的体系。在这一背景下,利用网络实施的妨害业务行为并没有超出该体系所针对的网络犯罪行为的涵盖范围。例如,2018 年 4 月,时任某网络科技有限公司技术总监的邱某因被规劝离职而对公司心怀不满,遂打算对该公司进行报复。同年 6 月 23 日,邱某在家中利用其离职前掌握的该公司阿里云服务器及数据库账号密码,通过自己的电脑进入该公司数据库管理界面,删除索引和部分表,导致该公司为客户提供服务的 SAAS 等计算机信息系统 5 个多小时无法正常运行。对于邱某这种利用网络实施的妨害业务行为,法院是以破坏计算机信息系统罪进行定罪处罚的。[①] 在日本,类似的行为成立损坏计算机等妨害业务罪。[②] 无视我国刑法规制网络犯罪的体系,增设类似于日本的损坏计算机等妨害业务罪,这对网络时代妨害业务问题的解决而言实际意义不大。

进一步说,务实的做法是在我国刑法规制网络犯罪的体系下积极探索新的解释方法,顺应以移动支付的大规模应用所带来的网络时代我国赶超国外的跨越式发展潮流,推动我国刑法在规制妨害业务行为上的升级。对此,笔者认为,业务概念的松弛诱发了域外妨害业务罪罪质的模糊化,围绕自由法益全面展开妨害业务行为的刑法规制在我国不可行,我国刑法应紧紧抓住网络时代网络犯罪追逐经济利益的关键,结合国外妨害业务罪传统的保护经济活动的自由以寻求它们之间的最大"公约数"——通过市场竞争获取经济利益,来聚拢网络时代我国妨害业务行为的罪质。因而,在我国分散模式下,不论是个人法益下的破坏生产经营罪等,还是超个人法益下社会主义市场经济秩序法益中的损害商业信誉、商品声誉罪、非法经营罪等,抑或社会管理秩序法益中

① 参见浙江省杭州市余杭区人民法院刑事判决书,(2019)浙 0110 刑初 480 号。

② 井田良『講義刑法学各論』(有斐閣,2016 年)181 頁参照。

的破坏计算机信息系统罪、寻衅滋事罪等,其对妨害业务行为的涵盖必须贯穿着切断他人通过市场竞争获取经济利益的罪质,否则应考虑借助截堵构成要件来处理,而不可围绕妨害业务行为将其僵硬地“解释”入罪。

比如,针对非法经营罪中“其他严重扰乱市场秩序的非法经营行为”的兜底性规定,《关于“国家规定”的通知》对其适用作了严格的程序控制,即“有关司法解释未作明确规定的,应当作为法律适用问题,逐级向最高人民法院请示”。但是,这一程序控制并未有效阻止“其他严重扰乱市场秩序的非法经营行为”在行为样态上向“线上”扩张,如非法通过信息网络有偿提供删除信息服务的行为、刷单炒信的行为、非法套现的行为等。为了有效避免非法经营罪在妨害业务行为上处理的乱象,应紧紧围绕上述妨害业务行为的罪质来展开。在我国,非法经营罪保护的是经允许的市场准入,它以对市场的强力调控、未经有权机构的允许不得进入市场进行业务、强力调控在资源配置中起主导作用为主要内容和导向。不同地,妨害业务行为的要聚拢的罪质应指向市场竞争,它以市场经济条件下企业家的自由竞争精神、市场主体经营基础以及市场在资源配置中的支配性地位为主要内容和导向。易言之,单纯从“其他严重扰乱市场秩序的非法经营行为”这一规定本身不易看出如何有效地对其进行解释,但结合与这一规定同步列举的三个条文规定就可见端倪。因为不论是“未经许可经营法律、行政法规规定的专营、专卖物品或者其他限制买卖的物品的”,还是“买卖进出口许可证、进出口原产地证明以及其他法律、行政法规规定的经营许可证或者批准文件的”或“未经国家有关主管部门批准非法经营证券、期货、保险业务的,或者非法从事资金支付结算业务的”,非法经营罪同步列举条文中的这些行为类型都鲜明地体现了对与市场自由竞争相对的市场准入的违反,且未经法定允许地进入市场也是非法经营行为能够扰乱市场秩序最核心的罪质。据此,不需要特别的允许就可以进入市场的无市场准入门槛的行为不是本罪的关注对象,对于这类妨害业务的行为不能以非法经营罪定罪处罚。例如,李某通过创建刷单炒信平台,吸纳淘宝卖家注册账户成为会员,收取保证金、平台管理维护费、体验费,并通过制定刷单炒信规则和流程,组织会员通过该平台发布或接受刷单炒信任务。会员承接任务后，通过与发布任务的会员在淘宝网上进行虚假交易并给予虚假好评的方式赚取任务点，使自己能够采用悬赏任务点的方式吸引其他会员为自己刷单炒信，进而提升自己淘宝店铺的销量和信誉，欺骗淘宝买家。从 2013 年 2 月到 2014 年 6 月，李某共收取平台维护费、体验费等 30 万元，另收取保证金 50 余万元。对此，法院以非法经营罪进行定罪处罚。[①] 尽管从形式上看李某的行为符合 2013 年 9 月 6 日最高人民法院、最高人民检察院发布的《关于办理利用信息网络实施诽谤等刑事案件适用法律若干问题的解释》第 7 条中“明知是虚假信息，通过信息网络有偿提供发布信息等服务，扰乱市场秩序”的规定，是破坏电商平台正常市场竞争的妨害业务行为，但它实质上缺乏了违反市场准入这一要件，不具有非法经营罪的罪质。“刷单炒信是《反不正当竞争法》所禁止的违法行为，即使申请有关部门也不可能发给经营许可证。在这种情况下，根本就不存在违反经营许可的问题。”[②]甚至可以认为，刷单炒信主要是借助互联网通讯技术提供非法的信用炒作服务，不属于真正意义上的提供“经营性互联网信息服务”，并不违反《互联网信息服务管理办法》第 4 条中的“国家对经营性互联网信息服务实行许可制度”。[③] 因而，李某的行为不宜以非法经营罪定罪处罚。主张通过虚假广告罪、非法利用信息网络罪定罪处罚的见解，[④]就有浓厚的以截堵构成要件处理的色彩。

第四，刑事司法要有一定的容忍妨害业务的危害行为的张力。历史地看，刑事司法走在前面犯罪化地解决某种危害行为的规制问题，刑事立法后来才针对这种危害行为设置新的罪名，在我国刑法的罪名扩展过程中并不鲜见。例如，组织、领导传销活动罪就是一例。结合前文的分析可知，接下来我国刑法对妨害业务行为的规制方向，不是增设有着实质重复性内容的妨害业务罪，而是在现有的分散模式下对涉及妨

---

① 参见浙江省杭州市余杭区人民法院刑事判决书，(2016)浙 0110 刑初 726 号。

② 陈兴良：《刑法阶层理论：三阶层与四要件的对比性考察》，载《清华法学》2017 年第 5 期。

③ 参见武良军：《非法经营罪截堵条款异化之研究》，载《环球法律评论》2014 年第 5 期。

④ 参见王华伟：《刷单炒信的刑法适用与解释理念》，载《中国刑事法杂志》2018 年第 6 期。

害业务行为的“一揽子”罪名进行解释完善。与此同时，需注意的是，我国对妨害业务行为的规制不能一味地求诸犯罪化思维和方法，既不能一味地立法上的犯罪化，也不能一味地司法上的犯罪化。毕竟，在现代社会，需要法律来保护的社会利益是多元化的，其保护手段也是多方面的，刑法并没有保护所有社会利益的功能和效力，刑罚手段具有局限性。针对妨害业务行为的规制，不可动辄祭出刑法大纛，刑事司法要有一定的容忍妨害业务的危害行为的张力。事实上，我国的刑事司法对妨害业务行为的规制持并非一律入罪的基本立场，行为具有严重的社会危害性没有成为“司法上的犯罪化”的充足理由。例如，民航飞机驾驶员因与所在公司存在劳资纠纷，为表达自己的抗议达到解决纠纷的目的，驾驶员将自己所驾驶的满载旅客并到达目的地上空的飞机无故返航，导致所降落的机场多架次航班延误和取消，多名无辜旅客滞留机场。[①] 实践中，我国对这种妨害业务的行为并没有以犯罪来处理。又如，在未经粮食部门许可和工商行政机关核准的情况下，内蒙古某市农民王力军于2014年11月至2015年1月间，从周边农户手中收购玉米，合计价值达21万余元。对此，再审法院及时纠正了一审法院司法上犯罪化的立场，改判王力军无罪。[②] 另外，即便是立法上的犯罪化，近年来我国刑法的谨慎立场清晰可辨，这是值得肯定的。例如，针对“毒驾”行为，犯罪化的立法提议一直不断，[③]但鉴于我国刑法对“毒驾”行为并非没有规制，即“吸食毒品后驾驶机动车辆的”依据2000年11月10日最高人民法院《关于审理交通肇事刑事案件具体应用法律若干问题的解释》可能成立交通肇事罪，及“毒驾”近年来发案率并不高的现实等考虑，我国立法者一直未对其进行犯罪化的立法。对妨害业务行为的规制而言，我国刑法在“毒驾”上的处理具有一定的积极参考价值。

---

① 参见陈煜儒：《飞行员权利义务存法律盲区》，载《法制日报》2008年4月2日，第6版。

② 参见内蒙古自治区巴彦淖尔市中级人民法院刑事判决书，(2017)内08刑再1号。

③ 参见苑广阔：《别让“毒驾”在“入刑”前徘徊太久》，载《检察日报》2016年9月28日，第6版；秦希燕：《“毒驾”一律入刑》，载《人民法院报》2017年12月23日，第5版；于潇：《毒驾该不该入刑？》，载《公民与法》2019年第7期；等等。

四、结语

在我国“刑事立法的活性化”时代早已到来,犯罪化的立法是其标志性内容,但针对晚近以来日渐引起我国立法机关关注的要求增设妨害业务罪的见解及正在聚集的犯罪化立法力量,有必要进行深入反思和谨慎处理。比较地看,在保护业务者从事正当业务的自由方面,迄今为止各国的刑法立法模式主要有集中模式和分散模式。但是,以集中模式的“妨害业务罪”来专门地保护业务者从事正当业务的自由,是少数国家的做法而非普遍的情形。仔细分析域外妨害业务罪的业务概念后可知,该概念在社会生活上地位的要件、反复持续实施的要件、与公务概念之间的区分等早已松弛化,这实质性地削弱了该罪司法上的适应性。与此同时,集中模式的妨害业务罪存在“口袋罪”化的弊端受到了批判。

我国刑法至今没有规定妨害业务罪,但这并不意味着妨害业务行为在我国完全得不到刑法上的规制。我国刑法对业务者从事正当业务之自由的保护是通过破坏生产经营罪,故意毁坏财物罪,损害商业信誉、商品声誉罪,非法经营罪,破坏计算机信息系统罪,寻衅滋事罪,聚众扰乱社会秩序罪等罪名从不同角度、不同层次、不同力度进行合力解决的。在比较的意义上,我国刑法对妨害业务行为的规制可归入分散模式。这一模式在我国有着深刻的历史成因,它在妨害业务行为的规制上是有效的,在犯罪圈的划定上也是合理的。不可否认,我国刑法对妨害业务行为的规制存在一些值得关注和认真对待的问题,但解决的办法不是增设妨害业务罪,而应及时纠偏这类带有重复性色彩的犯罪化立法动向,在现有的分散模式下对涉及妨害业务行为的诸罪名条文进行解释完善以释放其应对妨害业务行为的潜力,并提升刑事司法容忍妨害业务的危害行为的张力。

第十一章　侵犯公民个人信息罪的实质出罪解释：以“知情同意”为视角

目　次

知情同意是处理公民个人信息的基本原则之一，是认定信息处理行为合法性的重要依据。在侵犯公民个人信息罪中，信息主体同意他人获取或提供自己信息的，可以排除不法。然而，随着这一“帝王条款”的广泛应用，知情同意机制在对违法性的判断上也呈现一系列问题。数据处理的专业性所带来的主体间信息势差会导致同意的虚化，这种情况下所作的授权是否有效？随着个人信息价值的多元化，个人的自我决定利益能否让位于公共利益，对知情同意的限制是否具有正当性？面对刑法私法化的回潮和传统法文化基因在现代社会的苏醒,[①]知情同意的出罪机制该如何运行,教义学体系中的被害人承诺又该如何因时而变?这些都一跃成为信息时代亟待解决的关键命题。

一、侵犯公民个人信息罪知情同意的规范依据与功能定位

知情同意规则在域内外有关个人信息保护的法律规范中均有体现,它旨在实现信息主体对其个人信息的合理控制,由此保障主体的自我决定权利。[②] 同时,作为甄别实质违法性的依据,知情同意也往往参与对侵犯公民个人信息罪不法的判断。

(一)有关知情同意的法律规定

域外有关个人信息保护的法律规范几乎都将知情同意作为基本原则。1980 年世界经济合作与发展组织(OECD)《关于隐私保护和个人数据跨境流通的指南》(Guidelines Governing the Protection of Privacy and Transborder Flows of Personal Data)中确立了个人信息保护的八项原则,其中第 7 条的"收集限制原则"中就明确要求,对信息的收集和使用必须征得信息主体同意;[③]虽然 OECD 在 2013 年对上述指南进行了修订,但其对知情同意的规定并未改变。[④] 1990 年欧盟开始对个人数据保护立法,并于 1995 年颁布了《数据保护指令》(Data Protection Directive),该法第 2 节"数据处理的合法性标准"第 7 条明确规定,只有经信息主体同意后才能处理其个人信息。[⑤] 2016 年欧盟《通用数据保护条例》(GDPR)第 7 条也对"同意"及适用条件作了详尽的规定,第

---

① 参见刘艳红:《人性民法与物性刑法的融合发展》,载《中国社会科学》2020 年第 4 期。

② Vgl. Marie-Theres Tinnefeld/Isabell Conrad, Die selbstbestimmte Einwilligung im europäischen Recht, Zeitschrift für Datenschutz, 2018(9), S. 391f.

③ "Organisation for Economic Cooperation and Development guidelines", Accessed August 16, 2020. https://www.oecd.org/internet/ieconomy/oecdguidelinesontheprotectionofprivacyandtransborderflowsofpersonaldata.htm.

④ "Europen Data Protection Supervisor", Accessed August 16, 2020. https://edps.europa.eu/sites/edp/files/publication/2013-09-09_oecd-privacy-guidelines_en.pdf.

⑤ "European Union", Accessed August 16, 2020. https://eur-lex.europa.eu/legal-content/EN/TXT/HTML/?uri=CELEX:31995L0046.

8 条还对儿童信息的同意条件进行了明确。① 在个人信息保护方面,德国起步较早。作为世界上第一部有关个人信息保护的专门立法,1970 年《德国黑森州信息法》(HDSG)第 7 条具体规定了有效同意的条件,② 现行的 2018 年《黑森州数据保护和信息自由法》(HDSIG)第 42 条对同意的条件又进行了细化。③ 2019 年新修订的德国《联邦数据保护法》(BDSG)第 51 条中也对同意的形式、内容以及撤销等事项作了规定。④ 除此之外,知情同意原则在 2018 年英国《数据保护法案》⑤以及法国有关信息数据保护的规范⑥中同样有所体现。

在我国有关个人信息保护的法律规范中,也确认了知情同意原则。我国《民法典》第 1035 条第 1 款规定,处理个人信息应当遵循合法、正当、必要原则,并征得该自然人或者其监护人同意。《民法典》第 1036 条和第 1038 条还分别从民事责任承担和信息提供合法性角度对知情同意原则予以细化。作为信息网络的专门立法,《网络安全法》第 22 条第 3 款、第 41 条和第 42 条第 1 款也要求个人信息的收集、使用和提供须经过信息主体同意。《消费者权益保护法》第 29 条对此也作了规定。除了法律之外,确定知情同意规则的行政规章和其他规范性文件也不乏其例。2020 年 7 月 12 日中国银行保险监督管理委员会《商业银行互联网贷款管理暂行办法》第 33 条规定,商业银行对外提供信息应征得信息主体的明确授权。2019 年 8 月 22 日国家互联网信息办公室《儿童个人信息网络保护规定》第 9 条和第 10 条规定,处理儿童个人信息应

---

① “GDPR”,Accessed August 16,2020. https://gdpr. eu/tag/gdpr/.

② “Wikipedia”,Accessed August 16,2020. https://www. datenschutz-wiki. de/Hessisches_Datenschutzgesetz.

③ Der Hessische Beauftragte für Datenschutz und Informationsfreiheit,Accessed August 16, 2020. https://datenschutz. hessen. de/sites/datenschutz. hessen. de/files/HDSIG% 20und% 20andere_0. pdf.

④ “Gesetze im Internet”,Accessed August 16,2020. https://www. gesetze-im-internet. de/bdsg_2018/BJNR209710017. html.

⑤ “Legislation”, Accessed August 16, 2020. https://www. legislation. gov. uk/ukpga/2018/12/contents.

⑥ Myria Saarinen/Elise Auvray/Floriane Cruchet/Latham & Watkins, Data protection in France: overview. Practical Law Country, Accessed August 16, 2020. https://www. lw. com/thoughtLea dership/data-protection-in-france-overview.

征得监护人同意,还列明了所需告知的事项。2017 年 8 月 24 日工信部《互联网域名管理办法》第 32 条、2013 年 7 月 16 日工信部《电信和互联网用户个人信息保护规定》第 9 条以及 2011 年 12 月 29 日工信部《规范互联网信息服务市场秩序若干规定》第 11 条均规定了处理公民个人信息的知情同意规则。值得注意的是,2019 年 11 月 28 日国家互联网信息办公室秘书局、工业和信息化部办公厅、公安部办公厅、市场监管总局办公厅《App 违法违规收集使用个人信息行为认定方法》以及 2019 年 4 月 10 日公安部《互联网个人信息安全保护指南》两个规范性法律文件的可操作性相对较强,都对同意的事项、范围、方式等问题予以明确,为知情同意在实务中的具体认定提供了规范指引。

(二)知情同意原则的规范机能

知情同意在本质上体现了人的自主和自我决定价值。自从卡多佐(Cardoso)法官对 Schloendorff v. Society of New York Hospital 案作出裁定以来,自主决定权作为一项不干涉原则首先在与医疗保健有关的法律中得以确立。这一原则不仅符合法律的基本精神,还可以避免法官倚重道德判断而使案件处理陷入两难窘境。① 晚近以来,在有关个人信息保护的规范中,自主决定权以信息自决权的形式表现出来,并通过信息主体的知情同意权具体实现。在私法上,知情同意是意思自治原则在信息保护领域的表达;而在公法上,知情同意却是限制国家权利的依据。特别是在刑法中,知情同意还属于限制刑罚权发动的重要机制。

侵犯公民个人信息罪是典型的法定犯。“法定犯的首要违法性是违反行政法,即行政违法性;其次是违反刑事法,即刑事违法性。”②以违法统一性为基础进行违法的相对性判断,民法或行政法允许的行为,也必然不具有刑事违法性。③ 因此,作为判断公民个人信息获取和使用行为合法性的重要依据,知情同意当然参与对侵犯公民个人信息罪不法

① See Mary Donnelly, *Healthcare Decision-making and the Law*, Cambridge University Press, 2010, p. 49 – 50.

② 刘艳红:《法定犯不成文构成要件要素之实践展开——以串通投标罪“违反招投标法”为例的分析》,载《清华法学》2019 年第 3 期。

③ 参见王昭武:《法秩序统一性视野下违法判断的相对性》,载《中外法学》2015 年第 1 期。

的认定。2017 年 5 月 8 日最高人民法院、最高人民检察院发布的《关于办理侵犯公民个人信息刑事案件适用法律若干问题的解释》（以下简称《解释》）第 3 条第 2 款规定，未经被收集者同意，将合法收集的公民个人信息向他人提供的，属于《刑法》第 253 条之一规定的“提供公民个人信息”，但是经过处理无法识别特定个人且不能复原的除外。可见，违反知情同意原则而提供个人信息的行为，被刑法所禁止。虽然《解释》对有关获取个人信息的规定没有明确体现知情同意原则，但却暗含其中。根据《刑法》第 253 条之一的规定，非法获取公民个人信息包括窃取以及其他方法。“窃取”是违反国家规定未经信息主体同意而取得其个人信息的行为，其中就包含法的否定评价。同时，《解释》第 4 条规定，“其他方法”是指违反国家有关规定，以购买、收受、交换等方式获取公民个人信息，或者在履行职责、提供服务过程中收集公民个人信息的行为。根据《民法典》以及《网络安全法》的规定，除非有其他正当理由，未经信息主体同意而购买、收受、交换其个人信息的行为也不能被法所容认。因此，违反知情同意原则而获取公民个人信息行为的也属于“违反国家有关规定”。可见，知情同意原则贯穿于侵犯公民个人信息罪认定的始终。“得到承诺的行为不违法”，[①]既然未经同意而获取或提供公民个人信息被刑法所禁止，那么经信息主体同意而处理其信息时当然可以排除不法。知情同意与刑法中“被害人承诺”的机能相一致。被害人承诺是法益主体对自己利益的放弃，是人格的自我实现，故被害人承诺的理论基础也是实现法益主体的自我决定权。[②] 当被侵害利益与法益主体自由决定利益相冲突时，应依照法益主体的意思决定。对业已放弃的法益的侵害不会妨碍法益主体的自由发展，所以不存在不法。至此可以认为，知情同意之于侵犯公民个人信息罪，与被害人承诺之于犯罪成立理论的机能完全相同，二者均是实质出罪的关键依据。

综上，知情同意原则在公民个人信息的法律保护中有着广泛的应用。这一原则不仅在域外大多国家得以确立，而且我国的法律规范中也有体现。在刑法中，知情同意与被害人承诺的理论构造一致。作为

① 张明楷：《刑法学》，法律出版社 2016 年版，第 223 页。

② Vgl. Kindhäuser/Neumann/Paeffgen, Strafgesetzbuch. 5. Aufl. ,2017, Rn. 3ff.

自我决定权的基本呈现，信息主体同意他人获取或提供自己信息的，不构成侵犯公民个人信息罪。

二、侵犯公民个人信息罪知情同意的出罪机制失灵及归因

虽然知情同意因法益阙如而排除违法性的功能定位在学理上毫无疑问，但其在应用中还存在一系列问题。实务中对于同意范围、同意方式和同意效力的误读，导致了出罪通道的阻塞。

（一）知情同意出罪机制的实践异化

1. 对自愿买卖个人信息行为的犯罪化

根据《民法典》和《网络安全法》的规定，除非法律有特别规定或行为违反正当性、必要性原则，经授权而处理个人信息的属于合法行为。然而，在一些刑事案件中，法官却认为信息主体的同意超越了承诺范围，不能排除违法性。

在“邓某某、宋某某侵犯公民个人信息案”中，被告人将淘宝店铺中所含个人身份信息、支付宝账号、支付宝账号密码以及绑定的银行卡等公民个人信息出售给他人牟利。对此，法院认定，被告人的行为构成侵犯公民个人信息罪。[①] 在案件审理过程中，被告人辩称，淘宝店注册信息是注册人自愿提供并授权他人使用的，也是有偿提供的；转让行为系注册人自愿，注册人也是明知的，因而不构成该罪。但法官却认为，侵犯公民个人信息罪侵犯的客体不仅仅是公民个人的人身权利和民主自由权利，还包括社会管理秩序，即使被出卖个人信息经注册人同意且获得了对价，仍侵犯了本罪的客体。这一裁判思路显然与知情同意的出罪逻辑相违背。淘宝店的注册信息是店主主动提供的，因而不存在非法获取行为；淘宝店主也授权被告人使用其信息，所以被告人的行为也不属于非法提供行为，理应不构成犯罪。然而，法官却以个人信息权并非个人法益为理由，主张淘宝店主对此无处分权，授权他人处理其个人信息也不能排除不法。对此，有学者同样认为：“账号注册者（出售人）同意出卖自己的公民个人信息，不影响‘叫卖者’和后手购买人成立侵犯公民个人信息罪；”信息自决权只是出卖者无罪的理由，不能否定购

---

① 参见广东省开平市人民法院刑事判决书，（2018）粤0783刑初215号。

买者的刑事责任；公民个人信息首先是一种人格权，人格、身份具有强烈的人身属性，不能随意买卖；正如拐卖妇女罪和收买被拐卖的妇女罪的适用逻辑一样，妇女同意被拐卖是拐卖者免责的理由，但购买者仍然构成犯罪。①

上述思路会引发一系列问题。首先，规范冲突难以避免。根据自决权只对信息主体免责的观点，他人直接购买个人信息和他人经信息主体同意而转售其信息的行为，均构成犯罪。这其实是对个人信息交易行为的变相禁止。根据《民法典》第 111 条、《网络安全法》第 42 条和第 44 条之规定，只有非法买卖个人信息的行为不为法所容认，合法的信息流转是法律允许的。这也就导致上述行为，既不存在民事或者行政法上的违法性，但又可能构成刑事犯罪，实属吊诡。其次，否定了个人信息的财产属性。一些个人信息具有极其重要的经济价值，例如地址、电话、银行信息等可以促进商务联系，身体特征、年龄与性别等信息可用于推断消费兴趣从而用于精准营销，因此许多公司企业不惜付出高昂的代价来获取这些信息。② 随着个人信息商业化利用价值的日趋升高，世界范围内的数据市场的博弈在不断加剧，以数字和网络为中心的第四次工业革命也使数据交易的规模不断扩大，所以数据财产权的法律保护也势在必行。③ 即使由于信息因可被复制而不具有专属性，但由于其可以被独立获得和转让而具有经济价值。④ 如果刑法以个人对其信息无权处分为依据，禁止个人信息的自主交易行为，那么个人信息的价值则无从发挥，《民法典》赋予公民的信息权利也将被虚置。

2. 对处理已公开个人信息行为的犯罪化

《民法典》第 1036 条规定，行为人合理处理该自然人自行公开的或者其他已经合法公开信息的不承担民事责任，但是该自然人明确拒绝

---

① 参见高艳东：《经同意买卖个人信息也属违法犯罪》，载《检察日报》2018 年 8 月 15 日，第 3 版。

② Vgl. Marcel Bisges, Personendaten, Wertzuordnung und Ökonomie, Multimedia und Recht, 2017(5), S. 302.

③ Vgl. Artur-Axel Wandtke, Ökonomischer Wert von persönlichen Daten. Multimedia und Recht, 2017(01), S. 6.

④ Vgl. Helmut Redeker, Information als eigenständiges Rechtsgut. Computer und Recht, 2011(10), S. 638.

或者处理该信息侵害其重大利益的除外。信息主体自愿对其个人信息公开,可以视为对信息权利的主动放弃。然而,理论和实务中的一些观点却认为,个人自愿公开其信息并不意味着同意他人处理该信息。如果需要获取公开信息或将之提供给他人,应和未予公开的信息一样,经过信息主体的明示授权。

例如,在"李某某侵犯公民个人信息案"中,李某某通过某网站搜索卖家店铺信息,在平台登录后获取店铺账号并用于出售,检察机关指控其构成侵犯公民个人信息罪。被告人认为,信息所有者自行或通过单位将信息公布于网站上,应当推定其同意公开个人信息;这些公开信息被他人搜索后再整理出售,不仅危害程度有限,而且信息公开的后果也是信息所有者应当预见的,因此不宜对之入罪。法院则认为,本罪侵犯客体是公民的隐私权,对象是公民个人信息,依法受保护。即便公民个人自愿公示于众,他人也不得擅自出售、出租。① 在本案中,法官将公民个人信息等同为隐私信息,又认为本罪的保护法益是隐私权。基于隐私权的消极对抗机能,作为权利载体的隐私信息也当然不得用于交易。又如,在"黄某某、戴某某侵犯公民个人信息案"中,检察机关指控被告人黄某某、戴某某为拓展工作业务,在QQ群里通过传输文件的方式与他人交换公民个人信息,内容涉及企业名称、企业联系人及联系人电话等,构成侵犯公民个人信息罪。辩护人提出,网上查询的信息属于公民同意公开的个人信息,不属于侵犯公民个人信息罪侵害的客体,故不构成本罪。而法院却认为,虽然涉案的部分公民个人信息属于互联网上的公开信息,但被告人收集该信息并向他人提供明显未经被收集者同意,也不能推定被收集者默认同意其个人信息被收集及向他人提供,遂驳回辩护意见。② 对此,也有学者认为,对已公开信息的收集、利用不侵犯公民的信息自决权或者未达到值得处罚的法益侵害程度的理论,缺乏教义学上的说服力。这种出罪思路也无法推广适用到所有的类似的侵犯公民个人信息犯罪中;即使是已公开的个人信息,在收集、利用方

① 参见河南省夏邑县人民法院刑事判决书,(2018)豫1426刑初324号。

② 参见浙江省杭州市滨江区人民法院刑事判决书,(2019)浙0108刑初118号。

式和范围上仍然存在一定的限制,超出该限制仍有可能构成犯罪。[①]

但是,要求刑法对已公开信息与未公开信息采取相同保护模式的思路也不无问题。首先,这不符合信息获取主体的合理预期。通常情况下,个人自愿公布其信息意味着允许相关信息脱离私人控制领域进入公共空间,而信息数据的特殊性就在于其一经公布就很难(甚至不可能)再度回归私人控制。信息主体对此也应当有所预见。对于信息利用者而言,既然信息主体已经通过自愿公开信息这一行为表示放弃对信息的控制,那么他人通过合法手段对该类信息予以收集、整理和存储时,也自始不存在再度获得信息主体授权同意的合理预期。其次,过度的同意会动摇知情同意机制的理论基石。随着数据科技的发展,知情同意原则也面临越来越多的挑战。数字环境中的信息势差往往导致授权合同的内容设定对信息主体不利;[②]“App 的运营者在用户安装协议中以模糊不清的表述,要求用户一揽子、概括地同意其收集范围根本没有得到清晰描述的各类个人信息;”[③]授权合同内容庞杂晦涩,信息主体时常在没有仔细阅读的情况下给予同意。[④] 因此,有学者指出,以知情同意原则保护个人信息不切实际,[⑤]“根据数据保护法,获得同意是否在实际上属于个人信息自决权的表达形式,也值得怀疑”。[⑥] 要求处理公开信息时仍须经过信息主体明示同意的规定未免太苛责,对公开信息的严格保护也将导致知情同意机制更加不堪重负。这不仅使征集同意的频次增加,而且由于信息主体往往难以找寻,其可操作性也不强。最后,随着信息价值的涌现,知情同意的成本也不断提高。同意事项和同

---

① 参见张忆然:《大数据时代“个人信息”的权利变迁与刑法保护的教义学限缩——以“数据财产权”与“信息自决权”的二分为视角》,载《政治与法律》2020 年第 6 期。

② Vgl. Marie-Theres Tinnefeld/Isabell Conrad, Die selbstbestimmte Einwilligung im europäischen Recht, Zeitschrift für Datenschutz, 2018(9), S. 395.

③ 薛军:《用户“同意”并非 App 恣意妄为的借口》,载《中国市场监管报》2020 年 8 月 18 日,第 3 版。

④ Vgl. Katko/Babaei-Beigi, Accountability statt Einwilligung? -Führt Big Data zum Paradigmenwechsel im Datenschutz?, Multimedia und Recht, 2014(6), S. 362 f.

⑤ 参见张陈弘:《新兴科技下的资讯隐私保护:“知后同意原则”的局限性与修正方法之提出》,载《台大法学论丛》第 47 卷第 1 期。

⑥ Philipp-L. Krüger, Datensouveränität und Digitalisierung-Probleme und rechtliche Lösungsansätze, Zeitschrift für Rechtspolitik, 2016(7), S. 191.

意范围的增加,意味着信息处理主体需要投入更多的时间成本和经济成本。而要求处理已公开信息仍应征得信息主体的明示同意,显然属于不合比例的成本投入。过度的同意和被同意,都将阻碍信息价值的实现。

3. 对未“违反国家有关规定”行为的犯罪化

除非法律有例外规定,违背知情同意原则当然违反国家有关规定。而经过信息主体授权处理个人信息时,却不必然遵守国家有关规定。从这一层面看,侵犯公民个人信息罪中的“违反国家有关规定”构成对知情同意原则的限制。对此,有学者指出,“如果收集、使用个人信息的行为违反了前置性法律法规或部门规章,那么即便个人信息主体作出同意的意思表示,也不能被认定是有效的,不能排除其刑事违法性”,[①]“如果要否认权利人的信息自决权……则必须指出行为所违反的具体行政管理规范,仅仅依靠违反国家有关规定之外的构成要件要素来论证犯罪之成立,并没有完成违法性判断的任务”。[②] 虽然这种限制确属必要,但如果不当解释“违反国家有关规定”就会扰乱知情同意的出罪机制。

在“郑某等侵公民个人信息案”中,检察院指控被告人郑某通过拉关系、支付好处费等手段,从多家医院医务人员手中非法获取公民个人信息,构成侵犯公民个人信息罪。辩护人提出,案件中所涉的一部分信息是孕产妇为获取免费奶粉,自愿提供的公民个人信息。该部分个人信息系合法获取的孕妇登记信息,孕妇知道信息去向,应属合法获取。对此,法院认为,根据国家有关规定,无论销售者、医务人员均不得向孕产妇赠送奶粉,医务人员亦不得为生产、经营企业推销产品而获利,以赠送奶粉的方式、贿买医务人员的方式获得公民个人信息的方式属非法获取。是故,对各被告人、辩护人提出馈赠奶粉获取公民个人信息属合法获取的辩护观点不予采信。[③] 在本案中,法官认为医务人员向孕产

① 张勇:《论大数据背景下涉疫情个人信息的法律保护》,载《河南社会科学》2020 年第 4 期。

② 冀洋:《法益自决权与侵犯公民个人信息罪的司法边界》,载《中国法学》2019 年第 4 期。

③ 参见甘肃省兰州市城关区人民法院刑事判决书,(2016)甘 0102 刑初 605 号。

妇推销牛奶而获利是“违反国家有关规定”,在这种情况下即使孕产妇同意行为人处理其个人信息,也不具有合法性。在本案中,“违反国家有关规定”的范围,已经从违反有关公民个人信息保护的法律规范,[①]扩张至与案件有关的法律规范。详言之,侵犯公民个人信息罪的“违反国家有关规定”是保护公民个人信息权的相关规范,也是规制公民个人信息收集和处理的法律法规。而本案中所依据的《母乳代用品销售管理办法》(已失效)、《关于医疗机构不得展示、推销和代售母乳代用产品的通知》和《母婴保健法》旨在通过禁止医疗推广规范医生医疗活动,引导乳制品生产主体依法营销,此中无涉对个人信息保护的事项。更何况,作为规范性文件的《关于医疗机构不得展示、推销和代售母乳代用产品的通知》根本就不适格作为“国家有关规定”,《母乳代用品销售管理办法》(已于 2017 年 12 月 13 日失效)作为部门规章在应然层面可否纳入“国家有关规定”在学理上也尚存争议。[②]

不当解释“违反国家有关规定”的弊端十分显见。一方面,“违反国家有关规定”外延的恣意扩张意味着,自我决定权益的弱化和知情同意原则用以证明合法性机能的不当削减。在德国,信息自决权是《德国联邦宪法》中规定的一项基本权利。[③] 它以个人决定其信息的披露和使用,以及决定何时、在何种范围内披露和使用为基本内容,[④]也一直被誉为“数据保护的圣训”(Bergpredigt des Datenschutzes)[⑤]。尽管个人不可能对其信息享有绝对的、不受控制的权益,但公权力也不应对之予以过

---

① 参见周加海、邹涛、喻海松:《〈关于办理侵犯公民个人信息刑事案件适用法律若干问题的解释〉的理解与适用》,载《人民司法(应用)》2017 年第 19 期。

② 肯定论主张,将部门规章纳入“国家有关规定”可以解决规范供给不足问题,从而加强刑法对侵犯公民个人信息的保护;否定论则认为,部门规章随意性较强,这会不当扩大刑法处罚范围。参见郎胜主编:《中华人民共和国刑法释义》,法律出版社 2016 年版,第 123 页;参见张铮:《刑事推定在批量侵犯公民个人信息刑事案件中的司法运用》,载《法律适用 · 司法案例》2019 年第 10 期。

③ Vgl. Hoeren/Sieber/Holznage, Multimedia-Recht, Werkstand: 52. EL April 2020. Rn 35 f.

④ Vgl. Maunz/Dürig, Grundgesetz-Kommentar Werkstand: 90. EL Februar 2020, Rn. 54.

⑤ Specht/Mantz, Handbuch Europäisches und deutsches Datenschutzrecht, 1. Auflage 2019, Rn. 43.

分限制。[①] 虽然我国宪法尚未对信息权利予以确认,可是在《民法典》《网络安全法》等法律已存在明确规定的前提下,通过与信息保护无关的、位阶较低的规范来限制信息主体的合法权益,未免太恣意。另一方面,通过不当扩张"违反国家规定"限制知情同意出罪机能的做法,还会对空白刑法基本理论造成冲击。根据《刑法》第 96 条的规定,"国家规定"中不包含部门规章及其位阶更低的规范,而《解释》却将部门规章纳入侵犯公民个人信息罪的"国家有关规定"之中。这不仅使判断前置违法性的依据相矛盾,也存在类推解释的嫌疑。更有甚者,司法实践中还将其他规范性文件、行业规范作为前置违法性的依据,[②]这也背离了罪刑法定的基础教义。

综上,知情同意出罪机制在司法实务中的运行并非一帆风顺。实践中往往以侵犯公民个人信息罪的保护法益是超个人法益为由,否定信息主体知情同意的效力;对已公开信息与未公开信息的等同以及对默示同意的否认,也共同致使对公开信息的收集和处理难逃刑责;"国家有关规定"外延的肆意扩张,限缩了信息权的行使范围,而知情同意的不法阻却机能也因此难以发挥。

(二)知情同意出罪路径逼仄溯因

出罪问题不仅仅是纯粹教义学上的解释选择问题,更是一项关乎刑法体系、刑法理念和刑法价值取向的命题。知情同意出罪机制的不畅不仅应归咎于法律解释上的偏误,也存在其更深层次的原因。

1. 对法益及承诺权限的误读

信息主体的处分权限涉及刑法教义学中被害人承诺的范围问题。对于国家、公共法益或他人利益,不存在被害人承诺的问题。只有承诺侵害自己法益时,才能阻却违法。[③] 在前述的"邓某某、宋某某侵犯公民个人信息案"中,法官认为侵害公民个人信息罪的保护法益是复合法益,信息主体的同意自始无效。从这一结论可以推断出,法官至少将国

---

① Vgl. Friedrich Schoch, Informationsfreiheitsgese, C. H. Beck, 2. Auflage, 2016. Rn. 8.

② 参见陈荣鹏:《三方面理解"违反规定"准确适用空白罪状》,载《检察日报》2017 年 12 月 24 日,第 3 版。

③ 参见张明楷:《刑法学》,法律出版社 2016 年版,第 224 页。

家、社会法益作为本罪的次要法益，否则便不可能对定罪造成影响。而对于学者所指出的，公民个人信息的交易行为与拐卖和收买被拐卖的妇女的适用逻辑一样的观点，同样是否定信息主体对其个人信息不具有处分权。因此，这便涉及两个基本问题：其一，对于复合法益犯，被害人承诺是否有效；其二，法律规制出售和购买个人信息的逻辑是什么，它与拐卖和收买妇女这一对合犯是否一致。

首先，关于复合法益中被害人承诺的效果，学理上主要存在绝对排除不法、相对排除不法、不能排除不法以及作为量刑要素四种观点。绝对排除不法论认为，在个人法益与超个人法益发生竞合的构成要件中，被害人承诺会导致不法行为只对其中一个法益造成侵害，这不足以充足犯罪类型，由此会因阻却构成要件符合性而排除犯罪。① 相对排除不法论则认为，如果同意的可支配法益是“优势法益”则不成立犯罪，反之应成立犯罪。② 不能排除不法论主张，承诺的法益必须是个人法益，对于生命、健康法益，社会法益和国家法益，被害人并没有承诺的能力。③ 量刑要素论却认为，被害人针对侵害复合法益的犯罪作出承诺，虽然不可以排除犯罪性，但能够降低对行为人的刑罚苛责，应将其作为基于刑事政策考量的事实。④ 本章认为，绝对排除不法论是一种绝对出罪思路，但纵使有被害人承诺，行为人在构成此类犯罪时，也在客观上侵害了集体法益。如果一概在整体上排除不法则逾越了自决权的权限，则难言正当性。⑤ 相反地，不能排除不法论却走向了另一个极端。它完全忽视了被害人承诺的出罪机能，这也难以被接受。而且，存在被害人承诺与不具有被害人承诺的案件处理结果相同的话，也无法实现罪刑均衡。对于在复合法益场合中将被害人承诺作为量刑要素的观点也存在

---

① 参见[韩]金日秀、徐辅鹤：《韩国刑法总论》，郑军男译，武汉大学出版社 2008 年版，第 248 ~ 249 页。

② 参见车浩：《复数法益下的被害人同意——“优势法益说”之提倡》，载《中国刑事法杂志》2008 年第 4 期。

③ 参见赵星：《被害人承诺的体系定位及其展开》，载《政法论坛》2014 年第 4 期。

④ 参见徐颖：《权利人同意的限缩：刑罚根据、要素与体系》，载《刑法论丛》2018 年第 4 卷，第 275 ~ 276 页。

⑤ 参见杨楠：《个人数位足迹刑法规制的功能性偏误与修正》，载《安徽大学学报（哲学社会科学版）》2019 年第 4 期。

问题。在不同法益类型中,被害人承诺的定位和机能在犯罪论和刑罚论之间来回摇摆,本就不符合刑法教义学的体系性;何况以“最多只能是降低行为人的刑罚苛责性”将其纳入刑事政策的考量范围内,还大大增加了这一要素在量刑参与中的偶然性,这更加弱化了被害人承诺的机能。本章认为,相对排除不法论较为合理。虽然理论对“优势法益”的认定存在争议,但以犯罪在刑法规范中所属的类法益对之进行确定或许是一条可行的路径。这可以消弭对“优势法益”的认识“不同学者或司法者眼中便会有所不同,导致同一问题出现不同的答案”[①]的窘境。因此,在侵犯复合法益的犯罪中,被害人承诺的效力具有相对性,只有在“优势法益”为个人法益时才能阻却不法。其次,以拐卖妇女罪和收买被拐卖的妇女罪的解释逻辑,类推出售公民个人信息和购买公民个人信息的处断规则也不合理。其最根本的问题在于,任何形式的贩卖人口都是法律规范所禁止的。刑法处罚收买被拐卖妇女的行为,不仅是因为其侵犯了妇女的人身自由与安全,还在于这一行为会助长拐卖妇女犯罪活动。但是,公民个人信息的合法流转是存在实益的,也是法律所保障和鼓励的。刑法对侵犯公民个人信息行为的处罚并不是为了彻底遏制对信息的获取和提供,而在于将信息的流转校准到合法轨道上。所以,二者的规范目的存在巨大差异,不存在可类比的前提。

可见,侵犯公民个人信息的保护法益是决定信息主体的知情同意能否阻却不法的关键,只有在侵犯公民个人信息罪的保护法益为单一的个人法益,或为复合法益但个人法益为优势法益时,信息主体的知情同意才可以排除不法;反之则不然。

2. 对承诺效果和方式的误判

对于公开信息的处理所涉的问题主要存在两个方面:其一,侵犯公民个人信息罪的保护法益是否为隐私权;其二,在侵犯公民个人信息罪的认定中,刑法是否允许信息主体的默示承诺。

如果侵犯公民个人信息罪的保护法益为隐私权,即使经过信息主体同意,也不能对之进行交易。隐私权是一项具有绝对权和支配权性

---

① 参见徐颖:《权利人同意的限缩:刑罚根据、要素与体系》,载《刑法论丛》2018 年第 4 卷,第 275 页。

质的人格权，它排除任何人的妨害，是一项对世权。隐私权多用来进行消极防御，由此防止他人对权利主体私生活安宁的侵害，因此不允许用作商业交易。但是本章认为，侵犯公民个人信息罪的保护法益并非隐私权。我国《民法典》第1034条第2款、第3款对公民个人信息与私密信息进行了区分。从法条规定可以看出，个人信息的外延比隐私信息更宽泛。除了隐私信息，还包括与隐私无关的一般个人信息。单从保护客体的范围就可以断定，侵犯公民个人信息罪所侵害的法益并非隐私权。而且，历史地考察晚近以来我国法律规范对公民个人信息的概念可以清晰地发现，定义公民个人信息的“可识别性”标准实现了从与个人隐私纠缠不清到彻底摆脱其束缚、从标准的原则性和规范性向具体化和类型化的转变。将侵犯公民个人信息罪的保护法益界定为隐私权，会裁减本罪的法益保护范围，也会不当限缩刑法对严重侵犯公民个人信息犯罪的打击力度，不利于对个人信息的保护。① 虽然从《民法典》的规定可知，公民个人信息权不是一项消极防御的权利，个人也可以基于其信息获取经济利益。但是，这远不能对公开信息的处理问题做出合理回答。也只有理清个人信息权益的权利结构，辨明侵犯公民个人信息罪的法益，才能得知对公开信息的获取和提供是否合法作出准确判定。

对于同意的方式应为明示还是默示，我国的法律规范尚不明确，理论和实务之中也存在争议。《民法典》和《网络安全法》均未对同意的方式予以规定，但个别部门规章和其他规范性法律文件中对之有所体现。例如，2020年7月12日中国银行保险监督管理委员会《商业银行互联网贷款管理暂行办法》第33条之规定，商业银行对外提供数据不违反法律法规要求，并已获得信息主体本人的明确授权；2019年4月10日公安部《互联网个人信息安全保护指南》中要求个人信息收集和使用前应签署的相关协议和规定，并对之严格执行，这实质上也是要求采用明示同意的方式；此外，2019年11月28日国家互联网信息办公室秘书局、工业和信息化部办公厅、公安部办公厅、市场监管总局办公厅

① 参见于冲：《侵犯公民个人信息罪中“公民个人信息”的法益属性与入罪边界》，载《政治与法律》2018年第4期。

《App违法违规收集使用个人信息行为认定方法》第3条中也明确禁止以默认选择同意等非明示方式征求用户同意。在学理上,有观点认为,对出于商业目的的信息处理,以明示同意为前提,而对非商业目的的信息处理采默示同意原则,除非信息主体明示拒绝。[①] 也有学者主张,默示同意仅在法律规定、当事人约定或者符合当事人之间的交易习惯时才可以视为意思表示,应当慎用;可以借鉴欧洲法,针对敏感信息采"明确同意"标准。[②] 这一观点将明示同意作为原则,以默示同意作为例外,即使是非敏感信息也不必然适用默示同意规则。对敏感个人信息的共享应当征得个人的明示同意,而敏感个人信息之外的个人信息仅要求信息权利人默示同意即可。[③] 这种观点也与欧盟《通用数据保护条例》的规定一致,即同意一般应采取明示的方式,而只要数据中不存在敏感数据的情况下,也可以允许默示同意。[④] 那么,刑法是否应当肯认默示同意,或者在何种层面上容许默示同意呢?这是关于在刑法在多大程度上允许实质出罪的命题,关乎刑法对信息犯罪治理的基本定位,所以这需要结合刑法的价值选择才能得出答案。

因此,对已公开信息的处理也涉及侵犯公民个人信息的保护法益问题。虽然可以肯定该罪并不是保护隐私权,但要判断其获取和处理的可能性,还必须对实然层面的权利结构进行分析。侵犯公民个人信息罪中的默示同意是关乎刑法价值构造的重要命题,只有从应然层面廓清刑法在个人信息保护中的体系选择和功能定位,才能对这一问题作出回答。

3. 对空白刑法的扩张解释

扩张解释"违反国家有关规定"导致知情同意原则的适用范围被限缩,主要是因为案件中所依据的规范与个人信息无关,或者规范的位阶太低。对于前者,首先可以肯定,该处断思路隐含着侵犯公民个人信息

---

① 参见项金桥:《个人信息权权益特征及其利益平衡》,载《学习与实践》2019年第4期。

② 参见陆青:《个人信息保护中"同意"规则的规范构造》,载《武汉大学学报(哲学社会科学版)》2019年第5期。

③ 参见王利明:《数据共享与个人信息保护》,载《现代法学》2019年第1期。

④ Vgl. Niclas Krohm, Abschied vom Schriftformgebot der Einwilligung Lösungsvorschläge und künftige Anforderungen, Zeitschrift für Datenschutz, 2016(8), S. 371 f.

罪作为复法益犯的基本判断，这进一步又涉及复法益犯的犯罪成立问题。而对于后者，在更低位阶的规范中为刑法处罚找寻前置违法性依据，实则体现出司法实务中对涉及公民个人信息案件积极的入罪的观念。

根据具体法益在决定犯罪性质中的作用，在学理上将复合法益分为主要法益、次要法益和附随法益。主要法益是复合法益中刑法所重点保护的，为某一具体犯罪较为严重侵害的法益；而次要法益是刑法非重点保护的、较轻程度侵害的法益；附随法益则是刑法所保护的为某一具体犯罪可能侵害的法益，它不是该犯罪成立的必备要素，揭示的是在该具体犯罪实施时，该法益遭受侵害的或然性。① “在侵害复合法益的犯罪中，犯罪性质是由主要法益决定的，即主要法益的性质决定了侵害复合法益之具体犯罪的归属一是侵犯个人法益的犯罪还是侵犯超个人法益的犯罪。”②对于复法益犯，在多个法益能够协调一致的情况下，即如果不法行为同时侵害了主要法益和次要法益，甚至附随法益时自然可以成立犯罪，在主张分则定义模式为犯罪既遂模式理论中还可构成犯罪既遂。同时，“次要法益一个显著特点是，在实施具体犯罪时，它也不可避免地同时受到侵害”，③因此往往不存在不法行为侵害了次要法益而不侵害主要法益的情况。那么，在不法行为只侵害了附属法益时，是否成立犯罪呢？答案显然是否定的。基于前述的“优势法益论”，本章认为，只有在主要法益被侵害时才存在成立犯罪的可能。首先，只有主要法益才能体现立法目的、罪刑关系以及处罚范围。这是因为，将某法益作为主要法益，是立法在对不同价值进行取舍的结果。判断不法行为人的非难可能性及其程度，也是基于主要法益所展开的，对主要法益的误读会导致解释法律上的偏差。因此也有学者指出：“一般对复合法益的解读都止步于单个法益的析出，但事实上，特别法条所保护的法益均有主次之分，而对构成要件及法益的解释不仅要考虑到个罪在刑

---

① 参见江海洋：《金融脱实向虚背景下非法吸收公众存款罪法益的重新定位》，载《政治与法律》2019 年第 2 期。

② 王彦强：《犯罪竞合中的法益同一性判断》，载《法学家》2016 年第 2 期。

③ 薛瑞麟：《犯罪客体论》，中国政法大学出版社 2008 年版，第 212 页。

法典的章节归属，还要结合其法定刑的具体配置"[①]"需要将保护多个法益为目的的法律规定体系化，将最优位的法益作为第一标准，其次考虑从属法益……在司法判决遭遇此罪与彼罪、重罪与轻罪之的选择时，根据法律所保护法益的位阶划分，强化不同的解释方法及其限度，保护其处于优位的利益"。[②] 在侵犯公民个人信息罪中，以"郑某等侵公民个人信息案"为例，如果能将规范医疗行为、乳制品销售行为的法律规范作为本罪前置违法性的判断依据，则意味着本罪是复法益犯，也可能导致对此类超个人法益的侵害。而且，在行为人因知情同意而阻却对个人法益侵害性的情况下，只有超个人法益为侵犯公民个人信息罪的主要法益时，上述逻辑才周延。因此，对这一问题的厘清，也需要以辨明法益为前提。

无论是《解释》将部门规章纳入"违反国家有关规定"项下，还是司法实践中以位阶更低的规范作为违法性判断依据，均体现了入罪思维。一方面，这是为了应对规范供给不足的现状。我国至今未颁布专门的个人信息保护法，虽然《民法典》、《网络安全法》以及《电子商务法》等法律规范在不同层面补充了规范上的空白，但这种碎片化的规制体系难以应对日益严峻的违法犯罪现实。然而，在许多部门规章甚至规范性法律文件中，对有关公民个人的信息和数据有较早的和较细致的保护措施。另一方面，这也是克服法律法规可操作性弱的需要。现有的法律和行政法规对个人信息保护的规定较为抽象，可操作性不足。特别是对信息收集、存储、处理以及交易中的一些具体问题并未予以充分规定，这也导致司法实践中往往对行为是否违反国家规定的判断较为困难。但是，部门规章以及其他规范性法律文件中的规定就相对细致。例如，2013 年 7 月 16 日工信部《电信和互联网用户个人信息保护规定》，2017 年 12 月 29 日国家质检总局、国家标准化管理委员会《信息安全技术—个人信息安全规范》等。可是，司法中的现实需要能否成为突破形式法治的理由，这种实用主义的刑事法治理念是否具备实质合理

---

① 简爱：《一个标签理论的现实化进路：刑法谦抑性的司法适用》，载《法制与社会发展》2017 年第 3 期。

② 袁曾：《人工智能法益位阶研究》，载《地方立法研究》2019 年第 5 期。

性？要回答这些问题,也必须通过信息时代刑法的价值取向去找寻答案。

三、侵犯公民个人信息罪知情同意出罪机制的贯通与完善

通过分析可以看出,知情同意出罪机制的种种问题有其共同的根源。信息主体的处分权限的争议、已公开信息的再同意处理以及前置违法性判断依据的范围问题,均与侵犯公民个人信息罪的保护法益相关;而默示同意和前置违法性的位阶问题则涉及信息时代刑法的价值追求。只有对上述两个基本问题作出准确回答,才能打通知情同意的出罪通道。

(一)知情同意排除不法的正当性基础

1. 自我决定利益是个人信息权益的本体

对于个人信息权益的法律属性问题,民法和刑法理论均给予了较多的关注。民法对个人信息权益的讨论不仅在权益类型和权益属性上存在争议,而且在同一理论内部也不乏分歧。尽管对侵犯公民个人信息罪的保护法益应以刑法教义学为依托,但是也不可避免地受民法理论的影响。毕竟,离开个人信息的民法定位,刑法的保护也将缺失理论根基。

第一种观点是人格权益论。该理论认为,个人信息权益是一种人格权益,是有关人生存与发展的基本权利。在这一理论内部,有学者认为,个人信息权在本质上是个人信息自决权,它属于一般人格权的范畴,虽然我国宪法对之没有明确规定,但却可以从我国《宪法》第38条的人格尊严中推导出来。[①] 也有观点认为,个人信息权是一项具体人格权,因为拥有个人信息的主体是特定的民事主体,该主体有权控制个人信息,并排斥他人的非法干涉,属于民法中的绝对权。[②] 自然人对个人信息享有独立的人格权益,该人格权益是不同于隐私权、姓名权、肖像

---

① 参见王锴:《调取查阅通话(讯)记录中的基本权利保护》,载《政治与法律》2020年第8期。

② 参见王利明:《论个人信息权在人格权法中的地位》,载《苏州大学学报》2012年第6期。

权等具体人格权的新型的人格权益;[①]而且从立法论的角度考察,我国民法也应当确立独立的个人信息权。[②] 此外,还有观点认为,个人信息权益的本质是隐私权,因为信息控制理论和知情同意规则已力不从心,这动摇了独立权说和传统隐私权说的根基,应遵循隐私权的保护模式;[③]基于知情同意的实践操作困境,公共利益的界限以及可识别性标准的固有缺陷,以个人信息保护代替隐私权的保护并非明智之举。[④] 刑法中对侵犯公民个人信息罪保护法益的讨论,上述观点基本一致。例如,有学者指出,应该通过法益自决权来限制侵犯公民个人信息罪的司法边界;[⑤]刑法对于公民个人信息的规制在底层根基上,以个人信息权为基础,确立个人信息权的保护模式;也有学者指出,刑法保护个人信息,旨在禁止任何他人或单位非法侵入公民个人的私人领域,从而达到保护个人信息所体现的公民的隐私权的平稳生活状态;[⑥]还有观点对隐私权作了扩张解释,认为公民的隐私权既包括私生活不受他人干扰的权利,也包括公民对自己个人信息的控制权。[⑦] 第二种观点是财产权益论。财产权益论认为,如果在认定信息财产权的归属上犹豫不决,那么信息财产权就会被信息产业中的经营者攫取;[⑧]由于个人信息是一种稀缺资源,且符合法学定义的财产,因此应确立个人信息财产权,使信息主体享有对个人信息商业价值的支配权;[⑨]另有观点指出,个人数据所有者享有对个人数据无可争议的所有权,其中包括控制权、享益权、知

---

① 参见程啸:《论我国民法典中个人信息权益的性质》,载《政治与法律》2020 年第 8 期。

② 参见王成:《个人信息民法保护的模式选择》,载《中国社会科学》2019 年第 6 期。

③ 参见房绍坤、曹相见:《论个人信息人格利益的隐私本质》,载《法制与社会发展》2019 年第 4 期。

④ 参见徐明:《大数据时代的隐私危机及其侵权法应对》,载《中国法学》2017 年第 1 期。

⑤ 参见冀洋:《法益自决权与侵犯公民个人信息罪的司法边界》,载《中国法学》2019 年第 4 期。

⑥ 参见王昭武、肖凯:《侵犯公民个人信息犯罪认定中的若干问题》,载《法学》2009 年第 12 期。

⑦ 参见刘艳红:《刑法学》(下),北京大学出版社 2016 年版,第 253 ~ 254 页。

⑧ 参见李媛:《个人信息利益的法律保护——以信息财产权理论为视角》,载《中国人权评论》2018 年第 9 辑,第 52 页。

⑨ 参见谢琳、李旭婷:《个人信息财产权之证成》,载《电子知识产权》2018 年第 6 期。

情权、修改权以及完整权。[①] 还有一种观点是复合权益论。复合权益论则认为，个人信息所蕴含的法益具有复合性，既有个人权利自由的内容，又涉及公共利益、社会秩序和国家安全，具有信息自由与信息安全的多元价值；[②]公民的个人信息兼具人格权和财产权的双重权利属性，也早已溢出私人法益的范畴，具备公共性权利属性。[③] 在刑法中同样有观点主张，侵犯公民个人信息罪保护的法益具有超越个人法益的社会法益属性；[④]“公民”概念的潜在意义是用以表明“公民个人信息”具有超个人法益属性，《解释》之所以保护行踪轨迹，是防止行踪轨迹信息被用来实施侵犯人身权和财产权犯罪，这也是一种超个人法益的保护思路。[⑤]

本章不赞同个人信息权益属于隐私权的观点，论者在前文中已经进行了分析，在此不作赘述。对于信息财产权说，本章也难以认同。首先，不同主体的信息价值存在差别，而个人信息的财产价值又依附于其人格，如果将财产权作为信息权益的主要内容或唯一内容，显然会妨碍对公民人格权的平等保护。其次，个人信息缺乏竞争性和稀缺性，没有必要通过创设财产权对其加以限制使用。不同的主体对同一信息的获得存在可能性，而且所获信息的质量也无实质性差别，所以几乎不存在边际成本。而且，信息和知识之间的区别导致个人信息权与知识产权也不同。信息只有在被接受后才能产生知识，如果不以获得知识的方式获取信息的话，那么纯粹的信息也不可能像知识一样拥有创造力。[⑥]知识产权是通过劳动生产出来的，通过引入产权保护机制而调动人们创作智力成果积极性与主动性。但是，个人信息并非劳动成果，只是个

---

① 参见汤擎：《试论个人数据与相关的法律关系》，载《华东政法学院学报》2005 年第 5 期。

② 参见张勇：《论大数据背景下涉疫情个人信息的法律保护》，载《河南社会科学》2020 年第 4 期。

③ 参见商希雪：《超越私权属性的个人信息共享——基于〈欧盟一般数据保护条例〉正当利益条款的分析》，载《法商研究》2020 年第 2 期。

④ 参见最高人民检察院检察理论研究所课题组：《互联网领域侵犯公民个人信息犯罪问题研究》，载《人民检察》2017 年第 2 期。

⑤ 参见曲新久：《论侵犯公民个人信息犯罪的超个人法益属性》，载《人民检察》2015 年第 11 期。

⑥ Vgl. Ulmer-Eilfort/Obergfell, Verlagsrecht, 1. Auflage 2013. Rn. 19.

人社会生活的附属产品，也无需法律的激励机制。最后，个人信息无法遵循财产权转让的基本模式。一般地，财产权可以实现自由流转，特别是可以自由实现转卖或转让。然而，合法购买个人信息后，如果未经信息主体同意或法律特别授权，也不得转售。因此，“数据所有权是一种不必要的理论，它会使问题更加复杂，会适得其反”，①将个人信息权益归于财产权，不仅不符合个人信息的本质，也有悖于财产权的基本理论。对于个人信息权属于国家、社会安全等超个人法益的观点，本章也不能赞同。“个人信息体现的是一种私益，应当将其与公共利益区分开来。”②虽然对个人信息的非法获取和使用可能会危害信息主体的人身和财产安全，也可能对公共秩序和国家安全造成威胁。但是，对个人信息的保护主要针对信息数据自身的安全，③通过个人信息实施其他危害个人法益或国家、社会法益的违法犯罪并非信息保护法的主要任务。易言之，关于个人信息保护的法律法规主要规制信息使用主体的信息处理行为，并不直接实现对以信息为工具而实施其他违法犯罪行为的规制。另一方面，“我国个人信息保护的立法现状是公法规范有余、私法规范不足”，④特别是刑法的规制尤为激进。对于尚处于建构阶段的个人信息权，需要给私法留足空间从而顺利实现权利框架的搭建。如果将个人信息权益作为超个人法益，会导致公法的全面介入，从而使个人信息的私法保护被进一步弱化。另外，从《刑法》的体例安排来看，侵犯公民个人信息罪保护的主要法益也不应为公共利益或社会利益。⑤

首先，个人信息权益是一种人格权益。从《民法典》的体例安排来看，“隐私权和个人信息保护”被列入人格权编；《民法典》总则编第五

① Jürgen Kühling/Florian Sackmann, Irrweg Dateneigentum-Neue Großkonzepte als Hemmnis für die Nutzung und Kommerzialisierung von Daten, Zeitschrift für Datenschutz, 2020(1), S. 24.

② 王利明：《论个人信息权在人格权法中的地位》，载《苏州大学学报》2012 年第 6 期。

③ 参见高富平：《论个人信息保护的目的——以个人信息保护法益区分为核心》，载《法商研究》2019 年第 1 期。

④ 王成：《个人信息民法保护的模式选择》，载《中国社会科学》2019 年第 6 期。

⑤ 参见于冲：《侵犯公民个人信息罪中“公民个人信息”的法益属性与入罪边界》，载《政治与法律》2018 年第 4 期；参见曹燕飞、顾建兵：《侵犯公民个人信息犯罪的构罪要素》，载《人民司法》2015 年第 24 期。

章“民事权利”遵循从人身权益到财产权益的基本顺序对所有的民事权利类型进行了罗列,其中虽然没有明确提出个人信息权,但从其排列位置上可以肯定,个人信息权益并非财产权益,而属于人身权益。同时,认定公民个人信息的“可识别性”标准也直接表明了自然人的人格特征。个人的发展也离不开社交活动,这就涉及在必要的情况下披露自己个人信息的问题。[①] 在现代信息技术条件下人格的自由发展要求保护个人信息不被无限收集、存储、使用和披露,为此必须授予本人决定披露和使用其个人数据的权限。[②] 如果人不能决定自己的信息是否被收集和处理,也无权禁止他人在未经同意的情况下使用自己信息,那么独立人格将无从体现。此外,《民法典》第109条和第990条分别对一般人格权和具体人格权作出了规定,特别是在第990条第2款为新型人格权的设立留下了空间。其次,以知情同意为核心的个人信息权益更多体现为一种自决利益。同意是关于个人信息可以由第三方进行处理的决定,这种决定本身就会影响对信息自决权的保护范围,[③]而这种自决利益又需要通过同意权来实现。有关公民个人信息的知情同意主要体现在两个维度上,一方面在未经权利主体知情同意的情况下,他人对个人信息不享有使用的权利,这是一种消极的防御权能;另一方面,信息主体也可以决定是谁、出于何种目的、什么时间、在何种范围内使用其权利,这种许可能使其免受法律制裁,是一种积极的许可权。所以,知情同意在本质上正是对个人自决权益的实现,是对个人自我发展空间的保护,也是“防止国家直接干预”[④]的重要途径。以“缓和的违法一元论”为基础,侵犯公民个人信息罪保护的主要法益应是公民对其个人信息的决定利益,而非国家、社会利益,不能将超个人法益作为本罪的主要法益来影响对不法的判断。同时,考虑到个人信息价值日趋多元化,可以将财产法益以及社会秩序、国家安全等超个人法益作为侵犯

① Vgl. Simitis/Hornung/Spiecker gen. Döhmann, Datenschutzrecht, 1. Auflage 2019, Rn. 19.

② Taeger/Gabel, DSGVO BDSG, 3. Auflage 2019, Rn. 26.

③ Vgl. Referendar Andreas Geiger, Die Einwilligung in die Verarbeitung von persönlichen Daten als Ausübung des Rechts auf informationelle Selbstbestimmung, Neue Zeitschrift für Verwaltungsrecht, 1989(1), S. 37.

④ Kilian/Heussen, Computerrechts-Handbuch 34. EL Mai 2018, Rn. 8.

公民个人信息罪的附随法益,通过将其作为量刑要素实现保护。这不仅可以使刑法和民法关于公民个人信息保护的规范目的总体上趋于一致以维护法秩序的统一性,而且还可以解释最高人民法院、最高人民检察院《解释》对"情节严重"所作的诸如"被他人实施犯罪"、"违法所得数额"以及"造成恶劣社会影响"的规定,还可以对不合理的司法适用问题进行纠偏。当然,也有观点对以知情同意为核心的法益自决提出了质疑。例如有人认为,自决的前提是存在个人自由选择和决定的可能性,而如果人们不能对某方面信息进行足够准确的了解,并且无法对信息使用主体进行了解时,自我决定的自由将受到极大阻碍;①信息自决权遵从一种类似于所有权的方式,并且仅着眼于个人,但仅限于个人主义的路径是不合理的,因为即使信息指向特定自然人也无法从本质上以类似于财产的方式进行分配。② 上述批判在私法关于信息权益的构建中的确具有意义,但在刑事视域中的批判价值被大打折扣。对于第一个问题,由于刑法是禁止性规范,因此用于实现自决利益的知情同意权只在消极维度上发挥作用,即属于实质出罪的事由,它并不积极地进行赋权,所以不可能因为主体间信息的不对等使决定自由受到阻碍。即使由于信息势差导致被害人承诺非出于真实意志,根据"法益关系错误说",在信息主体对法益的种类、范围和危险程度发生错误认识时,其承诺也是无效的。在这种情况下,信息主体的承诺不能用以阻却不法,行为人仍须承担责任,被害人的自决权同样可以得到保障。司法实务中对一些案件也是这样处理的。③ 近代刑法所提出的"刑法不仅是善良人的大宪章,还是犯罪人的大宪章"也恰好对应信息自决的两个维度,

---

① Vgl. Schantz/Wolff, Das neue Datenschutzrecht, 1. Auflage 2017, Rn. 145 ff.

② Albers, Informationelle Selbstbestimmung als vielschichtiges Bündel von Rechtsbindungen und Rechtspositionen, Springer Vieweg, 2017, S. 15f. von Michael Friedewald/Jörn Lamla/Alexander Roßnagel, Informationelle Selbstbestimmung im digitalen Wandel.

③ 例如,在"薛某某等敲诈勒索、侵犯公民个人信息案"中,检察机关指控被告人结伙将非法获取的公民个人信息有偿提供给他人,情节严重,构成侵犯公民个人信息罪。被告人采集信息时建立了回访制度,在流转信息之前已通过回访形式获得了借款人同意,这不未违背借款人的意愿。对此,法官认为,权利人在对个人信息真实用途缺乏明确认知情况下的授权使用,不具有真实意思表达的基础,因此不具有阻却获取个人信息行为违法性的效力。在隐瞒实施套路贷等违法犯罪活动真实意图的情况下而收集公民个人信息的授权无效。参见浙江省绍兴市越城区人民法院刑事判决书,(2019)浙0602刑初150号。

所以对知情同意情况下排除不法其实也是对决定自由的反向保护。对于第二个问题,虽然个人信息包含经济价值,但无论从其权益本质抑或根据法律规定上考察,它都不能作为财产权,认为个人信息保护类似所有权的模式这一大前提自始不周延。此外,“如果没有限制就无法保障自决权,个人必须接受主要公共利益对其权利的限制”。[①] 个人的自我决定权不是没有限度的,而个人的信息自决权也是不可能没有限制,所谓的“分配”本来就不是真命题。

2. 保障自由应是刑法的基本价值追求

《民法典》对公民个人信息建构了以人格权为中心的私权保护模式。强化私权保护不仅能实现个人对其信息的自我管理,也更有利于私益的恢复。然而,新技术往往面临刑法过度规制的危险,对公民个人信息的保护也不例外。但作为保障法,刑法的过度介入并不具有正当性。[②] 因此,“刑法的性质应该重申由国权刑法转为民权刑法、由政治刑法转为市民刑法,使刑法成为保护公民权利的盾牌而非高悬于公民头上的利剑”。[③]

刑法私法化的目标之一是除罪化和非刑罚化。一般地,公法提供了一种典型的、排他性的行为模式,公法的拘束和对公法的遵守是为了实现国家利益;而私法是为法律主体争取自由的手段,私法的商谈和诉讼也都在强调个人利益的重要性。虽然公法和私法之间存在差别,但二者之间也不是彼此对立和相互排斥的关系,而是相互补充与借鉴的关系。甚至有观点认为,由于将国家与社会相区隔的理论已经过时,所以公法与私法的区分不再具有现实意义。[④] 例如,国家根据政治偏好或出于履行基本保护义务的需要来制定私法规则,从而造成对私法主体一部分法律自由的剥夺,以期实现分配正义;同时,出于对个人的信任,公法也越来越允许个人参与公共事务的处理,并赋予其

---

① Kilian/Heussen, Computerrechts-Handbuch, 34. EL Mai 2018, Rn. 10.

② 参见[德]埃里克·希尔根多夫:《德国刑法学——从传统到现代》,江溯、黄笑岩等译,北京大学出版社2015年版,第378~379页。

③ 刘艳红:《治理能力现代化语境下疫情防控中的刑法适用研究》,载《比较法研究》2020年第2期。

④ Vgl. Schoch/Schneider/Bier, Verwaltungsgerichtsordnung, Werkstand: 38. EL Januar 2020, Rn. 18.

法律地位。[①] 传统以公法理念构建的刑法理论以及刑法体系使国家垄断了对犯罪行为的治理权，个人在刑事诉讼中的地位消极被动，完全期待国家实现矫正正义以及对犯罪的一般预防。国家发动刑罚也主要以打击犯罪，维护社会正常秩序为归依。然而，纯粹公法理念建立的刑法制度由于忽视加害人和被害人的参与，不仅难以修复被侵害的法益，而且无法树立犯罪人对正常社会秩序的主体认同；以纯粹的惩罚来追求犯罪预防的效果，还存在犯罪人服刑完毕难以复归社会，甚至交叉感染而导致再犯罪的问题。纯粹公法化的刑法治理，是国家治理能力低下的标志，公权力愈加排斥个人对犯罪治理的参与，越会消减刑法的权威。因此，伴随着公法的私法化的趋势，刑法也引入私法中的平等协商、修复补偿等理念和方法，建构起了诸如"刑事自诉""刑事和解""刑事调解""二元犯罪立法""非刑罚处罚方法"等一系列制度，[②]逐渐实现了犯罪控制的多元化。除了上述刑事立法和刑事司法中的制度建构之外，刑法中的"被害人承诺"理论又何尝不是刑法私法化的教义学建构。通常情况下，平等主体之间的同意与被同意正是一种基于合意而处分权益的行为，这本就属于私权的处置模式；同时，被害人同意是对于侵害个人法益的犯罪，国家将主体间的同意作为阻止刑罚权发动的事由，这显然是国家将一部分治理犯罪的权利让渡给了个人。那么，作为刑法私法化的表现形式，是否允许默示同意呢？论者的答案是肯定的。刑法私法化的基本任务之一就是尽可能地限制刑罚权，恪守刑法谦抑主义，从"刑事自诉"和"刑事和解"的制度安排就能很清晰地表明这一点。被害人承诺在刑罚教义学体系中属于消极的不法要素，是体现刑法实质合理性的排除犯罪性事由。如果只允许明示同意而反对默示同意的话，会使被害人同意的不法排除机能被不当削减，而这也将反过来影响刑法私法化初衷的实现。此外，被害人同意也不可能导致所谓"规则自治"对国家刑罚权的冲击。无论被害人的明示同意或默示同意，都是一种以国家刑罚权为中心的治理模式；也无论在参与主体抑或对同

---

① Vgl. Florian Becker, Öffentliches und Privates Recht, Neue Zeitschrift für Verwaltungsrecht, 2019(19), S. 1385ff.

② 参见熊亚文：《刑法私法化：现实图景与理论空间》，载《现代法学》2016年第7期。

意有效性的认定上,国家都占据着主导地位。例如,在侵犯公民个人信息罪中,《民法典》和《网络安全法》中明确规定了信息主体同意的情况下可以对其信息予以收集、处理和使用;而且在司法实践中,国家往往对信息主体同意范围、目的、授权方式等诸多方面进行查证。还需要说明的是,我国有关公民个人信息保护的法律层面的规范,均未禁止默示同意。为保障法秩序统一性和出罪机制的有效运行,刑法应对默示同意予以积极肯认。同时,鉴于规范性质的差异,刑法也不能如民法学者所提出的那样,只对非敏感信息适用默示同意规则。根据信息用途或信息类型只允许默示同意在一定范围内发挥出罪的机能,是对被害人承诺理论的矮化。刑法中用于出罪的默示同意,应当适用于所有侵犯公民个人信息犯罪案件。

但仍需探讨的问题是,在《商业银行互联网贷款管理暂行办法》《互联网个人信息安全保护指南》等部门规章和《App违法违规收集使用个人信息行为认定方法》等其他规范性文件均明确禁止对个人信息的采集和处理采取默示同意的情况下,如果刑法却对默示同意予以认可,是否欠缺前置法律依据,是否存在破坏法秩序统一性的嫌疑?这一问题也恰好与扩张解释“违反国家有关规定”导致知情同意的出罪机能被弱化具有同质性。我们认为,通过不当扩张“违反国家有关规定”来实现对个人信息权的限缩显然是不合理的。首先,这是由个人信息权益的本质属性所决定的。个人信息权益是自我决定利益的具体体现,确保信息的自由也是法治国家的当务之急。在德国,国家对于信息自决权的限制应出于主要的公共利益,必须基于法治的要求,且具有宪法基础,并符合比例原则;为了防止对个人权利的不当限制,还必须在程序上采取足够的预防措施。[①] 在我国,虽然个人信息权不属于宪法规定的基本权利,但由于其关乎人格独立、人格尊严以及人的自由发展,同样不宜对之作过多限制。“违反国家有关规定”与信息主体的知情同意在一定程度上形成互斥关系,所以“国家有关规定”也只有在出于维护重大公共利益的考量,且以宪法和法律为依据,在符合法治基本精神的前提下,才可以牺牲信息主体的一部分自我决定利益。其次,这也与刑法

① Vgl. Marion Albers, Informationelle Selbstbestimmung, Nomos, 2005, S. 164f.

的基本理论相冲突。刑法中规定的“违反国家规定”往往具有“提示存在违法阻却事由”“要求行为违反行政管理法规”“表示未经行政许可”“强调行为非法性质”“相关表述同位语”五种机能。[①] 在侵犯公民个人信息罪中,“违反国家有关规定”有时用于提示违法阻却事由,如在信息主体知情同意且没有违反禁止性规定的情况下阻却不法;有时也用于填补构成要件要素,如定义公民个人信息的内涵和外延。在发挥前一种机能时,“违反国家有关规定”范围的扩张似乎并无不妥;但是在第二情况下,这种扩张就会不当降低入罪门槛。“犯罪论体系既是入罪理论也是出罪理论”,[②]出罪体系应具有开放性,而入罪体系则必须具有封闭性。罔顾《刑法》第96条规定,将部门规章(甚至其他位阶更低的规范性文件)作为判断信息获取和提供行为非法性的依据,显然是对罪刑法定主义的背反。正如学者指出的:“解释者在越来越多的场合引导着法官去制定法,解释者不断通过新的解释结论冲破刑法规范的既有边框,刑法规范的约束功能被合理性、正当性等实质与客观需求取代。”[③]最后,这也不会违背法秩序统一性。法秩序的统一是为了消减法秩序的矛盾,而法秩序中的矛盾主要有“规范矛盾”“评价的矛盾”“技术矛盾”“原则矛盾”四种。[④] 默示同意适用中的矛盾是关乎违法性认定的规范矛盾,在规范冲突的场合,一般可以通过上位法优于下位法、特殊法优于一般法以及新法优于旧法的原则来处理。由于《民法典》和《网络安全法》等法律并未禁止对个人信息的授权同意用默示的方式做出,所以基于刑法谦抑性和实质出罪的需要,对默示同意予以认可无论在形式上和实质上均具有正当性。总之,为保证与《刑法》第96条“违反国家规定”的协调,“违反国家有关规定”不应在对不法进行积极判断时,将部门规章以及位阶更低的规范法律文件作为依据。

---

① 参见张明楷:《刑法分则的解释原理》(下),中国人民大学出版社2011年版,第543～561页。

② 刘艳红:《形式入罪实质出罪:无罪判决样本的刑事出罪机制研究》,载《政治与法律》2020年第8期。

③ 刘艳红:《“规范隐退论”与“反教义学化”——以法无明文规定的单位犯罪有罪论为例的批判》,载《法制与社会发展》2018年第6期。

④ Vgl. Dagmar Felix, Einheit der Rechtsordnung: zur verfassungsrechtlichen Relevanz einer juristischen Argumentationsfigur, Mohr Siebeck, 1998, S. 243ff.

综上,公民个人信息权益属于人格权益,具体表现为个人对其信息的自我决定利益。虽然个人信息上也承载了经济价值或公共利益,但都不能反映个人信息权益的本质。作为保障法,刑法不创设法益,因此侵犯公民个人信息罪保护的主要法益也应是信息的自决权益;为兼顾对信息财产价值和公共利益,可以将其作为附随法益加以保护。实现非犯罪化和非刑罚化是刑法私法化的重要目标,因此应肯认默示同意在侵犯公民个人信息罪中的出罪机能。通过不当扩张“违反国家有关规定”,用部门规章甚至其他规范性文件的禁止性规定排除知情同意效力的做法也应被禁止。

(二)知情同意出罪机制的具体贯通路径

在廓清了知情同意出罪路径不畅的根本原因之后,我们已经可以对理论和实务中的困境进行求解。

1.个人依法自愿交易其个人信息不具有法益侵害性

侵犯公民个人信息罪的保护的主要法益是公民的信息自决权,是属于个人法益而非超个人法益。因此,信息主体对该法益具有处分权,可以根据被害人同意理论排除违法性。

在前述“邓某某、宋某某侵犯公民个人信息案”中,被告人所获取的淘宝账户信息是店主主动提供的,其对该信息的转售也是经过店主同意的。在这种情况下,对信息的获取和流转不会对信息主体的自我决定利益造成危害。侵犯公民个人信息罪的“优势法益”是信息自决权,上述案件中法官所主张的个人信息权属于超个人法益从而否定主体的处分权能,是对自我决定利益的侵夺。纵使上述案例中只体现出对司法实践对经同意而交易信息行为的否定,但鉴于法益在法律解释中的核心地位,如果肯认侵犯个人信息对国家、社会法益具有危害,就不难想象对信息的收集、传输、收受以及交换行为都有可能以此为据排除个人对其信息的处分权。这也最终致使民事和行政法规所规定的知情同意规则形骸化,刑法对公民个人信息的保护也将陷入“法律家长主义”的泥淖。国家法益和社会法益本身也必须还原为个人法益,将个人法益作为侵犯公民个人信息罪的保护法益也能实现对国家和社会法益的保护,由此还不会弱化对个人法益的保护重要性的认识。不可否认,局部性、群体性的个人信息泄露有可能引发网络犯罪和社会问题;大规模的个人信息泄露会也引起公众恐慌，危及社会稳定；而敏感的、跨境的个人信息泄露更会关乎国家发展和安全利益。[①] 然而，这并不是每一个侵犯公民个人信息的案件都会导致的后果，例如前述的“邓某某、宋某某侵犯公民个人信息案”就自始不存在危害国家、社会利益的可能。这种偶然性也就决定国家、社会法益只能作为一种附随法益。尽管其不对罪质的判断发生作用，但也不意味着侵犯公民个人信息罪对之不予以保护。例如《解释》第 5 条第 2 款对“情节特别严重”规定了“造成重大经济损失或者恶劣社会影响”，这就是量刑上对国家社会法益保护的直接反映。

前述有学者以人格权益不得交易为由反对公民个人信息的买卖也是不能成立的。民法理论和民事立法不仅承认人格权的经济利益，而且明确对之予以保护。域外法对人格权主体经济利益的保护存在两种模式，包括德国的一元保护模式和美国的二元保护模式。一元保护模式通过扩张既有人格权的内涵、使其同时包含经济价值，并借助人格权的具体规则对其进行保护；二元保护保护模式则通过在隐私权之外创设独立的公开权的方式，实现人格权中经济价值的法律保护。[②] 作为一种精神性权利，隐私权旨在保护个人的独处和私生活安宁，具有消极防御功能；公开权是个人对自己的姓名、肖像及其他类似物的商业性利用行为实施控制或制止他人不公平盗用的权利，该权利可以转让或继承。而在我国，对人格权的保护也不是只关注自然人对人格权客体的精神利益，对与之相对应的经济利益的保护也较为充分。例如《民法典》第 993 条规定：“民事主体可以将自己的姓名、名称、肖像等许可他人使用，但是依照法律规定或者根据其性质不得许可的除外。”可见，人格要素不仅可以作为商业化理由，还能许可他人使用。《民法典》第六编有关继承的规定同样能说明该问题。上述民法理论和民事立法不但表明人格权具有经济价值，而且证实了该经济利益是被法律所保护的。对于公民个人信息而言，“尽管个人信息自决不能成为纯粹的财产权，但

---

① 例如，在有关案件中，境内外某网络犯罪团伙窃取了我国数以亿计的个人信息，形成了交易个人信息的地下产业。参见洪延青、鲁传颖、顾伟：《打击跨国电信诈骗亟须全球联手》，载《人民日报》2016 年 11 月 22 日，第 23 版。

② 参见王叶刚：《人格权中经济价值法律保护模式探讨》，载《比较法研究》2014 年第 1 期。

是信息自决权的商业化不能被否定”，[①]所以应将财产利益属性作为个人信息之人格要素这一伦理价值随商业化利用的外化。[②] 刑法理论和实践中，以人格权不得交易而否定信息主体知情同意排除违法性的效力，不仅不符合《民法典》的相关规定，也与人格权的基本教义相违背。

认为信息自决权只是出卖者无罪的理由而不能免除后手购买者刑事责任的观点同样不合逻辑。首先，根据《民法典》第 1038 条规定和《解释》第 3 条第 2 款的规定，在经过信息主体同意且不违反其他禁止性规定的情况下，可以将收集的个人信息提供给他人。在这种情况下的中间转售行为以及后手购买行为均不承担法律责任。其次，信息自决权是主体对与自身相涉的个人信息自行决定与使用终极掌握的权利。信息主体除了可以自主地决定信息何时、何地、何人、以何种方式、何种目的被搜集和利用外，也自始包括对是否允许转售给他人这一事项的决定权。[③] 信息主体对转卖事项的决定权理应是其对个人信息直接许可权的自然延申。主张信息自决权的违法排除效力只及于直接买受行为，而后手购买者仍须承担法律责任的观点是对信息自决权的误读，这也使该权利的完整性受到冲击。最后，如果认为后手购买信息行为违法，也即表明对信息只能采取直接交易的方式。但是，信息价值的发挥有赖于信息聚集效应的形成，而信息聚集效应的形成必须以海量的信息为基础。如果法律最多只保护个人信息的直接交易行为，那信息使用和加工的主体就必须自己从事信息的收集、整理、存储等工作。这不仅增加了信息使用主体的经济成本、降低生产经营效率，而且影响数据科技的深度应用，抑制信息价值的充分发挥，最终阻碍信息经济产业的发展。

2. 个人自愿公开个人信息应属默示同意

信息主体自愿将其个人信息予以公开后则无法再实现对其信息的再度控制，特别是在数字网络环境中表现地尤为突出。这种情况下可

---

① Weichert, Die Ökonomisierung des Rechts auf informationelle Selbstbestimmung, Neue Juristische Wochenschrift, 2001(20), S. 1520.

② 参见杨惟钦：《价值维度中的个人信息权属模式考察——以利益属性分析切入》，载《法学评论》2016 年第 4 期。

③ 参见甘绍平：《信息自决权的两个维度》，载《哲学研究》2019 年第 3 期。

以视为个人对信息权益的主动放弃,第三人可以在不违背法律禁止性规定或信息主体未明确表示拒绝的前提下对所公开的信息进行收集和处理,这也不会导致对法益的侵害。德国有关理论也认为:“如果个人在互联网或社交网络中自愿公开个人信息,则此公开可用信息不再受信息自决基本权利的保护。”①

在“李某某侵犯公民个人信息案”和“黄某某、戴某某侵犯公民个人信息案”中,由于侵犯公民个人信息罪的保护法益并非隐私权,故以隐私权不得交易来认定以获取经济利益为目的而提供信息的行为违法的逻辑前提不周延。同时,上述案件中所涉的信息都是个人同意公开的信息,也都是信息所有者自行或者允许单位公布于网站上的。在这种情况下,刑法以信息自决权为中心,对已公开信息和未公开信息采取相同的保护模式以及强度,似乎并无必要。需要注意的是,这并不是弱化对以公开信息的刑法保护,而是出于利益权衡的考量对保护模式的调整。详言之,对于信息主体已经通过自身行为明确表示对个人的信息权益部分放弃或者全部放弃的,允许刑法可以不再像对未公开信息一样实施积极地、正向地保护;而只是在信息主体明确表示拒绝收集或处理,以及虽然信息主体未明确表示不同意但行为人违反了国家有关规定的情况下,刑法对之予以反向地规制。当然,在现实中,对于已公开信息的收集和处理确实还存在一系列问题。例如,在社交网络中使用公开数据忽视主体间的利益平衡、抓取公开数据提供给第三方可能会增加其他主体对信息主体的干扰、第三方会根据公开信息创建信息主体的人格档案等。这些对信息的使用行为还一直在“法律的灰色地带”(rechtlichen Graubereichen)游走。② 但是,这都不能作为用刑法禁止收集和处理公开数据的理由。因为“刑法在根本上与其说是一种特别的法律,还不如说是其他一切法律的制裁力量”,③“刑法不应成为替代政

① BeckOK Informations-und Medienrecht, Gersdorf/Paal, 28. Edition, Stand: 01. 08. 2019, Rn. 17.

② Vgl. Dallmann/Busse, Verarbeitung von öffentlich zugänglichen personenbezogenen Daten, Zeitschrift für Datenschutz, 2019(9), S. 394f.

③ [法]卢梭:《社会契约论》,何兆武译,商务印书馆1980年版,第73页。

府管理职能的社会管理法”,[①]对于公开信息数据的治理,刑法不能继续高举功利主义的大旗一如往常地超越其保障法地位先于民事和行政法律规范组织对不法行为的反应。

然而,主张对公开信息的收集和处理不侵犯公民的信息自决权或者未达到值得处罚的法益侵害程度,也必须有理论依据。对法益侵害性的判断在本质上属于对实质违法性判断,对违法性的排除应归因于违法阻却事由,因此公开信息收集和处理个人信息的正当性自然就指向了以知情同意为面向的被害人承诺理论。在“李某某侵犯公民个人信息案”和“黄某某、戴某某侵犯公民个人信息案”中均涉及了推定同意和默示同意问题。推定同意和默示同意属于不同范畴的基本概念,首先有必要对其作以区分。根据表达方式的不同,可以将同意分为明示同意和默示同意。明示同意是主体在理性、知情且有意的情况下,对放弃权利、服从法律等事项所作的自愿性宣誓;默示同意则是主体对同意意愿的不明确表达,他人往往只能从行为或者沉默中进行认识。更进一步来看,主体在作出明示同意时具有同意的意图,也易于让其他人知道被提议的事项;然而,在默示同意中,主体则不存在这种意图。[②] 根据发生方式的不同,又可以将同意可分为现实同意、推定同意(mutmaßlichen Einwilligung)和假定同意(hypothetischen Einwilligung)。现实同意是真实发生的同意,是在社会生活的实际过程中客观出现的同意;而假定同意和推定同意都是在现实中不存在的,但如果对整个事件进行理性评价,又可以被赋予有效性的同意。虽然推定同意和假定同意都属于“同意替代”(Einwilligungssurrogat),但后者却更接近也更有可能获得有效同意。[③] 因此,虽然没有明确表达出来让第三人知晓,但默示同意是主体在理性和知情的前提下有意作出的,它属于现实同意;假定同意是永远不可能是真实发生的同意,只是在事后根据事前的客观情状所作的理性推断,它只不过在理论上存在与现实同意类似的

① 刘艳红:《当下中国刑事立法应当如何谦抑?》,载《环球法律评论》2012 年第 2 期。

② 参见吕耀怀:《同意的涵义、性质及其类别》,载《吉首大学学报(社会科学版)》2019 年第 5 期。

③ Vgl. Sowada, Die hypothetische Einwilligung im Strafrecht, Neue Zeitschrift für Strafrecht,2012(1),S. 5.

效力罢了，因此无论是推定同意还是假设同意均不同于默示同意。反观上述案例，由于推定的同意要求“要么是建立在维护相关法益中法益主体利益的基础上，要么是建立在关系个人的特别理由基础之上”，[①]而假设的同意也要求“在客观上保护了更优越的法益”，[②]行为人对已公开信息的收集和处理既没有为牺牲一部分利益而保全另一部分利益的问题，也无所谓在所牺牲利益与保全利益之间作出理性权衡，自然就不具备认定为任何一种形式“同意替代”的前提。既然本不满足推定同意的适用条件，法官以信息主体主动公开个人信息的行为无法推知其存在有效同意而证明行为的违法性，就存在逻辑上的疏漏。其实，信息主体自愿对个人信息的公开本属于一种现实的同意，这一行为已经在客观上清楚地表明了信息主体对他人之于自己信息的阅取、存储以及使用的容许，只是这种现实的同意没有通过直接的、明确的甚至是要式的方式作出，而是通过客观行为表达的罢了。因此，自愿公开个人信息应被作为信息主体的默示同意，是其现实地对理性人基于正常手段合法地对相关信息获取和处理的认诺。而在前文中我们已经论证了默示同意在侵犯公民个人信息罪中作为出罪事由的正当性，是故，以无法推定信息主体同意而对“李某某侵犯公民个人信息案”与“黄某某、戴某某侵犯公民个人信息案”作入罪处理，显然是不合理的。

3. 与信息保护无关的和位阶低于行政法规的规范均不得用来判断积极不法

“违反国家有关规定”作为侵犯公民个人信息罪构成要件要素时，往往与信息主体的知情同意形成互斥关系。为防止规范对个人自我决定利益的不当克减，谨防将与个人信息权益保护无关的规范作为前置违法性依据；为保证刑法对空白罪状规定的逻辑自洽，即使与个人信息保护有关的部门规章也不能用于定罪。

“法律适用的过程就是法律发现的过程，发现法条文字的真实含义，发现法条中没有规定的构成要件要素。然而，这种发现，绝不意味

---

① ［德］汉斯·海因里希·耶塞克、托马斯·魏根特：《德国刑法教科书》，许久生译，中国法制出版社2017年版，第522页。

② 张明楷：《刑法学》，法律出版社2016年版，第227页。

着构成要件要素的简单添加。”[①]由于侵犯公民个人信息罪的保护主要法益是信息自决权，那么“国家有关规定”也应是有关个人信息权益保护的法律规范；有关经济利益、超个人法益甚至与信息保护没有直接关系的规范也不能作为“有关国家规定”，用以证明信息获取和提供行为的违法性。对“有关”与否的判断应以规范保护目的为标准，因此关于信息保护的专门法律规范当然应被作为“国家有关规定”，而对于非信息保护的专门立法中的涉及个人信息的条款，就应结合立法目的、规范体例以及规范内容等对其规范目的进行综合判断。例如，《电子商务法》第 25 条规定，有关主管部门应当采取必要措施保护电子商务经营者提供的数据信息的安全，并对其中的个人信息、隐私和商业秘密严格保密，不得泄露、出售或者非法向他人提供。虽然《电子商务法》的规范目的是维护市场秩序、规范电子商务行为，但该条的规定显然是规制电子商务活动中电商平台对用户个人信息的收集和处理行为，以保障电商用户个人信息的安全，其应属“国家有关规定”之列。此外，2015 年 11 月 26 日国务院《居住证暂行条例》第 17 条、第 20 条，2013 年 1 月 21 日国务院《征信业管理条例》第三章和第七章等行政法规中关于个人信息保护的规定也当然属于“国家有关规定”。然而，在前述的“郑某等侵公民个人信息案”中，新生儿的父母在知情的情况下自愿将有关个人信息给乳制品的经销商是信息自决权的行使，这没有违反有关个人信息保护的禁止性规定。虽然医务人员利用工作便利配合乳制品销售人员向新生儿父母推销有关产品的行为是有关法律法规所禁止的，但乳制品生产销售行为的合法性判断与个人信息的获取行为的合法性判断是两个层面的问题；尽管二者之间存在一些关联，也不能因为推销行为违法而否定信息主体知情同意的效力。如果不禁绝该案的认定逻辑，恐导致只要犯罪行为中有涉对个人信息的获取和提供（哪怕是合法获取和提供）都会因关联行为的不法而被认定为犯罪。这样的司法判决所消解的不仅仅是“违反国家规定”理论基础，更是对罪刑法定主义的危害。

在商业、食品安全和环境保护等领域刑法必须具有一定的灵活性，

---

① 刘艳红：《法定犯不成文构成要件要素之实践展开》，载《清华法学》2019 年第 3 期。

以便能够使新的科学技术知识被纳入其中。空白刑法就可以有效地对刑法进行调整,以适应不断变化的现实。① 然而,这并不能免除立法者的义务。根据法律保留原则,立法机关不得出于实用性目的以空白刑法为工具逃避对犯罪的认定,一味地将这一任务委任给其他主体,还会使国家的立法权与行政权之间的关系趋于紧张。② 可见,空白刑法本就存在一定的理论缺陷,而这些缺陷在其作为构成要件要素发挥入罪机能的情况下表现得尤为显著。因此,学理上也往往用明确性来衡量空白刑法的合宪性和正当性。③ 在对侵犯公民个人信息罪中,如果"违法国家有关规定"提供的前置违法性依据与信息自决权关或个人信息安全无关,这就与空白刑法指示不明确对刑事法治危害后果一样严重。在"违反国家有关规定"的内容构成对信息主体知情同意的限制时,以位阶低于行政法规的规范限制个人信息权益,也是对空白刑法正当性的威胁。除了前文中已论及的《解释》第 2 条违背《刑法》第 96 条的规定外,《民法典》第 1035 条第 1 款第 1 项也并未载明行政规章和其他规范性文件。如果以我国尚未制定专门的信息保护法为由,或主张现有的法律和行政法规可操作性不足,将"违反国家有关规定"的外延扩张至部门规章以实现对侵犯公民个人信息罪不法的认定,就必然遭到前述对空白刑法功利主义的批判。由此导致《民法》和《刑法》中的有关规定被司法解释虚置,也会使立法权和司法权之间的关系趋于紧张。

四、结语

信息社会的最大挑战是,如何实现以一种更加平衡的方式,解决诸如信息自由与经济利益、个人隐私与集体安全之间的各种法益冲突。④ 本章对侵犯公民个人信息罪中知情同意出罪机制的反思和贯通,也正是为之而努力。通过厘定法益、校准信息时代的刑法定位,对知情同意

① Vgl. Hoven, Zur Verfassungsmäßigkeit von Blankettstrafgesetzen, Neue Zeitschrift für Strafrecht, 2016(7), S. 440.

② Vgl. Bülte, Blankette und normative Tatbestandsmerkmale: Zur Bedeutung von Verweisungen in Strafgesetzen, Juristische Schulung, 2015(9), S. 770.

③ Vgl. Münchener Kommentar zum StGB, 3. Auflage 2018, Rn. 10.

④ Elad Segev, Google and the Digital Divide-The bias of online knowledge, Chandos Publishing, 2010, p. 177.

出罪困境的求解基本完成。侵犯公民个人信息罪属于侵犯个人法益犯罪,因此,信息主体同意他人合法获取和提供其个人信息的行为不具有法益侵害性。信息主体自愿公开其个人信息的,应属默示同意;虽然这种同意的形式被有关部门规章和其他规范性规范文件禁止,但却不妨碍其作为出罪事由的正当性。侵犯公民个人信息罪“违反国家有关规定”用于对积极不法判断时,往往属于知情同意的例外。是故,应将该空白刑法的外延限定在保护信息自决权益的法律和行政法规范围之内。“刑法作为所有部门法的保障法,应秉承谦抑主义而不可主动作为,但亦不可落后于时代发展而后防失守”,[①]因此对个人信息的刑法规制,必须在维护信息安全和保障信息自由之间谨慎地寻求平衡。在数据时代,应悉数保障宪法所赋予的人的尊严,不断维护和保障人的自由。[②] 即使信息自决权与公共法益发生冲突,法律也不应出于对国家、社会利益的考量,给予这一正在构建中的私权过多的限制。毕竟,国家原则上才是被约束的,而公民原则上应是自由的。

---

① 刘艳红:《刑法理论因应时代发展需处理好五种关系》,载《东方法学》2020 年第 2 期。

② Vgl. Papier, Rechtsstaatlichkeit und Grundrechtsschutz in der digitalen Gesellschaft, Neue Juristische Wochenschrift, 2017(42), S. 3112.

第十二章　聚众斗殴致人重伤、死亡的实质客观论

目　　次

一、案例与问题

案例1　2014年11月20日下午，张某甲与王某旭因矛盾约定在A市B区某镇河北交叉路口斗殴。当日18时许，张某甲、李某山分别纠集了娄某、苏某等6人驾驶车辆至约定地点；王某旭纠集姚某、马某龙、冯某立（男，殁年36周岁）等7人携带刀、枪等工具驾驶车辆到达现场。马某龙等人到达现场后即下车冲向对方车辆，姚某下车后开枪，张某甲一方见状均驾车离开，期间苏某看到车前有人持枪，遂低头加速驾驶车辆逃离，在逃离中将冯某立撞伤，经抢救无效死亡，姚某也被撞倒在地。一、二审法院均认为，王某旭、姚某、马某龙、张某

甲、李某山5人的行为扰乱了社会公共秩序，均构成聚众斗殴罪。苏某未安全驾驶车辆，发生重大事故，致一人死亡，其行为构成过失致人死亡罪。[①]

案例2　2013年9月20日凌晨，孔某等人在某市花园酒吧内因琐事与该酒吧看护人员李某发生冲突，双方遂各自纠集人员准备斗殴。孔某纠集谢某、薛某、张某丁（男，殁年24周岁）和韩某等人，准备砍刀、钢管等工具后驾驶车辆至酒吧附近，李某则纠集朱某、吴某等人，准备好工具在酒吧门口等待。当日凌晨3时许，薛某、韩某分别驾驶两辆小轿车冲到酒吧门口。李某一方看到后立即持工具冲出并围住两辆小轿车砍、砸，薛某一方部分人员下车反击，双方发生殴斗。谢某因遭受李某一方人员围打车辆而滞留在由韩某驾驶的小轿车内，为逃离现场，在无机动车驾驶技能且车辆前挡风玻璃已破损、看不到路面的情况下，谢某猛踩油门强行驾车高速驶离斗殴现场，途中连撞两人，致张某丁当场死亡。法院认为，谢某在被斗殴对方人员持械围困的情况下，不具备驾驶资格，仍驾驶视线严重受限的车辆在人员较多的道路上高速行驶，连撞两人并致其中一人死亡，其行为危害到不特定多数人的人身安全，已构成以危险方法危害公共安全罪。李某、孔某、朱某、薛某、吴某等人均构成聚众斗殴罪。[②]

案例3　2013年6月9日23时许，杨某兵与赵某等人发生争执后双方相约斗殴。次日凌晨，杨某兵在纠集张某等人并准备砍刀、木棍等工具后，分乘汽车至某市桃源镇长江路小雅酒楼附近，赵某纠集的卜某、王某乙（男，殁年35周岁）等人（已准备砍刀、钢管等工具）发现后围堵张某等人驾驶的车辆，并持械砸车。张某驾驶某越野车冲出卜某等人的围堵后，在同车乘坐的杨某兵授意下又驾车返回，途径李某甲、王某乙等人时，持续加速撞向李某甲、王某乙等人，致王某乙倒地身亡。法院认为，杨某兵纠集张某等人持械参与聚众斗殴，在斗殴过程中张某驾车持续加速撞向对方人员，致被害人王某乙死亡；杨某兵在张某驾车逃离后要求张某再返回斗殴现场，在张某驾车持续撞向对方人员时，坐

---

① 参见北京市第三中级人民法院刑事判决书，(2016)京03刑终61号。

② 参见杭州市中级人民法院刑事判决书，(2014)浙杭刑初字第130号。

在副驾驶位置的杨某兵未予阻止,作为聚众斗殴首要分子的杨某兵,明知本方人员为斗殴而撞人,亦应对撞人后果承担责任,故二人的行为均转化为故意杀人罪。[①]

案例4　2009年10月7日21时许,某县西山村人周某东与周某甲(殁年26周岁)等人在该县维也纳会所因琐事与该县上田村人何某某发生口角。在听说上田村人纠集人员准备械斗后,周某东二人遂纠集雷某龙和李某勇等人分乘四辆车前往维也纳会所。当行驶在最前面的雷某龙驾驶车辆行驶至该会所附近时,数次遭遇上田村数十人用石头、砍刀等对车辆的砍、砸,雷某龙驾车经该会所门口后在到岸酒吧附近掉头,朝维也纳会所门口人群冲撞,撞倒相向行驶的摩托车,致摩托车司机李某甲和搭乘人周某甲受伤倒地,10月12日,周某甲经抢救无效死亡。法院认为,雷某龙在聚众斗殴过程中驾车冲撞他人,致一人死亡,其行为构成故意伤害罪。[②]

案例5　2017年6月7日7时许,洪某为索要债务与何某约架,后洪某纠集刘某海、林某持砍刀、斧头至某市海天街道红城路某电线杆附近,何某纠集付某等人持铁棒至上述地点。应何某朋友范某要求,陈某驾驶白色丰田小轿车带着范某等人也赶至该地点。双方在现场持械互砸车辆。期间,洪某驾驶红色凯迪拉克轿车与陈某驾驶的丰田小轿车在上述地点互相顶撞,陈某驾驶的车辆在后退中撞倒驾驶电动车途经此地的被害人方某及乘坐人方某小,方某经抢救无效死亡。某检察机关以何某、陈某涉嫌故意伤害罪起诉至法院。

以上5个案例的共性在于,行为人在聚众斗殴过程中驾驶车辆撞击他人致死亡;不同之处在于,司法机关对这种行为的定性存在较大的分歧。一是认为构成过失致人死亡罪,如案例1。从该案判决书的内容可知,法院没有将开车撞人致死的行为认定为聚众斗殴行为的一部分,即该行为不属于发生在聚众斗殴过程中致人死亡的行为,而是将开车撞人致死的行为单独评价为过失致人死亡的行为,即"苏某未安全驾驶车辆,发生交通事故,致一人死亡"。二是认为构成以危险方法危害公

---

① 苏州市中级人民法院刑事判决书,(2014)苏中刑初字第0020号。

② 湖南省高级人民法院刑事判决书,(2016)湘刑终字225号。

共安全罪,如案例2。这种定性的理由在于,行为人在聚众斗殴中驾驶车辆冲向不特定多数的人群造成人员伤亡,其行为具有侵害不特定人的生命、财产法益的危险,且这种危险已实现,故构成以危险方法危害公共安全罪。亦即,“谢某在被斗殴一方人员持械围困的情况下……仍驾驶视线严重受限的车辆在人员较多的道路上高速行驶,连撞两人并致其中一人死亡,其行为危害到不特定多数人的人身安全,已构成以危险方法危害公共安全罪”。三是认为构成故意杀人罪。这种观点所依据的是《刑法》第292条第2款关于“聚众斗殴,致人重伤、死亡的,依照本法第二百三十四条、第二百三十二条的规定定罪处罚”的规定,即以故意伤害罪、故意杀人罪定罪处罚。案例3中法院是将杨某兵在聚众斗殴中开车撞死对方王某乙的行为转化为故意杀人罪,“故二被告人的行为均转化为故意杀人罪”。但有的直接认定为故意杀人罪的(法律拟制说)没有采用转化犯的理论进行阐述,也有的以《刑法》第292条第2款的规定是注意规定为由直接认定为故意杀人罪。四是认为构成故意伤害罪。这种意见成立的依据与认为构成故意杀人罪的观点依据基本一致,即依据《刑法》第292条第2款的规定,如案例4中法院认定“雷某龙在聚众斗殴过程中冲撞他人,致一人死亡,其行为构成故意伤害罪”。但是,区别是如何理解和适用这条规定,换言之,几乎相同的犯罪行为(包括结果)为什么在适用同一款规定时产生不一样的定性,即使同一定性所适用的理由也差距很大。这也是本章将要解决的核心问题。

几乎相同的行为,不同司法机关的定性差异很大,暂不论结论是否准确,产生这种非常态的现象本身值得反思,况且,性质相同的行为定性不同并由此导致的量刑差异,对于行为人还是被害人而言都不公平,于此刑法既未较好地保护法益,也未较好维护法规范的有效性。不得不说,就在聚众斗殴中致人死亡行为的定性,学界对此早有讨论,不是一个新问题,但学者们的讨论并不全面,或是根据转化犯理论,或是从注意规定与法律拟制的区分,或是以犯罪竞合理论等方面加以论述,没有将对上述行为定性所适用的理论进行全面有效的分析,更没有对该行为(犯罪事实)的性质作实质的客观分析。根据前文列举的案情及其分析内容,笔者认为,对于如何评价在聚众斗殴中(驾驶车辆)致人死亡的行为定性,必须准确回答以下几个问题。

第一,在聚众斗殴中驾驶车辆致人死亡的行为是否属于聚众斗殴行为的一部分?在聚众斗殴过程中,无论是驾驶车辆逃离现场还是驾驶车辆横冲直撞,无论是否具有驾驶能力或驾驶的方式如何,是否只要是在斗殴中驾驶车辆的行为都可以设为聚众斗殴行为的一部分。明确回答了这个问题,就能很好地解释法院判决该行为构成过失致人死亡罪是否妥当、准确。反之,若否定回答该问题,那是否认为法院关于过失致人死亡的认定是准确的?这应该是一个事实认定的问题,为开启本章的讨论内容奠定基础。笔者认为,从聚众斗殴双方成员开车准备去斗殴到斗殴双方的斗殴行为完全结束,斗殴双方成员开车致人重伤、死亡的行为都是聚众斗殴行为的一部分,无论斗殴双方成员出于什么动机和目的,不能简单机械地将这期间发生的行为割裂开来,应该从整体把握。例如,案例 1 中当苏某看到有人在其车前持枪,遂低头驾驶车辆逃离现场而将对方人员冯某立撞死,这一行为属于聚众斗殴行为的部分行为。理由在于,该案中苏某驾驶车辆是发生在双方斗殴过程中,驾驶车辆虽然是为了逃离现场(没有积极斗殴的故意),但他是在对方开枪之后并看到有人持枪(具体斗殴行为)后逃离现场的,这种行为在形式上虽有别于典型打、砸等斗殴行为,但这一行为是发生在斗殴现场双方人员众多且已是斗殴进行时,其行为客观上具有侵害不特定人生命法益的现实危险,与典型的斗殴行为实质无异,将其视为聚众斗殴行为的一部分是合理的。由此,前述其他案例聚众斗殴中行为人驾驶车辆致人死亡的行为都应视为聚众斗殴行为的一部分。

第二,在明确聚众斗殴中驾驶车辆致人死亡的行为是斗殴行为的一部分后,那么,对于同一问题,法院认定为何会产生较大差异。为什么有的认定为以危险方法危害公共安全罪,有的认定为故意杀人罪,有的认定为故意伤害罪,即使在适用同一款法规范时,所得出的结论也是不同的。产生这些问题的关键是没有对在聚众斗殴中驾驶车辆致人死亡的行为进行准确定性?这个问题最核心的本质在于,如何理解和适用《刑法》第 292 条第 2 款规定的"聚众斗殴,致人重伤、死亡的,依照本法第二百三十四条、第二百三十二条的规定定罪处罚"。

第三,如何准确地理解和适用《刑法》第 292 条第 2 款的规定?在理论与实务界，对于这条法规范内容的理解和解读较为混乱。有的将该条规定理解为转化犯或“准犯”。“聚众斗殴致人重伤或者死亡的立法规定应当定位于转化犯。”①有的将该规定理解为注意规定。“第292条第2款也只是提示司法工作人员注意的规定而非法律拟制。”②这也是司法实务所持有的主要观点。“笔者认为《刑法》第292条第2款是注意规定而非法律拟制。”③有的直接将其解释为法律拟制，“首先，本规定属于法律拟制。”④也有的将其界定为法律推定，“对于聚众斗殴致人重伤、死亡以及非法拘禁使用暴力、刑讯逼供、暴力取证、虐待被监管人致人伤残、死亡的，刑法规定按照故意伤害罪，故意杀人罪定罪处罚。这既非法律拟制，也非注意规定，而是为了减轻犯罪检控的证明负担所作的法律推定”。⑤

虽然将该条规定解读为转化犯、法律拟制或注意规定是主流观点，且法律拟制与注意规定的争议属于争议焦点，但是，学界与实务界对该条规定属性的解读是混乱的，更重要的是，许多论者在解释中混用上述观点，主要集中在转化犯与法律拟制、注意规定的混用。比如，有论者认为《刑法》第292条第2款是注意规定而非法律拟制，同时又主张，《刑法》第292条第2款是标准（典型）的转化犯的立法例。⑥因此，不同论者对《刑法》第292条第2款规定属性的界定不同，且不同属性在论者视野中的适用是混乱的。对此，需要思考的是，转化犯的提法在当前是否还有存在的必要；转化犯与法律拟制、注意规定是否具有关联性；主张法律拟制是否妥当；若主张为注意规定，如何适用该条；法律推定的提法是否符合罪刑法定原则，能否解决司法适用问题。

对于《刑法》第292条第2款规定性质的理解，只是适用该规定的前提和基础，而关键在于，在合理界定其性质后如何准确适用该款规

---

① 陈伟：《聚众斗殴转化犯的范围及其界定》，载《法治研究》2018年第1期。

② 张爱晓：《〈刑法〉中转化与竞合性质问题》，载《上海政法学院学报（政法论丛）》2013第4期。

③ 戚建龙：《〈刑法〉第292条第2款的属性辨析》，载《中国检察官》2014年第3期。

④ 张明楷：《刑法学》（第5版），法律出版社2016年版，第1062页。

⑤ 刘之雄：《法律推定中的故意伤害罪、故意杀人罪研究——以聚众斗殴致人重伤、死亡为焦点》，载《法学家》2018年第1期。

⑥ 参见戚建龙：《〈刑法〉第292条第2款的属性辨析》，载《中国检察官》2014年第3期。

定,这里涉及刑法中更为复杂的竞合论问题。换言之,在分析聚众斗殴中致人重伤、死亡之行为的性质,最疑惑的是该行为究竟符合何罪之构成要件,进言之,《刑法》第 292 条第 2 款规定是否能够准确全面评价聚众斗殴致人重伤、死亡行为?其一,《刑法》第 292 条第 2 款规定与第 234、232 条规定是什么关系?其二,当法益侵害的结果为重伤、死亡时,如何适用《刑法》第 234、232 条的规定,这是否意味着重伤结果即构成故意伤害罪,死亡结果构成故意杀人罪?当行为同时符合故意伤害罪与故意杀人罪的刑法规定时,如何适用?是采用想象竞合还是法条竞合?其三,当行为还符合除第 234、232 条规定之外的其他刑法规定,该规定与刑法第 292 条第 2 款、第 232 条、第 234 条规定是否具有关联,如何准确适用相关规定?上述问题可归结为,以什么立场评价在聚众斗殴中致人重伤、死亡的行为性质。

二、转化犯的摒弃:一个混乱概念的应有下场

转化犯起源于对我国《刑法》第 269 条规定的“转化的抢劫罪”的称谓。“转化犯是我国刑法学中特有的概念”,[①]也是我国独创的一种犯罪形态,后来扩张用于解释如《刑法》第 238 条第 2 款(非法拘禁中暴力致人伤害、死亡)、第 292 条第 2 款的规定。它本质是为了解释诸如第 292 条第 2 款规定内容产生的原因及合理性而创造的一种理论,简言之,为什么在聚众斗殴中致人重伤、死亡的行为构成故意伤害罪、故意杀人罪,以便于统一其司法实践的适用标准。虽然转化犯是我国刑法学界独有,在某种程度如某些学者所言,“目前在刑法理论和司法实践中已得到广泛的接受和适用”,[②]但是,“学界对于转化犯的界定多有不同”,[③]对它的认识和界定相当混乱。笔者认为,转化犯在当前刑法理论与司法实践中不具有存在的价值。

第一,对转化犯的界定在本质上是不明确的。有的认为,转化犯是违法行为转化为犯罪行为;有的认为,转化犯是此犯罪转化为彼犯罪;

① 肖本书、赵永红:《转化犯基本问题研究》,载《法学评论》2012 年第 4 期。

② 杨新京:《论转化犯》,载《国家检察官学院学报》2004 年第 4 期。

③ 高娜:《比较法视野下的“转化犯”理论——以“聚众斗殴”司法认定为切入点》,载《刑事法判解》2012 年第 2 期。

有的认为,转化犯是故意犯罪之间的转化;也有的认为,转化犯包括过失犯向故意犯的转化;但都认为总体上应是轻罪转化为重罪。这里还包括犯罪主体的转化,如已满 14 周岁未满 16 周岁的人在聚众斗殴中致人重伤、死亡的是否构成故意伤害罪、故意杀人罪,聚众斗殴中其他一般积极参与人是否转化为承担聚众斗殴致人重伤、死亡的责任主体等,这些都是不明确的。由此可知,转化犯究竟指什么是不明确的,转化犯的成立范围实质上是模糊的。

第二,转化犯与罪刑法定原则在本质上相互矛盾。这源于转化犯成立范围的模糊,也由此导致其成立的随意性,这种不确定性极易扩张犯罪,使认罪认定具有随意性,尤其是其中主张违法行为直接转化为犯罪行为的,即无罪转化为有罪,这与罪刑法定原则相矛盾,严重侵犯人权。虽然有学者认为,"转化犯以刑法规定为限",[①]"转化犯是我国法律规定的一种犯罪形态"。[②] 但是,这种说法与转化犯的成立是否与罪刑法定原则相符不是同一层级问题。包括《刑法》第 292 条第 2 款、第 238 条第 2 款等被视为转化犯的规定,就规定内容本身而言无疑是法定的,而转化犯则是学者对上述规定合理性的解释性术语,属于对法律规定内容之共性的总结,本质上与罪刑法定原则的应有之义无关联。正因为它是一种解释性术语,而又存在定位模糊的问题,存在被随意使用的可能,从而导致所谓"转化犯"成立的随意,与罪刑法定原则矛盾。

第三,转化犯作为一种法定的犯罪形态是不成立的。不同的犯罪形态是故意犯罪行为进程中所呈现的不同属性所造成的,如犯罪预备、未遂、中止、既遂、共犯等犯罪形态,实质上就是犯罪的预备行为、未遂行为、中止行为、既遂行为、共犯行为等。这些犯罪形态由法律明文规定,且都属于刑法总论部分。因此,它们原则上都适用于刑法分论的个罪,具有适用共性。根据前述观点和标准,转化犯不是一种犯罪形态。虽然主张转化犯的学者几乎主张这种转化主要是行为性质的转化,如聚众斗殴行为转化为故意伤害或故意杀人行为,非法拘禁行为转化为故意伤害或故意杀人行为,但行为性质的转化本质仍是解释"转化犯"

---

① 张小虎:《转化犯基本问题研究》,载《现代法学》2003 年第 6 期。

② 杨新京:《论转化犯》,载《国家检察官学院学报》2004 年第 4 期。

成立的一种理论主张，而非刑法规定的内容，属于对转化犯的界定。更何况，转化犯只是一种解释的术语，是对包括第 292 条第 2 款等规定具有相同法律特征(主要是行为性质变化)的一种概括，不可能适用所用刑法分论的个罪，仅适用于具有转化犯特征的个罪。

第四，未能准确界定聚众斗殴致人重伤、死亡等行为的性质，简单地认为是行为性质的转化，这是转化犯存在的根本不足。从形式上分析，从聚众斗殴直接到故意伤害、故意杀人，是行为性质的变化，但是这种变化的理由在赞成者视野中是不明确的。“转化犯的基本模式是：A(基础犯罪)+B(转化犯罪或者其他事实特征)=B(转化犯罪或者准转化犯罪)。”[①]根据这个公式可分析，转化犯是由基础犯罪和转化犯罪或其他事实构成的，如聚众斗殴(行为或犯罪)和致人重伤、死亡的结果事实构成了故意伤害罪或故意杀人罪。这种分析思路是将聚众斗殴行为与致人重伤、死亡的行为(或结果)分开来解释行为性质转化的理由。这种解释路径没有准确解释聚众斗殴致人重伤、死亡行为的性质。笔者认为，聚众斗殴的行为本身(尤其是持械斗殴)即具有侵害他人身体健康、生命法益的危险，聚众斗殴致人重伤、死亡是聚众斗殴行为自身危险的实现，并未超出其行为性质的范畴，完全没有必要也不应该将聚众斗殴行为与致人重伤、死亡的行为(结果)分割开来分析，至于在聚众斗殴中致人重伤、死亡行为的定性则需要进一步分析。即使按照法律拟制的观点，对于聚众斗殴中致人重伤、死亡直接以故意伤害罪、故意杀人罪定罪处罚，相对于单独论之的分析思路，更具有合理性。又如，《刑法》第 267 条第 2 款规定的“携带凶器抢夺的，依照本法第二百六十三条的规定定罪处罚”。将该条视为转化犯的规定，无非将抢夺行为和携带凶器的事实分开评价，然后认为两者相加即转化为抢劫罪，但这种评价未准确把握携带凶器抢夺行为的性质，携带凶器抢夺的行为本身具有侵害他人人身权法益和财产法益的现实危险，完全可以解释为抢劫行为，而不是从抢夺行为转化为抢劫行为。

总之，转化犯是特定历史时期的理论产物，当前理论上已基本无支

---

① 高娜：《比较法视野下的“转化犯”理论——以“聚众斗殴”司法认定为切入点》，载《刑事法判解》2012 年第 2 期。

持者，但在司法实践中仍有不小影响。转化犯因其所指不明且未准确把握“转化犯”的行为性质，已无存在的必要和价值。“总而言之，目前使用的转化犯概念并无学术价值。”①

三、法律拟制的不足：未能准确界定聚众斗殴行为的性质

对于《刑法》第292条第2款的规定，一种强有力的观点是，“本规定属于法律拟制”。②“法律拟制（或法定拟制）的特点是，导致将原本不同的行为按照相同的行为处理（包括将原本不符合某种规定的行为也按照该规定处理）。”③“所以，行为人在斗殴过程中并没有杀人的故意，但客观上致人重伤、死亡，应认定为故意伤害罪、故意杀人罪（根据责任主义原理，以行为人对重伤、死亡具有预见可能性为前提）。”简言之，聚众斗殴，致人重伤、死亡的，不论行为人的主观内容，都构成故意伤害罪、故意杀人罪。笔者认为，这种解释路径相较于转化犯的提出和适用，更具有合理性，但它是一元结果无价值论的逻辑结论，存在严重弊端，不应被赞同。

第一，肯定法律拟制的关键理由与其基本主张自相矛盾。“法律拟制（或法定拟制）与注意规定不同，其特点是导致将原本不同的行为按照相同的行为处理（包括将原本不符合某种规定的行为也按照该规定处理）。”④简言之，法律拟制的本质在于将不同性质的行为视为相同性质的行为，如聚众斗殴致人重伤、死亡行为原本与故意伤害、故意杀人行为性质不相同，但在定罪处罚上却将二者等同。笔者认为，行为性质是否相同主要是指行为侵害法益的危险是否相同，行为侵害的法益是否相同或类似是关键。详言之，行为性质相同是指行为侵害法益的危险相同。据此，法律拟制的本质是将侵害不同法益（的危险）的行为视为侵害相同法益（的危险）的行为。然后，主张该条为法律拟制的学者

---

① 刘之雄：《法律推定的故意伤害罪、故意杀人罪研究——以聚众斗殴致人重伤、死亡为焦点》，载《法学家》2018年第1期。

② 张明楷：《刑法学》（第5版），法律出版社2016年版，第1062页。

③ 张明楷：《刑法分则的解释原理》（第2版），中国人民大学出版社2018年版，第631页。

④ 陈洪兵：《刑法分则中注意规定与法律拟制的区分》，载《南京农业大学学报（社会科学版）》2010年第3期。

又认为,法律拟制能够成立的"实质上的(内在)理由是基于两种行为对法益侵害相同或相似性"。[①] 即"聚众斗殴致人重伤、死亡的法益侵害性,与故意伤害罪、故意杀人罪的法益侵害性相同,因而具有将其解释为法律拟制的实质根据"。[②] 换言之,法律拟制成立的关键理由在于两种行为侵害法益危险相同或相似,斗殴行为侵害法益的危险与故意伤害、故意杀人行为侵害法益的危险相同。根据违法性的本质在于法益侵害及其危险,行为违法性的本质在于行为侵害法益的危险,上述论点也意味着聚众斗殴行为与故意伤害、故意杀人行为的违法性相同。既然这是法律拟制成立的关键理由,那么,其基本主张也应该是围绕说明两者行为性质相同才能成立法律拟制,但事实上其主张的是将不同性质的行为视为性质相同的行为,法律拟制成立的关键理由与其基本主张本质是矛盾的,故其法律拟制的主张值得质疑。

第二,认为法律拟制能够弥补立法的漏洞并实现罪行均衡的效果是不必要的。张明楷教授在说明《刑法》第 292 条第 2 款的内容属于法律拟制时,首先反对将此款内容视为注意规定,认为会导致处罚的不协调,进而阐述:"例如,甲故意致一人重伤的,直接认定一个故意伤害罪,适用'三年以上十年以下有期徒刑'的法定刑。而 A 在聚众斗殴中故意致一人重伤的,也仅认定为一个故意伤害罪,适用相同的法定刑。于是,聚众斗殴的事实没有得到评价。反之,如果认为本款是法律拟制,那么,当 A 在聚众斗殴的过程中,虽无伤害故意但只要对重伤存在过失,即认定为故意伤害罪,适用'三年以上十年以下有期徒刑'的法定刑,才能使二者之间保持协调。聚众斗殴致人死亡时,也是如此。将本条认定为法律拟制,也不导致处罚太重。"[③]"刑法第 292 条第 1 款的情节加重犯中,并没有规定聚众斗殴致人重伤、死亡的结果加重犯。如果认为本款属于注意规定,那么,便形成了一个不公平的'空挡':聚众斗殴中故意杀人的,按故意杀人罪论处;聚众斗殴行为人过失造成死亡结

---

① 张明楷:《刑法分则的解释原理》(第 2 版),中国人民大学出版社 2018 年版,第 633 页。

② 张明楷:《刑法分则的解释原理》(第 2 版),中国人民大学出版社 2018 年版,第 659 页。

③ 参见张明楷:《刑法学》(第 5 版),法律出版社 2016 年版,第 1062 页。

果的，由于不符合第292条第1款的情节加重犯的条件，只适用基本犯的法定刑（3年以下有期徒刑、拘役或者管制）；虽然能够同时认定该行为触犯了过失致人死亡罪，但由于只有一个行为，结局只能按触犯的重罪（过失致人死亡罪）定罪处罚。这便形成明显的不公平现象：多次聚众斗殴，持械聚众斗殴等行为，即使没有造成人员轻伤，也应判处3年以上10年以下有期徒刑，而聚众斗殴致人死亡时，只有对死亡没有故意，反而只能按过失致人死亡罪论处，最高刑为7年有期徒刑。"[①]

上述观点无非认为，《刑法》第292条第1款规定了普通聚众斗殴行为（3年以下有期徒刑、拘役或管制）及其情节加重犯的刑罚（3年以上10年以下有期徒刑），但不包括故意或过失致人重伤、死亡的加重情节，若以注意规定认为聚众斗殴故意致人重伤、死亡构成故意伤害罪、故意杀人罪，虽刑罚保持了衡平，既没有评价聚众斗殴的行为，也无法评价过失致人重伤、死亡的行为，只能以过失致人死亡罪与聚众斗殴罪（想象竞合）择一重处，以过失致人死亡罪（3年以上至7年以下有期徒刑），从而造成了处罚的漏洞和刑罚不公。笔者认为，上述观点及其论证存在弊端，不足取。

首先，上述观点没有准确解释聚众斗殴行为的性质。根据《刑法》第292条第1款的规定，"聚众斗殴的，对首要分子和其他积极参加的，处三年以下有期徒刑、拘役或管制"。由此可知，只要存在聚众斗殴行为而不需要该行为造成法益侵害的实害结果即构罪。而且，聚众斗殴行为具有侵害社会公共秩序法益的危险，聚众斗殴行为造成社会公共秩序处于被侵害的危险状态是聚众斗殴行为构罪的根据，进言之，聚众斗殴罪是一种危险犯，[②]而非传统理论意义上的结果犯。该条规定的四种加重处罚情节，表明的都是聚众斗殴行为的性质和内容，包括行为主体、方式、地点、工具等行为自身的内容，不包括法益侵害结果的要素。比如，聚众斗殴人数多、规模大、社会影响恶劣的，是指聚众斗殴的行为主体多，人数多，社会影响恶劣的也是指聚众斗殴行为所能涵盖的内容范畴；在

---

① 张明楷：《刑法分则的解释原理》（第2版），中国人民大学出版社2018年版，第659页。

② 行为侵害法益的危险（行为的危险）与法益处于侵害危险的状态（作为危险的结果）在聚众斗殴罪中是难以区分的。

公共场所或者交通要道聚众斗殴,造成社会秩序严重混乱的,指的是聚众斗殴行为的特定地点,只是在公共场所或交通要道聚众斗殴的,一般就意味着社会秩序严重混乱;持械聚众斗殴是指行为的工具,这种行为的危险相比一般聚众斗殴行为危险要大,可能包括具有侵害他人生命法益的现实危险,但仍属于聚众斗殴行为本身的性质;多次聚众斗殴的,虽然主要征表行为人的危险性,但这种危险依旧是源于行为的危险。总之,《刑法》第 292 条第 1 款规定的四种加重情节,是聚众斗殴行为内容的应有之义,都属于聚众斗殴罪的构成要件涵摄范围的内容。虽然聚众斗殴行为具有侵害他人身体健康、生命法益的现实危险,但聚众斗殴行为的这种性质并非聚众斗殴行为所独有的,类似具有这种行为性质的行为还有很多,如暴力非法拘禁的行为具有侵害被拘禁人身、生命法益的现实危险,更为普通就是故意伤害行为、故意杀人行为都具有这种行为性质,所以,聚众斗殴致人重伤、死亡的情节不属于聚众斗殴罪的构成要件范围的内容,并不是聚众斗殴罪应有的内容。进言之,聚众斗殴致人重伤、死亡的情节不能成为聚众斗殴罪的加重情节,它已是行为性质的变化,已超出聚众斗殴罪的评价范围。作为某罪结果加重犯的情节,往往属于该罪构成要件范畴内的内容,只是该情节提高了行为违法性、有责性的程度,从而加重处罚。总之,聚众斗殴致人重伤、死亡的情节并没有使《刑法》第 292 条第 1 款规定中存在刑罚漏洞以致刑罚不公的情形,该规定完全是合法合理的。

其次,聚众斗殴致人重伤、死亡被评价为故意伤害罪、故意杀人罪时并没有忽略聚众斗殴行为的评价。聚众斗殴致人重伤、死亡的行为,既侵害了社会公共秩序的法益,又侵害了不特定人的身体健康、生命法益,最终评价为故意伤害罪、故意杀人罪,是运用法条竞合和想象竞合原理所得出的结论,都是对包括聚众斗殴行为在内的所有构成要件要素所得出的结果,不可能离开聚众斗殴行为单独评价重伤、死亡的结果,即使单独评价也难以得出故意伤害罪、故意杀人罪的结论。

最后,聚众斗殴,致人重伤、死亡的,不可能包括聚众斗殴行为过失致人重伤、死亡的情形。虽然现实中聚众斗殴的事实情节相当复杂,但通过全面综合分析聚众斗殴行为的性质,难以得出存在聚众斗殴行为过失致人重伤、死亡的情形。因为聚众斗殴行为本身即具有侵害他人身体健康、生命法益的危险，即使聚众斗殴的行为人（纠集者、积极参加者和一般参与人）主观没有积极追求他人死亡的意愿，但只要决定并实际参与并实施聚众斗殴的行为，也就意味着行为人对其行为的危险在主观上是放任的，即具有间接故意。所以，聚众斗殴不存在斗殴行为人过失致人重伤、死亡的情形。而张明楷教授明确提出，“A 在聚众斗殴的过程中，虽无伤害故意但只要对重伤存在过失，即认定为故意伤害罪”。[①] 这种观点也是未准确认定聚众斗殴行为性质。聚众斗殴中故意致人重伤、死亡，以故意伤害罪、故意杀人罪定罪量刑则是合乎逻辑的，没有存在所谓处罚的断档而造成刑罚的实质不公。

第三，论者视《刑法》第 292 条第 2 款规定为法律拟制的论证逻辑存在不足。法律拟制的本质是唯结果而论的，聚众斗殴致人重伤的不论行为人的主观内容都以故意伤害罪定罪处罚。“因此，如果按照法律拟制说把‘四个条款’看作法律拟制，则意味着只要法定的基础行为发生致人重伤（或伤残）、死亡的结果，就应根据结果分别按故意伤害罪、故意杀人罪定罪处罚，而不论行为人对伤亡结果的主观心态如何。”[②]这是一元结果无价值论的观点。在行为违法、构罪与否的判断中，只以结果为判断的唯一标准，虽然也判断行为，但行为只是说明结果的一个要素，不具有独立地位。换言之，聚众斗殴行为只是说明它是产生重伤、死亡结果的因素，而没有准确分析聚众斗殴行为的性质。这种分析逻辑属于一元客观主义的立场，不足明显，此为其一。其二，论者认为只要聚众斗殴导致死亡的严重结果，不论行为人的主观内容，都构成故意伤害罪、故意杀人罪，但同时又认为行为人要承担刑事责任，在责任层面需要以行为人对重伤、死亡具有预见可能性为前提。以构成要件论体系为根据分析，这种观点无疑体现的是一元结果无价值论的主张，但相关论述仍是矛盾的。违法是客观的，责任是主观的，行为人的主观内容原则上是责任要素，以该论者前述观点，只要聚众斗殴致人重伤、死亡即构罪，不需要行为人的主观故意或过失，即不需要主观的责任，而

---

① 张明楷：《刑法学》，法律出版社 2016 年版，第 1062 页。

② 刘之雄：《法律推定的故意伤害罪、故意杀人罪研究——以聚众斗殴致人重伤、死亡为焦点》，载《法学家》2018 年第 1 期。

后又认为根据责任主义原理，行为人应对重伤、死亡具有预见可能性。亦即，行为人主观上对其聚众斗殴行为具有侵害他人身体健康法益、生命法益的危险及其实现化是明知的，明知行为的危险仍选择实施行为，对结果而言至少是放任的，行为人主观上具有责任，犯罪的成立是否需要主/客观相结合的原则在法律拟制论者的视角中显然是混乱的。由此可知，上述论述的观点在逻辑上是矛盾的，不足信。

综上，《刑法》第 292 条第 2 款规定作为法律拟制的观点不应被支持。

四、法律推定说的否定：违背基本法理的“新路径”检视

“对于聚众斗殴致人重伤、死亡以及非法拘禁使用暴力、刑讯逼供、暴力取证、虐待被监管人致人伤残，死亡的，刑法规定按照故意伤害罪、故意杀人罪定罪处罚。这既非法律拟制，也非注意规定，而是为了减轻犯罪检控的证明负担所作的法律推定。即推定致人重伤（伤残）的行为人具有伤害故意，致人死亡的行为人具有杀人故意，分别构成故意伤害罪、故意杀人罪。”[①]这是关于《刑法》第 292 条第 2 款规定性质的最新提法，法律推定说的主张虽看似另辟蹊径，但实则违背基本法理，没有正确分析聚众斗殴行为的性质，值得质疑。

（一）立论基础混乱

该说认为，法律推定限于立法推定，不包括所谓事实推定或者司法推定。法律推定是指立法者按照特定的立法意图依据立法程序在成文法条文中所设置的推定规范，规定以某一事实的存在为基础，据以认定另一事实或权利的存在，如《刑法》第 395 条规定，国家工作人员的财产、支出明显超过其合法收入且不能说明来源的，即推定差额部分为非法所得；又如，不满 14 周岁的人推定其无刑事责任能力。同时认为，法律推定具有可反驳性。后又认为，法律推定是用以解决事实判断问题，是根据生活经验和事物的逻辑关系，对具有高概率性或者内在逻辑性的事实所作的归类判断，即基于某类事实在通常情况下或正常情况下

① 刘之雄：《法律推定的故意伤害罪、故意杀人罪研究——以聚众斗殴致人重伤、死亡为焦点》，载《法学家》2018 年第 1 期。

的真,推断该类事物为全真。简言之,法律推定是事实判断上的概率性归真。事实推定是指诉讼上的推定,如对“明知”的认定,它不是真正意义上的推定,属于证明方法的范畴,其实质是推理。①

一是该说虽主张法律推定为立法推定而非事实推定,但其本质是事实推定。分析该说相关主张,如国家工作人员不能说明明显超出其合法收入的财产、支出即将差额部分视为非法收入,未满 14 周岁的人不具有刑事责任能力,可知将这种意义的推定看作立法推定是妥当的。该说理应按照该思路继续分析聚众斗殴致人重伤、死亡的行为是故意伤害行为、故意杀人行为,据此断定《刑法》第 292 条第 2 款的规定是立法推动。从形式上分析,虽然这种分析才符合逻辑,但这种分析逻辑与法律拟制的分析原理如出一辙,没有区别。然而,该主张没有沿着这种逻辑进路分析,而是认为法律推定是解决事实判断问题,是运用生活经验和事物的逻辑关系对事实的概率性归真的判断,并据此认为,聚众斗殴致人重伤(伤残)的行为人具有伤害故意,聚众斗殴致人死亡的行为人则具有杀人故意。不难发现,这种判断本质上是事实推定、司法推定。它解决的是事实归真的判断问题,而案件事实的判断是司法者运用证据证明案件事实成立与否的活动。对事实归真的判断属于一种刑事诉讼中运用证据证明的方法(一种推定),也就是司法推定(事实推定)。认为聚众斗殴致人重伤(死亡)的行为人即具有伤害(杀人)的故意,就是运用证据证明的事实对行为人主观的推定,与该主张所举的刑法中“明知”的推定在本质上相同,与该主张视野中的“事实推定是指诉讼上的推定”的观点也无差异。更何况,上述关于立法推定所举的例子不是解决事实问题,而是解决对事实法律性质的认定问题,即构成要件要素的认定。因此,该主张虽名义上主张法律推定为立法推定,但其实则是事实推定。

二是认为法律推定可以反驳的主张实质是在承认法律推定就是事实推定。该说认为法律推定是立法推定,但这种立法推定是在案件事实查清楚的前提下进行的。换言之,只有达到“事实清楚、证据确实充

---

① 参见刘之雄:《法律推定的故意伤害罪、故意杀人罪研究——以聚众斗殴致人重伤、死亡为焦点》,载《法学家》2018 年第 1 期。

分"才能立法推定,否则,在事实不清、证据不足的情况下难以作立法推定,这也意味着该推定实质上是对事实性质上的推定。这种推定不具有反驳性,而能反驳的只能是不清楚的事实和不足的证据,但这种反驳已是对案件事实的反驳,是一种诉讼证明方法,亦即是事实推定。比如,A不满14周岁,即可推定A不具有刑事责任能力,这一推定前提是A不满14周岁的事实清楚,证据完全可以证实,换言之,这种推定不具有反驳性。A若提出证据反驳,反驳的显然是其不满14周岁的事实和不足以证明该事实的证据。再如,国家工作人员不能说明明显超过其合法收入的财产、支出的,差额部分即为非法所得,这种推定的前提也是国家工作人员的合法收入,所查实的国家工作人员财产、收入明显超过其合法收入,国家工作人员不能说明明显超过其合法收入的财产、支出的合理来源等事实是明确的。只有充足的证据证明上述事实成立,才能认为差额部分的财产、支出是国家工作人员的非法所得。这种推断显然不具有反驳性,而国家工作人员若提出反驳上述财产是有合法来源的,反驳的对象是对事实的反驳,而立法推定是对事实性质的推定。

总之,法律推定说的立论基础是混乱的。

(二)理由不够充分、逻辑存在矛盾

该说分别从五个方面来论证法律推定说的合理性,笔者将逐一对五个理由进行反驳,以论证五个理由并不能支撑法律推定说的成立。

1. 以法律推定具有客观事实根据为由,不能充分证明法律推定说的合理性。

"法律推定说具有客观上的事实根据,符合推定的一般规律。常识告诉我们,聚众斗殴尤其是持械斗殴会导致何种危害结果,往往不具有可控性,发生致人重伤、死亡的结果具有逻辑上、概率上的正常性,组织、参与斗殴者作为有责任能力的人对此应该是了解的,通常而言,推定行为人聚众斗殴的故意中考量了或者容忍了重伤甚至死亡结果发生的可能性,是具有事实基础的。"①笔者认为,这种论证不能充分说明法

---

① 刘之雄:《法律推定的故意伤害罪、故意杀人罪研究——以聚众斗殴致人重伤、死亡为焦点》,载《法学家》2018年第1期。

律推定说成立的理由。一是推定都具有事实基础。无论是立法推定还是事实推定,都以事实为基础,前者是对事实性质的推定,后者更多是基于事实进行的推定,故以此为由论证法律推定说成立的理由并不充分。二是这种论证其实是在阐述聚众斗殴行为自身具有的侵害法益危险的性质,以及论证聚众斗殴行为人(组织者、参与者)对其行为性质在主观上是明知的,这种论证正是在分析聚众斗殴行为致人重伤、死亡中行为人的主观故意,而不是直接以结果为根据推定行为人的主观故意内容。

2. 法律推定说不能从法条语言上得到合理解释。

"法律推定说能从法条语言上得到合理解释。"①该观点认为《刑法》第292条第2款是刻意将重伤规定在前、死亡规定在后,并将其与《刑法》第234条(故意伤害罪)、第323条(故意杀人罪)相对应,进而认为,刑法条文内容的这种安排是为了表明对聚众斗殴致人重伤、死亡行为人的主观故意是基于结果的推定。笔者认为,这种论证思路系先入为主,是极端客观主义的表现,有失妥当。从形式上分析《刑法》第292条第2款规定的内容,伤害、死亡的结果分别对应的是故意伤害罪、故意杀人罪,但这种对应是由语言逻辑习惯所致,而非刻意安排。只有先认为聚众斗殴致人重伤即具有故意伤害进而构成故意伤害罪,致人死亡具有杀人故意进而构成杀人罪,才能认为两者是完全对应的关系。但这种论证逻辑体现的是先入为主的方法,即只以结果推定主观,这明显不妥。因为聚众斗殴致人重伤的行为人完全可能具有杀人的故意,致人死亡的行为人完全可能具有伤害的故意。同时,只以法益侵害的结果为唯一根据推断行为人的主观故意,也是一种极端(一元)客观主义的体现,该立场亦不足。况且,只以客观推定主观,这里的客观不应只包括结果,还必须包括聚众斗殴行为自身的危险,只有综合判断客观事实,才有可能在没有行为人口供的情形下对行为人的主观内容进行推定。所以,法律推定说不能从法条语言上得到合理解释。

3. 法律推定说不能避免法律拟制说的弊端。

"法律推定说能避免法律拟制说的弊端。将聚众斗殴致人重伤、死

---

① 刘之雄:《法律推定的故意伤害罪、故意杀人罪研究——以聚众斗殴致人重伤、死亡为焦点》,载《法学家》2018年第1期。

亡推定为故意伤害罪、故意杀人罪,意味着给予了被告人反驳的权利。如果行为人确实欠缺伤害故意、杀人故意,就可能通过这种反驳推翻这种推定。如此,就可避免法律拟制说所持的极端客观归罪立场可能造成的罪刑失衡问题。”①笔者认为,该观点的逻辑跳跃性让人费解,且前后观点自相矛盾。

其一,被告人的反驳与犯罪认定的推定方法无关联。虽然该说承认法律推定具有反驳性,但这种反驳性不仅是推定自身应有的内涵,更是所有刑事案件中被告人在刑事诉讼中享有的基本权利,是抗辩权的一种体现,而且抗辩的对象是在案证据和犯罪事实。被告人在刑事诉讼中能否反驳与司法者适用的犯罪认定方法没有关联性。因为,无论使用什么方法认定犯罪,被告人的抗辩权是不可能被剥夺的。即使是立法推定,被告人对控方指控的犯罪事实和证据也有抗辩权。以聚众斗殴行为造成的结果推定行为的定性,被告人是可以抗辩的,这与是否适用推定无关。

其二,该说观点先后矛盾。主张法律推定说的目的是减轻犯罪控方的证明负担。以结果推定聚众斗殴行为人的主观故意,进而认定被告人的行为定性,在客观上确实能够减轻控方的证明负担。但该说又肯定被告人对该推定具有反驳的权利,即如果确实没有伤害或杀人的故意,被告人对此推定可以反驳并予以推翻。所谓确实没有伤害或杀人的故意,本质已是对事实和证据分析后得出的结论。无论是站在论者、司法者还是被告人的立场,这都意味着控方指控的犯罪事实不清楚、证据不充分。因为对相同案件事实及其证据的分析可以得出两种相矛盾的结论,即使不同判断主体所使用犯罪判断方法不一样,也不可能改变事实不清、证据不足。进言之,控方法律推定的前提事实不明,在这种情形下能否减轻控方的证明负担值得质疑。此外,被告人反驳的对象不是伤害或杀人故意的结论,而是对此推定结论所依据的事实和证据的反驳。被告人对此反驳,控方肯定要作出回应,这就包括进一步补充证据和查清事实,就此而言,被告人的反驳明显增加了控方的证

---

① 刘之雄:《法律推定的故意伤害罪、故意杀人罪研究——以聚众斗殴致人重伤、死亡为焦点》,载《法学家》2018 年第 1 期。

明负担。所以,主张法律推定又肯定被告人的反驳,本质是矛盾的。

其三,法律推定说不能避免法律拟制说可能导致罪刑失衡的不足。肯定法律推定说的同时又主张被告人对推定有反驳权,并认为这样可以避免法律拟制说因其极端的客观立场可能产生刑罚失衡的问题,这无非认为虽然可以根据结果直接推定行为人的主观故意,但被告人对此推定可以反驳,反驳成立则无故意,从而为肯定聚众斗殴过失致人重伤、死亡奠定基础,由此也就可避免因法律拟制说只肯定故意而否认过失所导致的刑罚失衡问题。前文对该问题已详述。简言之,《刑法》第292条第2款的规定是合理的,不存在导致刑罚失衡的问题,法律拟制说存在的不足不成立。没有这种不足,法律推定说能够避免这种不足的说法也就不能成立。正如法律推定说自身论证的那样,"常识告诉我们,聚众斗殴尤其是持械斗殴会导致何种危害结果,往往不具有可控性,发生致人重伤、死亡的结果具有逻辑上、概率上的正常性,有责任能力的行为人对此应该是了解的"。这段话直接表明聚众斗殴行为本身即具有侵害他人身体健康、生命法益的危险,行为人在明知行为危险的前提下,仍实施聚众斗殴行为,其主观上至少成立(间接)故意,换言之,过失在此不具有成立的事实基础。"聚众斗殴罪不可能由过失构成。"①因此,从法律推定说自身的观点也能推断出该说不具有避免刑罚失衡问题的优势。更何况,就极端的客观立场而言,法律推定说与法律拟制说并无二致,其以结果为唯一根据推定行为人的主观故意,体现着极端客观主义,相比较而言,法律推定说有过之而无不及。总之,法律推定说可以避免刑罚失衡的观点不能成立。

4. 法律推定说能有效化解注意规定说所遭遇问题的论点值得质疑。

法律推定说认为,该说可以解决司法者在办理聚众斗殴致人重伤、死亡案件中面临的主观故意内容及责任范围不易认定等问题,进而可以减轻控方的证明负担以及防止放纵犯罪。② 笔者认为,法律推定说陷入了一种自相矛盾的论证陷阱,上述观点难以成立。一方面,法律推定

---

① 张明楷:《刑法学》(第5版),法律出版社2016年版,第1061页。

② 参见刘之雄:《法律推定的故意伤害罪、故意杀人罪研究——以聚众斗殴致人重伤、死亡为焦点》,载《法学家》2018年第1期。

说肯定法律推定的对象是以结果推定行为人的主观故意内容,也就是说,法律推定说认定犯罪仍坚持主客观相统一的原则,而这正是注意规定说在认定犯罪中所坚持的基本原则,也是犯罪认定的基本原则。以此论,法律推定说与注意规定说在本质上没有差异,只是在证明方法上法律推定说简化了主观故意的认定,但这种简化实质上不能减轻控方的证明负担。因为,即使在聚众斗殴致人重伤、死亡的案件中被告人对其主观故意完全予以否认,或是直接以法律推定其主观故意的内容,聚众斗殴行为及其导致重伤、死亡结果发生的客观事实都需要司法者运用证据予以证实。上述客观事实完全得到证据证实并达到明确标准,则运用推定(法律推定说认为的证明方法)也能够证明行为人的主观故意。如前文所述,行为人只要组织、参加聚众斗殴行为,即意味着其主观上至少具有间接故意,至于故意的内容则需要刑法竞合论的理论给予解决。因此,法律推定说不能减轻检控方的证明负担。另一方面,认为法律推定说可以防止放纵犯罪的论点也站不住脚。将《刑法》第 292 条第 2 款的规定理解为注意规定不会放纵犯罪。虽然司法实践中聚众斗殴案件的犯罪事实可能比较复杂,对于部分行为人的主观故意内容及责任主体的确定存在一定困难,但这是犯罪证据收集和事实认定层面上的问题,也是聚众斗殴案件本身具有的特征。若侦查机关穷尽一切手段仍无法查实导致结果发生的行为或行为人时,或部分犯罪事实无法查实,这只意味着认定行为人主观故意内容或确定责任人的基础事实不明,无论是以法律推定说还是注意规定说,都应根据疑罪从无或有利于被告人的原则作出有利于被告人的判断和决定,这里并不存在放纵犯罪的情形。若认为存在放纵犯罪之嫌,那么,这不是注意规定说独有的不足,法律推定说也存在这种不足。因为法律推定的基础事实不清,即使存在结果,由于无法查实造成结果的行为或行为人,也就无法推断主观故意,也就不能以犯罪处理,这不是放纵犯罪的表现,而是遵循罪刑法定原则认定聚众斗殴致人重伤、死亡行为的性质。总之,主张法律推定说能防止放纵犯罪的观点也值得质疑。

5. 法律推定说不能体现恰当的刑事政策,也不具有现实合理性。

“法律推定聚众斗殴致人重伤、死亡为故意伤害罪、故意杀人罪,虽然会在责任证明的负担上将被告人置于不利境地,但却是重大法益保护与被告人权益保护之间进行权衡的合理选择。"理由在于，因聚众斗殴致人重伤、死亡的概率高以及为保护生命、身体健康、社会公共秩序法益的需要，对于聚众斗殴致人重伤、死亡应采取更为严厉的刑事政策；同时还认为，由于此类案件的复杂使得控方的证明难度很大，行为人由于是事件亲历者而由其举证反驳不具有伤害（杀人）的故意相对于控方证明行为人具有前述故意的难度小，因而将证明责任作不利于行为人的分配具有实践上的合理性。[①] 笔者认为，上述观点不合理，更不具有实践理性。

一方面，聚众斗殴行为本身即具有侵害他人身体健康法益、生命法益的危险，这里的他人往往是不特定的，而这是由聚众斗殴的行为人、行为方式、行为对象、行为地点等内容决定的。如前文所举案例，斗殴双方的人数都超过三个，行为地点均在公共场所，行为的工具、方式均系采用砍刀和汽车，行为方式是斗殴，上述因素决定了聚众斗殴行为具有侵害不特定人的身体健康、生命、财产法益的危险，而这是公共安全法益，也是公共秩序法益。简言之，保护身体、生命和社会公共秩序法益是刑法规定聚众斗殴罪应有的目的。既然此目的为聚众斗殴罪自身所有，也就不应以此为由对聚众斗殴致人重伤、死亡的案件采用更为严厉的刑事政策。同时，刑法规定聚众斗殴罪是为了保护上述法益，这与司法者在办理这类案件中应保护被告人权益不能作简单对比。因为两者完全属于不同方面的内容，难以作简单衡量和对比。刑法保护的法益在犯罪认定中具有一定地位，属于实体法上的内容；而被告人权益的保护是刑事诉讼的一个基本原则，属于诉讼法上的内容，两者不能比较。强调保护前者而轻视后者，不仅会导致被告人权益受到损害，更重要的是由此造成诉讼程序的不合法，从而造成冤假错案，这比放纵犯罪危害更为严重。强调保护被告人的权益而忽视刑法保护的法益，则易致放纵犯罪。所以，两者作为性质不同的内容，不宜对比。况且，采用的刑事政策更多由刑事诉讼法和刑法两个方面体现，相辅相成，缺一不可。比如，当前司法实务中提倡认罪认罚从宽的刑事政策，体现在刑事

---

① 参见刘之雄：《法律推定的故意伤害罪、故意杀人罪研究——以聚众斗殴致人重伤、死亡为焦点》，载《法学家》2018 年第 1 期。

诉讼中的是在符合法定条件且被告人认罪认罚的前提下快速办理，而在实体法上体现的则是在犯罪认定中对被告人非难（责任）程度的降低，即从轻或减轻处罚。

另一方面，在证明责任的负担上作不利于被告人的分配，有悖于基本法理，不具实践合理性。该说以聚众斗殴致人重伤、死亡的案情复杂及行为人是行为的亲历者为由，认为行为人更易证明其主观上是否具有故意，进而主张不利于行为人（被告人）的证明责任。笔者认为，这种观点不仅难以成立，更违背基本法理，难言妥当。司法实践中疑难复杂的案件很多，任何行为人也都是案件的亲历者，如果赞成上述观点，为减轻控方的证明责任，那么，将会出现所有的刑事案件都由被告人承担证明其自身是否具有主观故意，这种结论不仅明显不合理，而且违背基本法理。当前，司法实践中案件争议的焦点往往在于行为人主观故意的认定，若出现上述情形，不仅会严重削弱控方的存在价值，也与控方指控犯罪的基本职能相违背，而且将会严重侵害被告人合法权益，与程序正义相悖，从而扩大犯罪范围，增加冤假错案。因为被告人在证据收集能力方面无法与侦查机关或检察机关相比，他基本上难以完成证明自己无主观故意的任务；反言之，控方只以结果判断被告人主观故意的成立是较为容易的，犯罪成立也就变得容易。不能为了所谓减轻控方的证明责任而简单将证明责任转移到被告人身上，这不合理也违背法理。综上，法律推定说的上述主张不能成立，不应被赞成。

（三）法律推定说的理论不严密，缺乏实质合理性

其一，法律推定说的理论不严密。法律推定说将其理论基础的立法推定与事实推定混同，并在反对注意规定说的同时又以注意规定说的定罪基本原则阐述法律推定说，自相矛盾。这是前文多提及的法律推定说在理论逻辑上存在的不足，除此之外，还存在以下理论不足。一是在主张法律推定的同时又肯定例外地存在被告人对此的反驳，理论上自相矛盾，也将导致与其主张法律推定说的目的不相符的情形，即反而可能增加控方的证明负担。二是以结果推定主观故意，当结果是唯一的在推定上不存在问题，但当结果是重伤后死亡的，应该如何推定行为人的主观故意，是不明确的。比如，聚众斗殴中致 A 重伤，在医治好后不久因该伤而死亡。对于该案法律推定说是无能为力的，逻辑上存

在漏洞。没有着眼于聚众斗殴行为本身的违法性、有责性进行分析，而是为了简化控方的证明负担而简单提出以结果推定主观故意内容的犯罪认定方法，这是该说存在的根本不足。

其二，法律推定说更具有实践上的实质合理性。为了简化控方的证明责任，就主张以纯粹的客观要素之结果为唯一根据推定行为人的主观，这就是事实推定，也是彻底客观主义的表现，更是一元结果无价值论的体现。只注重结果而忽视导致结果产生的行为本身的危险性，在司法实践中是不合理的，因为这种推定法只会产生故意犯罪，而过失犯罪将不复存在。同时，将本应由控方证明的任务转嫁给被告人，也是违背基本法理的，严重侵害被告人的合法权益，严重缺乏实践的实质合理性。

综上，无论是从法理还是从司法实践，都不应主张法律推定说。

五、注意规定：准确认定聚众斗殴致人重伤、死亡的前提

针对《刑法》第292条第2款规定的内容之性质为何？前文分别对转化犯、法律拟制说、法律推定说作了反思，认为以上理论均不能很好诠释该法条内容的性质。理论上对该条规定还存在解读为注意规定。“注意规定是在刑法已作基本规定的前提下，提示司法工作人员注意，以免司法工作人员忽略的规定。它有两个基本特征：其一，注意规定的设置，并不改变基本规定的内容，只是对相关规定内容的重申，即使不设置或者删除注意规定，也存在相应的法律适用规则（按基本规定处理）。其二，注意规定只有提示性，其表述的内容与基本规定的内容完全相同，因而不会导致将原本不符合相关基本规定的行为也按基本规定论处。”[①]简言之，聚众斗殴致人重伤、死亡的行为只有符合故意伤害罪、故意杀人罪的犯罪构成要件才成立故意伤害罪、故意杀人罪。这也是司法实践主要观点。“聚众斗殴致人重伤、死亡的，在适用《刑法》第二百三十四条和二百三十二条时，要结合案件具体情况，遵循主客观相统一的原则，对照故意伤害和故意杀人两个罪名的具体犯罪构成来认

---

① 张明楷：《刑法分则的解释原理》（第2版），中国人民大学出版社2018年版，第622页。

定，不能简单地以结果定罪。”①笔者认为，《刑法》第 292 条第 2 款规定是注意规定，这既符合法理也与司法实践相符。

第一，注意规定说主张行为构罪应以行为符合犯罪构成要件为前提是妥当的。行为构罪都应符合法定的犯罪成立条件，它“是指行为成立犯罪所必须具备的全部成立条件”。② “犯罪乃刑法所处罚之行为，其成立自须在法律上具有一定条件，亦即刑法为实现‘罪刑法定’原则，必以明文规定各种犯罪之构成要素，藉与犯罪以外之行为相区别，而后国家刑罚制裁之界限，始告确认。所谓犯罪成立要件云者，即犯罪之构成要素是也。”③无论是阶层犯罪论体系还是四要件论体系，都无法离开犯罪构成的主客观要素认定，前者强调的是主客观相结合的定罪原则（一般是从客观到主观的判断方法），后者主张主客观相统一原则，认定主观要素是必要的。注意规定说虽提示司法者适用法律规定，但行为构罪判断仍要按照基本的定罪原则进行，在我国即按照主客观相一致原则判断，这既符合犯罪判断的基本原则，与罪刑法定原则相符，还体现责任主义，也与刑事诉讼的基本规则相适应，因而妥当。“刑法第二百九十二条第二款属于注意规定而非法律拟制，聚众斗殴致人重伤、死亡的，要结合案件具体情况，遵循主客观相一致的原则，按照故意伤害罪和故意杀人罪的具体犯罪构成来定罪，不能简单地以结果定罪。”④法律拟制说、法律推定说均主张以结果这个唯一客观犯罪构成要件要素推定行为性质，只是前者完全不顾行为人的主观内容（包括故意或过失），后者是以结果直接推定行为人的主观故意内容进而认定行为的性质，虽然二者在形式上存在差别，但本质都是以结果定罪。即聚众斗殴致人重伤、死亡的犯罪构成只有客观的构成要件要素，这种定罪思路与理念存在严重弊端，值得质疑。

其一，这是一元（极端）客观主义的犯罪判断理念（方法）的体现，

---

① 2009 年江苏省高级人民法院、江苏省人民检察院、江苏省公安厅《关于办理聚众斗殴案件适用法律若干问题的意见》。

② 张明楷：《刑法学》（第 5 版），法律出版社 2016 年版，第 96 页。

③ 韩忠谟：《刑法原理》，北京大学出版社 2009 年版，第 77 页。

④ 2012 年江苏省高级人民法院《关于聚众斗殴刑事案件适用法律问题专题研讨》。

而这明显欠妥。一元客观主义只注重犯罪构成的客观要素，只要证据能证明客观的构成要件要素成立，主要是法益侵害的结果成立，犯罪即成立。这种忽视行为人主观内容的犯罪认定方法，既与责任主义相悖，也与刑事诉讼规则不符。一方面，刑法规制行为，承担责任的主体是行为人，要将犯罪的不利后果归责于行为人，行为人主观上对行为必须具有责任。“要成立犯罪，该当于构成要件且违法的行为必须是由行为人有责地（具备责任）实施的。”①“其实质在于‘缺乏法益尊重意识’，这是就引发法益侵害或危险，可以从刑法上非难行为人的理由。”②行为人主观上具有责任是犯罪成立必须满足的条件。所以，追究聚众斗殴致人重伤、死亡行为人的刑罚责任，必须要求行为人主观上具有责任，而只有将《刑法》第 292 条第 2 款内容解读为注意规定才能实现。另一方面，法律推定说虽以结果推定行为人主观故意进而决定行为定性，但只有存在结果相应故意即成立犯罪随之成立，与法律拟制说在本质无区别，二者都是结果成立犯罪即成立，这是典型的一元客观主义的体现，与责任主义明显相悖。只以结果定罪，易扩大犯罪成立的范围，与罪刑法定原则相悖，也将严重侵害行为人的合法权益，有失妥当。更何况，这两种学说是以法益侵害的结果作为犯罪成立的唯一根据，而法益侵害的结果只是构成要件之结果的一种，法益侵害的危险也属于结果。“属于构成要件要素的结果，不单指对保护法益的现实的侵害，也包括对保护法益的侵害的危险。”③就危险的结果而言，难以对相应行为作定性的，如聚众斗殴中一方成员 A 举枪向对方开枪，未造成人员伤亡的结果，就此而言，以结果对 A 开枪行为定性，这种危险的结果不是唯一的，因为这种危险可能是包括他人生命法益、身体健康法益、公共安全法益、公共秩序法益等处于被侵害的危险状态，据此难以对行为人的主观故意进行推定，难以对行为作定性。

---

① ［日］山口厚：《刑法总论》（第 3 版），付立庆译，中国人民大学出版社 2018 年版，第 25 页。

② ［日］松原芳博：《刑法总论重要问题》，王昭武译，中国政法大学出版社 2014 年版，第 46 页。

③ ［日］山口厚：《刑法总论》（第 3 版），付立庆译，中国人民大学出版社 2018 年版，第 46 页。

其二，这与刑事诉讼基本规则不符，将严重侵害被告人（行为人）合法的诉讼权利。根据《刑事诉讼法》第14条的规定，司法机关应当保障犯罪嫌疑人、被告人依法享有的辩护权和其他诉讼权利。这些诉讼权利主要体现在犯罪嫌疑人、被告人的供述与辩解的证据上，以及行为人对控方指控的事实（证据）及行为定性提出意见。在司法实践中每个案件从立案伊始，对犯罪嫌疑人的讯问是必要的，所形成的证据即为犯罪嫌疑人（被告人）的供述与辩解，无一例外，即使行为人完全否认其犯罪行为，这也是口供。若只以结果定罪，在证据上行为人的口供不具有存在的价值和意义，只要查明结果以及结果是由行为人的行为造成的，就直接可以对行为人进行定罪处罚，无需对行为人进行讯问，在开庭时行为人也无法对此质证，从而剥夺了行为人的辩护权。这种办案程序明显违法，造成程序上的不公，严重侵害被告人的诉讼权利，即使案件办理的最终结果正确也是不合法的，这种案件往往会成为冤假错案。所以，将以结果定罪的法律拟制说、法律推定说适用到司法实践中易致案件办理的程序非法和不公，实不可取。

其三，法律拟制说、法律推定说与注意规定说本质相同。“所以，行为人在斗殴过程中并没有杀人的故意，但客观上致人重伤、死亡的，应认定为故意伤害罪、故意杀人罪（根据责任主义原理，以行为人对重伤、死亡具有预见可能性为前提）”。[①] 这是法律拟制说的基本观点。该说虽以重伤、死亡的结果为根据界定聚众斗殴致人重伤、死亡的行为为故意伤害罪、故意杀人罪，无视行为人的主观内容，但又认为构罪应该根据责任主义的原理，以行为人对重伤、死亡结果具有预见可能性为前提。亦即，行为人对其聚众斗殴行为客观上具有侵害他人身体健康、生命法益的危险是知晓的。行为人明知其行为具有侵害法益的危险还继续实施该行为，即使主观上没有积极追求这种危险，其主观上对危险的实现也是不排除的，即具有间接故意。简言之，法律拟制说认为聚众斗殴致人重伤、死亡构成故意伤害罪、故意杀人罪不仅需要客观的重伤、死亡的结果，还需要行为人主观上具有间接故意的责任。这一从客观到主观的犯罪认定方法正是阶层犯罪论体系认定犯罪的基本原则。据

---

① 张明楷：《刑法学》（第5版），法律出版社2016年版，第1062页。

此,法律拟制说与注意规定说无本质差异。法律推定说更是如此,前文对此已详述。

第二,聚众斗殴行为的性质本身即意味着行为人主观上至少具有间接故意,这也能说明将《刑法》第 292 条第 2 款的规定视为注意规定是合理的,符合司法实践。“本罪中的‘聚众’是指为实施斗殴而聚集 3 人或 3 人以上的行为。”①“根据刑法第二百九十二条的规定,聚众斗殴犯罪是基于报复他人、争霸一方、寻求刺激或者其他公然藐视国家法纪和社会公德的不法动机,纠集多人成帮结伙地进行相互打斗,破坏社会公共秩序的行为。”②“本罪中的‘斗殴’,一般是指双方出于不法动机而相互攻击、厮打等加害对方身体的行为。”③“斗殴是指行为人主观上有与另一方互殴的故意,客观上实施了斗殴的行为。”④根据百度百科对斗殴的解释,即“斗殴,是指双方或多方通过拳脚、器械等武力以求制胜的行为,准确地讲,是指双方或多方通过实施暴力击打以达到制胜对方的行为”。据此,聚众斗殴行为具有以下特征:斗殴行为人人数众多;斗殴前已存在聚众的故意行为;斗殴采用的是暴力方式,如相互打斗;斗殴一般是采用拳脚、器械等手段、工具;斗殴的地点虽不特定,但都发生在(多是人口密集的)公共场所。就此分析,斗殴行为的行为工具、手段(方式)决定其具有侵害他人身体健康法益、生命法益的危险,尤其是常常发生的持械斗殴,决定了该行为具有侵害他人身体健康、生命法益的现实紧迫的危险。而且,聚众斗殴行为人众多,又在公众场所采用暴力方式斗殴,这些行为内容决定了其具有侵害不特定人的身体健康法益、生命法益的危险(能够体现为公共安全法益、社会管理秩序法益)。聚众斗殴行为是由聚众行为和斗殴行为组成,聚众行为是故意行为,故聚众斗殴的这种行为方式本身就决定了具有责任能力的行为人能够预见

---

①　参见 2006 年上海市高级人民法院、上海市人民检察院、上海市公安局、上海市司法局《关于办理聚众斗殴犯罪案件的若干意见》。

②　参见 2006 年上海市高级人民法院、上海市人民检察院、上海市公安局、上海市司法局《关于办理聚众斗殴犯罪案件的若干意见》。

③　参见 2006 年上海市高级人民法院、上海市人民检察院、上海市公安局、上海市司法局《关于办理聚众斗殴犯罪案件的若干意见》。

④　参见 2002 年江苏省高级人民法院、江苏省人民检察院、江苏省公安厅《关于办理涉枪涉爆、聚众斗殴案件应用法律若干问题的意见》。

其斗殴行为具有侵害法益(仅指他人身体健康法益、生命法益)危险。事实上也是明知的。行为人明知行为的危险仍选择实施该危险的行为,即使主观上具有其他不法动机,没有积极追求这种行为危险的实现,也能充分说明聚众斗殴行为人主观上对行为的危险实现化的态度是漠视的、不关心的,即构成间接故意。至于他人是特定的还是不特定的,虽能影响行为人具体的主观故意内容及行为的最终定性,但不影响行为人主观上成立故意。“暴力斗殴行为尤其是多人持械的斗殴行为通常具有内在引起他人伤亡的高度危险性,行为人对该行为所可能造成他人伤亡的结果是能够认识的,也就是说,行为人明知自己的行为必然或可能会造成他人伤亡的结果,但其为了实现聚众斗殴的犯罪目的,对该结果的发生至少采取了‘听之任之’的放任态度,在主观上至少具有伤害、杀人的间接故意。”①可见,聚众斗殴行为人在主观上至少是间接故意。进言之,即使在证据上行为人的口供对其行为的危险是否明知完全给予否认,但根据在案事实也能证明(推定)其主观上至少具有间接故意。这种推定属于刑事诉讼的推定,虽然也是以客观推定主观,但这是以肯定行为人的主观要素是犯罪构成的必要要素为前提。换言之,犯罪成立的判断仍是坚持从客观到主观的主客观相结合的判断方法,这是注意规定说的基本主张。总之,聚众斗殴行为的性质本身决定了《刑法》第292条第2款的规定是注意规定。

综上,《刑法》第292条第2款的规定是注意规定。但是,聚众斗殴致人重伤、死亡的行为构成何罪,则需要进一步分析。

六、聚众斗殴致人重伤、死亡的定性分析

(一)聚众斗殴致人重伤、死亡行为的性质:以二元结果无价值论为视角

《刑法》第292条第2款规定,聚众斗殴致人重伤、死亡的,依照本法第234条、第232条的规定定罪处罚。该条既为注意规定,那么,聚众斗殴致人重伤、死亡的是否构成故意伤害罪、故意杀人罪要以其是否

---

① 张爱晓:《〈刑法〉中转化与竞合性质问题研究——以〈刑法〉第292条第2款为分析对象》,载《上海政法学院学报(法治论丛)》2013年第4期。

符合两罪的犯罪构成要件为标准。然而,故意伤害罪、故意杀人罪能否完整评价聚众斗殴致人重伤、死亡行为的性质,尤其是前例中聚众斗殴驾车致人重伤、死亡的行为?笔者认为,答案是否定的。根据二元结果无价值论,判断犯罪坚持从客观到主观的犯罪判断方法,其中行为违法的判断是以结果为核心,以行为侵害法益的危险为必要;判断行为人的责任则是在肯定行为人供述的前提下主张以客观推断主观,而责任的本质是行为人在具有他行为可能的前提下仍实施不法行为。故意是指行为人明知自己行为的危险还选择该行为,积极追求行为危险的实现或对于行为危险的实现主观上漠不关心,前者为直接故意,后者为间接故意。就此,对于聚众斗殴致人重伤、死亡行为的定性作如下分析:

第一,以法益侵害的结果为核心、行为侵害法益的危险为必要的立场判断聚众斗殴致人重伤、死亡行为的违法性。重伤、死亡的法益侵害结果是由聚众斗殴行为造成的,即重伤、死亡结果是聚众斗殴行为侵害法益危险的实现,那么,聚众斗殴行为侵害法益的危险具体是指什么,对于判断其行为性质至关重要。聚众斗殴行为的内容决定了其具有侵害他人身体健康、生命法益的危险。前文对此已详述。需要进一步明确的是,聚众斗殴行为的对象他人除相对特定的聚众斗殴当事人外,是否包括不特定的他人?笔者认为,这里的他人包括不特定的第三人。一方面,聚众斗殴的行为人主体人数、行为地点公共场所、行为手段方式等决定了该行为具有侵害不特定人的身体健康、生命法益的危险。例如,案例5中聚众斗殴地点及洪某、陈某驾驶车辆对撞的地点是一条公共道路,完全存在不特定第三人路过的可能性,事实上也证明陈某驾驶车辆倒退压倒的被害人方某是不特定的第三人。另一方面,聚众斗殴罪规定在《刑法》分则第六章"妨害社会管理秩序罪",其保护的法益为社会管理秩序,强调的是国家对社会秩序的管理,以维护稳定有序的社会秩序。聚众斗殴行为首先侵害社会秩序,才能侵害社会秩序的管理,而社会秩序是由相对特定的人(聚众斗殴双方)和其他不特定的人形成的,稳定有序的社会秩序的最低要求应是社会之人的身体健康、生命法益免受不法行为的威胁和侵害。聚众斗殴行为必须通过侵害具体的社会的人才能实现威胁或侵害社会秩序及其管理,故聚众斗殴行为侵害的具体对象包括相对特定的人和不特定的人。包括不特定人的身体健康、生命法益的社会公共安全秩序显然属于社会秩序的一类，故聚众斗殴行为侵害的法益包括不特定人的身体健康、生命法益，而这是公共安全法益。所以，聚众斗殴行为不仅具有侵害相对特定人的身体健康、生命法益和不特定人的身体健康、生命法益（公共安全法益）的危险，还具有侵害社会秩序管理法益的危险。

第二，刑法上的因果关系的成立是聚众斗殴致人重伤、死亡行为构罪的前提。依二元结果无价值论，行为侵害法益的危险的现实是法益侵害及其危险的结果，则行为与结果之间成立刑法上的因果关系。聚众斗殴行为具有侵害社会秩序管理法益的危险的实现化是对社会秩序管理的破坏，而不是重伤、死亡的结果，二者不成立刑法上的因果关系；但是，聚众斗殴行为成立，则该行为直接侵害社会秩序管理法益。换言之，聚众斗殴行为实施，即意味着该行为具有侵害社会秩序管理的危险的实现化，故聚众斗殴行为与社会秩序管理法益的被侵害的结果具有刑法上的因果关系。聚众斗殴行为侵害身体健康法益、生命法益、公共安全法益的危险的实现化都可能是重伤、死亡结果的发生。故聚众斗殴行为与重伤、死亡的结果成立刑法上的因果关系。

第三，聚众斗殴行为人主观上对其行为造成他人身体健康、生命法益的危险是明知的，明知行为的危险仍实施该行为，无论处于什么动机实施聚众斗殴，对重伤、死亡的结果发生至少是漠视的，其主观上成立间接故意。无论行为对象特定还是不特定，这种间接故意的内容都是伤害故意、杀人故意、危害公共安全的故意内容所共有的内容。因此，致人重伤、死亡的聚众斗殴行为人对该行为主观上都是具有责任的。同时，行为人主观上对实施聚众斗殴行为本身是明知的，这也意味着行为人主观上对其行为具有侵害公共秩序的管理至少是间接故意。

综上，聚众斗殴致人重伤、死亡的行为，分别触犯了聚众斗殴罪、故意伤害罪、故意杀人罪、以危险方法危害公共安全罪。那么，聚众斗殴致人重伤、死亡的行为究竟如何定性？

（二）聚众斗殴致人死亡行为的定性：是想象竞合或是法条竞合？

聚众斗殴致人死亡行为在理论上可能构成聚众斗殴罪、故意杀人罪、以危险方法危害公共安全罪三个罪名，亦即，该行为在形式上同时违反了《刑法》第 292 条第 1 款、第 232 条和第 115 条的规定，对聚众斗殴行为人不能以三个罪名定罪处罚,若是如此,则只能是数罪并罚,这有悖于责任主义,更与法之公平正义原则不符。那么,聚众斗殴致人死亡的行为最终以何罪定罪处罚,就需要讨论上述几个罪名或几个法条之间的关系,据此判断以何罪定罪处罚才能合理合法。这是一个刑法竞合论问题,其本质是一个法律(选择)适用的问题。

在聚众斗殴致人死亡行为的法律适用中,一是《刑法》第 292 条第 1 款的规定与《刑法》第 232 条、第 151 条的规定是什么关系？二是《刑法》第 232 条规定与《刑法》第 151 条规定是什么关系？其中,聚众斗殴致人死亡行为所成立的故意杀人罪、以危险方法危害公共安全的构成要件要素存在部分重合之处,包括客观行为与主观故意。详言之,前者由于聚众斗殴行为(如持械斗殴)具有侵害(相对特定和不特定的)人的生命法益的危险,将该行为解释为杀人行为或以危险方法危害公共安全的行为是可行的;后者是指行为人对其行为具有侵害人生命法益的危险是明知的,行为人明知其行为的危险仍选择实施有危险的行为,其主观上对该行为危险的实现至少是漠视的,行为人主观上成立间接故意。就此而言,两罪对于聚众斗殴致人死亡行为的解释所呈现的构成要件的主要要素是重合的。那么,当聚众斗殴致人死亡行为所构成的两个罪名的构成要件要素存在较大(主要)重合时,司法者适用的两个法条关系是什么或两个罪名的关系是什么,对于该行为性质最终确定至关重要。三是聚众斗殴致人死亡行为究竟以何罪定罪处罚。这一系列问题本质上涉及的是法条(罪名)之间的关系究竟是法条竞合还是想象竞合。

需要明确的是,拟用竞合问题解决聚众斗殴致人死亡行为的最终定性问题,将《刑法》第 292 条第 2 款的规定理解为注意规定是前提,因为只有将其理解为注意规定,才能从故意杀人罪的构成要件要素的角度进行分析,进而判断不同罪名之关系。同时,也必须明确,刑法竞合论长久以来一直是刑法理论中的一个难点,几乎没有学者敢言将其存在的难点和问题予以彻底解决,尤其是法条竞合与想象竞合的区分,更是如此。因此,即使在对行为评价中出现罪名或法条的竞合,以当前的理论也完全可能无法明确地区分二者,由此也可能存在虽然在评价中存在竞合,但不用竞合的相关理论给予的情况之例外。无论如何,如何区分法条竞合与想象竞合是阐述该问题的前提。

1. 想象竞合与法条竞合的区分标准

如何区分法条竞合与想象竞合，在刑法理论上是一个难题，争议很大。“刑法竞合论（Konkurrenzlehre）问题之复杂疑难，使其不仅成为学理上无奈的痛，亦成为实务上生怕碰触的伤痕。”①事实上，想象竞合与法条竞合之争发生的前提是已对行为涉嫌犯罪的构成要件要素作了详细评价，并发现行为可能同时构成几个不同罪名或同时违反几个刑法规范，故二者既是刑罚适用理论，也是犯罪评价理论。这决定了在最终选择法律适用中既要对行为性质作准确评价，也要做到刑罚适用的公平合理。

第一，全面评价和禁止重复评价是区分两者的首要标准，但该标准存在片面性。

“从构成要件的具体实现出发，基于禁止重复评价和全面评价原则，法条竞合与想象竞合的区别便在于，实施此罪构成要件的事实要素中是否包含了实现彼罪构成要件的全部要素。”②换言之，在一个行为（犯罪事实）涉嫌数罪的前提下，其中一罪能够完整充分评价行为的不法性（犯罪事实），即此罪构成要件的事实包含了彼罪构成要件的全部要素，系法条竞合；若需要数罪才能充分完整评价行为的不法性（全部犯罪事实），即此罪不能包含彼罪构成要件的全部要素则为想象竞合。这是当前我国多数学者的观点。它清楚地表明，法条竞合是实质的一罪，想象竞合是实质的数罪，只是为了避免重复评价，而以一罪处断。“法条竞合时只有一个法益侵害事实，成立想象竞合时则有数个法益侵害的事实。”③这种观点基本上抓住了法条竞合与想象竞合相区分的主要特征，具有相当的合理性，但是仍具有一定不足。

其一，该主张在论证中存在将一罪与一法条，以及全部犯罪（法益侵害）事实与全部构成要件要素等同，这易导致想象竞合与法条竞合混同，此一不足。例如，有观点主张，“区分法条竞合与想象竞合的总体标

---

① 王彦强：《犯罪竞合中的法益同一性判断》，载《法学家》2016年第2期。

② 徐凌波：《犯罪竞合的体系位置和原则》，载《比较法研究》2017年第6期。

③ 张明楷：《法条竞合与想象竞合的区分》，载《法学研究》2016年第1期。

准应当是，同一犯罪行为所触犯的不同法条是否均足以对该行为造成的全部事实作出评价，如果是，即为法条竞合；如果不是，即为想象竞合”。① 这种观点本质将一罪等同于一法条。然而，当罪与罪之间、法条之间存在重合的时候，如果将罪与法条混同，将更难以区分法条竞合与想象竞合。

其二，它没有阐述一罪能全面充分评价一行为的不法性、此罪的构成要件要素能包含彼罪构成要件的全部要素的评价标准，此二不足。该不足本质涉及的是一罪与数罪的区分。换言之，为什么形式上的数罪能成为实质（单纯）的一罪（一罪可以包括他罪的全部构成要件要素）、实质的数罪（一罪无法包括他罪的全部构成要素），即形式上的数罪成为实质一罪、实质数罪的标准不明确。

其三，当数罪在形式上都能完整充分评价一行为不法性（全部犯罪事实）时，尤其是当此罪与彼罪的构成要件要素交叉重合时，如何区分法条竞合和想象竞合，该说对此没有阐述，此三不足。例如，驾驶车辆聚众斗殴致除斗殴双方之外的第三人死亡。该行为同时符合聚众斗殴罪、故意杀人罪和以危险方法危害公共安全罪的构成要件，即一行为在形式上构成三罪。

一方面，这三个罪名均不能单独全面充分评价该行为的不法性。根据该主张，聚众斗殴罪与故意杀人罪、以危险方法危害公共安全罪构成想象竞合犯，根据择一重罪处罚的原则，由于故意杀人罪、以危险方法危害公共安全罪的最高刑罚均为死刑，故上述行为构成故意杀人罪或者以危险方法危害公共安全罪，而驾车聚众斗殴致人死亡的一行为最终以何罪定罪处罚则需要从这两罪中选择适用。另一方面，聚众斗殴行为客观上具有侵害特定人与不特定人的生命法益的危险，行为人主观上对该行为的危险是明知的，明知行为具有危险仍选择该危险的行为，其主观上对行为的危险实现至少是漠视的，当发生行为的危险实现为法益被侵害的结果时，行为人主观上即具有间接故意。所以，对于（驾驶车辆）聚众斗殴致人死亡的行为既可解释为故意杀人行为，也能

---

① 参见左卫坚：《法条竞合和想象竞合区分标准之评价和重建》，载《华南师范大学学报（社会科学版）》2009 年第 6 期。

评价为以危险方法危害公共安全行为。两罪都能全面完整地评价上述行为的不法性,故成立法条竞合。但适用何罪仍不明确。虽然两罪能全面评价行为的不法性,且两罪构成要件的主要要素存在重合,但二者并不完全等同。故两罪又可成立想象竞合。那么,故意杀人罪与以危险方法危害公共安全罪的关系在对聚众斗殴致人死亡的行为评价中究竟是想象竞合还是法条竞合,依据该说无法得到解决。所以,全面评价与禁止重复评价的原则对于区分法条竞合与想象竞合有着很重要的作用,但并不全面。

第二,法益同一性的标准是区分实质一罪与实质数罪的关键标准,也是区分法条竞合与想象竞合的主要标准,也具有片面性。

“不借助具体案件事实的联结,仅通过对构成要件的解释,就能够肯定两个法条之间的包容或交叉关系,是法条竞合的形式标准。实质标准之一是法益的同一性,即一个行为侵害了两个以上犯罪的保护法益时,就不可能是法条竞合,而只能认定为想象竞合。实质标准之二是不法的包容性,即在一个行为同时触犯两个法条,只适用其中一个法条就能够充分、全面的评价行为的所有不法内容时,两个法条才可能是法条竞合;倘若适用任何一个法条都不能充分、全面评价行为的不法内容,即使符合形式标准和法益的同一性标准,也只能认定为想象竞合。”其中实质标准之二与前述标准相同,而实质标准之一的“法益的同一性”则是解决一行为触犯的数罪如何被评价为实质一罪或实质数罪的标准。“因此,所侵害之法益是否同一,就成为区分想象竞合与法条单一的界限之所在。”①“法益是否同一(是一法益还是数法益),成为区分两者的关键之所在。”②

法益同一性作为区分法条竞合与想象竞合的主要标准,首先要明确的是法益的同一性是指什么?亦即,一个行为触犯数个罪名之间的法益同一性是指什么,或者法益同一性成立的标准是什么?张明楷教授认为,法条竞合时只有一个法益侵害事实,成立想象竞合时则有数个法益侵害事实。所谓“只有一个法益侵害事实”,是指行为仅侵害一个

① 黄荣坚:《基础刑法学》(下),中国人民大学出版社2009年版,第603页。
② 周光权:《刑法总论》(第3版),中国人民大学出版社2016年版,第381页。

犯罪的保护法益；所谓"有数个法益侵害事实"，是指行为侵害了两个以上犯罪的保护法益。[①] "我对这里的'一个法益'的理解就是，法条竞合所侵害的法益没有超出一个犯罪规定的法益范围；而想象竞合则超出了其中任何一个罪所保护的法益。"[②]由此可知，一行为触犯数罪之间的法益具有同一性等同于一行为侵害了一个犯罪的保护法益；反之，不具有同一性则是侵害了数个犯罪的保护法益。笔者认为，这种观点逻辑不通且令人费解。它是将法益的同一性作为依据解释什么是一个法益侵害的事实或者一个犯罪的保护法益，也是直接以法益具有（或不具有）同一性为标准阐述一罪与数罪（法条竞合与想象竞合）之间的区别，而没有解释法益的同一性是指什么或一行为触犯的数罪之间的法益为何具有同一性的评价（判断）标准。

当前，学界一般认为，法益同一性是指法益主体的同一性或法益同类。一方面，法益的同一性还意味着的法益主体的同一性。亦即，如果行为侵害了不同法益主体的相同法益，也不可能属于法条竞合。[③] 该观点提供了法益同一性的一个认定标准，即法益主体的同一性。它意味着一行为触犯数罪之间的法益的主体相同，才能具有法益同一性。从主体上限制法益同一性成立的条件是必要的，但它难以成为主要标准，因为它没有从法益内容自身阐述法益同一性。另一方面，"一般来说，刑法分则不同章节规定的犯罪之间基本上不可能成立法条竞合关系"。[④] 这种观点是将法益是否同类作为法益同一的一个标准。"主体不同或法益种类不同，两者居其一，就是此处所谓多数法益。"[⑤]亦即，主体相同或法益同类，法益即同一。虽然这两个标准对于判断法益是否同一具有很强的可操作性，也指出了法益同一性的某一方面的具体内容，但这两个标准实质上还没有从法益自身内容解释法益的同一性是指什么，存在很大不足。

其一，数罪之间的法益具有同一性应该针对的是具体法益。即具

---

① 参见张明楷：《法条竞合与想象竞合的区分》，载《法学研究》2016 年第 1 期。

② 张明楷：《刑法的私塾》，北京大学出版社 2014 年版，第 227 页。

③ 参见张明楷：《法条竞合与想象竞合的区分》，载《法学研究》2016 年第 1 期。

④ 张明楷：《法条竞合与想象竞合的区分》，载《法学研究》2016 年第 1 期。

⑤ 黄荣坚：《基础刑法学》（下），中国人民大学出版社 2009 年版，第 605 页。

体法益内容相同,法益同一。“法益同一性判断,则是对行为事实所侵害的法益具体内容是否能为一个罪刑规定所包摄的具体判断。”①不言而喻,法益的同一性应首先是指具体法益的内容相同。因为只有针对具体法益内容才能对数罪之间的法益比较得出法益相同或不同的结论。例如,故意杀人行为侵害的是生命法益,故意伤害行为侵害的是身体健康法益,盗窃行为侵害的是财产法益。当然,法益内容是否具体则是相对的,其中个人法益通常都是具体的,但社会(集体)法益、国家法益是否属于具体法益,需要从不同角度分析。一方面,社会法益、国家法益形式上都是由许多具体法益构成。比如,公共安全法益、社会秩序法益等都是构成社会法益的有益组成部分,相对社会法益而言,他们属于具体法益;再如,国家安全法益、国家主权法益等是构成国家法益的具体法益。这种认识对于将法益同类视为法益同一(的认定标准)的观点而言是妥当的。因为只有将相对抽象的社会法益、国家法益作为具体法益,才可作同类比较进而对法益是否同一进行认定。例如,放火罪和投放危险物质罪,二者犯罪行为侵害的都是公共安全法益,属于同类法益,就此而言,二者法益具有同一性。另一方面,从社会法益的具体内容分析,社会法益则属于抽象法益,不属于具体法益。以公共安全法益为例,《刑法》分则第二章“危害公共安全罪”中所涉及的罪名,其侵害都是属于公共安全法益,要认为这些罪名的法益具有同一性只能以这些罪行侵害的都是“公共安全法益”为由,虽然这种理由在形式上可成立,但本质并未说明法益为何相同,即没有从公共安全法益的具体法益内容分析。作为一种抽象法益,公共安全法益是由具体的个人法益所体现,即不特定人的生命、财产法益。只有从不特定人的生命、财产法益等具体的个人法益进行分析,得出法益相同的结论才具有合理性和说服力。

其二,法益同类不一定法益同一。法益同一是指具体法益相同,但法益“同一”不是法益“同类”。② 虽然同类法益从抽象角度分析,都具有相同的法益内容。如公共安全法益都是不特定人的生命、财产法益,这种观点对于一行为触犯的数罪为同类罪而言是成立的,且在司法实

① 王彦强:《犯罪竞合中的法益同一性判断》,载《法学家》2016 年第 2 期。

② 参见周光权:《刑法总论》(第 3 版),中国人民大学出版社 2016 年版,第 381 页。

务中也能解决大部分问题。但是,该观点仍具有较大的不合理性。因为,即使单纯从构成要件内容而不借助案件事实分析,公共安全法益是由具体的生命法益、财产法益所呈现。当一行为侵害不特定的生命法益,一行为侵害财产法益,且最终都体现为公共安全法益时,此处的法益虽同类但显然不同一。比如,公交司机 A 驾驶公交车随意撞击道路上的行人造成多人死亡的;B 放火烧毁商场,造成了巨额财产损失,但未有人员伤亡。前者案例以不特定人的生命法益侵害的结果体现公共安全法益,后者以财产法益侵害的结果呈现公共安全法益,两者侵害的都是公共安全法益,但二者法益内容显然不同,不具有法益同一性。

其三,将法益同类作为法益同一认定的主要标准具有片面性。“根据法益的同一性这一实质标准,一般来说,刑法分则不同章节规定的犯罪之间基本上不可能是法条竞合关系(或许存在例外)。”过失致人死亡罪与交通肇事罪的保护法益分别为人的生命和公共安全……这些犯罪之间不可能是法条竞合关系,而应该认定为想象竞合。① 又如,过失致人死亡罪的保护法益是个人的生命,医疗事故罪的保护法益是公众生命、身体的安全和国家的卫生管理秩序。虽然说保护社会法益以保护个人法益为最终目的,但不能说个人法益等同于或包括于社会法益或者国家法益。因此,过失致人死亡罪与医疗事故罪不是法条竞合,而是想象竞合。② 上述观点将法益同类作为法益同一性成立的主要标准,并而将法益同一性作为区分想象竞合与法条竞合的主要标准,这种观点具有相当的合理性,但仍具有片面性。

一是论证逻辑不严密。以《刑法》分则的不同章节为标准区分各罪法益是否同一,继而认为基本上不可能成立法条竞合,并认为存在例外。该观点本质是将法益同类基本等同于法益同一。这种论证逻辑不严密。虽然论证中就例外没有举例,但这种例外客观存在。换言之,不同类的法益可能法益相同,进而可能成立法条竞合。例如,持械在公共场所聚众斗殴致人死亡的行为(如想伤害对方人员但导致无辜第三人死亡)。该行为同时构成故意杀人罪、以危险方法危害公共安全罪,这

---

① 参见周光权:《刑法总论》(第 3 版),中国人民大学出版社 2016 年版,第 381 页。

② 参见张明楷:《法条竞合与想象竞合的区分》,载《法学研究》2016 年第 1 期。

二罪也能够全面评价行为的不法性。根据上述观点，因二者分属不同刑法分则章节（法益不同类而不成立法益同一）而属于想象竞合而不是法条竞合。然而，根据前述观点，当一个法条能够全面充分评价行为不法时是法条竞合，但当行为所触犯的两个法条都能全面充分地评价行为的不法时是属于法条竞合还是想象竞合，上述观点虽没有明确，但可推断属于法条竞合，由此依据同一观点而产生相互矛盾的结论，显然不妥。即使以二者法益不同类而不具有同一性为由肯定两者是想象竞合，但对比两者的法定刑可知，二者刑罚是相同的。因此无法根据想象竞合犯之择一重罪处罚的原则选择适用法律。换言之，最终是以故意杀人罪还是以危险方法危害公共安全罪定罪处罚仍不明。

二是例子中的两罪是否构成想象竞合仍存疑。根据前述观点，过失致人死亡罪与交通肇事罪、医疗事故罪由于各自保护的法益不相同，分属《刑法》分则的不同章节，属于法益不同类而具有法益同一性，从而成立想象竞合犯。但是，《刑法》第 233 条（过失致人死亡罪）规定“本法另有规定的，依照规定”。笔者认为，该款规定系注意规定，其与交通肇事罪、医疗事故罪的规定属于一般规定与特殊规定的关系，即法条竞合。首先，《刑法》第 233 条第 1 款规定过失致人死亡罪的一般情形，它没有详细规定过失致人死亡的具体行为，对于如何理解“过失致人死亡”则需要进一步解释，这种解释是对过失致人死亡行为的一般情形解释。该规定第 2 款规定的“本法另有规定的，依照规定”，按照一般的文义解释和逻辑解释，此规定应是对一般情形中的特定“过失致人死亡”行为的规定，这也是当前我国的通说。其次，从过失的行为特征分析，两者是一般与特殊的关系。交通肇事、医疗事故致人死亡的行为相比于一般过失致人死亡的行为而言，虽然都是过失致人死亡的行为，但前两者的行为方式、手段是刑法的特别规定，后者没有具体规定过失致人死亡的行为方式，以此论，两者是一般与特殊的关系。同时，由于过失犯一般是义务犯，系负有义务而没有履行义务而导致法益侵害的结果。交通肇事罪是车辆驾驶员违反安全驾驶义务而导致事故发生，医疗事故是医生等违反其承担义务而导致事故发生，这相比于过失致人死亡罪没有特定的一般义务而言，上述两种义务显然是特定的。最后，社会法益根植于并能还原于个人法益，二者法益可能同一。换言之，形式上不同类的法益可能法益同一。例如,个人的生命法益是公共安全法益成立的基础之一,公共安全法益具体化之一就是人的生命法益。当公共安全法益是以人的生命法益体现出来时,生命法益与公共安全法益本质上是同一的。因此,认为过失致人死亡罪与交通肇事罪是想象竞合,等同于对人的生命法益作了两次重复评价,这有悖于不得重复评价的基本原则,故此二罪不能成为想象竞合,而成立法条竞合。同理,过失致人死亡罪与医疗事故罪不成立想象竞合,而成立法条竞合。总之,《刑法》第 233 条第 2 款的规定是注意规定,《刑法》第 133 条的交通肇事罪和第 335 条的医疗事故罪的规定正是该款规定的具体体现,亦即,两者是一般法条与特殊法条的关系。"可见,交通肇事罪、责任事故罪、医疗事故罪、玩忽职守罪等过失危害公共安全、社会法益犯罪与过失致人死伤罪系法条竞合,主张想象竞合,难以成立。"①由此,法益同类作为法益同一成立的主要标准存在片面性。

三是(法益同类的)法益同一标准不能解决故意杀人罪与以危险方法危害公共安全罪是想象竞合还是法条竞合的问题。根据前述观点,故意杀人罪侵害人的生命法益,以危险方法危害公共安全罪侵害公共安全法益,二者分属于《刑法》分则的不同章节,二者法益不同类而不具有同一性,因而构成想象竞合而不成立法条竞合。但是,根据上文分析可知,即使在这种过失犯罪中的生命法益与以生命法益为基本内容的公共安全法益发生竞合,二者法益虽不同类但本质同一,不构成想象竞合而构成法条竞合。那么,在故意杀人罪与以危险方法危害公共安全罪的两个故意犯罪中,且当两个罪名都能完整充分地评价行为的不法时,认为两者构成想象竞合明显存疑,根据不法包容性的标准判断应该成立法条竞合。这里涉及一个很关键的问题,当充分评价、禁止重复评价(不法的包容性)的标准与法益同一性标准在区分法条竞合与想象竞合中发生矛盾时,应该如何适用?换言之,以(法益同类的)法益同一性标准认定为想象竞合,但同时适用不法包容性标准则认定法条竞合,如何处理?所以,(法益同类的)法益同一性标准具有片面性。对于法益是否同一,不能单从法益主体相同、法益同类等两方面考量,而应从更

---

① 王强:《法条竞合特别关系及其处理》,载《法学研究》2012 年第 1 期。

微观的具体的法益内容是否相同来考量。若具体法益相同，即使体现出来的法益与具体法益的内容不同类，也具有同一性，从而为构成法条竞合创造可能性。

综上，区分法条竞合与想象竞合，全面评价与禁止重复评价为首要判断标准，法益同一性的标准也是主要判断标准，“如此，是法条竞合还是想象竞合，就成为构成要件的该当性问题：充分评价和禁止重复评价是判断标准；法益侵害则是判断的实质标准。”①但是，也必须客观地承认这两种判断标准不能完全覆盖可能存在的法条竞合与想象竞合的情况，存在例外或其他情况。

2. 聚众斗殴致人死亡行为定性的逻辑进路

第一，聚众斗殴罪与故意杀人罪或以危险方法危害公共安全罪构成想象竞合犯，根据择一重罪处理的原则，应以故意杀人罪或以危险方法危害公共安全罪定罪处罚。这是判断结论的第一步骤。根据法益同一性与全面评价、禁止重复评价的判断标准评价。一方面，聚众斗殴致人死亡的行为同时构成聚众斗殴罪、故意杀人罪、以危险方法危害公共安全罪，亦即该行为同时侵害了社会公共秩序管理法益、个人生命法益和公共安全法益，即使法益主体相同，但由于具体的法益内容不同（这里主要表现为法益不同类），前者法益与后两者法益（存在竞合）不具同一性。因此，聚众斗殴罪与故意杀人罪、以危险方法危害公共安全罪属于实质数罪，属于典型的一行为触犯数个不同罪名。就此论，聚众斗殴罪与故意杀人罪或以危险方法危害公共安全罪成立想象竞合。另一方面，根据全面评价的原则，聚众斗殴致人死亡的行为，侵害了三类法益，欲全面评价该行为的不法性，既要评价聚众斗殴行为侵害的社会公共秩序管理法益，也要评价致人死亡的聚众斗殴行为侵害的法益，包括生命法益和公共安全法益。聚众斗殴罪无法全面评价聚众斗殴致人死亡行为的不法性，而以故意杀人罪或以危险方法危害公共安全罪在形式上能够全面评价聚众斗殴致人死亡行为的不法性，但事实上两罪不能评价聚众斗殴行为的不法性。由此，一罪不能全面评价行为的不法性，需要两罪（数罪）才能全面完整地评价行为的不法性，故而构成想象竞

---

① 王强：《法条竞合特别关系及其处理》，载《法学研究》2012 年第 1 期。

合而非法条竞合。然而，故意杀人罪、以危险方法危害公共安全罪都是针对致人死亡的聚众斗殴行为的评价，二者本身即存在竞合问题，但无论最终以何罪定罪处罚，都不能脱离侵害社会公共秩序管理法益的聚众斗殴罪。据此，构成想象竞合的是包括聚众斗殴罪与故意杀人罪或是聚众斗殴罪与以危险方法危害公共安全罪。根据择一重罪处理原则，两组想象竞合分别是故意杀人罪和以危险方法危害公共安全罪为重罪，故最终适用的罪名是故意杀人罪或以危险方法危害公共安全罪择一罪处理。须明确的是，无论最终适用故意杀人罪还是以危险方法危害公共安全罪评价聚众斗殴致人死亡的行为，在判决中都要明确阐述该行为还侵害了稳定有序的社会公共秩序及其管理，这样既符合全面评价原则，也有利于发挥刑法的行为规范的作用，以告诫人们单纯的聚众斗殴行为也是违法的。对于想象竞合，在一个说理充分的判决书中，应当分别列出罪名，然后从一重罪处断。[①]

第二，故意杀人罪与以危险方法危害公共安全罪成立法条竞合。这是评价聚众斗殴致人死亡行为定性的第二步的思考进路。对于聚众斗殴致人死亡的行为，应从故意杀人罪或以危险方法危害公共安全罪择一罪定罪处罚，这是在第一层想象竞合的前提下还存在择一的选择竞合，这种竞合又是什么关系？亦即，故意杀人罪与以危险方法危害公共安全罪成立想象竞合还是法条竞合。其一，根据法益同一性的标准，两罪成立法条竞合。从具体法益的内容分析，故意杀人罪侵害的是人的生命法益，以危险方法危害公共安全罪侵害的是公共安全法益，从形式上分析二者法益不同，但当公共安全法益具体体现为人的生命法益时，二者法益本质相同。故意杀人行为侵害的是人的生命法益，而以危险方法危害公共安全的行为侵害的是公共安全法益，即不特定或多数人生命、身体的安全以及公众生活的平稳和安宁。[②] 生命法益是公共安全法益的有益组成部分，公共安全法益作为一种社会法益，其存在的意义在于最大范围内保护个人法益，公共安全法益作为抽象法益，是由个

---

① 参见周光权：《法条竞合的特别关系研究——兼与张明楷教授商榷》，载《中国法学》2010年第3期。

② 参见张明楷：《刑法学》（第5版），法律出版社2016年版，第689页。

人法益具体体现。具体而言,公共安全法益即是由具体人的生命法益、健康法益、财产法益等体现,当公共安全法益以人的生命法益体现时,则两种法益在本质上具有同一性。即使认为故意杀人行为侵害的是特定人的生命法益,以危险方法危害公共安全行为侵害的是不特定的人的生命法益,但这只意味着二者行为的对象不同,无论是特定的还是不特定的人的生命法益都是人的生命法益。更何况,所谓"特定"与"不特定"的区分是相对的,相对多数的特定也就是不特定的。例如,聚众斗殴中致人死亡的行为,虽然聚众斗殴行为人针对的是相对特定的对方人员,但由于聚众斗殴往往是人数较多,这里的相对特定(多数人)就可能是不特定的(个人);且聚众斗殴行为地点均在公共场所,往往存在除相对特定的斗殴双方人员外的其他第三人,这里的第三人也是不特定的。无论聚众斗殴行为对象是特定还是不特定的人,其最终的结果都是不特定人的生命法益被侵害。换言之,行为具有侵害不特定人(也可能是特定人)生命法益的危险,最终实现的往往是特定人的生命法益。那种认为行为对象是特定人的生命法益不同于行为对象为不特定人的生命法益的观点,其本质是以主观为先的行为时的判断,是以行为人的主观内容是否相同决定法益是否相同,这是主观主义的体现,不应被赞成。以结果无价值论,犯罪判断是站在事后的立场对行为时发生的事实的判断,是由事后到行为时的逆向判断过程,这就决定了法益侵害的结果是判断犯罪的起点。当公共安全法益具体以人的生命法益体现时,在判断时呈现在司法人员面前的结果无疑是相对特定人的生命法益被侵害,而不是公共安全法益。只有在对行为无价值判断中才会得出聚众斗殴行为具有侵害不特定人生命法益的危险,即具有侵害公共安全法益的危险,这种行为的危险实现为人的生命法益被侵害的结果。亦即,当公共安全法益具体体现为人的生命法益时,故意杀人罪与以危险方法危害公共安全罪的法益具有同一性。"据此,完全可以认为公共安全由数个个体法益组成,'公共安全'可以还原为个人法益,两者具有同一性。"①所以,根据法益同一性原则,两者构成法条竞合。其二,根据

① 黄小飞:《法条竞合之特别关系类型及其适用规则》,载《中国刑事法杂志》2017年第3期。

全面评价的标准判断，故意杀人罪、以危险方法危害公共安全罪都能全面评价聚众斗殴致人死亡行为的不法性，二者构成法条竞合。客观上，聚众斗殴行为地点、行为方式（手段）、行为主体等内容，决定了聚众斗殴行为既具有侵害相对特定人生命法益的危险，也存在侵害除聚众斗殴双方以外的其他人的生命法益的危险，无论是相对特定人员还是不特定人员的生命法益被侵害，都是上述行为危险的实现。主观上，行为人实施了聚众斗殴行为，也就意味行为人主观上对该行为的危险明知，且对该行为的危险的实现化至少是漠视的，故行为人主观具有间接故意。就此论，以故意杀人罪或以危险危害公共安全罪都能完整全面地评价聚众斗殴致人死亡的犯罪事实。根据全面评价的判断标准，二者构成法条竞合。即《刑法》第 292 条第 2 款与第 115 条的规定系法条竞合。"因此，一个保护公法益（国家法益、社会法益）的法条与一个保护私法益（侵犯人身罪、侵犯财产罪）的法条之间，也可能形成法条竞合关系。"①其三，肯定故意杀人罪与以危险方法危害公共安全罪成立想象竞合的观点难以成立。"实践中，常有采用放火、决水、爆炸、投放危险物质等犯罪手段杀人的情形，在这种场合下，形成故意杀人罪与放火、决水、爆炸、投放危险物质等犯罪之间的竞合，应按照想象竞合犯的处理原则，从一重处断。"②"以杀人故意实施放火行为，放火行为又危害公共安全的，属于想象竞合犯。"③虽然上述观点论述的是故意杀人罪与放火罪（爆炸罪等）构成想象竞合犯，但这种结论可以直接适用于故意杀人罪与以危险方法危害公共安全罪。然后，这一结论值得质疑。一是这种结论源于此两罪乃不同罪名，不具有法益同一性。前文已多次论述，两者虽然在形式上属于不同类罪名、不同法益，但当公共安全法益是以人的生命法益体现出来时，二者法益本质是一致的，具有法益同一性。二是主张二者为想象竞合，与全面评价和禁止重复评价原则相矛盾。根据全面评价原则和禁止重复评价原则，想象竞合是指一行为触犯数罪中任何一罪都不能单独全面完整地评价行为的不法性，需要数

① 周光权：《刑法总论》（第 3 版），中国人民大学出版社 2016 年版，第 323 页。

② 黎宏：《刑法学各论》（第 2 版），法律出版社 2016 年版，第 216 页。

③ 张明楷：《论以危险方法杀人案件的性质》，载《中国法学》1999 年第 6 期。

罪一起才能完整评价行为的不法性,属于实质的数罪。据此,主张二者系想象竞合,意味着两者都不能单独全面评价聚众斗殴致人死亡行为的不法性,需要二者共同才能评价该行为的不法性。然而,故意杀人罪与以危险方法危害公共安全罪都能单独全面完整地评价聚众斗殴致人死亡行为的不法性,只要(两罪中的)一罪能够完整全面地评价行为的不法性,其属于实质的一罪。将单纯的一罪视为实质的数罪,两种结论显然相矛盾。况且,在两罪都能全面评价行为不法性的同时主张其构成想象竞合,本质是重复评价行为的不法性,完全背离了禁止重复评价的基本标准(原则),对于行为人而言不公平。

第三,故意杀人罪与以危险方法危害公共安全罪成立法条竞合关系,以故意杀人罪定罪处罚。这是对该行为定性的第三步逻辑思考。在对聚众斗殴致人死亡行为的评价中,故意杀人罪与以危险方法危害公共安全罪成立法条竞合,而根据禁止重复评价的原则,二者只能择一适用,即究竟适用《刑法》第 292 条第 2 款还是《刑法》第 115 条的规定?答案显然是适用《刑法》第 292 条第 2 款规定。罪刑法定原则决定了适用《刑法》第 292 条第 2 款规定。聚众斗殴致人死亡的行为符合故意杀人罪和以危险方法危害公共安全罪,两者属于法条竞合关系。根据《刑法》第 292 条第 2 款的规定,聚众斗殴,致人重伤、死亡的,依照本法第 234 条、第 232 条的规定定罪处罚。该条作为注意规定只是提示司法人员适用的规定,而且明确规定了聚众斗殴致人死亡行为应该按照故意杀人罪定罪处罚。司法人员就应该严格遵循罪刑法定原则,故聚众斗殴致人死亡的行为构成(间接)故意杀人罪。

后　记

“学术之盛需要学派之争”，这不仅是刑法学也是整个法学甚至人文社会科学研究的永恒命题，因为“论争”对于事物的矛盾运动总是有益的，任何学者都必须在与现有学说进行对话和批评中进行学术研究和学术创新。[①] 长久以来，我国法学领域的“学派之争”处于无意识状态，这主要由于价值一元论支配下法律研究对“学术”的不重视，甚至对相异学说、弱势学说的排斥，“学派之争的积极建构”则需要根植于对思想自由和讨论自由高度重视的时代。正如英国政治思想家密尔所言，如果不容许批评和歧见，“假如那意见是对的，那么他们是被剥夺了以错误换真理的机会，假如那意见是错的，那么他们是失掉了一个差不多同样大的利益，那就是从真理和错误冲突中产生出来的对真理的更加清楚的认识和更加生动的印象”。[②] 随着改革开放以及价值多元论的深入，我国的法学研究流派及至21世纪初被鲜明地划分为“政法法学”“诠释法学”“社科法学”，十多年后苏力教授用三个关键词重新归纳评述了上述流派的格局演变以及学术特点：“浴火重生的政法法学”、“边界模糊的教义法学”以及“部门法学研究的社科法

① 参见张明楷：《学术之盛需要学派之争》，载《环球法律评论》2005年第1期。

② ［英］密尔：《论自由》，许宝骙译，商务印书馆2015年版，第15～20页。

学转向"。[①] 以此反观中国刑法学，流行的主题不是"政法法学的浴火重生"而是"刑法知识的去苏俄化"（去政法化），并不因所谓的"边界模糊"提倡"教义法学转向社科法学"，而是坚定"刑法知识的教义学化"。从理论法学者的评判到部门法学者的呼吁，中国刑法学研究竟应当走向何处，成为一个本土性的真问题，也不断促成"社科法学与教义法学之争"的延展以及敦促着刑法学内部"教义学化成方法"的深入。

其实，中国刑法学从"政法法学"一路走来，我们可能比任何部门法的学者都更加直观和真切地感受到了知识体系转型的紧迫性和必要性，"教义学化"总体而言是最优路线。但问题的关键在于，中国刑法教义学是何种意义上的法教义学，中国刑法教义学应选择怎样的立场与方法，才能与过去的价值观念告别而不是"换汤不换药"。时至今日，我们刑法教义学已经承载体量庞大的新术语、新话语、新体系，可刑法知识上的"词库更新"并不足以让刑法学人自喜，旧刑法年代那些赤裸裸的政治话语、政治判断、政治逻辑当然是刺眼的，为了避免这点，它们也被包装、修饰、遮掩之后仍以"学术辞藻"的名义诱惑、欺骗各路学者。尤其，我们的刑法学知识转型任务是建立在一个社会极速变革、风险迭代升级、各种矛盾集聚的特殊时期，刑法不仅面临尚在起步中的人权保障限权功能需求，更面临着保护国家安全、经济秩序、社会管理等更复杂的扩权功能需求，这种多重任务的交叠共生局面也导致刑法学知识转型的出发点不断被调整，刑法教义学内部的各种学说似乎都可以从任何一个任务中找到其正当化依据，"政法法学"在学术包装中确实悄然"浴火重生"。比如，本就饱受非议的积极一般预防理论从德国传入我国后，于近年来开始被视为"刑法积极治理主义""积极使用刑法解决社会矛盾"的正当化理论，"刑法是否积极"变成了评判刑法学说优劣的指标之一，原本的"消极"negative（威慑大众不犯罪）、"积极"positive（训练大众忠诚于法规范）被替换成了刑法的"积极作为"（刑法良好适应现实）或"消极不作为"（刑法不适应现实），传统的"打早打小"等直白性的刑事政策话语从而重新借壳上市，助推了"法益保护前置"等刑法机能主义、传统预防主义的继续扩张趋向，这传导给司法、立法更为

① 参见苏力：《中国法学研究格局的流变》，载《法商研究》2014 年第 5 期。

积极/激进的理论信息。如果刑法教义学的学派之争只是“新瓶装旧酒”，即便出现了子学时代的“百家争鸣”，也结不出多少硕果，只会让中国刑法教义学的转型之路积重难返。因此，中国刑法教义学化需要新概念、新术语，更需要新立场、新方法以及真正的新价值，既需要“争”，也需要“为何而争”，更需要“在何种场景中争”，重要的不是标签而是标签的意义：能够解释根本问题、解决主要矛盾。否则，“学术之争”和“学术之盛”可能只是在老路上来回游荡，理论对实践的改变更会变得乏力，这也是我们的刑法学表面争执激烈而实际进展缓慢的根本原因，似乎彼此生活在不同的时空。

在我国刑法教义学的学术之争中，“实质刑法观”是2009年被提出的概念，此后《实质刑法观》《中国实质刑法观批判》《形式解释的再宣示》《实质解释的再提倡》等论战意味颇浓的论著让“实质”与“形式”成为我国刑法学研究的独特风景。由实质刑法观引起的上述学派之争，究竟在争什么，其标签对立的意义何在？陈兴良教授认为，实质刑法观与形式刑法观的对立是一个涉及刑法基本问题的争论，不仅是刑法解释的方法论之争，而且是刑法本体的价值论与机能论之争，可以全方面地展开讨论，“这场论战将会影响到罪刑法定原则的贯彻，对于我国刑法理论的观念形态也具有重大的形塑作用，因此具有不可忽视的理论意义”。① 从实质刑法观到实质犯罪论、实质解释论，“犯罪(不法与罪责)的实质可罚性”“刑罚的实质妥当性”是刑法教义学的核心问题，实质刑法观的建构场景是中国特色罪刑法定主义条款及其背后的刑法价值传统，即《刑法》第3条在承担罪刑法定功能的同时也肩负着打击犯罪、保护社会的功能，且秩序居于自由之前，罪刑法定的出罪功能暗弱，此种价值取向下的有法必依、违法必究、有“罪”必罚等思想屡屡导致刑法解释的教条主义，这是社科法学视之为“口号式的依法定罪”的根本原因，社科法学的研究范式更能为教义法学的解释结论提供丰富的论证资源，但放弃刑法解释学(教义学)的“法条主义”而转向社科法学的“底层逻辑”又可能导致刑法知识走向政法法学的回头路。从政法法学到较为学术化的刑法教义学、开放性的社科法学，每一个派别似乎都面

① 陈兴良：《刑法教义学的发展脉络》，载《政治与法律》2017年第3期。

临着属于自己的尴尬或危机。因此,在理解运用实质刑法观的立场和方法时,一些区别于其他流派的根本性问题就难以回避:实质刑法观的实质主义与其他教义法学理论、政法法学、社科法学的实质思维有何不同?实质刑法观与所谓的形式刑法观是否在基本共识的前提下展开论争?实质刑法观何以能够成为贯彻罪刑法定原则、解决刑法价值冲突的备选方案?我国刑法教义学(实质犯罪论体系)转型中如何认识形式与实质、主观与客观等相关范畴的意义?在传统犯罪与新型犯罪风险同样多发的社会结构中、在刑法及其前置法交错变化的法制框架中,如何才能在整体法秩序内划定犯罪圈的合理界限,夯实"实质出罪"、避免"实质入罪"?在日趋智能化网络化并呼唤"多元共治"的时代,实质刑法观在司法逻辑上秉持何种社会治理观,如何从实质层面把握刑法介入技术创新领域的边界?等等。

陈瑞华教授在点评刑法教义学时曾指出,判断一个理论有两个标准:一是有多大的解释能力来解释问题和现象;二是能不能在解决问题中给我们提供新的思路。① 随着我国实务上"难办案件"的增多,传统自然犯以及刑民交叉、刑行交叉性的法定犯(如互联网经济犯、社会管理秩序犯罪)认定中的"情理法"疑问不断堆积,刑法教义学的本本主义问题不断暴露,实质刑法观所引出的"形式理性与实质理性""入罪合法与出罪合理""形式入罪与实质出罪"等命题越发受到重视,对于实践问题的解释力和说服力不断被验证、对于理论学者的吸引力和信赖力也不断增强。实质刑法观也始终在教义法学与社科法学之争以及刑法教义学内部派别之争中,为摆脱无根基无立场的低水平竞争、争取学派最大同盟、切实解决本土刑法问题提供着系统化的教义学新思路。在上述共同学术话题的凝聚下,本书的作者在阅读、写作、科研以及教学中,对刑法教义学的实质化保持着长期性的思考、交流与辩论,也彼此保持着独立性的理解、反思和运用,于是在言语之外形成文字,从刑法总论到刑法分论、从刑法立场到个罪解释汇结成章。本书全部内容第一次发表,权当一个"兴趣小组"的阶段性总结。本书参与人员有(按章节先

① 陈柏峰、尤陈俊、侯猛编:《法学的 11 种可能》,中国民主法制出版社 2020 年版,第 172 页。

后顺序)：欧阳本祺，东南大学法学院教授，法学博士(绪论)；冀洋，东南大学法学院副教授，法学博士(第一、二章)；刘浩，东南大学法学院博士研究生(第三章)；王俊，苏州大学王健法学院副教授，法学博士(第四章)；高磊，最高人民检察院检察理论研究所助理研究员，法学博士(第五章)；魏超，苏州大学王健法学院讲师，法学博士(第六章)；储陈城，安徽大学法学院副教授，法学博士(第七章)；夏伟，中国政法大学刑事司法学院讲师，法学博士(第八章)；徐彰，南京审计大学法学院副教授，法学博士(第九章)；梁云宝，东南大学法学院副教授，法学博士(第十章)；杨楠，东南大学法学院与柏林洪堡大学联合培养博士研究生(第十一章)；杜宣，南京市人民检察院四级高级检察官，法学博士(第十二章)。